대승,
현상과 본질을 뛰어넘다 中

대승기신론 강의

번뇌즉보리 총서 2

대승,
현상과 본질을 뛰어넘다 中

대승기신론 강의

월인越因 지음

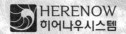

HERENOW
히어나우시스템

차 례

9. 훈습론熏習論 • 127

IV. 정종분正宗分 : 해석분解釋分 : 의장문義章門을 해석함 • 301

1. 체상體相 이대二大 • 303

'나'는 경험이 만들어낸 '마음의 세계' 속에 살고 있다

이번 대승기신론 중권에서는 경험의 '세계'를 넘어선 '세상'에 대해 이야기합니다. 세계世界라는 것은 마음으로 분별하여 나누어놓은(界) 곳이라면, 세상世上이라는 것은 나눌 수 없는 불이不二의 세상으로, 우리의 감각으로는 볼 수도 느낄 수도 없고 알 수도 없는 곳입니다. 우리는 그 있지도 않은 세상, 그렇다고 없다고도 할 수 없는 그 세상을, 감각으로 그려내어 가상의 그림 속에서 에너지를 주고받으며 살고 있습니다. 그리고 그 와중에 '나'라는 것을 형성하여 세계 속을 운전해가며 삶을 이루는데, 이 '나'라는 운전자는 그저 잠시 운전대가 맡겨진 임시직일 뿐인데 스스로 삶의 주인이라 여기니 괴로움 속에 있게 됩니다.

그 타들어가는 듯한 번뇌는 생겨나는 과정이 있으니 바로 의식의 전개 과정을 보면 명백히 드러납니다. 번뇌, 그 괴로움은 어떻게 생겨나는가? 먼저 그것을 번뇌로 느끼는 '나'라는 의식이 형성되어야 합니다. 그렇다면 '나'는 어떻게 형성되어 의식하게 되는 것일까요?

'나'라는 것의 최초 기반이 되는 카르마Karma 즉, 타고난 경향성이라고 불리는 것이 업식業識입니다. 부모로부터 받은 유전적인 특성, 인류의 유산, 생명체로서 부여받은 경향들이 모두 모여 업식을 이룹니다. 예를 들어 성격이 급하고 빠른 경향도 고치기 힘든 업식이며, 인간 사회에 살아가면 언어를 저절로 터득하게 되는 것 등도 업식입니다.

이제 그러한 업식을 기반으로 마음이 한번 움직이면 '주체'와 '대상'으로 나뉩니다. 그것을 전식轉識이라 합니다. 마음이 '움직여' 주체와 대상으로 나뉜다는 것은 이렇게 실험해볼 수 있습니다. 지금 눈을 감고 자신이 전에 가보았던 멋진 장소를 하나 떠올려 봅니다(실제 떠올린 후 글을 읽어가야 이해됩니다).

그런 후 자신이 그 장소를 마음에서 '보고 있다'는 것을 확인해봅니다. 이때 마음은 보여지는 대상과 보는 주체로 나뉘었고 주체에서 대상을 향해 주의가 '움직인다'는 것을 알 수 있을 것입니다. 이것이 바로 '마음이 움직여 주객이 생긴다'는 말의 의미입니다.

이렇게 주체와 대상으로 나뉜 것이 확고해지면 이제 대상이 하나하나 분별되며 세분화 됩니다. 그것이 현식現識입니다. 그리고 우리가 '세계'라 부르는 현상이 드디어 나타나게 됩니다. 그동안 '나'와 '나 아닌 것'만 구분되다가 이제 '나 아닌 것'이 책상, 의자, 집, 하늘, 나무, 강 등으로 그 느낌이 세분화 됩니다. 우리가 경험하는 세계는 바로 이렇게 마음이 분별하여 나타나는 느낌의 세계입니다. 마음이 보는 상象의 세계가 나타난(現) 것입니다. 이것이 바로 일체분별 즉 분별자심一切分別 卽 分別自心이라는 말의 의미입니다.

그렇게 대상들이 하나하나 분별되고 나면 다음으로 대상들 간에 비교가 일어나고 그중 어느 것이 좋고 나쁜지 구별해내는 지혜가 호오好惡를 알게 합니다. 이것이 지식智識입니다. 그리고 이 지식에서부터 번뇌는 시작됩니다. 왜냐하면 좋고 나쁜 것을 알게 되면 좋은 것에 끌리고 그것을 즐기며, 곧이어 집착하는 일이 벌어지기 때문입니다. 모든 번뇌는 이렇듯 분별된 느낌에 집착하는 것에서 시작됩니다.

이 과정을 명백히 보고 '나'가 살고 있는 경험의 세계, 그 느낌의 세계를 넘어 불이의 세상으로 들어가기를 기원하면서…

2018년 10월
월인越印 서

감사의 말

이 책은 지난 2012년 8월부터 2014년 4월까지 오인회悟因會 회원들을 대상으로 진행한 강의를 엮은 것이며 많은 사람의 도움으로 이루어졌습니다. 먼저 전체 강의를 녹취해준 바람, 햇살, 해연, 아름드리, 푸리 님과 그 것을 모두 취합해 정리하고 다듬어준 세희, 원문 대조 후 2차 교정을 해준 선호, 마지막으로 3차 교정과 레이아웃 등으로 책의 모습을 갖추게 해준 연주, 그리고 무엇보다 책 발간 비용을 후원한 오인회원들인 우현, 무연, 기보, 광주나무, 세희, 고을, 목어, 화동, 허유, 칼라, 자연, 나무, 아무개, 드랜, 바람, 금산스님, 원님 님의 도움으로 이 책이 나오게 되었습니다. 모든 분들께 깊이 감사를 드립니다.

먼저 제일 뒤의 용어정의를 보고 읽으시면 이해에 도움이 될 것입니다. 경험을 통해 해석한 것이기 때문입니다.

이 글들은 한번 읽고 지나갈 것이 아니라 한구절 한구절을 깊이 숙고하고 명상해보아야 할 것들입니다. 그렇게 하면 어느 순간 번개가 지나가듯 통찰로 이어질 것입니다. 여러분의 본질 탐구에 도움이 되기를 바라며...

일러두기

- 원문 발췌 중에서 [논論]이란 마명馬鳴이 저술한 대승기신론을 말하며, [소疏]와 [별기別記]란 각각 원효가 저술한 대승기신론소와 대승기신론소별기를 말합니다.
- 원문 해석은 《원효의 대승기신론 소·별기》(일지사 刊, 은정희 譯註)를 참고하였습니다.

(上권에 이어서)

Ⅳ. 정종분正宗分: 해석분解釋分: 법장문法章門을 해석함

8. 생멸인연生滅因緣: 생멸상

아라야식, 개인성을 넘어선 집단무의식

의意와 의식意識에 대해 구분하여 설명한 데 이어서 근본적인 식識이 어떻게 깨침과 연결되는가에 대한 내용을 살펴보겠습니다.

依無明熏習所起識者. 非凡夫能知. 亦非二乘智慧所覺.
의 무 명 훈 습 소 기 식 자　비 범 부 능 지　역 비 이 승 지 혜 소 각

무명의 훈습에 의해 일어난 식識이란 범부가 알 수 있는 것이 아니며, 이 승二乘의 지혜로 깨달을 것도 아니다.

[논論]

무명無明의 훈습에 의해 일어나는 식識이란 근본적인 식識을 말하는 것으로 불교에서는 이를 아라야식이라고 합니다. 한자로는 아뢰야식阿賴耶識이라고 하고, 산스크리트어 원문은 아라야Alaya식입니다. 저장식貯藏識이라고도 불리는 이 아라야식은 중요한 의미를 지닙니다.

식識을 분류할 때 보통은 8식識으로 나눕니다. 안眼·이耳·비鼻·설舌·신身의 다섯 가지 감각기관이 만들어내는 식識이 5식識이고, 이 감각기관의 경험에 의해 누적된 내적인 감지를 대상으로 삼아 일어나는 의식意識이 6식識입니다. 그 다음 마나스식Manas識이 7식識인데, 마나스식은 '나'라는 것의 뿌리가 되며, 끌림과 밀침의 기본적인 씨앗이 됩니다. 의식意識인 6식識까지가 일어나는 상황에 대한 '느낌이나 앎'이라면, 이제 마나스식에서는 일종의 기준인 '나'가 생겨나 느낌에 대해 좋고 싫은 앎을 일으킵니다. 마나스식 이전에 밀침과 끌림 없이 무조건적으로 저장만 하는 아라야식이 8식識인데, 이 아라야식은 의식적으로는 잘 감지되지 않습니다. 의식적으로 감지되는 것은 7식識까지입

니다.

아라야식은 무의식이나 깊은 심층이라고 이해하면 됩니다. 심층의 식에는 우리가 의식하지 못하는 많은 것들이 저장되어 있습니다. 이 순간 눈을 통해 초당 수백만 비트의 정보가 들어오고 있는데 그중에 의식이 처리할 수 있는 것, 다시 말해 7식識 이하가 처리할 수 있는 것은 초당 13~20비트 정도 밖에 안 된다고 합니다. 예를 들어, 지금 여러분은 내 손을 보고 있습니다. 이때 눈은 손에 초점을 맞추어 그것을 '의식'합니다. 그러나 여전히 눈앞 180도 전방에서 들어오는 모든 시각적 정보는 망막에 부딪히며 그대로 여러분의 '무의식'에 가 닿아 쌓입니다. 바로 이렇게 무차별적으로 들어온 정보들이 끌림과 밀침에 상관없이 모두 저장되는 곳이 아라야식입니다. 이 아라야식은 지금 이 순간에 저장되기도 하지만, 조상으로부터 유전적으로 물려 받은 것, 그리고 40억년의 인류역사가 진행되어 오면서 후손들에게 전달되어 온 모든 것들이 포함되어 있다고 볼 수 있습니다. 그래서 불교에서는 아라야식을 '윤회의 씨앗'이라고 합니다. 윤회의 진정한 의미는, 개인적인 '나'가 윤회함을 뜻하는 것이 아니라 경험의 흔적들이 전달됨을 말하는 것입니다.

아라야식을 여래장如來藏이라고도 합니다. 7식인 마나스식까지는 좋고 싫음, 끌림과 밀침, 탐진치貪瞋癡가 있습니다. 왜냐하면 그 모든 현상의 기준 역할을 하는 중심축인 '나'가 있기 때문입니다. 이 기준에 부딪혀 소리들이 일어나고 거기에 좋고 싫음과 밀침과 끌림이 생겨납니다. 반면, 여래장如來藏인 아라야식에는 '나'라는 중심축이 없습니다. 많은 경험의 흔적들이 무작위로 저장은 되어 있지만 탐진치貪瞋癡가 생겨나지 않습니다. 왜냐하면 탐진치는 그것들이 주객主客으로 나뉘어졌을 때 생겨나기 때문에 그렇습니다. '나'와 '대상'이 나뉘었을 때, 그 '나'를 중심으로 해서 '좋고 싫은' 일이 일어나고, 끌리고 밀치는 게 생기고, 무언가를 탐냄(貪)하고, 분노(瞋)하는 일이 생기고 어리석음(癡)이 생겨납니다. 수많은 경험들을 때(時)에 따라 잘 사용하면 그만인데, 여기에 중심축이 만들어지면서 그때부터 탐진치貪瞋癡와 희로애락喜怒哀樂이 생기기 시작합니다.

《관성을 넘어가기》(히어나우시스템 刊, 2013)에서도 말했듯이 모든 감정은 기본적으로 어떤 기준 때문에 생겨납니다. 무아無我는 우리 경험의 주인되는 항구불변한 중심축이 없다는 의미이지, 경험을 잘 갈무리해서 사용하도록 하는 텅 빈 중심역할을 하는 그 일시적인 '나'라는 느낌이 없다는 말은 아닙니다. 그것이 없다면 일상을 살아가는 데 완전히 백치와 같아 혼돈만 있을 것입니다.

무명의 훈습에 의해 일어난 아라야식은 의식적이지는 않지만 언뜻언뜻 느낌으로 오기는 합니다. 통찰력게임(TM1)을 할 때, 어떤 질문이 들어오면 순간적으로 아무 이유 없이 떠오르는 느낌이나 생각, 단어, 이미지들에 주의를 기울이라고 합니다. 왜냐하면 그것들은 무의식으로부터 올라오는 신호이기 때문에 그렇습니다. 그것들은 의식적이지 않고, 그것이 떠오른 이유도 모릅니다. 게임에서 어떤 질문을 듣고 아무이유 없이 동해바다가 떠올라요. 왜 동해 바다를 떠올렸는지 물으면 잘 모릅니다. 의식적이라는 것은 항상 논리적인 줄거리가 있다는 것인데, 심층의 무의식에서 올라오는 단속적인 느낌들에는 이유나 논리가 없습니다. 그런데 그것을 실마리로 잡고 깊숙이 들어가 보면 그제서야

---

1) 삶의 문제를 해결하고 뜻하는 바를 성취하기 위해 무의식의 정보를 끌어내 사용하게 하는 보드게임과 그 기법.

어떤 의미와 통찰이 의식화되기 시작합니다. 우리는 이러한 의식적이지 않은 느낌들을 통해 아라야식의 기본에 접해 볼 수 있습니다. 그래서 이 아라야식은 범부가 알 수 있는 것이 아니라고 했습니다.

보통사람들은 생각과 감정 위주로 살아가기 때문에 그 밑바탕에 있는 감지感知™2) 즉, 감각感覺™으로 내려가기 직전의 미묘한 느낌들을 의식할 수 없습니다. 자신에게 올라오는 순간순간의 느낌들을 면밀하게 잡지 못한다면 이 미묘한 느낌들은 결코 의식적이 되지 못합니다. 그런데 여기서 우리가 살펴볼 점이 있습니다. 의식과 무의식을 나누는 어떤 선線이 있다고 하고, 그 선 위는 의식이고 아래는 무의식이라고 합시다. 그런 의식의 선 위는 6식識까지입니다. 안眼 · 이耳 · 비鼻 · 설舌 · 신身 · 의意가 만들어내는 식識이죠. 선 바로 밑은 전의식前意識인데, 이것은 조금만 신경 쓰면 의식될 수 있는 부분으로 7식인 마나스식이라고 할 수 있습니다. 이 전의식前意識이 바로 '나'라는 것을 상정하여 '나'가 있다고 믿게 하고, '나'에 집착하게 만듭니다. 이것은 평상시에는 의식화되지 않는데 여러 가지 느낌들과 동일시되어 있기에 그렇습니다. 자기가 동일시되어 있는 부분은 잘 의식되지 않습니다. 이 마나스식보다 더 깊은 층이 8식識인 아라야식인데, 이곳에는 우리 감각을 통해 초당 수백만 비트의 정보들이 무작위로 저장됩니다. 또한 거기에는 어떤 중심축이 존재하지 않으므로 탐진치貪瞋癡에 끌려다니지 않아요. 그것은 사용될 수 있을 뿐입니다. 주제와 목적의식, 또는 분명한 의도와 절실함을 가지고 있으면 이 아라야식에 접근이 가능하며, 그를 통해 무한한 정보를 사용할 수 있어요. 그러나 어떤 절실한 주제가 없는 사람은 이 아라야식을 사용할 수 없고, 절실함이 없는 사

---

2) 감지, 감각: 깨어있기™ 워크숍의 경험적 용어

람은 접근할 수도 없습니다.

　무명의 훈습에 의한 아라야식은 또한 이승二乘의 지혜로 깨달을 수 있는 것도 아니라고 했습니다(亦非二乘智慧所覺). 이승二乘의 지혜가 뭘까요? 이승二乘은 성문승聲聞乘과 연각승緣覺乘을 말합니다. 부처님의 말씀을 듣고 깨달음을 향해 가는 수행자를 성문승이라고 하고, 십이연기十二緣起에 대한 흐름, 즉 의식과 만상萬象의 흐름을 연기의 측면에서 깨달은 사람을 연각승이라고 합니다. 그런데 이 사람들은 자기만 깨닫고 말아요. 다른 사람에 대한 이타행利他行이 없습니다. 어렵고 힘들게 살아오다가 의식의 본질을 파악하고 자애로워졌는데 혼자서 고독을 즐기고 은둔하는 이들이 이런 사람들입니다. 그는 모든 것은 홀로 존재할 수 없으며, 십이연기에 의해 서로에게 기대는 의타성依他性에 기반해서 존재함을 파악하고 깨달았습니다. 자기 자신이라는 존재가 특별히 있는 것이 아니라 의타적인 '일시적 현상'에 불과함을 파악했지만, 그 깨달음을 다른 사람을 일깨우는 데 쓰지는 못하고 있습니다. 성문승도 마찬가지입니다. 성인의 말씀을 듣고 깨달음을 향해 가지만 자신의 깨달음을 위해 가는 사람이죠. 반면 대승기신론의 대승大乘은 모든 사람을 다 싣고 갈 수 있는 커다란 수레를 뜻한다고 했습니다. 성문승과 연각승은 자기만 싣고 가는 수레이기에 소승小乘이라고 합니다. 여전히 개인성이라는 것에 미묘하게 묶여있습니다. 그런데 아라야식은 이러한 소승의 지혜로써 알 수 있는 것이 아니라고 했습니다. 왜냐하면 집합무의식을 의미하는 아라야식에는 개인성이라는 것이 없기 때문입니다.

　모두가 연결된 하나의 메커니즘으로 우주 전체가 불이不二의 세상인데, 따로 떨어진 개인이 어디에 있겠습니까? 아라야식은 불이不二의 세상에서 올라온 저장식이므로 개인적인 깨달음을 추구하는 소승 정도의 깨침을 가지고서는 알 수가 없습니다. 깨침이라는 것도 어떤 영역이 있어서 개별체가 있다고 믿고 개별체로서 존재하면 한정된 깨침이 일어납니다. 그런 사람은 전우주가 하나의 흐름으로 돌아가는 불이不二 세상의 식識에 대해서는 알 수가 없습니다.

그래서 보살행菩薩行이 있는 것입니다. 보살의 서원 세 가지 중에 '나는 세상의 모든 중생이 천국의 문에 들어간 이후에 맨 마지막에 들어가겠다.'는 내용이 있습니다. 보살이 훌륭해서 그런 것이 아니라 이치를 깨달았기에 그렇게 말할 수밖에 없습니다. 분리된 객체라는 것이 존재할 수 없음을 알기에 중생이 한 사람이라도 남아있다면 그것이 바로 나의 의무이기 때문에 그렇게 말하는 것입니다. 나 혼자 깨닫는다 해서 내 문제가 모두 끝나는 것이 아님을 파악하고 있는 것입니다. 내 문제를 해결하고 집으로 돌아갔는데 부모님이 힘들어 하고 있으면 무관심하게 그냥 있을 수가 없습니다. 주변 사람들이 힘들어 하면 결국 자신에게도 그것이 돌아옵니다. 왜냐하면 같은 파도 위에 존재하기에 같이 흔들릴 수밖에 없는 것입니다. 물론 그 흔들림이 저들보다 덜하고 내 안에서 소요사태가 일어나지는 않지만, 안팎이 따로 없고 서로 영향을 주고받는 같은 물이기 때문에 저쪽이 흔들리면 이쪽도 흔들립니다. 깨친 후에 산속으로 들어가서 조용히 혼자 있는 것은 존재하지 않는 것과 마찬가지에요. 그래서 이 무명의 훈습에 의해 일어난 식이라는 것은 이승二乘의 지혜로 깨달을 바가 아니라고 말한 것입니다.

물든 마음이 곧 깨끗한 마음이다

謂依菩薩從初正信發心觀察. 若證法身, 得少分知.

위 의 보 살 종 초 정 신 발 심 관 찰   약 증 법 신   득 소 분 지

乃至菩薩究竟地, 不能盡知. 唯佛窮了.

내 지 보 살 구 경 지   불 능 진 지   유 불 궁 료

이는 보살이 처음의 바른 믿음에서 발심하고 관찰함으로써 법신法身을
증득證得하면 조금 알게 되며, 보살구경지에 이르러도 다 알 수 없고 부
처만이 궁극적으로 알 수 있다.

[논論]

마음을 내고 관찰함으로써 법신을 증득證得하게 됩니다. 법의 몸은
진리를 뜻합니다. 진리를 알게 되는 것이 아니라 진리를 증득證得한
다고 표현했습니다. 증거 삼아서 얻는 것일 뿐, 법신을 직접적으로
득得하는 것이 아닙니다. 직접적으로 얻을 수가 없습니다. 직접 얻는
다면 얻는 나와 얻어진 대상이 있다는 소리고 이것은 마음의 분열을
의미하는데, 분열 속에서 어떻게 분열없는 진리를 얻을 수 있겠습니
까? 그래서 증거 삼아 얻는다는 것입니다. 그런데 결국 증거 삼아 얻
은 '것'도, 얻은 '나' 자체도 하나의 환상일 뿐이죠. 이것이 증득證得의
의미입니다. 증득은 기본적으로 분리 속에서 일어나는 일입니다. 분열
된 '나'가 스스로 자신의 메커니즘을 파악한 것인데 그 메커니즘 속에
는 자기 자신도 포함되어 있습니다. 그래서 자기가 파악되는 동시에
파악하는 자기도 사라져 갑니다. 이렇게 자기가 사라졌는데 깨달은 누
가 있을 수 있겠습니까? 깨달은 사람이 있을 수 없죠. 그럼 깨달은 사
람이 없는데 깨달음이란 것은 있을 수 있나요? 그러니까 여러분들의
마음속에서 '내가 뭔가 이뤘어.', '내가 뭔가 알았어.', '내가 뭔가 느꼈
어.' 하는 마음이 조금이라도 있다면 그 순간엔 여전히 상상 속에 있는

것이라고 누차 말하는 것입니다.

법신을 증득해도 조금 아는 것 밖에 안 된다고 했습니다. 법신法身, 보신報身, 화신化身은 부처님의 세 가지 특징입니다. 법신은 진리의 몸을 말하고, 보신은 그 진리의 몸을 담는 과정에서 일어난 수많은 과보들을 나중에 사용하는 것을 뜻합니다. 진리 자체는 드러날 수 없으므로, 인간의 몸으로 화하여 드러나 보이는데 이것이 화신입니다. 진리 자체인 법신을 증득하면 이제야 조금 알게 된 것이지만, 보살의 궁극적인 경지에 이르렀다고 하더라도 다 알 수가 없다고 했습니다. 이렇게 아라야식은 다 알 수 없을 만큼 거대합니다. 대지가 맑은 물과 더러운 똥과 녹슨 쇠와 식물과 동물을 비롯한 모든 생명을 무차별적으로 받아들이듯 아라야식은 어떤 기준 없이 모든 것을 받아들이는 저장식이며, 여래의 씨앗이 저장된 여래장如來藏입니다. 이 8식識인 아라야식은 보살구경지菩薩究竟地에 이르러서도 알 수 없고 오직 부처만이 궁극적으로 알 수 있습니다.

何以故. 是心從本已來, 自性淸淨而有無明. 爲無明所染,
하 이 고   시 심 종 본 이 래   자 성 청 정 이 유 무 명   위 무 명 소 염

有其染心. 雖有染心, 而常恒不變. 是故此義唯佛能知.
유 기 염 심   수 유 염 심   이 상 항 불 변   시 고 차 의 유 불 능 지

왜인가? 이 마음이 본래부터 자성自性이 청정淸淨하지만 무명이 있어 이
무명에 의하여 물들게 되어 그 염심染心이 있는 것이다. 비록 염심이 있
으나 항상 변하지 않으므로 이것은 오직 부처만이 알 수 있다.

[논論]

마음 자체는 청정한데 무명無明의 상태에 의해 물이 듭니다. 무명은 모든 경험의 흔적들이 무차별적으로 저장된 아라야식을 말합니다. 서양의 아카식 레코드Akashic Records가 이에 해당합니다. 이 무명에 의해 물들어 비록 염심染心이 있지만 또 동시에 '항상 변하지 않는다'고

말했는데, 이것이 바로 어려운 점입니다.

마음의 본체에 대해 논할 때 "마음의 본체가 있고 마음의 표면이 있다. 표면의 마음은 여기저기에 물들고 끌려 다닐지라도 본체는 여전히 변함없이 존재한다. 따라서 표면적인 마음을 떠나면 본체에 이를 수 있다."라고 설명한다면 마음을 본체와 표면으로 나눈 것인데, 만약 이렇다면 본체에 대해 알기 어렵지 않습니다. 표면의 마음만 버리면 되니까요. 명상을 통해 깊은 본체로만 들어가면 끝납니다. 또는 "마음의 본체는 무슨 일이 있어도 변함없이 늘 깨끗하다. 물든 것은 그저 상相일 뿐이다."라고 한다면, 마찬가지로 본체만 파악하면 되니까 어렵지 않습니다. 한편으로는 "마음에는 깨끗한 본질이란 것은 없다. 모든 것은 물든 마음일 뿐이다."라고 말하는 사람도 있는데, 이 내용 또한 어렵지 않습니다.

그런데 지금 어렵다고 말하는 까닭은, 염심染心이 있는 동시에 불변不變이 있다고 말하기 때문입니다. 마음의 본체와 표면이 따로 있어 구분되는 것이 아니라 물든 마음이 곧 깨끗한 마음이라고 하기 때문입니다. 그것을 이렇게 설명해보겠습니다.

여러분 앞에 있는 바나나, 사과, 귤이 각각 구별되어 보이죠? 그런데 지금 바로 감각TM3)으로 들어가면 어떻습니까? 모든 분별이 없어집니다. 즉 우리 마음에는 분별과 분별없음이 동시에 있는 것입니다. 지금 이 순간 내 주의의 초점을 어떻게 옮기느냐에 따라 분별로 볼 수도 있고 분별없음으로 볼 수도 있습니다. 이번에는 벽을 예로 들어 살펴볼까요? 벽은 시멘트와 철근으로 만들어져 있습니다. 시멘트의 일정 성분은 모래이고, 더 미세하게 살펴보면 규소라고 할 수 있습니다. 규

---

3) 뒤쪽 용어정리 참조

소와 철은 다르죠? 벽속 철근의 구성 성분인 철과 시멘트의 성분인 규소는 다릅니다. 그런데 원자 단위로 내려가서 살펴보면 어떤가요? 양성자에 전자가 몇 개 붙어 있는가만 달라질 뿐, 철이나 규소라는 것이 따로 없습니다. 소립자 단위로 내려가면 구분없다는 것이 더 분명해집니다. 그 모든 차원들이 지금 동시에 존재하고 있죠? 물질의 기본 특성을 갖는 분자 차원과, 양성자와 전자라는 두 구조물로 모두가 환원되는 원자 차원, 에너지 흐름으로 나타내는 소립자 차원이 지금 이 순간 동시에 있습니다. 즉, 물질적 특성을 가지는 물과 원소차원인 산소나 수소, 더 나아가 양성자나 전자 차원처럼 우리가 초점을 두고 볼 수 있는 다양한 차원이 동시에 존재한다는 말입니다. 물과 모래의 차원에서 보면 사물은 크게 다르지만 양성자와 전자의 차원에서 보면 크게 다르지 않습니다.

이렇게 우리가 어느 차원에서 보느냐에 따라 분별없음으로 갈지 분별 있는 세계로 갈지 결정될 뿐, 지금 원자 세계와 분자 세계는 동시에 있습니다. 분자 차원은 사물들로 분별이 있는 세계, 원자 차원은 양성자와 전자 외에는 분별이 없는 세계죠. 이처럼 분별의 세계와 분별없음의 세계가 동시에 존재합니다. 분별 있는 세계를 염심染心, 분별없는 세계를 자성청정심自性淸淨心이라고 할 수 있는데, 이 둘이 동시에 있으니 물든 마음과 물들지 않은 마음이 다르지 않다고 말하는 것입니다. 그럼 어떨 때는 다릅니까? 보는 자에 따라서 달라집니다. 우리가 감각™ 상태에 들어갔는지, 또는 감지™ 상태인지, 아니면 생각의 수준에 가 있는지에 따라 달라지는 것뿐입니다.

"세계는 환상이야."라고 말하면, "네가 죽어도 세계는 그대로 있는데 세계가 왜 환상이냐?" 이렇게 말하는 사람들이 있습니다. 내가 죽어도 여전히 세계가 있다면, 그 세계는 누구한테 존재하는 것일까요? '누구'한테 그 세계世界가 존재하는 것이지, 세계 자체가 존재하는 것은 아닙니다. 예를 들어 물소리, 바람소리는 우리 귀에 들리는 소리의 '세계'입니다. 그러나 바이러스에게 그 '소리'는 어떤 '진동'으로 느껴질 것입니다. 즉, 바이러스에게 존재하느냐, 개에게 존재하느냐, 또는 인간에게 존재하느냐에 따라 세계世界(경험하는 주체에 따라 다르게 경험된다)는 특정 소리냐 진동이냐로 각각 다른 것입니다. 균일한 하나의 세계라는 것은 없어요. 세계가 존재한다는 것은 감각하는 자와 감각되는 대상 사이의 관계입니다. 어떤 관계를 맺는지에 따라 경험되는 세계가 결정되는 것이지, 바이러스에게도 공룡에게도 사람에게도 똑같이 경험되는 세계란 없다는 것입니다. 우리가 알고 있는 변함없는 이 세계라는 것은 이렇게 변화무쌍한 세계입니다. 모두에게 동일하게 경험되는 하나의 세계라고 하는 것은 없습니다. 사람은 모두 비슷한 감각기관을 가지고 있으므로 같은 세계를 경험하는 것처럼 느껴질 뿐입니다.

이렇게 '분별'로 보는 염심染心의 세계는 있으나, 그와 동시에 항상 변하지 않는 '분별없음'이 함께 있다는 것은 이해하기 어려우므로 오직 부처만이 알 수 있다고 얘기했습니다. 물든 마음과 깨끗한 마음을 분별할 수 있다면 이해하기 쉬울 텐데 근본적으로는 분별이라는 것이 없다는 것입니다. 본질이라는 것이 있다고 말한다면, 본질과 본질 아닌 것을 나눠놓은 것이고 분별하는 마음에 속하게 됩니다. 깨달음도 마찬가지에요. 누군가 '나는 깨달았다.'라고 말한다면 깨달음과 깨닫지 못함을 나누는 분별 속에 있는 것입니다. 그런데 깨달음의 핵심은 '분별의 세계는 없다'입니다. 그러니까 "이 사람은 깨달았고 저 사람은 그렇지 않아."라고 나누는 마음이 있다면 그는 아직도 분별 속에, 물든 마음속에 있는 것입니다. 이것이 참 미묘합니다. 아직 '자아'라는 한계 속에 있는 사람에게는 이런 말이 별 도움이 안 됩니다. 그러나 자기 마음을 많이 살펴보고 명징해져서 이제는 자신이 뭔가 경험한 것 같고, 분별과 분별없음의 문턱에서 분별이라는 함정에 빠질까 말까 하는 단계에 있는 사람들에게는 굉장히 중요합니다.

옳음을 주장하지 말고 실현시켜라

7식識인 마나스식과 8식識인 아라야식에 대해 좀 더 살펴보겠습니다. 마나스식은 의식 바로 밑인 전의식前意識에 해당하며 우리는 이것에 동일시되어 있기 때문에 민감해지지 않으면 의식할 수 없다고 앞서 설명했습니다. 어떤 의식적인 현상이 일어날 때 "내가 했어"라고 집착하는 것은 '나'라는 에고의 씨앗이 되는 전의식 때문에 그렇습니다. 표면의식의 의지처가 전의식이므로 이것이 흔들릴 때 내가 죽는 듯한 느낌이 듭니다.

내가 굳게 믿고 있어서 그것을 놓으면 죽을 것 같은 신념들이 있습니다. 어떤 사람이 "진실하게 살아야 돼, 정직하게 살아야 돼." 이런 것을 꽉 붙잡고 살았습니다. 진실하다, 정직하다는 것은 굉장히 좋은 거죠? 그는 이 신념을 포기해야 한다면 자기가 죽을 것 같아요. 그래서 거짓말 하는 사람, 진실해 보이지 않는 사람을 보면 화나서 관계도 끊어버리고 두 번 다시 쳐다보지도 않았습니다. 그런데 어느 날 자기가 그것을 붙들고 거기에 매달려 있음을 발견하게 되고 통곡합니다. 그것 때문에 모든 관계를 망쳤다는 것을 알았거든요. 내가 보기에 진실하지 않은 것일 뿐, 저 사람은 그 나름내로 진실할 수 있습니다. 진실이라는 것은 자기가 경험하는 진실인 것입니다. 물론 솔직하고 정직한 것은 좋습니다. 그렇지만 솔직함과 정직함에 묶여있는 사람은 자신의 신념을 다른 이에게도 강요합니다. 각자가 규정하는 솔직함이나 정직함에는 미묘한 차이들이 있을 수 있기 때문에 내가 보기에 저 사람이 정직하지 않다고 여겨져도 강요할 수는 없습니다. 정직하지 않다면 그 사람 스스로 힘들어질 것입니다. 내버려두되 내가 거기에 끌려가거나 그의 부정직에 말려들지 않도록 하면 됩니다. 솔직함, 정직함은 바람직한 것이고 그런 세계를 만드는 데 힘을 쓰면 괜찮지만 "사람은 누구나 정직해야 돼"에 묶이면 그 신념이 '자기'라는 것을 형성하고 그것을 주장하게 됩니다. 즉, 그의 전의식에는 이 신념이 자리잡게 되고 거기에 기반해서 표면의식과 행동이 작용하게 됩니다. 그래서 마나스식을 에고의 씨앗이라고 표현합니다.

6식	– **의식**意識 **영역** (안이비설신의가 작용)	
	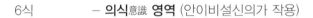 의식의 선線	
7식(마나스식) –	**전의식**前意識	(6식을 특정한 모습으로 보는 동일시된 신념이나 경험)
8식(아라야식) –	**심층 의식**	(무차별적으로 저장된 개인적, 집단적 무의식)

모든 행동과 의식은 그것의 의지처에 동일시되어 있는데 이것이 바로 마나스식이라고 보면 됩니다. 그런데 그 신념과 동일시된 의식은 자기가 거기에 동일시되어 있다는 것을 잘모릅니다. 그래서 전의식前意識이

라 하고, 의식 바로 직전이라고 표현합니다. 그러나 의식의 선線 바로 밑에 있기 때문에 조금만 노력하다보면 의식화될 수도 있습니다. 의식의 선은 항상 고정되어 있지 않고 오르락 내리락 합니다. 자기를 살펴보고 관찰하고 느끼다 보면 자신에 대해 민감해지고, 따라서 의식의 선이 내려가게 되어 그전에는 의식되지 않던 것들이 의식되기 시작합니다. 의식의 선이 내려갈수록 전의식前意識도 따라서 내려가고 더 미묘해집니다. 다시 말해 이제는 더 미묘한 부분에 동일시된다는 것입니다. 그래서 마음 공부를 많이 할수록 오히려 자기가 더 미묘하게 강해질 수 있으니 조심해야 합니다. "나는 알아!" 하는 것입니다. 자기관찰이 잘 되면 이제 다른 사람의 마음이 훤하게 보입니다. 저 사람이 왜 슬퍼하고 어려워하고 괴로워하는지 보면서 "저런 바보! 왜 저러고 있어." 하는 거지요.

의식의 선이 내려갈수록 전의식도 내려가기 때문에 동일시되어 있는 그 부분은 더 민감해지고 미묘해져서 알아채기가 더 힘들어집니다. 의식의 구조 자체를 꿰뚫지 않는 한, 공부를 많이 할수록 더 미묘하게 자기가 강화되기 때문에 통찰이 필요한 것입니다. 물론 미묘한 부분까지 모조리 파악해야 비로소 통찰이 일어나는 것은 아닙니다. 표면에서 통찰이 일어나도 "저 우주에서 일어나는 것이 모두 이와 같은 방식이구나."를 아는 것이 의식의 구조를 통한 통찰입니다. 표면의식에서 "내게서 일어나는 모든 현상, 내 마음에 잡히는 모든 것이 현상이구나."를 확실하게 파악하면, 민감하고 미묘한 부분에서 일어나는 것들도 모두 현상임이 분명해지기 때문입니다. 그래서 자기주장을 한다는 것 자체가 동일시에 빠져있는 것임을 파악하게 되는 것입니다. 전의식까지는 어쨌든 이 '나'라는 중심축이 있는 것입니다.

분별 없음이 분별을 만든다

그런데 8식識으로 내려가면 중심축이 없어집니다. 잘 때 꾸는 꿈은 무의식과 의식이 섞인 상태인데, 꿈을 잘 살펴보면 일관성이 없습니다. 하늘을 날다가 갑자기 바다 속으로 들어가기도 하고 또는 동물이 되었다가 갑자기 자전거를 타고 하늘을 날며, 과거와 미래를 왔다 갔다 합니다. 왜 그럴까요? '나'라는 일관된 중심이 없기 때문입니다.

실과 구슬로 예를 들어 살펴보겠습니다. 의식적 무의식적 경험들을 낱낱의 구슬이라고 한다면, 낮의 깨어있는 꿈에서는 실이 그 경험들을 하나로 엮어놓습니다. 구슬들이 실에 꿰어져있는 것이 낮에 꾸는 '깨어있다' 여기는 꿈이고, 우리는 내용없는 텅빈 중심인 이 실을 '나'라고 여기게 됩니다. 그런데 밤에 꾸는 꿈에는 그 실이 없어서 구슬이 제멋대로 돌아다니죠. 전체 구슬이 꿰어지는 것이 아니라 몇 개만 꿰어지거든요. 그러니까 이런 꿈 꿨다, 저런 꿈 꿨다, 과거로 갔다가 미래로 가는 것입니다. 모든 꿈을 하나로 엮어주는 일관된 '나'라는 중심축이 없어서 벌어지는 현상입니다. 대낮에도 '나'라는 중심축이 없다면 경험의 흔적들이 일사분란하게 정렬되지 못하고 제멋대로 혼란스러운 꿈 같은 의식을 경험하게 될 것입니다. 정신분열은 이러한 현상의 일종입니다. 간단히 말하면 정신분열은 낮에도 밤의 꿈을 꾸는 것과 비슷한 상태인 것입니다. 자기라는 일관된 실에 묶여있지 않은 것입니다. 그러나 실에는 특별한 실체가 없어요. 이렇게 에고라는 것은 우리의 경험을 하나의 맥脈으로 연결시켜주는 굉장히 중요한 역할을 하지만, 경험을 엮어주는 실일 뿐인데 그것을 주인으로 삼기 때문에 문제가 되는 것입니다. 진주목걸이를 보세요. 진주목걸이에서 중요한 것은 무엇입니까? 진주입니다. 그런데 실이 "내가 더 중요해." 하고 우기는 것, 이 것이 에고가 하는 짓입니다. 경험이라는 진주를 묶어주는 역할 때문에 '나'라는 실이 의미 있는 것이지, 실 자체가 중요한 것은 아닙니다. 진 짜 중요한 것은 나중에 필요에 따라 사용할 수 있는 경험인 것입니다.

아라야식, 무의식으로 들어가면 그 '나'가 사라지고 기준 없이 무차 별적으로 저장된다고 했습니다. 그렇기 때문에 좋고 싫음이 없습니다. 대지大地는 좋고 싫음 없이 모든 것을 받아들여 생명을 싹틔웁니다. 부 패하기도 하고, 발효가 일어나기도 하며 수많은 일들이 대지에서 일어 나 생명이 싹틉니다. 우리 무의식의 아라야식도 이 대지와 같이 구별 없이 모든 정보를 받아들입니다. 기준이 있다면 이것은 걷어내고 저건 받아들이고 할 텐데 그런 필터가 없다는 것입니다. 땅이 다이아몬드와 똥을 상관없이 다 받아들이듯 아라야식도 그렇습니다.

아라야식은 이렇게 무차별적인 저장식貯藏識이고, 탐진치貪瞋癡가 없 는 특성 때문에 여래의 씨앗이라고 하며 여래장如來藏이라고 표현합 니다. 그렇다면 이 아라야식은 어디에서 나왔을까요? 유가론瑜伽論에 서 보는 것과 대승기신론에서 보는 아라야식의 특징이 다릅니다. 유 가론은 유식론唯識論입니다. 오직 식識뿐입니다. 이 유식론에서는 아라 야식이 생멸生滅합니다. 다시 말해 나타났다 사라지는 현상이라는 것 입니다. 유가론에서는 이렇게 아라야식을 오직 현상에 불과한 생멸하 는 식識이라고 보는 반면에, 기신론에서는 아라야식에 생멸生滅과 불 생멸不生滅이 동시에 있다고 말합니다. 그래서 중생이 곧 부처인 것입 니다. 유식론에서 부처는 부처고 중생은 중생일 뿐입니다. 대승기신 론에서는 중생이 곧 부처이고, 번뇌가 곧 보리라고 얘기합니다. 바다 와 파도가 다르지 않다고 말해요. 원자 레벨에서 보면 바다와 개별적인 파도에는 그 어떤 차이도 없습니다. 오직 밖으로 드러난 현상에서만 차이가 있을 뿐입니다 손과 탁자를 소립자 레벨에서 살펴보면 차이가 없지만, 분자 레벨이나 그 이상에서 살펴보면 손과 탁자에는 큰 차이가 있겠지요. 이렇게 차이가 있는 것이 파도의 세계입니다. 끊임없이 형태와 질감을 분별하는 세계입니다. 그런데 깊이 들여다보면 손과 탁자가 '다르지 않은' 세계와 이 둘이 '완전히 구분되는' 세계가, 지금 이 순간 동시에 존재합니다. 분별과 분별없음이 지금 이 순간 동시에 있는 것입니다. 파도의 세계와 물의 세계가 함께 있기 때문에 기신론은 중생과 부처가 둘이 아니라고 말하는 것입니다. 아라야식은 수많은 분별 경험의 흔적이 저장되어있는 세계이니 파도의 세계이고 현상입니다. 그렇지만 그것들이 예를 들어 모두 원자로 구성되었다고 말할 수 있어요. 분별없음이 분별을 만들고 있을 뿐입니다. 그래서 아라야식은 분별과 분별없음이 동시에 있다고 말하며, 이런 의미로 여래의 씨앗이 있는 여래장이라고 말하는 것입니다. 여래如來는 항존불변이고 식識은 끊임없이 변화하는 현상인데, 이 변화하는 현상과 불변의 진리가 동시에 둘로서 같이 있다는 의미가 아닙니다. 그냥 하나라는 것입니다. 차원이 다를 뿐입니다. 식識이면서 곧 여래如來인 것, 이것이 아라야식에 대한 대승기신론의 입장입니다. 반면 유식론에서는 아라야식이 식識일 뿐이며, 이 식識이 사라질 때 진리가 드러난다는 입장입니다. 아라야식은 굉장히 중요한 개념이므로 잘 살펴볼 필요가 있는데, 논리적인 마음으로는 이해하기 힘듭니다.

이런 대승의 관점에서는 염심染心과 청정심淸淨心이 둘이 아닌 하나이므로 알기 어렵습니다. 지금 괴로워하는 내 마음이 동시에 전혀 괴롭지 않은 마음이라는 것입니다. 괴로움은 괴롭지 않은 마음을 항상 동시에 포함하고 있습니다. 그래서 괴롭지 않은 마음을 통해 괴로움이 '느껴지는' 것입니다. 검은색이 검게 느껴지는 것은 흰색을 배경삼고 있기에 그렇습니다. 이와 같이 현상은 곧 근본입니다. 물로 만들어진 물고기의 비유를 들어보겠습니다. 물로 만들어진 물고기들이 헤엄치고 있다고 상상해보세요. 영화 터미네이터를 보면 땅에서 뭔가 휙 올라와서 사람 형태가 만들어지잖아요. 그런 것처럼 물속에 물로 만들어진 물고기의 형태와 어떤 움직임이 있어요. 그 물고기가 자신은 개별체라고 우기는데, 물의 입장에서 보면 바다의 모든 물과 그 물고기가 똑같은 물입니다. 사실 주변 바다와 물고기에는 어떤 차이도 없는 것입니다. 해수의 난류暖流와 한류寒流도 좋은 예가 될 수 있습니다. 물의 온도차 때문에 난류와 한류가 나뉘어 서로 구분되는 듯한 흐름을 생성하지만, 물의 입장에서 본다면 같은 물일 뿐입니다. 이 한류와 난류처럼 자기들끼리 개별적으로 움직이는 어떤 모습을 번뇌라고 하고, 물 자체를 보리라고 한다면, 보리가 일시적으로 어떤 형태를 띠어서 어떤 움직임을 보이는 것이 번뇌입니다. 움직임을 멈추는 순간 그 자체가 보리인 것이죠. 움직이는 마음을 멈추는 순간 번뇌 끝, 보리 시작입니다. 그렇지만 사실 움직이고 있는 그 순간에도 그 움직임 역시 보리의 또 다른 모습일 뿐입니다. 내 존재의 중심이 번뇌와 보리를 구별하지 않는 레벨에 있는지, 구별하고 번뇌 속에 빠져있는지의 차이입니다. 이것을 진심으로 아는 마음은 부처만이 가능하다고 했습니다.

물든 마음과 물들지 않은 마음의 동일성

반복되는 핵심은 물든 마음과 물들지 않은 마음이 다르지 않다는 것입니다. 지금 강의하는 부분이 대승기신론 법장문法章門 해석 중에서 생멸문生滅門에 관한 것입니다. 법장문에 진여문眞如門과 생멸문生滅門이 있는데, 진여문은 본질에 대한 것이고 생멸문은 끊임없이 생겨났다 사라지는 현상적 마음에 대한 내용입니다. 우리가 하루 종일 느끼고 있는, 변화하는 마음은 모두 생멸문이라고 보면 됩니다. 진여문은 변함없는 마음인데 사실 우리가 그 변함없는 마음을 느끼거나 알 수는 없습니다. 그럼에도 불구하고 진여문에 대해 논하는 것은 변하는 마음이 전부가 아니기 때문입니다. 대승기신론의 핵심은 진여문과 생멸문, 즉 부처의 마음과 중생의 마음이 다르지 않다는 것입니다. 중생의 마음속에 부처의 마음이 있다는 것이 큰 줄기예요. 보리가 곧 번뇌요, 번뇌가 곧 보리이죠. 이전까지의 소승小乘은 본질적인 마음과 생멸하는 마음이 따로 있고, 생멸의 마음을 떠나야만 본질의 마음으로 갈 수 있다고 했습니다. 그런데 대승기신론에서는 중생의 마음이 곧 부처의 마음이라고 하기 때문에 알기 어렵다고 하는 거예요. 만약에 본질적인 마음이 따로 있고 생멸하는 마음이 따로 있다면 이해하기 어렵지 않습니다. 마음을 둘로 나눠서 생멸하는 마음은 버리고 본질적인 마음으로 들어가면 되니까요. 그런데 기신론에서는 아프고, 괴롭고, 기쁘고, 날뛰는 이 생멸하는 마음이 변함없는 본질적인 마음과 다르지 않다고 말합니다. 그래서 알기 어려워요. 일상에서 시끄럽고 이것저것에 휘둘리는 마음 상태로 있다가, 다시 말해 분별하고 생멸하는 마음에 있다가 명상을 통해 고요한 마음으로 침잠해 들어가면 어떤 흔들림도 없습니다. 더 나아가 삼매까지 들어가면 내가 있는지 없는지조차 모르게 됩니다. 이런 고요함이 마음의 본질이라고 한다면 이해하기 쉽습니다. 생멸하는 마음을 떠나면 되니까요. 그런데 삼매로 들어간 마음에서 일상으로 되돌아오면 마음이 다시 생멸하지 않습니까? 그렇다면 생멸하는 마음속에는 부처가 없는 것이고, 부처도 고요한 마음을 떠난 일상생활 속에서는 중생일 뿐이라는 소리가 되는 것입니다. 그러면 더 이상 부처라고 할 수 없겠죠. 그런데 석가모니는 다른 사람들처럼 일상생활을 했습니다. 밥도 먹고, 화장실도 가고, 아프기도 하고. 중생의 마음이 곧 부처의 마음임을 발견할 때, 중생처럼 보이는 생활을 하더라도 거기에 동시에 절대絶對가 있다고 말할 수 있는 것입니다. 수련은 고요한 세계로 침잠해가고 이승과 속세를 떠나는 것이라고 흔히들 말하지만, 석가모니는 속세를 떠나지 않고 많은 사람들과 같이 생활했습니다. 석가모니도 중생의 마음을 그대로 사용했다는 것입니다. 그러나 중생의 마음이 아닌 부처의 마음을 동시에 늘 확인하고, 늘 같이 가지고 있었기 때문에 번뇌 즉 보리라고 할 수 있는 것입니다. 원문 보겠습니다.

所謂心性常無念故, 名爲不變.
소 위 심 성 상 무 념 고　 명 위 불 변

소위 마음의 본성은 항상 망념이 없기에 불변이라 이름 한다.

[논論]

　마음의 본성은 항상 무념無念이라고 했습니다. 이때의 염念은 망령된 생각입니다. 염念이라는 것은 기본적으로 분열을 통해 일어나는 것이기 때문입니다. 모든 생각은 음陰과 양陽의 짝을 이루고 있습니다. 밝음은 어둠을 배경으로 하고, 선善은 악惡을 배경으로 하고, 각진 것은 둥근 것을 배경으로 하죠. 이렇게 모든 생각은 이원적인 분리를 기반으로 합니다. 생각으로 파악할 수 있는 모든 물리적인 세계 또한 이원적입니다. 물질과 반물질, (+)와 (−), N극과 S극, 구심력求心力과 원심력遠心力, 남자와 여자, 생명과 죽음처럼 모든 생각은 항상 이원적이며 서로를 전제로 합니다. 이원적인 분리가 없는 생각이란 것은 없습니다. 항상 서로가 서로를 지원하고 기대고 있는 것이 생각의 세계입니다. 그래서 망념妄念이라고 하는 것입니다. 실재하는 것이 아니라 개념으로 나눠놓고 '있다'고 여긴다는 말입니다. 그러나 마음의 본성에는 망념이 없다고 했어요. 마음의 본성은 분열되지 않았다는 뜻입니다. 나눠지 않았기 때문에 분별도 할 수 없지요. 마음의 본성은 무엇을 알거나 느끼거나 할 수가 없습니다. 알거나 느낀다는 것은 항상 분열된 상태에서 일어나기에 그렇습니다. 책상에 손을 대고 느껴보세요. 손과 책상 표면이 만나면 매끄럽거나 딱딱한 어떤 느낌이 일어납니다. 모든 느낌은 이렇게 분열된 두 개가 만나서 생기는 제3의 것이고 앎도 이와 같습니다. '내'가 '무엇'을 아는 것입니다. '앎'이란 '나와 대상' 사이의 '관계'입니다. 나와 무엇이 나눠지지 않으면 거기엔 '안다'라는 세계가 없습니다. 그래서 어린애한테는 '안다'는 세계가 없는 것입니다. 아직 마음에 분열이 일어나지 않아서 나도 없고 너도 없는 상태기에 그렇습니다.

나와 대상 없이 그냥 '앎'이라는 것만 있을 수는 없습니다. 모든 앎이라는 것은 이렇게 분열을 동반하기 마련입니다. "주시자만 있다."는 말들도 하지만 그것은 '앎이 없는 주시'일 뿐, 의식이 있을 때는 사실 미묘한 분열을 기반으로 해서 주시가 이루어집니다. 그냥 '봄'만 있다는 것은 성립되지 않습니다. '봄만 있다'는 표현은, 이전에는 '내가 무엇을 본다'가 분명했는데 '나'와 '무엇'이 사라지면서 '봄'만 있는 것으로 느껴지는 잠깐의 순간을 표현한 것입니다. 계속해서 '봄'만 있을 수는 없다는 것입니다. 그것은 스러지게 되어있어요. 이처럼 마음의 본성이라는 것은 무엇을 알거나 보거나 느낄 수 없습니다. 그래서 분열을 기반으로 하는 생각은 마음의 본성에는 당연히 없는 거지요. 우리가 뭔가를 알거나 깨닫는 것은 모두 '현상' 속의 일입니다.

본각本覺과 시각始覺에 대해 이전에 설명했었죠? 깨달음에 본각과 시각이 있는데, 본각은 드러나지 않는 깨달음을 뜻하고 시각은 드러난 깨달음. 다시 말해 현상화된 깨달음을 말합니다. 우리는 부처님을 보고 '깨달았다'고 말하지만, 그것은 현상화된 깨달음이기 때문에 실상은 현상에 불과합니다. 깨달음이라는 것은 깨닫지 못함을 전제로 하는 분리입니다. 깨달음이라고 말하는 자체가 분리된 마음속에서의 일이라는 거지요. 그런데 깨달음의 본질적인 의미는 분리를 넘어가는 것입니다. 부처님 자신은 분리를 넘어간다는 것이 무엇인지를 분명히 체득했지만, 그것을 말로 표현하고 들을 때는 결국 깨달음과 깨닫지 않음을 나눌 수밖에 없습니다. 그런데 나눠진 것은 모두 분리된 마음속에서의 일이고, 분리된 마음은 깨달음이 아닙니다. 그러니까 어떤 종류의 말을 하든 간에 모든 표현된 말은, 분리를 기반으로 하기 때문에 깨달음과 전혀 상관이 없는 것입니다. 그 누가 표현해도 마찬가지에요. 그래서 석가모니의 깨달음에 관한 말도 결국 시각始覺에 불과한 것입니다. 각覺이 현상계로 비로소(始) 드러났다는 의미입니다. 드러나긴 했지만 결국 현상에 불과한 것입니다. 이렇게 설명하면 "그렇다면 깨달았다고 하는 사람들이 하는 말이 대체 무슨 의미가 있는가?" 하는 오해가 생길 수 있습니다. 공부를 처음 시작하는 사람들에게는 깨달음이 있다고 말해야 합니다. 그래야 흥미를 느끼고 깨달음을 추구하며 공부를 시작하죠. 그러나 어느 정도 깊이 들어간 사람에게, 또는 드디어 어떤 경험을 맛본 사람들에게는 "그 체험마저도 하나의 현상이다."라고 말해줘야 합니다. 지금 하는 얘기가 그런 것입니다. 초보자에게 들려줄 말은 아닙니다. 그래서 우리도 1~2년이 지난 다음에 이런 이야기를 시작했습니다. 뭔가를 경험했다는 사람들이 생겨났으니 경험했다는 그 마음을 자기라고 여긴다면 그때부터 함정에 빠진다는 것을 말하기 위해 대승기신론 강의를 시작한 것입니다.

아픈 마음과 아프지 않은 마음이 동시에 있다

마음의 본성에는 분열을 기반으로 하는 '생각'이라는 것이 없기에 보고, 알고, 느끼는 것도 없습니다. 또 그렇기 때문에 어떤 생각에도 영향을 받지 않습니다. 지금 이 순간 우리 마음에 그 어떤 생각이 일어난다 해도 마음의 본성은 전혀 영향을 받지 않습니다. '깨어있기' 워크숍에서 '감정은 감정대로 있고, 그것과 상관없는 투명한 주의 또는 깨어있는 의식은 그대로 있다'라는 연습을 한 적이 있습니다. '본질의 그림자' 연습인데 그와 같은 맥락입니다. 감정은 감정대로 느껴지는데, 그것을 알아채는 투명한 주의는 감정으로부터 전혀 영향 받지 않은 채 그 순간 동시에 있습니다. 지금 여러분들 앞에 있는 탁자는 어떤 색입니까? 마음은 흰색으로 봤겠지만, 흰색을 흰색으로 '아는 그 마음'은 흰색과 전혀 상관없습니다.

그림자 연습을 지금 한번 해볼까요? 자, 눈을 감고 여러분들이 지금껏 살아오면서 가장 기분 나빴거나 마음이 불편했던 때를 떠올려봅니다. 마음에 큰 상처를 받았던 때나 극도로 분노를 느꼈던 때를 생각하고 그 느낌을 떠올려 보세요. 기분 나쁜 사람이나 내 마음을 크게 아프게 했던 사람들을 떠올리고 그때의 아픔이나 분노를 느껴봅니다. 느껴지면, 그것을 '알아채고 있는 마음' 또한 의식해보세요. 그 '아는 마음'은 '아픈 느낌'에 물들어 있지 않죠? '내가 아프다'고 느끼는 것은 '아프지 않은 마음'이 동시에 있기 때문입니다. 오직 아픈 마음만 있다면 아파 미쳐서 그냥 죽어요. 그러나 '아프다'라고 '여기는 마음'이 있다는 것은, 아픔을 '알고' 있는 것이고, 그것은 아프지 않음을 떠올린 것이며, 그와 동시에 아픔에도, 아프지 않음에도 전혀 영향 받지 않는 마음이 있다는 의미입니다. 이것이 바로 마음의 본성은 생각이나 감정과 느낌에 영향 받지 않는다는 말입니다. 그런데 보통은 느낌으로 자기 마음을 가득 채워 놓습니다. 여러 생각이나 감정 또는 느낌만 느껴지는 것은, 화상회의에서 손으로 카메라를 가려서 화면을 손바닥으로 가득 채운 상태와 같습니다. 분노의 느낌은 손, 여러분의 마음은 화면이라 비유한다면, 손으로 카메라를 가려 화면을 가득 채워보세요. 이렇게 마음이 분노로 가득 차 있는 것입니다. 그렇지만 여전히 손은 움직이고 느껴지며, 화면 자체는 손으로부터 어떤 영향도 받지 않습니다. 화면에 손바닥이 가득 비칠 뿐, 화면이 손으로부터 어떤 영향을 받고 있는 것은 아니라는 말입니다. 마찬가지로 내 마음이 슬픔이나 기쁨, 어떤 생각으로 가득 찼다고 하더라도 여전히 마음 자체는 깨끗합니다. 그래서 거울이라고 하는 것입니다. 거울에 아무리 많은 것들이 비친다 해도 그것들이 거울을 건드릴 수 있나요? 상相은 절대로 거울을 건드리지 못합니다. 거울을 마음이라 하고 거울속의 상을 생각이나 감정 또는 어떤 느낌이라고 한다면, 생각이나 감정, 느낌들이 있어도 우리 마음의 본성에는 전혀 영향을 미치지 못하기 때문에 거울은 거울 대로, 상은 상대로 있는 것입니다.

심성상무념心性常無念이란 말의 의미는 생각뿐만 아니라 모든 감정이나 느낌들 역시 마음의 본성에는 없다는 것입니다. '있지만 없는 것'이기에 이해하기 어렵습니다. 이런 것을 이름하여 불변이라고 했습니다.

불변은 변함이 없는 것입니다. 의식의 본질을 탐구할 때 어떤 마음의 상태에서도 전혀 변함없는 것이 무엇인지에 관심을 기울여야 됩니다. 이랬다가 저랬다 하는 마음에는 관심을 기울이지 마세요. 이랬다, 저랬다 하는 마음은 있어도 괜찮습니다. 우리 집에 어린애가 있는 것처럼 내 마음에 어린애가 있다고 생각하면 됩니다. 어린애가 울고, 웃고, 슬퍼하고, 때로는 난리를 쳐도 내버려 두세요. 내 마음의 본성은 그것에 전혀 개의치 않습니다. 사진을 찍을 때 카메라 안에 많은 상들이 나타났다 사라지지만 그것들은 카메라와 전혀 상관없듯이, 나타났다 사라지는 것에 관심을 두지 마세요. 그것들은 필요에 따라 가져다가 쓰면 됩니다. 나타나지도 사라지지도 않는 것에 관심을 기울여야 됩니다. 그 어떤 상황에서도 변함이 없는 것. 그렇기 때문에 본성, 본질이라고 이름 붙인 것입니다. 여러분의 마음속에 떠오르는 모든 것들과 변화들은 있는 대로 내버려두고 그것들에 상관없이 변함없는 진정한 자신을 발견해야 합니다.

경험의 세계와 경험을 넘어선 세계

以不達一法界故, 心不相應, 忽然念起, 名爲無明.
이 부 달 일 법 계 고   심 불 상 응   홀 연 념 기   명 위 무 명

일법계一法界임을 알지 못하기에 마음이 상응하지 아니하여 홀연히 망념이 일어나는 것을 무명無明이라 이름한다.

[논論]

불교에서 사용하는 법法에는 세 가지 의미가 있습니다. 첫 번째는 진리, 두 번째는 모든 현상, 세 번째는 부처의 진리에 대한 설법說法입니다. 이렇게 세 가지 의미로 법法이라는 단어를 사용한다는 것은 진리나 현상이 결국 다르지 않다는 의미입니다. 그래서 법계法界는 현상계이

기도 하고 진리의 세계이기도 합니다. 일법계一法界라고 했습니다. 법계法界라는 단어를 이렇게 여러 가지 의미로 사용하지만 결국은 하나라는 의미입니다. 이 현상계와 본질계가 둘이 아닌 하나라는 말이죠. 우리가 경험하는 현상계와 경험의 근간이 되는 본질의 세계가 둘이 아닌 하나의 세계라는 것, 즉 일법계임을 알지 못하기에 마음이 일법계에 상응하지 아니하여 망념이 일어난다고 했습니다. 그러면 이것을 알기가 왜 그렇게 어려울까요?

알기 쉬운 것부터 한번 살펴봅시다. 원효대사는 대승기신론 소疏에서 알기 쉬운 몇 가지를 얘기합니다.

첫째, 만약 마음의 본질이 오직 나타났다 사라지는 현상이라면 알기 쉽습니다. 시간에 따라 상황에 따라 끊임없이 변하는 것이 마음이라면 알기 어렵지 않습니다. 이것은 생멸심生滅心만을 아는 경우죠. 만약 여러분이 "내 마음은 나도 알 수 없어.", 또는 "내 마음은 나도 몰라." 이렇게 말한다면 변하는 마음만을 알고 있는 것입니다. 그리고 여러분은 마음을 잘 알고 있는 것입니다. "내 마음을 나도 알 수 없어."라는 말은, 변하는 마음만 있다는 것임을 잘 알고 있다는 의미입니다.

둘째, 마음은 현상이 아닌 오직 본질인 경우입니다. 진짜 마음은 한결 같아서 변함없고 깨끗할 뿐이며, 그 외의 모든 것은 일시적인 현상이고 마음의 본질과는 상관이 없는 것이라면 이것 역시 알기 어렵지 않습니다. 흔들리는 이것은 진짜 마음이 아니고 거울처럼 아주 깨끗한 것이 마음이라고 아는 것입니다. 마음의 본질은 늘 변함없고 깨끗한 청정심으로 알면 쉽습니다.

셋째는 마음의 본질은 깨끗하지만 상相에 물들었다는 것입니다. 마음을 본질과 상으로 나눈 것인데 이것 또한 이해하기 어렵지 않습니다. 마음이라는 것은 본질이 있고 변하는 상이 있는데, 느낄 수 있고 늘 변하는 마음은 상이고 그 이면에 있는 변하지 않는 항상恒常하는 마음이 본질이라고 이해하는 것입니다. 우리도 지금까지 그런 식의 이야기를 했습니다. 거울이 본질이고 거울에 맺힌 상은 본질과 상관없는 현상일 뿐이라는 말을 했었죠. 그런 말들은 사실 이해시키기 위한 것입니다. 마음의 본질이 정말 그러하다면 알기 어렵지 않습니다.

그러나 대승기신론에서는 마음이라는 것을 더럽기도 하고 깨끗하기도 해서 염정불이染靜不二라고 합니다. 마음의 본체가 깨끗한 채로 곧 물들어 있다는 것입니다. 또는 깨끗하지도 물들지도 않았다, 마음에는 깨끗함과 물듦이 따로 없다고도 합니다. 그리고 마음은 움직이기도 하고 고요하기도 하다, 또는 움직이지도 않고 고요하지도 않다, 움직이면서도 움직임 없이 고요하다고도 설명합니다. 이렇게 둘이 아니고 하나도 아니라서 의미가 너무 절묘하여 알기 어려운 것입니다.

깨끗함과 더러움은 생각으로 분별해놓은 것입니다. 움직임과 고요함 역시 생각으로 분별한 것입니다. 어떻게 보면 깨끗함과 더러움이 함께 있는 것 같고, 어떻게 보면 깨끗하지도 더럽지도 않은 것 같습니다. 본다는 것은 보는 자와 보이는 대상간의 관계인데, 안다는 것도 마찬가지입니다. 앎이라는 것은 보는 자와 보이는 대상으로 나눠진 둘 사이의 관계이므로 결국 분별 속에서의 앎일 뿐입니다. 예를 들어 나는 저 앞산이 고요하여 전혀 움직임이 없다고 느낍니다. 그러나 망원경으로 자세히 보면 거기 다람쥐가 움직이고, 나무가 바람에 흔들리며, 수많은 새들이 지저귑니다. 그러니 산은 시끄러운 움직임으로 가득차 있는 것입니다. 그렇다면 과연 산은 움직임 없는 고요 속에 있는 것일까요? 아니면 시끄러운 움직임 속에 있는 것일까요? 내게는 분명

고요하게 느껴집니다. 그러나 누군가에게는 그렇지 않습니다. 이런 '고요하다는 앎'은 '내 감각'과 '산'의 관계 속에서 일어나는 일입니다. 망원경과 산과의 관계라면 '움직임'이라는 앎이 있을 것입니다.

아무리 그 앎과 통찰이 훌륭하더라도 이렇게 결국 다 이런 상대적 관계의 분열 속에서 일어나는 일입니다. 그러므로 분열을 떠나면 됩니다. 분별을 떠난 그곳에 어떤 앎이 있겠어요? 거기에 어떤 깨끗함과 더러움이 있겠어요? 깨끗하다, 더럽다 하는 것은 마음이 나눠놓은 것입니다. 마음의 분열 속에서 일어난 분별입니다. 그 분별로는 절대로 마음 자체를 알 수 없습니다. 그 분별로 마음을 알고자 한다면 "마음은 깨끗하기도 하고 더럽기도 해." 또는 "마음은 깨끗하지도 더럽지도 않아." 이렇게 밖에 말할 수 없습니다. 말이나 설명이라는 것 자체가 분별을 통해 이뤄지기 때문입니다. 거울과 상相의 비유도 설명하기 위한 비유일 뿐입니다. 대승기신론에서는 "어떻다"라고 말하지 않고, "이것도 아니고 저것도 아니다, 이것이 아닌 것도 아니고 저것이 아닌 것도 아니다."라고 말합니다. 그중 하나로 거울의 비유를 들어 이렇게 이야기합니다. "거울 속의 상은 거울 속에 들어있으므로 거울과 전혀 상관이 없지는 않고, 다시 말해 거울이 아닌 것은 아니고, 그렇다고 해서 거울 속의 상이 거울인 것도 아니다". 이런 식으로 말하는 이유는 우리의 모든 분별을 끊어주기 위함입니다. 모든 앎이라는 것은 분별을 통해 일어나기 때문입니다. '대승기신론에서 말하는 것이 이런 것이구나. 본질은 이런 것이고, 현상은 이런 거구나. 이제 알았어.' 이렇게 결론짓지 못하게 하기 위해 다 부정을 통해 말합니다. 그러면서도 이런 설명으로 마음을 하나씩 깨우쳐줍니다.

일법계 – 상相을 넘어선 세상

일법계一法界임을 알지 못하기 때문에 마음이 상응하지 않는다는 것은, 마음이 일법계과 통하지 않는다는 뜻입니다. 분리 없는 세계에 상응하지 못하기 때문에 마음은 다양한 분열과 물든 마음을 만들어 냅니다. 그래서 홀연히 망념이 일어난다고 했습니다. 이렇게 홀연히 일어난 망념을 무명無明이라고 합니다. 밝지 못하다는 것은 자기도 모르게 이런 일이 일어난다는 의미입니다. 망령된 생각은 한 마음 속에서 분열을 기반으로 하여 일어나는 일이기 때문에 그것을 알기가 어렵습니다. 우리의 모든 앎은 '나'와 '대상'이라는 마음의 주/객 분열 속에서 일어납니다. 앎이라는 것이 없는 아기처럼, 앎이 적을수록 분열 또한 없는 것입니다. 우리는 끊임없이 분별합니다. 빨간 옷의 빨간색, 커피와 커피잔, 튀김과 튀김그릇, 일일이 분별하고 구별합니다. 그런 분열이 한 마음 속에서 일어납니다. 내가 느끼는 저 사람에 대한 생각이나 느낌은, 저 사람에게서 오는 것이 아니라 내 마음의 상相이 만들어진 데서 오는 것입니다. 상相이 만들어지지 않으면 싫어함도 좋아함도 있을 수가 없습니다. 그런데 우리는 살아오면서 늘 상相을 비추어서 봐왔기 때문에 상相과 밖의 세계를 동일시합니다. 물론 엄밀하게는 밖이라는 것도 없습니다. 밖이 있다고 여기는 것 자체가 마음의 분별 속에서의 일이기 때문입니다. 마음이 분열되지 않고 하나로 돌아가면 아무런 앎도 일어나지 않습니다. 감각感覺™으로 들어갔을 때 그렇죠. 안다는 느낌이 없습니다. '느끼는 자'가 만들어졌을 때만 비로소 느낄 수 있습니다. 감각은 마음의 느낌이 없어도 자극을 통해 분별하는 것입니다. 무슨 말이냐면 마음에서 안다, 느낀다라는 것이 없이도 감각이 있기 때문에 그냥 이것, 저것을 구별한다는 것입니다. 눈은 멀쩡하지만 아무것도 안 보인다는 시각적 실인증失認症의 사람을 의자 앞으로 데리고 가면 의자를 보지는 못해도 그것을 피해갑니다. 왜 피했는지 물으면 그 사람은 이유를 모르지만 피해갑니다. 그리고 의자가 보이지는 않는다고 합니다. 이런 것을 시각적 실인증失認症이라고 합니다. 인식능력을 잃어버린 상태에요. 눈에는 보이지만 마음은 작동하지 않기 때문에 이 사람에게는 보이질 않습니다. 그렇지만 감각은 작동하기 때문에 장애물 앞으로 가면 본능적으로 부딪치지 않으려고 피해서 갑니다. 그러나 마음은 아무것도 모르고 아무것도 느끼지 못합니다. '깨어있기'의 감각™상태도 그와 유사합니다. 마음이 상相을 통해 그 감각과 아직 조율되지 않은 상태에서는 분열이 일어나지 않았기 때문에, 안다거나 느끼는 바가 없는데 이것이 우리가 연습했던 '깨어있기'의 '감각상태'입니다.

染心者有六種. 云何爲六.
염 심 자 유 육 종   운 하 위 육

물든 마음에는 여섯 가지가 있으니 그것은 무엇인가?

[논論]

마음의 본성은 항상 무념無念인데 마음의 본성에 들어가지 못하므로, 다시 말해 번뇌와 보리가 일법계一法界임을 알지 못하므로 망념妄念이 일어나게 되는데, 그러한 물든 마음에는 여섯 가지가 있습니다. 바로 집상응염執相應染, 부단상응염不斷相應染, 분별지상응염分別智相應染, 현색불상응염現色不相應染, 능견심불상응염能見心不相應染, 근본업불상응염根本業不相應染입니다.

처음 세 가지는 번뇌에 상응하는 상응염相應染이고, 다음 세 가지는 번뇌에 상응하지 않는 불상응염不相應染입니다. 표면적인 집상응염執相

應染부터 여섯 번째인 근본업불상응염根本業不相應染까지 점차 근본적으로 내려갑니다. 그러나 이런 순서로 이해하는 것은 어렵기 때문에 발전 단계 순서로 먼저 간단히 살펴보겠습니다. 거슬러 가는 것이 아니라 초기부터 나온다고 생각하면 됩니다.

의식의 전개 과정

근본업불상응염根本業不相應染이 가장 처음입니다. 이것은 '근본업根本業'이라는 물든 마음인데 번뇌를 일으키지는 않습니다. 왜냐하면 근본업은 아직 나뉘지 않은 마음인데 마음이 나와 대상으로 나뉘고, 경계가 생겨 밖의 사물을 보게 되어, 대상에 대한 좋고 싫음(好惡)이 생겨난 이후에 번뇌가 일어나기 때문입니다. 나와 대상으로 나뉘지면 이제 밖에 있는 사물을 '볼 수 있는' 주관이 생기는데 이것이 '능견상能見相'입니다. 분별 없이 '보여지는 것'이 아니라 '내가 본다'는 것인데, 볼 수 있게 되었다는 것은 밖의 대상에 대해 분별의 경계를 그리기 시작한다는 것입니다. 그리고 이것과 저것이 구별되면서 대상에 대해 비교가 일어나고 거기에서 호오好惡가 생겨나며 그 다음에 번뇌가 생깁니다. 좋은 것은 가지고 싶고 싫은 것은 멀리하고 싶은데, 그러지 못할 때 괴로워하며 번뇌가 생기기 시작하는 것입니다.

근본업에서 마음이 한번 움직여 '나와 대상'이 생겨나고, 이때 나뉘져 보는 마음(능견能見)인 주관이 생겨나고, 이어서 다양한 경계가 그려져 드디어 현상이 생겨나는데 이것이 '현색現色'입니다. 여기까지는 현상이 생겨나기는 했지만 아직 호오好惡는 생기지 않았기에 번뇌에 상응하지는 않으므로 불상응염不相應染입니다.

그 후 분별지分別智가 나타남으로써 호오好惡가 생기고 드디어 번뇌와 상응하기 시작합니다. 고락苦樂이 생겨나고 그 고락에 붙들려 끊임없이 저항하게 되는데 이것이 부단상응염不斷相應染입니다. 이렇게 끊임없이 이어지는 것을 상속식相續識이라고 하지요. 그래서 부단상응염은 상속식相續識에 해당됩니다. 그리고 이어서 집착이 생겨납니다. 특정한 분별, 그 분별에 반응하는 좋고 싫음, 그 좋고 싫음에 붙잡혀 있는 고락苦樂, 이것에 집착하는 것이 바로 집상응염執相應染입니다. 집착이 일어나는 순서는 이렇습니다.

근본업根本業을 다시 자세히 살펴보겠습니다. 업식業識은 태어나면서 부모로부터 유전적으로 받은 것, 그리고 몇 십억 년의 생명사에서 끊임없이 전달되어 몸과 에너지장, 마음의 장에 각인된 것들인데 이것 때문에 불각不覺이 생겨납니다. 왜냐하면 마음이 움직일 때 이것들이 무의식적인 '주체' 역할을 하면서 '대상'을 만들기 때문입니다. 그리되면 '나'와 '대상'이라는 환상이 시작되고, 거기서 모든 고통의 씨앗이 자라기 때문입니다. 불각이란 본질을 알아채지 못하는 마음인데 근본불각根本不覺 또는 무명불각無明不覺이라고도 합니다. 이것이 근본업根本業이고, 일종의 물든 마음(染)입니다. 업業 때문에 물들어 있는 것입니다. 근본업은 일종의 무의식이나 집단무의식과도 같습니다.

근본업불상응염根本業不相應染부터 부단상응염不斷相應染까지는 의근意根(의식적 느낌을 감각하는 기준이 되는 것)에 해당합니다. 감각기관과 감각대상, 그 사이의 관계를 근경식根境識이라고 합니다. 마음에 쌓인 것(안식眼識, 이식耳識, 비식鼻識, 설식舌識, 신식身識)인 의경意境(마음에 쌓인 의식적 대상들)을 '대상'으로 삼는 것이 의근意根입니다. 이렇게 의근意根과 의경意境이 만나서 이 사이에 의식意識이 생겨납니다. 의근意根은 내 안에 쌓여진 감지感知™들을 감각하는 일종의 감각기관인 것입니다. 이제 원문을 보며 자세히 살펴보겠습니다.

一者執相應染. 依二乘解脫, 及信相應地遠離故.
일 자 집 상 응 염   의 이 승 해 탈   급 신 상 응 지 원 리 고

첫째는 집상응염執相應染이니 이승(성문승과 연각승)의 해탈한 사람과 신상응지의 사람은 멀리 그 집착을 떠날 수 있다.

[논論]

집상응염執相應染은 집착과 상응해서 물든 마음입니다. 부처님의 설법을 듣고 수행해 나가는 성문승聲聞乘과 부처님의 설법을 듣지 않고 자기 스스로 인연의 법칙을 깨달은 연각승緣覺乘은 해탈을 통해 집착을 떠날 수 있습니다. 신상응지信相應地는 부처님을 따라 이 길을 가면 자기로부터 자유로워지는 해탈에 이를 수 있다는 불퇴전不退轉의 확고한 믿음이 생긴 것인데, 이것에 의존해서도 집착으로부터 멀리 떠날 수 있습니다. 바로 기독교의 길이기도 하죠. 예수님을 완벽하게 믿으면 자기로부터 일어나는 모든 것들에 유혹당하지 않고, 예수가 지시하는 길을 진실로 따를 수 있습니다. 이렇게 진정한 믿음이 생긴 사람들은 그것에 의지해서 집착으로부터 벗어날 수 있습니다.

집상응염執相應染은 의식意識에 해당합니다. 의근意根이 의식적 대상(意境)을 만나 의식적인 앎(意識)을 만들어 내고, 그 앎이 일체 분별을 일으켜 집착이 일어나는 것입니다. 분별이 일어나면 집착이 일어날 수밖에 없는 것은, 분별을 통해 좋고 싫음이 생기면 좋음에 자연스레 끌리기 때문입니다.

물든 마음 여섯 가지와 그것을 떠날 수 있는 여섯 가지 방법 중 첫번째를 설명했습니다.

二者不斷相應染. 依信相應地修學方便, 漸漸能捨,
의 자 부 단 상 응 염   의 신 상 응 지 수 학 방 편   점 점 능 사

得淨心地究竟離故.
득 정 심 지 구 경 리 고

둘째는 부단상응염不斷相應染이니 신상응지信相應地에 의존하여 수많은
방편들을 배우고 익혀 점차로 버릴 수 있게 되어서 맑은 마음이 얻어져서
마침내 떠날 수 있다.

[논論]

두 번째부터는 의근意根입니다. 다른 다섯가지 감각기관과는 달리
날때부터 가지고 태어나는 것이 아니라, 탄생 후 감각기관을 통해 경
험되는 것들이 마음에 쌓여 그것이 어떤 기준으로 작용하는 것입니
다. 귀라는 감각기관이 20~20,000 Hz의 소리만을 들을 수 있듯이 어
떤 기준이 없으면 감각기관이 될 수 없습니다. 만약 이런 기준 없이 모
든 영역의 주파수를 소리로 들을 수 있다면 빨간색(490 THz)도 소리
로 들을 수 있을 것입니다. 빛의 주파수도 소리로 듣는 것입니다. 그럼
더 이상 귀라고 할 수 없겠죠. 실제로 공감각共感覺이 형성되어 색깔로
냄새를 맡거나 맛을 느낄 수 있는 사람들이 있습니다만 제한적이지요.
반면 모든 영역의 주파수를 감각하는 기관, 즉 한계가 없는 감각기관
이라면 그 무엇을 따로 특별하게 감각하는 것도 아닐 것입니다. 이처
럼 모든 감각기관은 한계가 지어져 있습니다.

　파동의 영역대가 제일 낮은 것이 촉각이어서 가장 거칠고 현실감 있
고 진하게 느껴집니다. 그 다음 미각, 후각, 청각, 시각의 순입니다. 신
체 감각기관 중에서 이렇게 눈이 가장 높고 세밀한 영역대의 대상을
감지해내는 기관입니다. 그런데 미세한 것까지 잡아내는 눈보다 훨씬
섬세한 것이 의식적인 감각기관인 의근意根이며, 다른 감각기관과 마
찬가지로 한계를 지니고 있습니다. 그 한계라는 것이 바로 여기서 말

하는 부단상응염不斷相應染부터 근본업불상응염根本業不相應染까지를 의미합니다.

부단상응염不斷相應染은 끊이지 않고 상응하는 물든 마음입니다. 이것과 저것을 분별함으로써 좋고 싫음이 생겨나고, 좋은 것을 얻지 못하거나 싫은 것을 떠나보내지 못해 고苦가 생겨나고 좋은 것에 머물면 락樂이 생겨납니다. 이 고락苦樂이 끊임없는 분별을 일으키게 만드는 자극을 줍니다. 즐거움이 없으면 거기에 머무르려고 하지 않을 것이고, 고통이 없으면 그로부터 멀리하려 하지 않을텐데, 고락이 있어 그것을 멀리하거나 얻기 위한 분별과 번뇌가 계속해서 일어납니다. 끊임없는 번뇌에 물든 마음인 부단상응염不斷相應染은 상속식相續識입니다. 이것을 어떻게 끊을 수 있을까요? 바로 불퇴전不退轉의 믿음에 의존하면 수많은 방편들을 섭렵하여 차츰 버릴 수 있게 되고 맑은 마음을 얻어서 떠날 수 있습니다. 지地는 어떤 단계나 레벨을 뜻합니다. 그중 신상응지信相應地는 믿음이 불퇴전에 이른 상태이고, 득정심지得淨心地는 맑은 마음이 얻어진 상태입니다. 근본업根本業이 첫 번째 의근이라면 끊임없는 분별의 기준이 다섯 번째 의근입니다. 끊임없이 분별하는 망념인 상속식이 의식적 감각기관이 갖는 하나의 한계라는 것입니다.

三者分別智相應染. 依具戒地漸離,
삼 자 분 별 지 상 응 염   의 구 계 지 점 리

乃至無相方便地究竟離故.
내 지 무 상 방 편 지 구 경 리 고

셋째는 분별지상응염이니 구계지具戒地에 의존하여 점차 떠날 수 있게 되며 무상방편지無相方便地에 이르러 마침내 떠날 수 있다.

[논論]

분별지分別智는 호오를 분별하는 것입니다. 호오好惡를 분별해서 드디어 번뇌를 일으키는 물든 마음이 분별지상응염分別智相應染인데 이것

은 어떻게 끊을 수 있을까요? 구계지具戒地란 계를 갖추어서 그 계를 따를 수 있는 힘을 얻은 레벨을 말합니다. 그래서 점차 떠나다가 상이 없는 방편의 영역에 이르게 되면 마침내 거기서 떠나게 됩니다. 분별지分別智는 좋고 싫음, 더럽고 깨끗함을 분별하는 앎이며 지식智識을 말하는데 이것이 네 번째 의근이 됩니다. 이것은 아공법공我空法空을 통해 끊을 수 있습니다. '나'라는 것도 일체 대상(法)도 텅 빈 무無라는 것을 발견함으로써, 좋고 싫음을 분별하는 물든 마음으로부터 떠날 수 있게 됩니다. "이것은 맛있고 저것은 맛없다."고 말할 때 맛있고 맛없음을 어떻게 분별합니까? 혀가 가진 기준으로 분별합니다. 그 기준이라는 것은 분명히 존재하며, 나와 이것과 저것이 존재한다고 믿는 마음을 근거로 이런 일이 벌어집니다. 마음이 분열되어 나와 대상으로 나눠지고, 대상들간에 경계가 지어져서 이것과 저것을 분별할 수 있게 되고, 이것과 저것에 좋고 싫음이 생겨나면 드디어 고락에 집착하는 일이 생겨납니다. 그 모든 과정이 기본적으로 나와 대상으로 나눠짐으로써 생기는 일인데, 나와 대상으로 나뉘는 이유는 뭔가요? 마음 안에 쌓인 것들이 기준인 '주체'가 되고, 지금 들어오는 감각적인 '대상'이 그 기준과 비교되면서 분별되기 시작합니다. 주체와 대상으로 나뉘기 전의 근본업根本業(초기 의식적 기준의 근거)이나 능견식能見識(기준을 기반으로 '보는 것'), 현식現識(보여지는 것이 아니라 '보아서' '분별하는 것') 등이 없다면 주체와 대상으로 나눠지고 분별되고 좋고 싫음이 생겨나는 일도 없습니다. 그것을 뿌리로 해서 생기는 거니까요. 또, 나도 없고 대상도 없음을 분명히 파악하면 분별하는 마음이 끊어지게 됩니다. 그 분별하는 마음이 끊어지면 그 위의 집착도 끊어지겠죠.

좋고 나쁨을 분별하되 번뇌에 빠지지 않는다

四者現色不相應染. 依色自在地能離故.
사 자 현 색 불 상 응 염   의 색 자 재 지 능 리 고

넷째는 현색불상응염現色不相應染이니 색자재지色自在地에 의하여 떠날
수 있다.

[논論]

현색불상응염現色不相應染부터 번뇌를 일으키지 않습니다. 현색現
色은 경계가 생겨나서 현상화되는 것을 말하는데 이 단계는, 경계는 생
겨났지만 호오好惡가 아직 분별되지 않아서 그로 인한 번뇌는 일어나
지 않으므로 불상응염不相應染이라고 합니다. 경계는 능견能見 때문에
생겨납니다. 능히 볼 수 있는 능견能見은 주체입니다. 그전까지는 그저
'보여졌는데' 마음에 쌓인 기준을 통해 '보는 것'이 생겨나는 것입니다.

순서를 잘 보세요. 맨 처음에 타고나는 근본업根本業이 있어요. 이
현상계의 필수 조건으로 타고난 것입니다. 시각적, 청각적인 한계, 타
고난 성격 등으로 설명할 수 있는 경향성傾向性 등을 말합니다. 그런 개
인적인 타고난 경향성도 무시할 수 없습니다. 절대적이지는 않지만 분
명히 어떤 영향을 미치고 있습니다. 그래서 서양 생물학에서는 인간의
특성을 구성하는 것이 본성Nature인지 자라난 양육환경Nurture인지를
두고 오래전부터 논쟁해 왔습니다. 결론은 두가지가 거의 동등하게 영
향을 미친다는 것입니다. 이때의 본성이라는 것이 말하자면 근본업이
라 할 수 있을 것입니다.

근본업 다음이 능견能見입니다. 마음에 감지感知™가 쌓여 상相이 생
겨나, 감각적 '보이는 것'을 넘어 마음의 상을 투사해 '보는 것'(주체의
기준을 통해 본다)이 가능해지게 됩니다. 이때부터 '주체'가 본격적으
로 작용하기 시작합니다. 그 다음은 대상들에 경계가 그려져 구별되는

현색現色입니다. 색色은 현상세계를 뜻합니다. 현상세계에는 우리 마음이 경계를 그려 나누어놓을 때만 나눠진 여러 현상이 존재하게 됩니다. 이 현상세계에서 자유로워지기 위해서는 경계를 그리지 않는 것이 아니라, 이것저것을 나누는 경계를 세밀하게 그리지만 좋고 싫음에 집착하거나 저항하지 않아야 합니다. 이것이 바로 분별은 하지만 그것에 걸리지 않는 것입니다. 좋은 것과 나쁜 것을 철저히 비교하되 좋은 것에 집착하지 않는 연습을 하세요. 비교하되 그 비교된 것에 동일시되지 말라는 뜻입니다. 비교할 줄 모르면 그것은 감각이 둔하여 좋은 것과 나쁜 것을 구별 못하는 것입니다. 그렇지만 좋은 것을 구별하고 그것에 집착하는 마음은 또한 묶인 마음, 번뇌의 마음입니다. 그래서 명상이나 마음 수련을 잘못하면 고요함에 묶이기 쉬운 거예요. 고요하고, 평화스럽고, 이래도 좋고 저래도 좋은 마음이 높은 마음의 경지라고 생각하기 쉽습니다. 그리고는 거기에 집착합니다. 그것은 둔한 마음으로 가는 것입니다. 그보다는 철저히 비교하는 칼날은 날카롭게 갈되 그 칼날에 상처입지 않아야 합니다. 이 현색불상응염은 경계를 나누되 아직 경계에 사로잡히지는 않는 단계입니다. 그렇다면 경계로 인한 번뇌는 어떻게 끊을까요? 현상계의 경계를 나눈 마음으로부터 자유로워지는 경지인 색자재지色自在地에 의해 떠날 수 있게 됩니다.

五者能見心不相應染. 依心自在地能離故.
오 자 능 견 심 불 상 응 염　　의 심 자 재 지 능 리 고

다섯째는 능견심불상응염能見心不相應染이니 심자재지心自在地에 의해 떠날 수 있다.

[논論]

능견심能見心은 감지™가 생겨나서 무언가를 보기 시작하는 마음입니다. 능견심 이전은 그냥 '보일 뿐'이라서 그것이 무엇인지도 모르고

마음에 어떤 상相도 떠오르지 않습니다. 우리가 말하는 감각™이죠. 이후에 '감지가 생겨나 볼 수 있는 마음'이 주체와 대상의 마음이고, 그것을 동심動心이라고 합니다. 마음이 움직인 것입니다. 주의注意가 시작되는 점을 주체, 도착하는 점을 대상이라고 했습니다. 지금 눈앞에 있는 사물을 보세요. 그리고 자신의 주의를 의식해봅니다. 이때 '내가 저 사물을 본다'는 의식이 생겨납니다. 그리고 여기 주의가 시작되는 쪽은 주체인 나로, 저기 주의가 도착하는 쪽은 대상인 사물로 인식이 됩니다. 이번엔 눈을 감고 자신이 좋아하는 사람을 한사람 떠올려 보세요. 그리고는 내적인 마음의 스크린에서 이쪽의 내가 저쪽의 그 사람에게로 주의가 가고 있음을 의식해봅니다. 그것이 의식되면 내면에 주체와 대상이 생겨났음을 알게 될 것입니다. 이렇게 주의가 움직여야 주체와 대상이 생겨납니다. 그래서 동심動心 즉, 움직이는 마음은 주체와 객체, 나와 대상, 주관과 객관을 나눕니다. 나눠진 주객 중에 주관적인 마음이 능견심입니다. 움직여서 주객이 생겨난 마음을 동심動心이라고 합니다. 움직이지 않는 고요한 마음에는 어떤 주객관계도 생겨나지 않습니다. 마음이 움직여야 마음에 쌓인 흔적들인 상相을 보게 됩니다. 우리가 경험하는 모든 것들은 상相, 곧 마음에 생긴 느낌입니다. 애초에 상相은 느낌인데 그것에 이름이 붙어 생각이 됩니다. 그래서 상相은 느낌과 생각을 포함합니다. 서로 상相자를 쓰는 이유는 모든 상들은 서로가 서로에게 의존하기 때문이라고 설명했습니다. 마음이 움직이면서 주체의 마음이 생겨나 드디어 상相을 '볼 수 있게 된' 이 능견심能見心은 불상응염不相應染입니다. 번뇌를 일으키지 않지만 주객으로 나뉘어 물든 마음이라는 것입니다. 마음의 기본적인 '분열 자체에 대한 통찰'을 일으켜 그것으로부터 자유로워지는 심자재지心自在地에 의존해서 능견심能見心으로부터 떠날 수 있습니다. 분열을 파악해서 주체와 대상을 나누는 물든 마음으로부터 떠나는 것입니다.

능견심은 전식轉識(마음이 처음 움직여 주/객을 만드는 것)이기도 합니다. 근본업불상응염, 능견심불상응염, 현색불상응염은 불각삼상不覺三相에 해당합니다. 각각 무명업상無明業相(Karma), 능견상能見相(주객분리), 경계상境界相(분별되는 현상이 나타남)에 해당하죠. 식識으로 따지자면 업식業識, 전식轉識, 현식現識에 해당합니다. 전식轉識은 움직임을 통해 '앎'이 생겨난 것입니다. 주의가 움직여서 주체와 대상의 분열이 생겨나고 거기서 주체가 대상을 아는 '앎'이 생겨난다는 의미입니다. 에너지의 움직임이 바로 주체와 대상을 만들어 내는 것입니다. 동심견상動心見相(움직이는 마음이 상을 본다)이라는 말 하나만 보더라도 대승기신론을 지은 사람과 이것을 해설한 원효대사가 얼마나 논리적이고 철저하게 마음을 느끼고 분별했는지가 잘 보입니다. 이런 설명은 아주 세밀하게 자신의 마음을 들여다보지 않으면 나올 수 없습니다. 마음이 움직여 주체와 대상으로 나뉘어지고(動心) 거기서 능견심이 생겨나며(見相), 이후부터 사물이 나뉘어지는 경계와 현상이 생겨납니다. 현상은 마음의 색色인데, 현상계라는 말 자체가 경계로 이루어진 상이라는 뜻입니다. 즉, 우리가 컵과 탁자를 구분할 수 있는 것은 그들 사이에 경계선이 있기 때문입니다. 세상의 모든 사물은 각각 그 나름의 경계선을 가지고 있기에 따로 존재하는 것처럼 보입니다. 그 현상계가 나타나기 바로 직전에 마음이 주체와 대상으로 나뉘어서 능견심이 나타나는 것입니다.

六者根本業不相應染. 依菩薩盡地, 得入如來地能離故.
육자근본업불상응염 의보살진지 득입여래지능리고

여섯째는 근본업불상응염根本業不相應染이니, 보살진지菩薩盡地에 의해 여
래지如來地에 들어가서 떠날 수 있다.

[논論]

근본업은 타고난 무명업식無明業識을 말합니다. 모든 다음 단계들의
근본이 되는 깃이 바로 이유없이 쌓여있는 무명업입니다. 굳이 이유
를 따지면 온 우주가 이유가 되겠죠. 우주가 존재함이 곧 우리가 존재
하는 이유입니다. 마음을 일으키고(業識), 나와 대상을 나누고(轉識), 밖
에 보이는 사물에 경계를 그려(現識) 세상을 보는데, 이 모든 현상계가
근본업이 있음으로써 생겨납니다. 이 근본업은 타고날 뿐만 아니라 지
금 이 순간에도 끊임없이 쌓이고 있습니다. 지금 눈으로 보아 의식하
는 사물들 외에도 너무나 미세하여 미처 의식하지 못하는 것들도 눈은
다 받아들여 그 자극을 전달해 마음의 상을 만듭니다. 그래서 그런 것
들이 무차별적으로 쌓이게 되죠. 길가를 지나면서 내 옆으로 떨어지는
낙엽의 모습도 모두 들어와 마음에 쌓이고 있습니다. 의식화되지 않은
것들이 지금 끊임없이 내 안에 업業으로 쌓이고 있습니다.

이러한 근본업불상응염은 보살의 지혜를 다한 영역에 의해 여래의
영역에 들어서면 드디어 떠날 수 있습니다. 근본업은 '미묘하고 미세
한 느낌'의 세계입니다. 이런 무의식의 세계를 통찰하고 그것으로부터
자유로워진다는 것은 보살의 영역을 다 끝내고 여래의 영역에 들어갔
을 때만 끊을 수 있다는 것입니다. 보살은 산스크리트어인 보리살타에
서 유래한 말인데, 깨달은 사람 또는 깨달음의 길을 가는 수행자를 뜻
하기도 합니다. 여기서는 존재의 근본을 깨달은 사람을 의미합니다.
보살의 영역을 다하고 넘어서서 궁극적인 최고의 깨달음인 여래, 부처

의 경지에 간 사람만이 근본업을 떠날 수 있습니다. 그러니까 근본업의 관성을 멈춘다는 것이 얼마나 어려운 일입니까?

상처 받는 자는 누구인가?

지난 시간에 일법계一法界에 대해 이야기했습니다. 법法이라는 단어 하나가 본질의 세계인 법, 모든 현상계를 나타낼 때의 법, 본질을 표현해 내는 설법의 법, 이 세 가지의 의미를 지니고 있는데 이 의미들이 서로 통합니다. 본질의 세계를 나타내는 법과 현상계를 나타내는 법이 서로 다르지 않은 하나의 법계임을 알지 못하기 때문에 마음이 번뇌로 가득하게 된다고 했어요. 그러니까 이 일법계一法界의 의미는 모두가 오직 하나의 세계일 뿐이라는 것입니다. 본질과 현상이 하나임을 알지 못하기에 모든 분별이 실제적인 분열을 일으킨다고 여기게 됩니다.

예를 들어 상처 받은 마음이 생기면 자신이 상처 받았다고 여기는 것이 바로 물든 마음입니다. 자랑스러운 마음이 들면 곧 우쭐하고 자만한 느낌이 드는데 그것이 곧 자기라고 여기는 것입니다. 느낌은 느낌일 뿐이고, 그 느낌과 상관없이 깨어 있는 마음을 발견하는 연습을 했었죠? 일종의 본질의 그림자 연습인데, 본질의 측면도 이와 유사하게 닮아 있습니다. 느낌은 느낌대로 있고 그와 상관없이 본질은 본질대로 있는 것입니다. 느낌은 모두 현상의 세계이고 그와 상관없는 본질의 마음은 본질의 세상이라고 할 수 있습니다. 그러나 현상이 있다는 것이 곧 본질의 증거이기 때문에 결국 본질과 현상이 둘이 아니라는 것을 알아채는 것, 이것이 바로 모든 것이 일법계一法界라는 말의 의미입니다. 이렇게 다양한 현상의 법계와 그 물든 마음에 영향 받지 않는 본질의 세상이 동시에 있으니 그 현상계 역시 진리의 법계인데 이를 알지 못하고 번뇌에 시달리는 마음이 바로 중생심衆生心입니다. 대승기신론 처음에 얘기했던 중생심입니다.

심진여문心眞如門과 심생멸문心生滅門이 있다고 했습니다. 심진여문은 마음이 곧 진리 자체, 본질 자체라는 것이고, 심생멸문은 마음은 나타났다가 사라진다는 것인데, 반면 중생심衆生心은 심진여문과 심생멸문이 동시에 있음을 의미합니다. 중생의 마음은 번뇌하는 마음으로만 가득 찬 것이 아니라는 것, 이것이 대승의 입장입니다. 소승이, 중생의 마음을 떠나 진리의 문으로 들어가는 것을 추구한다면, 대승은 중생의 마음이 곧 진리를 포함하고 있다는 것입니다. 진리 자체이기도 하다는 것입니다. 그래서 중생심 안에 심진여문과 심생멸문이 모두 포함되어 있습니다. 지금 설명하는 부분은 심생멸문인데, 이 심생멸문이 심진여문과 일법계임을 알 때 번뇌로부터 떠나게 됩니다. 본질이 따로 있고 현상이 따로 있어서 현상을 떠나 본질로 가려는 마음, 현상은 진리와 상관없다고 여겨 제쳐 두는 마음이 곧 차별하는 마음이고 분리를 일으키는 마음입니다. 단순히 말하면 마음속에 분열이 일어났다는 것입니다.

여섯 가지 물든 마음과 의意와 의식意識에 대해 다시 한번 짚어보겠습니다. 첫 번째 집상응염執相應染은 의식意識이예요. 의意라는 감각기관이 일으킨 식識이죠. 그 의意에 해당되는 것이 다섯 가지였는데, 이것이 곧 의근意根이 됩니다. 근경식根境識이 동시에 발생한다고 말할 때 근根은 감각기관, 경境은 감각대상, 식識은 감각기관이 감각대상을 접하여 일으킨 마음의 흔적을 뜻합니다. 의근意根과 의경意境이 만나서 의식意識을 이룹니다. 의意라는 것도 눈이나 귀처럼 하나의 감각기관으로 작용하여, 마음속에 일어나는 모든 현상과 느낌들을 감각하는 것입니다. 여러분이 감지를 발견하면 의意라는 근根을 발견한 것이나 마찬가지입니다. 왜냐면 마음속에 쌓여 있는 흔적들인 감지 자체가 의경意境, 즉 의식의 대상이고, 의식의 주체는 의근意根이기 때문입니다. 의근意根이 의경意境을 만나서 일으키는 마음의 흔적이 바로 의식意識입니다.

안경집에 대한 감지가 내면에 쌓여있는 상태에서 안경집을 보는 순간 그것이 안경집임을 아는 '앎'인 '의식'이 일어납니다. 즉 안경집에 대해 의식하는 것입니다. 이제 의식이 더 세밀해지면 '나'라는 것에 대해서도 그것이 '나라는 느낌'임을 알게 되고 의식하게 됩니다.

의근意根은 의식작용 전체 중에서 주체라고 할 수 있죠. 여섯 개의 물든 마음 중에서 집상응염執相應染은 의식이고 나머지는 의근이라고 했습니다. 마음에 쌓여있는 기준이 의근이 됩니다.

안이비설신眼耳鼻舌身이라는 감각기관은 그 자체의 기준을 갖습니다. 눈은 405THz~790THz의 가시광선만을 보고, 귀는 20Hz~20,000Hz의 주파수만을 소리로 듣는 기준을 가지고 태어난 것입니다. 이렇게 모든 감각기관은 각각의 기준이 있기 때문에 제 역할을 할 수 있습니다. 마찬가지로 의意도 그런 기준이 있겠죠. 다만 의라는 감각기관은 태어나면서부터 지니고 있다기 보다는 대부분 살아가면서 경험하고 저장했던 것들이 발현되면서 의근意根을 형성하게 됩니다.

그런 의식적 감각기관의 기준이 되는 근根이 다섯 가지가 있는데, 가장 기본적인 것이 근본업불상응염根本業不相應染입니다. 업業, 카르마 Karma라고도 하는 이것은 인류역사, 또는 그보다 더 오래된 생명체의 역사를 거쳐 오면서 우리의 세포 하나하나와 에너지장에 각인되고 패턴화되어 심어진 경향성, 편향성, 특성들을 말합니다. 이것이 최초의 의근意根에 해당됩니다. 그런데 이 의근에서는 번뇌가 일어나지 않습니다. 왜냐하면 이것이 아직 발현되지 않았으니까요.

'보이다'와 '보다'의 차이 – 마음의 구조

그 다음 의근意根은 능견심불상응염能見心不相應染입니다. 근본업을 기반으로 주체와 대상으로 나눠지면서 주체가 생겨납니다. 주관이나 주체와 상응하는 물든 마음이 바로 능견심, '볼 수 있는 마음'입니다. 곧 주체를 의미하는데, 이것은 대상이 있어야 생겨납니다. 마음이 주체와 대상으로 분열될 때 드디어 능견能見(볼 수 있음)이 가능합니다. '볼 수 있다'는 것은 눈에 그대로 들어오는 '보인다'는 것과는 다릅니다. 마음에 어떤 '기준'을 가지고 투사해서 '본다'는 것입니다. 그러기 위해서는 기준이 되는 '주체'가 있어야 합니다.

세 번째 의근은 현색불상응염現色不相應染입니다. '보는 자'가 나타나면 '보여지는 대상'이 분명해지면서 경계가 생겨납니다. 맨 처음 나라는 주체와 세계 전체라는 대상이 있는 것이 능견상能見相인데, 이때 그 대상이 다시 세세히 나눠지고 구분되기 시작하는 것이 경계상이예요. 경계가 나타나 그것이 현실화된다 하여 현색現色이라 하고, 번뇌를 일으키지 않는다 해서 불상응염不相應染이라고 했습니다. 여기까지는 번뇌가 일어나지 않는 물든 마음입니다. 왜냐하면 경계라는 것은 단순히 구분 짓는 마음이기 때문입니다. 불상응不相應은 번뇌와 상응하지 않는다는 의미입니다.

그런데 그 다음 물든 마음부터는 어떤 일이 일어날까요? 바로 그 대상들에 호오好惡가 생겨나는 분별지상응염分別智相應染(분별하여 호오를 아는, 번뇌와 상응하는 마음)이 일어나고 이때부터 번뇌가 생겨납니다. 좋은 것에 머물려 하고 나쁜 것으로부터는 떠나려 하면서 집착과 저항이 생겨납니다. 이것이 끊임없이 이어지는 것이 부단상응염不斷相應染이라는 것입니다. 상속식相續識이죠.

마지막으로 끊임없이 이어지는 고락의 집착과 저항이 일어나면 드디어 집상응염執相應染이 생겨납니다. '나'라는 생각이나 느낌, 내가 사랑하고 좋아하는 느낌들에 의해 나와 내 것에 집착하는 집상응염執相應染이 생겨납니다. 이 여섯 가지 물든 마음 중에서 가장 마지막인 집상응염執相應染은 의식意識에 해당되고 나머지는 의근意根에 해당됩니다. 즉, 마음에 쌓임으로서 기준으로 작용하게 되는 것입니다.

여섯 가지 물든 마음 중 근본업이 무명無明입니다. 이 무명無明은 분열이 없는 상태이므로 당연히 번뇌도 없습니다. 분열 없음에는 두 가지 의미가 있습니다. 첫 번째는 아직 분화되지 않은 업業 상태의 분열 없음입니다. 이처럼 나눠지지 않았기 때문에 번뇌도 없는 것이 원시적인 분열 없는 마음이라면, 분열을 경험하고 분열을 넘어간 부처의 마음은 상대相對 속에서 동시에 절대絶對로 존재하는 분열 없는 마음입니다. 무명無明은 상대로 분열되기 이전의 분열 없음이고, 절대는 상대를 초월한 분열 없음입니다. 둘 다 번뇌는 없습니다. 그런데 무명無明의 분열 없음은 무의식과 같습니다. 의식이 일어나기 전이지요. 상대적 세계를 경험하고 그것을 넘어간 분열 없음은 초의식의 세계입니다. 그 가운데 지점에 있는 분열의 세계가 의식의 세계입니다. 그러니까 의식을 경험하되 의식을 넘어서 있게 되면 의식에 구애 받지 않고 '분열 없는' 마음으로 분열 있는 마음을 상응하게 됩니다.

의식, 호오好惡, 고락苦樂 이런 것들이 없는 세계로 가는 것은 돌이 되는 것과 마찬가지입니다. 괴로움, 슬픔, 두려움이 없는 세계로 가는 것을 추구할 필요가 없어요. 그렇게 된다는 것은 기쁨, 흥분, 환희가 없는 것과 마찬가지입니다. 양상만 다를 뿐 똑같은 분열의 세계이기 때문입니다. 다만 우리는 분열의 세계를 넘어서 분열을 경험하려고 해야 합니다. 대부분 의식 속에서 헤매며 살아가는 것이 문제가 되는 것이지, 의식을 넘어서 의식을 사용하는 것은 상관없습니다. 그것이 바로 일법계一法界를 '아는' 것입니다. 분열 있는 현상의 세계法界와 분열 없는 진리의 세계法界가 하나의 법계임을 아는 것이 일법계一法界를 안다는 의미입니다.

깨어있기™ 기초과정에서 M.C. 에셔Maurits Cornelis Escher의 새 그림을 본 적이 있습니다. 이 그림은 마음에 상이 생기기 시작하면서 점차 나와 대상으로 나뉘고, 대상이 각각 구분되면서 그 사이에 비교가 일어나고, 비교를 통해 좋고 나쁨이 생기며, 좋은 것을 끌어당기고 싫은 것을 밀쳐내게 되며, 거기서 괴로움과 즐거움이 생기고, 즐거움에 집착하고 괴로움을 멀리하는 의식이 끊임없이 이어지게 되는 것을 상징적으로 표현하고 있습니다.

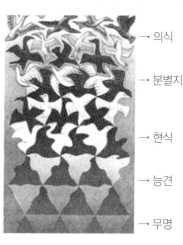

→ 의식

→ 분별지

→ 현식

→ 능견

→ 무명

'내'가 '대상'을 보는 느낌

맨 밑바닥인 무명의 상태에서 뭔가 경험되기 시작하면 검은 삼각형과 흰 삼각형으로 조금씩 나누어지기 시작합니다. 그런데 이 상태는 아직 마음에 명확한 분열이 일어나지는 않았어요. 완전한 분열은 맨 위처럼 검은 새와 흰 새가 공간적으로 분열되어 있는 상태입니다. 그런데 맨 밑은 새는커녕 아직 삼각형도 아니에요. 아직 삼각형이라는 이름도 붙지 않았습니다. 흰색과 검은색으로 구분되기는 하지만 그 사이에 공간이 없습니다. 공간이 있을 때 번뇌가 생긴다고 보면 됩니다. 삼각형 비슷한 상태가 '무명無明'에 가깝다면 드디어 뭔가를 '보기' 시작하는 '능견상能見相'은 조금씩 새의 형태를 갖추기 시작한 상태라고 할 수 있습니다. 마음에 상이 생기기 시작하는 것입니다. 흰색 또는 검은색의 새 비슷한 형태가 보이지만 아직 서로 분리되지 않았고, 새의 형태가 정확하게 드러나지 않은 것이 능견 상태라고 비유할 수 있습니다. 그 다음 이들 사이에 경계가 생기기 시작한 상태가 '현색現色'입니다. 흰 새와 검은 새로 분리되지는 않았지만 새의 형태가 또렷한 상태가 현색불상응염現色不相應染이라 할 수 있겠습니다. 그 다음 분명하게 나뉜 경계에 좋고 싫음이 생겨난 것이, 흰 새와 검은 새 사이에 공간이 생겨서 흰 새가 드디어 위아래로 날 수 있는 상태라고 할 수 있습니다. 위를 향해 날면 즐거움이 생기고 좋은 것을 따라 가는 거예요. 아래로 날면 싫은 것을 거부하는 것으로 비유할 수 있겠습니다.

여기서 이 그림을 다시 한 번 보는 이유는 분열 이전의 무명無明을 설명하기 위해서입니다. 분열이라는 것은 공간을 통해 흰 새와 검은 새로 분명하게 나눠진 상태입니다. 흰 새는 '나'이고 검은 새는 '마음속

대상'인 감지예요. 핸드폰을 보면서 '저것은 핸드폰이구나.' 하고 '내'가 '대상'을 보는 어떤 느낌이 생겨납니다. 내가 대상을 보고 있다는 느낌이 생겨나면 그 대상은 더 이상 내가 아니라는 느낌이 덧붙여집니다. 이처럼 대상과 나 사이에 공간이 있는 것이 바로 완전히 분리되어 있는 상태를 말합니다. 그런 분열 이전인 맨 밑바닥의 무명 상태, 곧 마음이 아직 분열되지 않은 상태에서는 고통이 없습니다. 무명은 매우 어리석어 모든 고통의 근본이지만 무명 자체는 오히려 고통이 없어요. 그래서 어린애는 고통이 없습니다. 어린애는 맞으면 아플 뿐이죠. 그것은 몸이 가진 기준 때문에 생겨나는 통증입니다. 통증과 고통은 구별하여 설명할 수 있습니다. 어떤 기준이 있는 상황에서는 그 기준에 반하거나 기준을 넘어서는 상황이 발생하면 그로 인한 자극이 생겨나기 마련이므로 맞으면 누구나 신체적인 통증을 느낍니다. 그러나 고통은 마음의 일입니다. 아기는 기준을 갖는 명확한 분열이 일어나지 않은 상태이기 때문에 통증은 느끼지만 마음에는 고통이 없는 것입니다.

36.5℃라는 몸의 기준이 있기 때문에 100℃ 물에 손을 담그면 통증이 느껴집니다. 몸이 가진 기준 때문에 생기는 일은 우리가 이 현상계를 살아가는 데 어쩔 수 없이 필요한 부분입니다. 기본적으로 현상계 내에서 어떤 기준이 없으면 현상이라는 것 자체가 일어날 수 없습니다. 현상계를 경험하기 위해 어떤 기준들을 지니고 태어났다고 여기고 그건 그대로 두면 됩니다. 문제가 되는 것은 마음의 기준입니다. 그 마음의 기준을 자유롭게 내려놓을 수 있을 때 마음의 고통이 없어집니다. 원문 보겠습니다.

不了一法界義者. 從信相應地觀察學斷. 入淨心地隨分得離.
불료일법계의자 종신상응지관찰학단 입정심지수분득리

乃至如來地能究竟離故.
내지여래지능구경리고

일법계의 뜻을 알지 못한다는 것은 신상응지信相應地에서 관찰해 치단을
배우고, 정심지淨心地에 들어가 분수에 따라 떠날 수 있게 되며, 여래지如
來地에 이르게 되어서야 마침내 떠날 수 있게 되기 때문이다.

[논論]

지地는 어떤 경지, 레벨을 뜻합니다. 신상응지信相應地는 믿음이 상
응하는 레벨입니다. 드디어 믿음이 자리를 잡아서 더 이상 물러서지
않는 상태를 말하죠. 이 길로 가면 진리에 이를 수 있다는 믿음이 생겨
난 상태, 불퇴전不退轉의 믿음이 생긴 상태입니다. 그러면 이 사람은 철
저하게 관찰하고 번뇌를 끊을 수 있는 방법들을 배우는데 이것이 바로
관찰학단觀察學斷입니다. 단斷은 다스려서 끊는다는 의미입니다. 신상
응지信相應地에 이른 사람은 관찰학단 하고 물러서지 않습니다. 강력한
믿음에 들어가면 마음은 고요해져서 그 어떤 갈등 없이 추구하게 된다
는 의미입니다. 그렇게 되면 고요한 마음상태의 경지인 정심지淨心地에
들어서게 되어서 자신이 이른 경지(수준)에 따라 번뇌를 떠날 수 있게
됩니다. 그런데 모든 번뇌를 떠날 수 있게 되는 것은 여래지如來地에 이
르러서야 가능합니다. 이 여래如來의 경지는 여여한 분열 없음의 경지
를 뜻하는 것이지, 번뇌나 현상이 전혀 없는 상태를 말하는 것이 아닙
니다. 어린애나 무의식의 무생물에서처럼 아무런 느낌이나 생각, 감정
이 없는 분열 없음의 세계가 아니라 모든 생각, 감정, 느낌으로 가득하
지만 그에 상관없이 초월적으로 모든 것들을 다 바라보면서 분열 없음
으로 있는 것입니다.

여섯 가지 물든 마음

지난번에 설명한 여섯 가지 물든 마음 중에서 앞의 세 가지(집상응염, 부단상응염, 분별지상응염)는 번뇌와 상응하는 상응염相應染이었고, 뒤의 세 가지(현색불상응염, 능견심불상응염, 근본업불상응염)는 물든 마음이지만 번뇌와는 상응하지 않는 불상응염不相應染입니다. 그것에 대해 다시 설명합니다.

言相應義者. 謂心念法異. 依染淨差別. 而知相緣相同故.
언 상 응 의 자   위 심 념 법 이   의 염 정 차 별   이 지 상 연 상 동 고

不相應義者. 謂卽心不覺. 常無別異. 不同知相緣相故.
불 상 응 의 자   위 즉 심 불 각   상 무 별 이   부 동 지 상 연 상 고

상응의相應義라 한 것은 심心과 염법念法이 달라서 염정에 의하여 차별하매 지상知相도 같고 연상緣相도 같음을 말하기 때문이며, 불상응의不相應義라는 것은 심心과 불각不覺이 항상 별다름이 없어서 지상知相이 같지 않고, 연상緣相이 같지 않음을 말하기 때문이다.

[논論]

심心과 염법念法을 둘로 나누어 보고 있습니다. 심心은 마음의 작용, 주체의 기능을 말하는 것이고, 염법念法은 마음의 내용을 말합니다. 마음의 내용인 '생각'에 동일시되어 그것을 따라 헤매는 것이 일반적인 마음입니다. 그런데 감지를 파악하게 되면 마음의 내용을 느낌으로 파악할 수 있기 때문에 심心, 다시 말해 주체로 돌아옵니다. 마음의 작용을 살피는 과정이 시작되는 것입니다. 심과 염법이 달라서 염정染淨에 의해 차별을 한다고 했습니다. "이것은 착한 것이고 저것은 악한 것이야.", "이것은 물든 마음이고, 저것은 물들지 않은 마음이야."라고 구별하고 차별합니다.

기신론 소疏를 보면 아견我見, 아만我慢, 아애我愛에 대해 설명합니

다. 아견我見은 '내가 있다, 내가 본다.'라는 느낌입니다. 아만我慢은 내가 오만해지는 것을, 아애我愛는 내가 사랑하는 것을 말합니다. 이렇게 아견, 아만, 아애 등으로 차별하는 것이 염정에 의해 차별한다는 것입니다. 내가 사랑할 때, 내가 오만할 때, 내가 나라고 여기는 때가 있습니다. 이런 것들은 모두 마음의 내용인데, 그런 마음의 내용을 차별한다는 의미입니다. 이것이 바로 심心과 염법念法이 다르다는 것입니다. 심心은 이것들을 차별하는 주체이고 염법念法은 차별되는 내용입니다. 오만한 마음과 사랑하는 마음은 서로 다르죠? 이것이 마음의 내용이 다르다는 것입니다.

지상知相은 아는 주체, 연상緣相은 대상을 말합니다. 예를 들어 오만한 마음, 사랑하는 마음 등은 연상입니다. 지상知相은 '아! 이건 오만한 (사랑하는) 마음이야.' 하고 알아채는 마음입니다. 지상知相도 같고 연상緣相도 같다는 말은, 오만한 마음, 사랑하는 마음은 마음의 내용이라는 측면에서 모두 연상으로서 같고, 아는 작용 자체는 변함없다는 것이 지상이 같다는 의미입니다.

다음 불상응不相應을 살펴보겠습니다. 상응하지 않는 물든 마음不相應染은 번뇌에 상응하지 않는 마음이라고 했습니다. 왜 번뇌에 상응하지 않습니까? 명확한 분열이 일어났지만 아직 호오好惡가 생겨나기 이전이기 때문입니다. 근본무명업 상태를 봅시다. 생물권의 집단 무의식이라는 것을 상정해보면 거기에는 분열이 일어나지 않았습니다. 그냥 모든 감각적 자극을 받아들여 모조리 쌓아 놓은 여래장如來藏과 같은 상태죠. 그것을 재료로 삼아 분열이 일어나고 대상의 경계가 그려지고 "이건 좋고, 저건 나빠." 하는 분별들이 생겨납니다. 그런 모든 일들이 일어나게 하는 소재와 재료가 되는 것이 바로 무명업입니다. 그러나 아직 분열은 일어나지 않았기 때문에 무명의 상태에서는 결코 번뇌가 없습니다. 그런 상태에서는 심心과 불각不覺이 다름이 없습니다. 아직 현상으로 드러나지 않은 상태이기 때문에 주체가 되는 마음 작용과 대상이 되는 불각不覺, 다시 말해 수많은 마음의 흔적들이 서로 구분되지 않는 상태이므로 차이가 없다고 표현하는 것입니다.

현상으로 드러나게 되면 차이가 나게 됩니다. 씨앗으로 비유해 보겠습니다. 씨앗에 내재된 모든 유전 정보를 불각不覺이라고 할 수 있습니다. 그 유전 정보에 의해 싹트고 꽃이 피는 작용이 일어날 것인데, 그 작용을 심心이라고 할 수 있습니다. 그 심心의 작용에 의해 불각不覺이 드디어 현상화되는 것입니다. 심心과 불각不覺의 조합이 현상으로 드러나면 분열, 호오好惡, 고락苦樂이 순차적으로 생겨나서 집착과 저항이 활개치게 됩니다. 그러나 현상화되기 이전의 씨앗 단계에서는 심과 불각이 차이가 없다는 의미입니다. 지상知相도 같지 않고 연상緣相도 같지 않다고 했는데, 기신론 소疏에 부동不同은 없음의 의미라고 했습니다. 즉 지상知相도 연상緣相도 없다는 것입니다. 아직 현상화되지 않았으니까요. 마음의 작용도 일어나지 않았고 마음의 흔적들도 아직 발현되지 않은 상태에서는 앎이라는 상相도 없고 앎의 대상인 상相도 없다는 의미입니다. 무명 상태, 현상으로 드러나기 이전의 상태는 마음의 분열이 없어서 앎과 앎의 대상에 의해 생겨나는 수많은 번뇌들이 없습니다. 엄밀히 말하면 능견심도 미묘한 분열이 일어난 상태지만 호오好惡가 구별되기 이전이기 때문에 번뇌는 없는 상태입니다. 그러나 아주 빠르게 생겨나기 시작하죠. 능견, 현색, 분별지는 아주 빠른 속도로 나타납니다. 그렇지만 이것과 저것을 분별하여 나누는 시점까지는 호오好惡가 일어나지 않기 때문에 번뇌는 없으며 그래서 불상응염不相應

染이라고 합니다. 번뇌는 좋아하고 싫어하는 데서 시작됩니다.

> 又染心義者, 名爲煩惱碍. 能障眞如根本智故.
> 우 염 심 의 자　명 위 번 뇌 애　능 장 진 여 근 본 지 고
>
> 無名義者, 名爲智碍. 能障世間自然業智故.
> 무 명 의 자　명 위 지 애　능 장 세 간 자 연 업 지 고
>
> 또 염심의 의미는 번뇌애라 이름하니 진여의 근본지혜를 막기 때문이다.
> 무명이란 지혜를 막는 장애라 이름하는데 세간의 자연업에 의한 지혜를
> 막기 때문이다.
>
> [論論]

오늘 내용은 장애障碍를 염심染心과 무명無明으로 나누어 설명합니다. 무명無明은 근본적인 지혜를 막는 장애를 뜻하는 지애智碍이며, 염심染心은 무명이 현상화했을 때의 장애인 번뇌애煩惱碍입니다.

번뇌를 일으키지 않는 물든 마음

여섯 가지 염심染心 중에 집상응염執相應染, 부단상응염不斷相應染, 분별지상응염分別智相應染이 번뇌를 일으키는 마음이라고 했습니다.

네 번째 현색불상응염現色不相應染은 현식現識과 관련되는 것으로 경계가 나타나는 단계입니다. 즉 사물과 사물이 구별되기 시작합니다. 구별되면 좋고 나쁨이 생겨서 좋음에 집착하고 나쁨을 멀리하려고 하며 그로부터 고락苦樂이 생겨나게 됩니다. 불상응염不相應染은 번뇌를 일으키지 않는 물든 마음이라고 했었죠. 그렇지만 불상응염不相應染이 없다면 번뇌가 일어나지 않기 때문에 번뇌의 기반이라고 말할 수 있습니다. 다만 번뇌가 당장 현상적으로 드러나지는 않을 뿐입니다. 경계 자체는 구별하는 것일 뿐 좋고 나쁨이 드러나지 않지만, 구별되기 시작하면 곧이어 비교가 일어나고 거기서 좋고 나쁨이 나타나기 시작합

니다.

우리 동양인은 서양인을 처음 보면 모두 코와 눈이 크고 이 사람이 저 사람 같아서 잘 구별되지 않습니다. 그러다가 한 달 정도 같이 생활해 보면 구별되기 시작하고, 잘 생기거나 예쁘다고 여겨지는 사람을 더 좋아하게 됩니다. 이렇게 호오好惡가 생기려면 우선 분별이 되어야 합니다. 이것이 바로 현색불상응염現色不相應染입니다. 현색現色이란 경계가 나타나서 분별되는 것입니다. 구별되지 않으면 좋고 싫음이 생겨나지 않으니 어린아이에게는 좋고 싫음이 없습니다. 그렇다면 좋고 싫음이 고락과 집착을 일으키니까 애초에 구분이라는 것을 하지 않아야 할까요? 아닙니다. 오히려 세밀하고 정교하게 구분하도록 하세요. 하지만 그 구분된 것에 묶이지 않으면 됩니다. 그러나 그것이 어려운 것입니다. '철저하게 비교해서 최고의 것을 취하되 그것이 자기 마음의 주인이 되지 않게 하라'는 백일학교4) 주제의 의미입니다.

예를 들어 봅시다. 김밥과 빵이 있고 나는 빵이 더 맛있을 거라고 분별하였는데, 다른 사람들이 빵을 모두 먹어서 내가 먹을 것이라고는 김밥 몇 개만 남은 상황이라면 "빵이 더 맛있는데…"라며 아쉬워하거나 집착하지 말고 지나간 것은 툭 끊어버리라는 말이죠. 맛있는 것을 구별은 할 줄 알되 집착하지는 마세요. 이미 사라진 것에 집착하는 이유는 그것이 자기 마음에 자리잡아 주인이 되어버렸기 때문입니다.

다섯 번째 능견심불상응염能見心不相應染은 마음이 '나와 대상'으로 분열되어 뭔가를 볼 수 있게 되는 단계입니다. 마음이 주체와 대상으로 분열되지 않으면 그 무엇도 '볼 수'가 없습니다. 그래서 감각상태™로

---

4) 백일학교: 깨어있기, 통찰력, 불이不二의 자연을 깨닫는 과정을 통해 새로운 삶의 방식을 배우는, 홀로스연구소의 100일 간의 훈련. 청년 대상의 학교도 진행하고 있다.

들어가면 주체와 대상이 모두 사라지니까 아무것도 보이지 않게 됩니다. 감각상태를 경험한 사람은 '보이지만 보지 않는다.'라는 말의 뜻을 이해합니다. 눈에는 '보이지만' 그 무엇도 '보지' 않는다고 말하는 이유는 마음의 상相이 깨끗이 지워진 상태이기 때문입니다. 능견상能見相이 사라진 것입니다. 이것은 감지™를 발견하고 그것을 내려놓으면 자연스레 오는 상태입니다.

여섯 번째는 근본업불상응염根本業不相應染입니다. 근본업根本業은 완전한 무명불각無明不覺으로 애초부터 갖고 태어난 업을 의미합니다. 자라면서 업業이 환경과 반응하면서 마음이 '나'와 '대상'으로 분열되고 능견상能見相이 생겨납니다. 그 무명업無明業 자체가 없다면 능견상이 생겨나질 않습니다. 예를 들면 지렁이에게는 사람이 가진 것과 같은 무명업이 없기 때문에 능견상이 생겨나지 않습니다. 지렁이는 '내가 본다.'는 생각 없이 어떤 조건이나 자극에 반응할 뿐입니다. 지렁이에게 체온보다 더 높은 온도를 가하면 뜨거움에 반응합니다. 그러나 뜨겁다는 상相이 없이 피하려고 할 뿐입니다. 그런 것을 통증이라고 합니다. 그러나 사람에게는 상相이 있으므로 고통을 겪게 됩니다. "뜨거워 미치겠네.", "왜 나를 뜨겁게 하는거야!" 하며 고통스러워합니다. 뜨거우면 그냥 도망가거나 피하면 되는데 "이것을 피하는 것은 인간으로서 자존심이 허락하지 않아."라고 주장한다면 고통을 참으면서 피하지 않을 것입니다. 때론 그것이 필요할 때도 있습니다. 고문을 받으면서도 나라를 위해 정보를 발설하지 않는 것은 인간이기 때문에 가능합니다. 지렁이는 그런 신념이 없기 때문에 버티지 않습니다.

여섯 가지 염심染心이 일으키는 번뇌를 대승기신론 소疏에서는 열 가지로 구분했는데 이를 십사번뇌十使煩惱라고 합니다. 날카로운 다섯 가지 번뇌인 오리사五利使와 다섯 가지의 둔한 번뇌인 오둔사五鈍使입니다. 이를 세분해서 알아두면 내가 어떤 번뇌에 빠져 있는지를 알 수 있습니다. 둔한 번뇌란 그냥 멋대로 일어나는 에너지 흐름에 끌려 다니는 번뇌를 뜻하며, 날카로운 번뇌란 진리를 추구하는 과정에서 생겨나는 번뇌를 의미합니다. 일반 사람들은 둔한 번뇌에 시달리지만, 진리를 추구하기 시작하면 날카로운 번뇌에 시달리기 시작합니다.

둔한 번뇌와 날카로운 번뇌

먼저 둔한 번뇌, 오둔사五鈍使를 살펴보겠습니다. 탐욕사貪欲使, 진에사瞋恚使, 무명사無明使, 만사慢使, 의사疑使가 이에 해당합니다. '탐욕'은 갖고 싶고 얻고 싶은 욕망입니다. '진에'는 분노를 말하는 것으로 내가 가진 기준 때문에 생겨납니다. 그 기준을 자기라고 믿기 때문입니다. 그 기준을 강렬하게 믿을수록, 주의를 쏟을수록, 그것에 에너지가 많이 멈출수록 그것과 반하는 일을 만나면 분노는 커집니다. '무명'이란 내가 가진 기준 때문에 탐욕이나 분노가 자라남을 모르는 어리석음이며, '만사', 오만함은 자기가 잘났다고 여기는 마음입니다. 자신이 잘났다고 여기는 마음 밑바닥에는 '나'와 '너'가 존재하고 그 둘은 서로 '다르다'는 믿음이 자리하고 있습니다. 그런 허상을 믿는 상태에서 내가 잘났다는 상相이 생겨납니다. '의사', 의심은 진리로 가는 길을 믿지 못하고, 마음으로부터 벗어나는 길을 말해줘도 "정말 그럴까? 그게 무슨 소용이야?" 하는 마음입니다.

오리사, 즉 날카로운 번뇌는 진리를 추구하는 과정에서 생겨나는 집착인 법집法執인데 신견사身見使, 변견사邊見使, 사견사邪見使, 견취사見

取使, 계취사戒取使가 이에 해당합니다. '신견'身見은 몸이 존재한다고 여기는 견해이며, '변견'邊見은 주변이 있다고 여기는 견해입니다. 다시 말해 나와 대상이 존재한다고 믿는 것입니다. '사견'邪見은 삿된 견해입니다. 옛날에 소피스트Sophist들이 교묘하게 사람들을 현혹시켰던 것처럼 이해가 깊지 않은 사람들을 현혹시키는 견해입니다. 주로 어떤 경지를 설說하는 견해들인데, 깨달음에는 순차적인 단계가 있어 그 단계들을 모두 거쳐야만 한다는 것들이죠. 그러나 그러한 경지라는 것은 말로 설명하고 이해를 돕기 위한 하나의 방편일 뿐입니다. 이러저러한 경지가 있고 그 단계를 거쳐야 깨달음에 이를 수 있다고 말하는 것이 사견邪見입니다. 아무리 높은 경지일지라도 하나의 현상에 불과함을 잊어서는 안 됩니다. 또, 초능력 등의 이상한 능력을 추구하는 것도 사견邪見에 속합니다. 그런 능력들을 얻게 되면 자아自我가 더 강화될 뿐이에요. 자기를 벗어나서 자유로워지는 것이 아니라 미묘하게 자기에 묶이게 되며 나와 너를 나누게 됩니다. '견취'見取는 하나의 견해에 강하게 집착하는 것을 의미합니다. 모든 견해는 보는 각도에 따라 달라질 수 있는 잠시 나타난 임시적인 현상일 뿐, 그 어떤 견해도 진리일 수는 없습니다. 그래서 깨달음마저도 없다고 말하는 것입니다. 깨달음이 있다고 말하는 것도 하나의 견해일 뿐이죠. 그래서 부처님이 수보리에게 "수보리야, 자신이 깨달았다고 여기는 아라한이 있느냐?" 라고 묻자, 수보리가 "그런 아라한은 없습니다."라고 대답했습니다. 만약 깨달음이 있다고 여긴다면 그는 무명 속에 빠져있는 것입니다. '계취'戒取는 계율에 집착하는 마음입니다. 도를 닦고, 수행하는 방법을 믿는 것입니다. 물론 계율이 사람의 게으르고 집착하는 마음을 일깨워서 벗어나게 하는 역할을 하기도 합니다. 그 계율을 자신에게 적용함은 대체로는 괜찮습니다만, 다른 사람에게 "이래야 돼."라고 주장하거나 자기 자신을 너무 괴롭게 해서는 안 됩니다. 그래서 수도를 한다는 것은 기타 줄을 조율하는 것과 같이 하라고 했습니다. 너무 조여서도 안 되고 너무 느슨해도 안 되듯, 계를 지키는 것도 중도와 균형을 이루는 것이 필요한데, 너무 엄격하게 지키려고 하는 것이 바로 계취戒取입니다. 이 다섯 가지가 진리를 추구하면서 생겨나는 번뇌인 오리사五利使입니다.

이러한 열 가지 번뇌를 일으키는 것이 염심染心, 다시 말해 분열된 마음입니다. 나와 대상으로 나누어 놓고 이래라 저래라, 이것이 옳아 저것이 옳아, 경계를 나누고 구분해서 좋은 것에 집착하고 싫은 것에 저항하는 마음입니다.

근본 지혜와 현상적 지혜

장애와 연관지어 지혜를 두 가지로 나누어 살펴보겠습니다. 근본의 지혜와 현상의 지혜입니다. 근본을 꿰뚫어 이치를 아는 지혜는 이지理智입니다. 다른 하나는 양지量智인데 따지고 계획하는 지혜를 말하는 것으로 모든 현상은 서로 의존해 있음을 통찰해내는 지혜입니다. 사량思量을 통해 생각하고, 구분하고, 분별해서 그 차이를 명확하게 살펴봄으로써 현상을 통찰해낼 수 있는 것이 양지量智입니다.

현상의 의타성을 파악해내는 양지量智를 막는 장애가 염심染心이고, 근본지혜인 이지理智를 막는 장애가 무명無明입니다. 이것이 무명無明과 이지理智, 염심染心과 양지量智의 관계입니다.

우리식으로 풀어서 설명해 보겠습니다. 모든 마음의 '현상'은 본질이 아님을 파악하는 지혜가 이지理智입니다. 그러나 본질을 파악했다 하더라도 관성에 의해 마음의 분열이 일어나고, 분별에 의해 괴로움이 일어나는 현상은 여전히 일어납니다. 이런 현상이, 계속 일어나는 의타성을 잘 모르도록 만드는 것이 바로 양지量智를 막는 염심染心입니다. 본질을 알면 깨우쳤다고 하고, 현상을 다룰 줄 알면 관성에서 벗어났다고 말합니다. 크게 뭉뚱그려서 말하면 본질을 알아채는 것과 현상의 허구성과 의타성을 알아채는 것 두 가지가 있습니다. 우리는 첫 번째 것은 '깨어있기'를 통해 알아왔고, 두 번째 것은 '관성다루기'를 통해 작업해 왔습니다.

불교에서 진제眞諦와 속제俗諦라는 단어를 많이 사용하는데 제諦는 진리를 뜻합니다. 진제眞諦는 절대 평등하고 고요하여 변함이 없으며 알려지거나 알 수도 없는 근본을 말하고, 속제俗諦는 현상을 말합니다. 현상계의 차별상을 명확히 알고 그 차별상이 서로 의존해 있음을 투철하게 통찰해 내는 것이 속제俗諦의 지혜입니다. 진제와 속제의 지혜가 같이 가야 합니다. 고요와 평화 속으로만 침잠하려고 하는 것은 진제에만 초점을 맞춘 거예요. 그 사람은 세상으로 나오면 다시 휘둘리게 됩니다. 세상에서는 속제의 지혜를 발휘해서 주체와 대상과의 관계를 투철하게 통찰해야 하죠. 진제眞諦를 아는 지혜가 이지理智이고, 속제俗諦를 아는 지혜가 양지量智입니다.

다시 원문으로 돌아가 살펴보면 염심染心은 번뇌애煩惱碍로 진여의 근본지혜를 막는다고 했습니다. 그리고 무명無明은 지애智碍로 세간의 자연업에 의한 지혜를 막는다고 했어요. 세간의 자연업에 의한 지혜란 세상에 나서 자연적인 업에 의해 얻어지는 지혜를 말하는 것으로 후득지後得智라고도 합니다. 살아가면서 업業이 발현되면서 자연스럽게 나

타나고, 환경과 경험에 의해 생겨나는 지혜를 뜻하죠. 무명無明을 끊어
내는 진여지혜가 가장 중요하지만, 후득지後得智는 관성을 다루는 중요
한 지혜로서 의타성법依他性法을 통찰해내므로 이 또한 중요합니다. 그
런데 원문의 내용이 지금까지의 설명과 좀 다른 것 같죠? 다음 원문에
서 설명할 것인데, 이 내용은 무명으로 인해 불각不覺하여 망령되게 법
과 어긋나기 때문에 세간의 일체경계에 수순하는 여러 가지 지혜를 얻
을 수 없다는 의미입니다. 또 일체의 망념을 일으키고 상相에 집착하게
하는 염심染心은 본성을 어기는 것이므로 진여의 근본지根本智를 막는
다고 한 것입니다. 그런데 염심染心이 진여의 근본지혜를 막지만 그 근
본지혜는 무명無明에 의해 가려져있기에 무명無明 또한 이지理智를 막
는 것입니다. 무명無明과 염심染心, 근본지혜와 후득지後得智, 이지理
智와 양지量智를 나누어 설명했지만 이것들은 모두 얽혀 서로에게 영
향을 주고 있습니다. 근본지根本智는 원래부터 있는 것으로 근본무명
을 다루는 것이고, 후득지後得智는 무명 이후에 얻어지는 지혜로 현상
을 다루는 지혜입니다. 그런데 무명無明이 후득지後得智를 막고, 염심染
心이 근본지根本智인 진여의 지혜를 막죠. 우리가 근본과 현상을 말로
나누어놨지만 사실 둘이 아니라는 것입니다. 말이란 것이 참 이상합니
다. 금을 그어놓으면 다른 것처럼 느껴지죠.

동심動心, 주체와 대상을 일으키다

止義云何.
차 의 운 하

以依染心, 能見能現, 妄取境界, 違平等性故.
이 의 염 심 능 견 능 현 망 취 경 계 위 평 등 성 고

以一切法常靜, 無有起相. 無明不覺, 妄與法違.
이 일 체 법 상 정 무 유 기 상 무 명 불 각 망 여 법 위

故不能得隨順世間一切境界種種知故.
고 불 능 득 수 순 세 간 일 체 경 계 종 종 지 고

이 뜻은 무엇을 말하는가?
염심染心에 의해 볼 수 있고, 나타낼 수 있으며 망령되이 경계에 집착하
여 평등성을 어기기 때문이다.
일체법이 항상 고요하여 일어나는 상이 없으나 무명불각이 망령되어 법
과 어긋나기 때문에 세간의 일체경계에 따르는 여러 지혜를 얻지 못하게
하기 때문이다.

[논論]

마음이 나눠지면 볼 수 있게 되고, 볼 수 있게 되면 이것과 저것을
구별하게 되고, 좋고 나쁨이 생겨나고, 집착과 고락이 이어집니다. 이
모든 현상의 과정이 마음이 동動했기 때문에 생겨나는데 이를 동심動
心이라고 합니다. 마음은 어떻게 움직이죠? 우리는 의식이 생겨나면
서부터 자신에게 주의를 계속 쏟으면서 지내왔습니다. 그래서 고기압
에서 저기압으로 공기가 흐르듯이, 주의가 많이 뭉쳐있는 곳에서 적은
쪽으로 흘러가면서 주체와 대상이 생겨납니다. '내'가 '너'를 본다는 현
상이 일어나기 시작하는 것은 바로 이 움직이는 마음(動心) 때문입니다.
동심動心에 의해 주체와 대상이 나뉘고, '보기' 시작하고, 구분하고 호
오好惡가 생기고, 집착과 고락이 생겨납니다. 그래서 마음이 한번 움직
이면 우주 삼라만상이 생겨난다고 표현하는 것입니다.
　아직 분열이 이루어지지 않은 무명無明에서 동심動心에 의해 나와 너

로 분열이 일어나면 뭔가를 볼 수 있는 능견能見이 됩니다. 능견能見 (can see)은 마음이 '보는 자'와 '보여지는 대상'으로 분열되었다는 것을 의미합니다. 대상이 각각 구분되는 것은 능현能現입니다. 볼 수 있게 되면 대상이 경계지어져 분별할 수 있게 되기 때문입니다. 그리고 이 어서 뭔가를 아는 지식智識이 생깁니다.

상相과 식識

상相과 식識의 관계를 정리해보겠습니다.

이전에 불각삼상不覺三相을 공부했었죠. 무명업상無明業相, 능견상能 見相, 경계상境界相을 말합니다. 무명업상은 무명업식無明業識과 관계가 있고, 능견상은 전식轉識－전상轉相과 관계가 있으며, 경계상은 현식現 識－현상現相과 관계가 있습니다.

그런데 능견상은 따로 있는 것이 아니라 경계상이 있기 때문에 존재 하는 것입니다. 왜냐하면 경계지어 나뉘어야 그것을 볼 수 있기 때문 입니다. 그래서 서로가 서로에게 의존하는 상相이에요. 사실 그 어느 ' 것'도 존재하지 않는데 무명에 의해 상相이 하나 생겨나면 그것에 의존 해서 다른 상相들이 생겨납니다. 존재하는 것 같아 보이지만 실제로는 뿌리가 없는 허구의 존재죠. 왜냐하면 상相 하나를 없애면 그 상相에 의존하고 관련되어 있던 상들 또한 하나씩 스러지기 때문입니다.

$x+y=z$라는 방정식과 같습니다. 모두 미지수에요. $y=z-x$이고 $x=z-y$인 것처럼 각각의 미지수로 다른 미지수를 정의할 뿐입니다. 이 때 y가 허상이라면 그에 의존한 다른 x와 z도 허상이 됩니다. 우리가 가진 상相도 이와 같아서 내 안의 상相을 깊숙이 들여다보면 그 상相은

모두 사라지게 됩니다. '나'라는 것 또한 하나의 상相이고, '대상에 의존'하므로 나라는 것만 따로 보려고 깊숙이 들여다보면 주체인 '나'가 대상인 '나'를 바라보는 형태가 되고, 거기서는 주객이 다르지 않기에 주객이 분별 없어 결국 사라지게 됩니다. 이것은 모든 '느낌'이 마찬가지입니다. 시각적으로 하나의 사물을 경계지어 계속 바라보세요. 예를 들어 하나의 점을 계속 바라보면 그 '점'이라는 느낌은 애매해지다가 사라지고 맙니다. 청각적인 하나의 소리도 계속 들어보세요. 처음에는 '물소리'처럼 들리지만 계속 듣다보면 '물소리'는 사라지고 '소리'만 남다가 점차 '소리'라는 것 마저 사라지고 그저 진동으로 느껴지다가, 그 진동이 계속되면 귀는 더 이상 듣지 못하게 될 것입니다. 이렇게 우리의 감각기관은 '변화'가 있을 때만 '느끼도록' 되어있습니다. 변화는 관계에서 오지요. 이것이 상相이란 말의 진정한 의미입니다. 그래서 불교에서는 세상을 상相이라고 말하죠. 서로(相)가 서로에게 의존하는 관계를 통해 존재하는 것입니다. 그래서 뿌리가 없는 마야, 환상이라고 하는 것입니다. 이렇게 모든 것이 연결되어 있기에 하나를 정확하게 이해하면 모든 것을 하나의 실에 꿰듯 이해할 수 있게 됩니다.

　망령되이 경계에 집착한다는 의미는 무명에 의한 아무 이유 없는 것을 근거가 있다고 착각하여 집착하기 때문에 망령되었다는 것입니다. 망령된 경계에 집착하게 되면 만물만사의 평등성을 위반하게 됩니다. 원문의 일체법一切法은 중의적인 의미로서 현상이기도 하고 진리이기도 합니다. 진리는 항상 고요하여 '변함이 없지만' 우리는 늘 변하고 오고가는 '현상'이 있다고 여깁니다. 중생이라는 단어는 중의적인 표현입니다. 중생이란 깨닫지 못한 현상으로서의 존재일 뿐만 아니라 진리를 포함하고 포괄하며 깨달은 사람 자체를 의미하기도 합니다. 이것이 대승과 소승의 차이라고 전에 설명했습니다. 대승은 항상 중생을 맨 처음에 내세우는데, 대승에서 말하는 중생은 깨닫지 못한 자이면서 동시에 깨달은 자이기도 합니다. 번뇌 즉 보리인 것처럼 여기서의 일체법도 현상이면서 동시에 한 치의 움직임도 없는 진리를 의미합니다. 그래서 그 일체법이 항상 고요하여 일어나는 상相이 없다고 했습니다. 원래는 일체의 상相이 없는데 우리는 고정된 상相이 있다고 여깁니다. 그 상相은 어디에 있는 것일까요? 우리 마음속에 있을 뿐입니다. 감지를 떠난 감각으로 보면 온 세상이 구별되지 않는 오직 하나입니다. 분별되는 감지들이 사라지고 주체도 사라지죠. 세상은 법法인데 그 법法은 항상 고요하여 분별되는 상相이 없는데 마음이 감지를 일으켜서 상相을 만들어냅니다. 제대로 밝게 보지 못하는 마음인 무명불각無明不覺이 항상 고요하여 상相이 없는 법에 망령되게 어긋나기 때문에 세간의 일체경계에 따르는 여러 지혜, 즉 후득지後得智를 얻지 못하게 됩니다. 이 후득지가 바로 현상의 의타성을 알아챌 수 있는 지혜입니다. 그러니 현상을 통해 일어나는 지혜를 말합니다. 그 동안은 염染, 식識, 상相을 따로 설명해 왔는데 이제는 세 가지를 모두 설명했기 때문에 항상 셋을 연결해서 생각하면 이해하기가 쉬울 것입니다.

그동안 다섯 가지의 의근意根과 한 가지의 의식意識인 여섯 단계의 물든 마음에 대해 설명해왔는데 오늘은 그 각각의 단계별로 범인凡人이 속해있는 범주와 보살이 속해있는 범주, 부처라고 할 만한 의식이 가 닿은 범주에 대해 설명하겠습니다. 보살은 부처가 되지는 않았지만 미묘한 부분을 알기 시작한 사람들을 일컫는데, 오늘 내용을 살펴보면 불교에서 말하는 보살의 경지가 무엇인지 잘 알 수 있습니다. 원문 보겠습니다.

분별 없는 세상과 경계지어진 세계

復次分別生滅相者有二種. 云何爲二.
부차 분별 생 멸 상 자 유 이 종   운 하 위 이

一者麤, 與心相應故. 二者細, 與心不相應故.
일 자 추   여 심 상 응 고   이 자 세   여 심 불 상 응 고

又麤中之麤, 凡夫境界. 麤中之細, 及細中之麤, 菩薩境界.
우 추 중 지 추 범 부 경 계 추 중 지 세   급 세 중 지 추 보 살 경 계

細中之細, 是佛境界.
세 중 지 세   시 불 경 계

다시 생멸상을 분별한다는 것은 두 가지가 있으니, 무엇이 두 가지인가?
첫째는 거친 것이니 마음과 더불어 상응하기 때문이고, 두 번째는 미세한
것이니 마음과 더불어 상응하지 않기 때문이다.
또 거친 중의 거친 것은 범부의 경계이며, 거친 중의 미세함과 미세함 중
의 거친 것은 보살의 경계이고, 미세한 중에서도 미세한 것이 부처의 경
계이다.

[논論]

생멸상生滅相을 분별한다는 것은, 분별할 수 없는 한 덩어리인 세
상世上에, 여기서부터는 생生이고 저기서부터는 멸滅이라고 이름 붙
인 경계를 지어서 마음속에 세계世界를 만들어 놓고, 그 경계지어진
상相을 분별하는 것입니다.

생멸상에 있어서 중요한 점은, 생멸하는 상相은 순서대로 나타났다
사라지는 것이 아니라 동시에 생겨났다 동시에 사라진다는 것입니다.
'주체'와 '대상'과 그 사이의 느낌 또는 '앎'이 항상 같이 생겼다 사라진
다는 말입니다. 생生하는 상相은 즉시 생겨난다는 점을 파악해야 합니
다. 나와 대상, 즉 주체와 대상은 주체가 먼저 생겨난 후에 대상이 생
겨나는 것이 아니라 동시에 생겨납니다. 예를 들어, 연필을 볼 때 마음
속에 연필의 상相이 떠오른 순간 거기에는 그것을 연필로 보는 '주체'와
연필이라는 '대상'과 그에 대한 '느낌'이 있다는 것입니다. 이 셋이 동시

에 나타나는 것이 바로 생멸상이 순간적으로 동시에 생겨난다는 말의 의미입니다. 즉 인연법因緣法입니다. 이것이 있고나서 저것이 있는 것이 아니에요. 이것은 저것에 의존하고 저것은 이것에 의존하고, 이것 때문에 저것이 생겨나고 저것 때문에 이것이 생겨나며, 이것이 멸滅하면 저것도 멸滅한다는 것이 인연법입니다. "이것이 생겨나면 저것이 생겨난다."라는 말을 이것이 먼저 생겨난 다음 순차적으로 저것이 생겨난다고 오해하기 쉽지만, 그것이 아니라 이것이 생겨난 순간 저것도 동시에 같이 생겨난다는 의미입니다. '세계'가 있다고 보는 순간 그 세계를 보는 '내'가 동시에 있고, 그 사이에서 내가 받은 어떤 '느낌'이 동시에 존재합니다. 파란 컵을 보는 순간 파란 컵이라는 '대상'이 있고, 이 컵에 대한 '느낌'이 있고, 그 느낌의 저변에 이 느낌을 느끼는 '내'가 있어요. 이런 것이 무명업無明業, 즉 그동안 마음에 쌓여있는 것입니다. '곡선의 느낌'을 느낀다면 그 저변에서 '직선의 느낌'이 '내'가 되어 있는 상태라는 의미입니다. 이렇게 기저에 깔려있는 직선의 느낌은 의식되지 않지만, 이것이 보이지 않는 주체가 되어 곡선의 느낌을 만들어냅니다. 이것은 순간순간 즉시적으로 일어나는 마음의 과정입니다. 계속 곡선만 경험해 왔다면 그것은 우리가 경험하는 그런 곡선의 느낌을 만들어내지 못할 것입니다. '직선을 경험해야만' 드디어 '곡선이 곡선처럼 느껴집니다'. 우리가 어떤 대상을 보고 마음에 곡선의 느낌을 떠올린다는 것은, 곡선의 느낌으로 만들어주는 기저의 직선의 경험이 있고, 그 경험이 대상과 반응하여 둘 사이에 곡선의 느낌 또는 부드러운 입체의 느낌이 생겨났다는 의미이며, 이것이 우리 마음이 매순간 작동하는 기본적인 철칙입니다.

지금 느끼는 어떤 느낌 안에는 기저상태인 주체의 역할과 대상으로서의 역할 두 가지가 동시에 들어와 있는 것입니다. 그 둘이 만나서 느낌을 만드는 것입니다. 마치 왼손과 오른손이 만나서 소리를 만드는 것과 같습니다. 이때 소리가 있다는 것이 왼손과 오른손이 만났다는 것을 증거합니다. 내가 지금 무엇을 보면서 어떤 느낌이 느껴진다면, 그 느낌을 만들어내는 왼손과 오른손이 만나고 있음을 알면 됩니다. 즉, 주체와 대상이 만나 '느낌'을 만들고 있는 것입니다. 이것이 되면 이제는 그 구조를 '나'라는 것에도 적용해 보세요. '나'를 '느끼게 되면' 이제 거기에는 그것을 느끼는 무언가 투명한 주체가 있게 됩니다. 그것은 무엇일까요? 스스로 한번 탐구해보세요.

모든 생멸상은 거친 상相과 미세한 상相 두 가지로 분별할 수 있습니다. 원문에서 거친 상相은 마음과 더불어 상응한다고 했습니다. 분별하는 마음, 번뇌하는 마음으로 사는 것입니다. 미세한 상相은 마음과 더불어 상응하지 않으므로 번뇌를 일으키지 않습니다.

마음과 상응하는 거친 상相은 번뇌와 상응하는 세 가지 물든 마음인 집상응염執相應染, 부단상응염不斷相應染, 분별지상응염分別智相應染에 해당합니다. 집상응염과 부단상응염은 범인凡人의 단계이고, 분별지상응염부터는 보살菩薩의 단계입니다.

먼저 범인凡人의 경계를 살펴보겠습니다. 지나간 즐거움을 붙들어 끊임없이 생각하며 애착하고 집착하는 것이 집상응염과 부단상응염입니다. 즐거움이나 쾌락을 맛본 다음에 뒤돌아서서 즉시 잊을 수 있다면 그 사람은 부단상응염을 넘어선 자이고 더 이상 범인凡人이 아닙니다. 분별지상응염의 보살 단계죠. 분별지상응염은 좋고 나쁨의 분별만 있을 뿐 거기에 매달리거나 집착하고 저항하지는 않습니다. 이렇게 세밀하게 단계를 나누었지만 분별지상응염과 부단상응염은 순차적으로 생겨난다기보다 거의 동시에 생겨난다고 할 수 있습니다. 좋아하는 것이 생기면 끊임없이 그것을 추구하게 되고, 싫어하는 것이 생기면 그것을 멀리하고자 하는 마음이 끊임없이 이어지는데 이것이 바로 상속식相續識입니다. 그래서 호불호에 의한 고락苦樂이 있으면 물든 마음이 파도치게 되죠. 이 일련의 것들이 일어나기 위해 기본적으로 깔려 있어야 하는 것이 분별지상응염입니다. 쾌락과 즐거움은 좋고 싫음을 분별할 수 있게 된 다음에 가능하다는 것입니다. 좋은 줄을 모르면 거기에 구태여 매달리거나 집착하지 않습니다. 좋은지 어떤지를 먼저 알고 나서 그것을 맛보고 나서 거기에 집착하게 되는 것입니다. 정리하자면, 좋고 싫음(好惡)을 분별하고 그로부터 고락苦樂이 발생하며, 그것을 끊임없이 생각하여 락樂에 집착하고 고苦에 저항하는 순서를 밟게 됩니다.

집상응염과 부단상응염까지는 일반인의 범주에 속하는데 이들은 끊임없이 생각에 묶여 있습니다.

분별지상응염分別智相應染과 현색불상응염現色不相應染, 능견심불상응염能見心不相應染이 보살의 경지입니다.

분별지상응염은 거친 상相에 속합니다. 거친 생멸상중에 미세한 것입니다. 여기에서는 호오好惡가 발생하는데 이것이 지식智識입니다. 이것과 저것을 구분하고 그 구분한 것의 좋고 나쁨을 알아요. 좋아하고 싫어하는 것이 아니라 좋고 나쁨을 분별할 줄 안다는 것입니다. 예를 들어 이 마우스와 저 마우스를 보고 어느 것이 더 좋은지 아는 것입니다. 이것과 저것을 구분해내는 것 자체는 현색불상응염, 즉 현상現相입니다. 드러난 현식現識, 경계상境界相이라고도 합니다. 구분해낸 다음에는 좋고 나쁨을 분별하게 됩니다. 그래서 현식 다음에 지식이 옵니다. 구분과 분별을 말로 정의한다면, 구분은 이것과 저것을 경계 지어 아는 것이고, 분별은 좋고 나쁨을 아는 것이라고 할 수 있습니다. 좋고 싫음이 발생한다 해도 거기서 멈춘다면 끌려 다니지 않을 수 있습니다. 공부의 초기에 집착의 특성을 알고 나면 점차 집착하지 않게 됩니다. 집착은 결과적으로 고통에 이르게 하기 때문입니다. 그러면 거기서 한발 물러나게 됩니다. 좋고 싫음에 끌려 다니지 않게 되는 것입니다. 좋고 나쁨을 분별하지 않는다는 의미는 아닙니다. 그러나 분별하게 되면 자연스럽게 분별하는 마음에 끌려 다니게 됩니다. 그래서 분별지상응염은 번뇌와 상응하는 단계입니다. 그런데 우리는 깨어있기™ 심화과정에서 연습했었습니다. '분노의 마음은 그대로 있고, 나는 나대로 있다. 기쁘고 행복한 마음은 그대로 있고, 나는 나대로 있다. 분노의 마음이나 행복하고 즐거운 마음을 못 느끼는 것이 아니라, 분명히 느끼지만 그것은 그대로 있고 나는 나대로 있음'을 연습했습니다. 이것이 진정으로 된다면 보살의 경계입니다. 분별할 줄 알지만 분별 속에 빠져 들지는 않아요.

물든 마음은 식識을 일으키고 상相에 빠진다

염染, 식識, 상相으로 나누어 다시 살펴보겠습니다. 근본으로 거슬러 올라가는 과정으로 순서를 살펴보면, 가장 표면에 집상응염이 있고 다음으로 부단상응염, 분별지상응염이 있습니다. 집상응염은 집착해서 번뇌에 상응하는 물든 마음을 말합니다. 모든 일반적인 마음의 상相에 해당하죠. 그 다음 끊어지지 않고 계속되어 번뇌를 일으키는 물든 마음인 부단상응염은 상속식相續識이며 상속상相續相을 만들어냅니다. 그것은 고락苦樂에 기반하고 있습니다. 그 다음, 분별하여 알아서 번뇌에 상응하는 물든 마음인 분별지상응염은 지식智識입니다. 분별해내는 앎을 만들어내는 지식智識에 의해 만들어지는 상이 지상智相이죠. 뭔가를 안다는 상이며, 이런 앎은 호오好惡를 발생시킵니다. 호오가 있되 그와 상관없이 있는 것이 보살의 경지 중에서 가장 거친 부분에 해당합니다. 호오에 끌려 다니지 않으면 점차 좋고 싫음이 약해져서 그 자체가 큰 의미가 없어지게 됩니다. 그렇지만 느끼려고 하면 또 생생하게 느껴지는 것입니다.

이 점이 공부를 시작하는 사람들이 생각하는 딜레마입니다. 호오가 있는데 어떻게 그것에 끌려 다니지 않을 수 있냐고 묻는 것입니다. 또는 좋은 것이 있는데 일부러 그것을 찾지 않는 것도 그것에 매이는 것이 아닌가 하고 말합니다. 그렇지만 실제로 공부를 해보면 좋은 것을 알지만 끌려 다니지 않을 수 있습니다. 논리적으로는 불가능해 보이지만 경험적으로는 가능합니다. 왜냐하면 좋고 싫음이 표면의 파도와 같다면 우리의 중심은 바다에 있는 것과 같아서 그것이 가능한 것입니다. 표면의 파도가 없는 것은 아니지만 자신이 바다라는 것, 특히 물이라는 것을 분명히 파악하면 좋고 싫음과 함께 있어도 그에 매이지 않을 수 있는 것입니다. 사실 좋고 싫음을 모두 떠나 그것을 알지도 느끼지도 못한다면 그것은 초월이 아니라 원시原始로 되돌아간 것일 뿐입니다.

분별지상응염을 알기 어려운 이유는 그 마음의 움직임과 상相이 명확하게 드러나지 않기 때문에 그렇습니다. 괴로움과 즐거움은 명확하게 느껴지는 데 반해, 좋고 나쁨을 '구분해내는 마음' 자체는 미묘합니다. 좋고 싫음 속에 '들어가 있는 것'이 아니라 좋고 싫음을 '분별하는 자리'에 있는 것입니다. 앞에 있는 의자 두 개를 바라보고 어떤 의자가 더 좋은 느낌이 드는지를 살펴보세요. "둘 다 똑같은데 뭘."라고 한다면 마음 속 감지를 잘 구분하지 못하는 상태입니다. 모든 감지는 '이것과 저것은 다르다'를 지나 점차 '더 낫고, 더 못 하다'라는 식으로 서로 구분됩니다. 내 안에 어떤 기준이 있고 그것에 대비되어 좋고 싫음이 구분되기 마련이에요. 더 부드럽게 느껴지면 더 낫다는 식으로 자신의 기준이 있는 것입니다. 두 개의 감지 사이의 미묘한 차이를 구분해 내는 것은 더 섬세한 마음의 작용입니다. 그런데 그것을 구분하지 못하고 좋으면 그냥 끌리고, 싫으면 거부하는 것은 거친 상相에 속합니다. 좋고 나쁨이 구별되는 것은 미세해진 마음이 작용하기 때문이고, 더 미세해지면 좋고 싫음을 떠나 이것과 저것의 다름을 구분하는 마음으로 넘어갑니다. 지금, 표면으로부터 심층으로 들어가는 순서대로 설명하고 있습니다. 분별지상응염은 번뇌를 일으키기는 하지만 미세한 마음의 상태로 들어가기 시작하는 단계입니다.

다시 정리해보죠. 번뇌에 상응하는 집상응염, 부단상응염, 분별지상응염은 의식의 발달단계에서 각각 의식, 상속식, 지식에 해당하고 집착상, 상속상, 지상을 만들어냅니다. 이 세 가지는 번뇌하는 마음과 더불어 상응하는 거친 생멸상입니다. 다시 말해 번뇌를 일으키는 생멸상이죠. 좋고 나쁨을 구별하고, 고통과 즐거움을 느끼기 시작하면 우리는 번뇌를 일으키는 마음에 속해있는 것입니다. 그러나 고락에 끌려 다니지 않는다면 그때부터 서서히 미세한 마음으로 들어가는 단계에 들게 됩니다. 호오好惡를 떠나지는 못했지만 고락苦樂을 떠났다는 말입니다. 고락을 느끼고 싶다면 느껴도 되지만 떠나려면 떠날 수도 있어요. 이것은, 고락이 있지만 에너지가 거기에 크게 머물지 않을 때 가능한 일입니다. 빠진다는 것은 허우적거리며 자기 힘으로 헤어 나오지 못하는 것입니다. 깨어있기에서 생각과 감정이 있지만 그것은 생겨난 현상에 불과한 것임을 자꾸 경험하고 느끼다보면 점차 마음에서 일어나는 것들에 끌려 다니지 않게 됐었죠? 그중에서 분별을 지나 그 속으로 심하게 끌려 다니는 것이 고락입니다. 그 고락으로부터 서서히 떠나게 되면 마음이 편해지고 이제 공부에 대한 게으름이 생겨납니다. 심신이 편해지기 시작한 것입니다. 보살의 경지로 들어서기 시작하면 마음이 편해져요. 이제야 미세한 마음으로 들어서기 시작해서 진짜 공부가 시작되는데 마음이 편해졌기 때문에 거기서 멈추기 쉽습니다.

두 번째 생멸상은 번뇌를 일으키지 않는 생멸상입니다. 이전까지는 '나'에 일어난 상이 나의 기준과 만나 밀치고 끌리는 상을 만들었다면, 이제부터는 '나'마저도 일종의 상에 해당한다는 것을 알게 하는 근본적 상태로 들어갑니다. 상相으로 말하자면 바로 현상現相, 전상轉相, 무명업상無明業相이에요. 다시 한 번 말하지만, 순서와 단계를 세밀하게 설명해 놓았지만 마음이 이렇게 순차적으로 일어나지는 않고 즉각적으로 동시발생하며 일어납니다.

여기서부터는 상相이 아주 미세해서 마음이 파악해내기 힘듭니다. 예전에 처음 감지感知™연습을 할 때 어땠습니까? 경계를 그리고, 느끼고, 밀침과 끌림을 구분해내라고 했습니다. 그것이 바로 호오好惡를 구분하는 것입니다. 그런 초기 연습 단계가 지나면 '탁'하고 순간적으로 느껴지는 느낌을 구별해내는 연습을 했었죠? 그것이 바로 경계를 구분해내는 현색불상응염의 상태로 들어가는 것입니다. '밀침이나 끌림 없이 감지를 구분해내면' 그것이 현색불상응염입니다. '밀침과 끌림이 느껴지면' 그것은 분별지상응염이죠. 밀침과 끌림이 있은 이후에 '기분이 좋아지고 나빠지는 것'은 부단상응염까지 간 것이고, 기분 좋은 '것만' 보고 싶어지면 집상응염에 머무는 것입니다.

다시 현색불상응염으로 돌아와서, 이 사물과 저 사물의 내적인 느낌을 분별해내면 그것이 바로 감지상태입니다. 우리가 주로 연습했던 감지는 현색불상응염이었어요. 거기에는 좋고 싫음 없이 분별만 있을 뿐입니다. 흔히들 '있는 그대로 보기'라고 말하는 상태입니다. 우리가 지금 와서는 마음속에서 파악해내는 모든 것이 감지에 속한다고 말합니다. 주체와 대상으로 나뉘는 능견심불상응염(나와 대상을 나누고 '대상'을 보게 됨)부터 집상응염(집착이 일어남)까지를 모두 감지의 스펙트럼에 속한다고 말해요. 다만 집상응염은 의식이니까 이름과 생각까지 다 붙어 있죠. 표면부터 심층의 순서로 다시 살펴본다면, 부단상응염은 이름과 생각 속에서 끊임없이 번뇌하는 단계이고, 분별지상응염은 이름과 생각은 떨어져 나갔고 끌림과 밀침이 있는 번뇌상태입니다. 현색불상응염은 이름과 생각, 끌림과 밀침까지도 떨어져 나가고, 그냥 구분만 되는 번뇌없는 상태입니다. 현상現相은 경계가 드러나서 드디어 사물로 나타나는 것입니다. 전에는 경상도와 전라도가 없었는데 땅에 선을 그어놓으니 경상도와 전라도가 생겨납니다. 이름 붙이기 전이라도 경계가 그려지면 이 땅과 저 땅은 이미 다르잖아요. 그것이 바로 현식이 만들어내는 현상입니다. 능현能現은 이제 능동적으로 보기 시작했다는 것입니다. 그 전까지는 수동적으로 '보여진' 것인데, 금을 그어 경계와 분별이 분명히 드러나서 마음의 상으로 '보기' 시작하는 상태가 능현能現이고, 현식現識입니다. 현상이 나타난다는 의미에서 나타날 현現을 사용하죠.

에너지가 '나'에 머물지 않는다

능견심불상응염은 주체와 대상으로 나뉘어 주체가 분명하게 발생하는 마음이고, 전식轉識이라고 합니다. 구를 전轉 자를 쓴 것은 움직인다는 의미를 사용했기 때문입니다. 균형 잡힌 것은 어디로도 움직이지 않기 때문에 움직이기 위해서는 불균형이 선행되어야 합니다. 마음에 주의注意의 불균형이 일어나면 주의가 많은 곳에서 적은 곳으로 움직이며 주체/대상을 만들어내게 되는데, 이는 대기의 압력차가 생기면 고기압에서 저기압으로 바람이 이동하고, 위치에너지에 편차가 생기면 높은 곳에서 낮은 곳으로 물이 움직이는 것과 같습니다. 이처럼 모든 움직임은 불균형 상태에서 일어나기 시작합니다. 그것이 바로 전상轉相이에요. 동념動念이 생겨난다고 표현하죠. 동념, 즉 움직이는 마음이 나타나기 시작한 때, 주체와 대상이 분열된 상태가 능견심能見心입니다. 볼 견見 자를 사용합니다. 그러나 '보여진다(被見)'가 아니라 '본다(能見)'입니다.

여기까지가 보살의 경지입니다. 주체와 대상으로 나뉜 미세한 느낌마저도 구분해내는 마음이 바로 보살의 경지에요. 좋고 나쁨을 분별하고, 좋고 나쁨이 없는 그냥 감지를 분별하고, 그 감지 중에서도 주체와 대상의 감지를 느끼고 파악하는 것이 미세한 마음의 상을 구분해 내는 단계입니다.

사람들에게 '나'라는 느낌을 느껴보라고 하면 대부분 생각을 가지고 얘기합니다. "나라는 생각은 다 있지. 느껴지잖아."라고 대답하지만 사실 그것은 느끼는 것이 아닙니다. 또 어느 정도 공부를 한 사람이 "그래, '나'라는 느낌이 느껴져. 이것이 감지라는 걸 알긴 하지만 그래도 나라고 느껴진단 말이야."라고 말한다는 것은, 사실 나라는 느낌을 감지로서 명확하게 파악하지 못했기 때문입니다. 그것은 '나'라는 느낌, 주체의 느낌 속에서 오랜 시간 살아왔기 때문입니다. 느낌으로 파악되면 느낌은 느낌대로 있고, 자기는 거기서 떨어져 나올 수가 있습니다. 이때 말하는 '자기'라는 것은 특별한 자기를 말하는 것이 아니라 '에너지가 거기에 머물지 않는다'는 의미입니다.

그 다음은 부처의 경지인데, 엄밀히 말하면 경지가 아니라 경계입니다. 여전히 분별되는 경계 속에 있다는 뜻이에요. 근본업불상응염 또는 무명업식無明業識이라 하는데 무의식의 세계를 의미합니다. 민감해지면 민감해질수록 무의식도 점차 의식화되기 때문에 선을 그어 "여기서부터 무명업식이다."라고 말할 수는 없지만, 기본적으로는 능소能所, 즉 주체와 대상이 나누어지지 않은 상태를 말합니다. 나와 대상이 나눠지지 않았기 때문에 세상이 '보이지만 보지 않는' 감각상태라고 할 수 있습니다. 그런 상태도 역시 마음의 흔적과 재료들이 있기 때문에 주체와 대상이 있는 세계로 툭 나왔다가 또다시 주체와 대상이 사라지는 감각™으로 들어가는 그런 상태입니다. 이렇게 감각으로 들어갔지만 또다시 나올 수밖에 없는 것은 무명업식, 다시 말해 그 안에 들어있는 수많은 재료들 때문입니다. 육체적, 에너지적으로 타고난 것, 조상으로부터 받고 형태공명장으로부터 받은 정보들, 정보로서의 업식業識 등으로 인해 끊임없이 주체와 대상으로 나뉘는 것입니다. 우리는 단세포 때부터 수많은 세월 동안 주체와 대상으로 나누는 연습을 해 온 끝에 주체와 대상의 개념분별을 훌륭하게 해내게 된 것입니다. 두세 살만 되면 누가 특별히 가르쳐 주지 않아도 '나, 나' 하잖아요. 이런 것이 바로 무명업식에 의해 나타나는 것이라 볼 수 있습니다. 일 년 내내 가르쳐야 나와 대상을 분별할 수 있다면 그런 것은 무명업식이라고 할수 없어요. 나와 남을 구분하는 일처럼 자동적으로 일어나는 것을 무명업이라고 합니다. 노력해서 자기 마음의 구조를 명확하게 볼 수 있어야만, 무명업으로부터 비롯된 주체와 대상의 분열된 마음을 스러지게 하고 분리 이전으로 다시 가라앉을 수 있습니다. 이렇게 분리 이전으로 가라앉을 수는 있지만 의식하려면 또 다시 분리를 해야만 합니다. '내가 있다'는 것은 절대絕對와 상대相對를 나눠놓고 있는 상태인데, 우리가 공부를 통해 하려는 것은 이 상대의 세계에 분리된 마음으로 있으면서도 우리의 본질은 단 한 번도 분리된 적이 없음을 파악하려는 것입니다. 그러면 분리된 마음을 느끼고 그 속에 있지만 그 속에 있지 않은, 그것을 사용하지만 그것에 끄달리지 않는 일이 가능해진다는 것입니다. 그래서 이 상태를 부처의 경계라고 얘기합니다. 부처만이 이 미묘한 생멸상인 무명업상無明業相을 파악하고 감지해낼 수 있어요. 나도 모르게 자동적으로 일어나는 무의식적인 느낌들마저 파악해내고 그것에 끌려 다니지 않으면 최종적인 미묘한 마음의 작용을 파악할 수 있게 됩니다. 그러니까 이것은 느껴내기보다는 통찰해내는 것이라고 말할 수 있습니다. 왜냐하면 느끼기 위해서는 마음이 분열되어 있어야 하는데, 이 무명업식은 마음의 분열이 없는 상태잖아요. 그보다 표면인 능견심불상응염부터 마음이 주체와 대상으로 분열되거든요. 근본업불상응염, 즉 무명업식은 분열이 안 되어 있는 상태, 즉 그것을 느낄 '나'가 만들어지지 않은 상태인데 어떻게 '느낄' 수 있겠어요? 재료도 있고 자동화된 작업들도 있지만 마음의 분열이 없기 때문에 그 무엇도 느끼지는 못합니다. 그래서 자동화된 이 무명업식은 느낌이 아닌 통찰을 통해서만 접근할 수 있는 것입니다. 우리는 느낌보다 근본적인 존재이므로 나라는 느낌과 대상의 느낌은 느낌으로 구별해낼 수 있어요. 그런데 무명업식으로 들어가기 시작하면 더 이상 그 무엇도 느낄 수 없기 때문에 통찰해내야만 합니다. 그래서 이 상태는 부처만이 파악해낼 수 있다고 말합니다. 명확하게 자신의 본성을 본 사람만이 파악할 수 있다는 것입니다. 본성을 보지 못한 사람은 전식까지만 파악이 가능합니다. 나라는 것도 '느낌'이고, 모든 '대상'이라는 것도 마음속 하나의 느낌임을 파악할 수 있다는 것입니다. 여기까지가 보살의 경계입니다.

느낀다는 것은 무엇을 안다는 것과 비슷한 작용입니다. 우리가 무엇을 볼 때 그것은 항상 '밖'에 존재하는 '무엇'입니다. 마음의 느낌도 이와 마찬가지여서 '무엇'이 '느껴'질 수 있는 이유는 그것이 본질의 '밖'에 있기 때문에 그렇습니다. 굳이 말로 표현하자면 그래요. 그런데 근본업은 느껴지지 않고 자동으로 일어납니다. 그나마 논리적으로 이해할 수 있는 것이 바로 의타성법依他性法입니다. 곡선의 느낌은 직선의 느낌을 기반으로 한다는 말이 이해는 되잖아요. 물론 일반인은 이것도 이해할 수 없지만 우리는 이제 이해할 수 있습니다. 내가 부드러운 것을 보고 '부드럽다'라고 느끼려면 그것을 부드럽게 느끼도록 하는 기준인 '거칠다'가 마음의 배경에 이 순간 자리잡아야 합니다. 그렇지 않으면 부드럽다는 것을 '느낄 수 없을 것'입니다. 이것이 의타依他 즉, 다른 것에 의존해 존재한다는 것의 의미입니다. 그렇다면 곡선을 '곡선으로 느끼게 하는' 기준이 되는 밑바닥에 깔린 '직선의 느낌'을 존재적으로 파악할 수 있느냐? 그것이 파악되면 무명업이 파악되는 것입니다. 비유하자면 그렇습니다.

누 종류의 생멸상을 얘기했습니다. 번뇌를 일으키는 거친 생멸상과 번뇌를 일으키지 않는 미세한 생멸상이죠. 거친 중에서도 미세한 상이 분별지상응염(지상)인데 여기서부터 보살에 들어가는 것입니다. 그리고 미세한 것 중에서 거친 것, 다시 말해 현색불상응염(현상)과 능견심불상응염(전상)까지가 보살의 경계입니다. 그러니까 거친 것 중에서도 미세한 것 하나와 미세한 것 중에 거친 것 두 가지, 이렇게 세 가지가 보살의 경계에 속합니다. 그리고 거친 것 중에서 거친 것 두 가지인 집상응염(집착상)과 부단상응염(상속상)이 범부의 경계에 속하고, 미세한 것 중에 미세한 것인 근본업불상응염(무명업상)이 부처의 경계에 속합니다. 이렇게 생멸의 상을 나누어 설명했습니다.

초월이란, 경계의 사라짐이 아니라 그것에 구애받지 않음

집착과 끊임없는 생각 속에 빠져 있는 사람이 범부입니다. 생각을 멈추지 못하고, 무언가에 대한 집착을 멈추지 못하면 범부에 속합니다. 응무소주應無所住는 에너지가 그 어디에도 머물지 않는 것이라고 했습니다. 여러분이 "난 아직 모르겠어."라고 생각한다면 '난 아직 모르겠다'는 생각 속에 에너지가 머물고 있는 것입니다. 진리에 대해서는 특별하게 '알 것'이 없어요. 앎도 아니고, 그렇다고 모름도 아닌데 모름에 에너지가 묶여 있는 것입니다. 본성이라는 것은 '앎'과는 상관이 없습니다. 물론 우리는 그걸 통해 가려고 하지만 그것은 그냥 하나의 '길'일 뿐입니다. '앎'은 길이지 목적지가 아니기에 어떤 '앎'이 생겨났다고 멈추면 그는 '앎'에 머문 것이 됩니다. 그와 같이 범부의 경계는 끊임없는 생각과 집착으로 에너지가 한곳에 머물러 거기서 헤어나지 못하고 계속 맴돌고 소용돌이 치고 있는 것입니다. 그것이 바로 거친 생멸상 중의 거친 것인 집상응염과 부단상응염입니다.

거친 것 중의 미세한 것인 분별지상응염(지상), 미세한 것 중에 거친 것인 현색불상응염(현상)과 능견심불상응염(전상), 이 세 가지는 보살의 경계입니다. 분별하되 좋고 싫음에 빠지지 않으면 분빌지상응염에 머물지 않는 것입니다. 점차 에너지의 머묾이 줄어들기 시작하여 '경계가 느껴지고 분별되지만 그와 상관없이 있을 수 있다'가 되면 현색불상응염에 빠지지 않는 것입니다. 주체와 대상이 생겨나 있지만 그에 상관없이 있을 수 있는 것이 능견심불상응염에 빠지지 않는 거예요. 이것이 보살의 경지의 맨 마지막 상태죠. 주체와 대상이 구분되지만 주체, 즉 '나를 위한 것'에 빠지지 않습니다. 왜냐하면 주체라 마음에 일어나는 '기능' 중의 하나일 뿐 그것이 진정한 '주인'은 아니기 때문입니다.

마지막으로 미세한 것 중에 미세한 것이 근본업불상응염(업식)인 부처의 경계입니다. 부처의 경계라는 것은 주체와 대상의 구분이 없는 경지에 들어간 것이지만, 이것도 '경계'인 까닭은 무의식적인 현상으로 작용하고 있기 때문입니다. 이것을 번뇌와 상응하지 않는 근본적인 업이 일으키는 경계(근본업불상응염)라 합니다. 무의식의 재료들이 있지만 아직 주체와 대상이 나뉘지 않아서 분별된 활동은 하지 않는 상태, 또는 주체와 대상이 없는 마음 상태(감각™ 상태), 세상(나눌 수 없는 불이의 세상)은 있지만 세계(마음이 나눠놓은 세계)는 없는 상태, 마음의 상相이 전혀 없는 상태 등으로 표현해 볼 수 있습니다. 상相의 모든 기초는 '나와 대상'이기 때문에 마음의 상이 세워질 가장 기본적인 블록이 없는 상태입니다. 마음의 상이 없는 세상을 절대絕對라 하고 분열된 마음의 상相이 작용하는 세계를 상대相對라 한다면, 상대와 절대가 동시에 있는 것이 중생심衆生心입니다. 중생심에는 세계도 있고 세상도 있어요. 엄밀히 말하면 '있다'는 표현도 하나의 비유일 뿐입니다. '보이지만(세상) 또한 본다(세계)'가 바로 세계와 세상이 동시에 있다는 것의 표현입니다. 절대와 상대가 동시에 있고, 분별과 분별없음이 동시에 있습니다. 그중에 여전히 분별이 있으니 부처의 경계라고 표현하는 거예요. 그러니까 부처의 마음에 경계가 전혀 없는 것이 아닙니다. 부처가 이것저것 그 어떤 것도 구별 못할까요? 아무 구분도 못하면 바보일 뿐입니다. 그러니까 부처의 경계라는 것은 이렇게 세계를 구성하는 가장 기본 블록인 나와 대상마저도 사라진 상태인데, 사라졌지만 사라지지 않은 것이기 때문에 경계라고 말하는 것입니다. 완전히 사라졌다면 경계라고 하지 않겠죠. 부처는 경계가 사라진 것이 아니라 경계를 초월한 것입니다. 초월이란 경계의 사라짐이 아니라 그것에 구애받지 않음을 말합니다.

이렇게 생멸상을 분별해 봤습니다. 오늘 내용을 보면 부처도 생멸상을 가지고 있죠? 범인과 다름없이 모든 상相들이 다 있지만 거기에 속하지 않을 뿐입니다. 구분은 다 하고, 느끼려면 다 느끼지만 에너지가 어느 하나에 머무는 현상이 없는 것입니다. 사람들과 똑같이 맛있는 음식과 맛없는 음식을 구분합니다. 그래서 석가모니는 모기가 싫어서 바라나시를 떠났다고도 하죠. 이렇게 다 구분하지만 구분 없음도 동시에 있는 것입니다.

이렇게 말하면 어떤 이들은 "이거 별것 아니네."라고 할 수 있어요. 별것 아니라는 마음은 생각 속에서 일어난 것입니다. 분별 있음 속에 있으면서 동시에 분별없음이 같이 있다는 것은 실제로는 정말 혁명적인 것입니다. 이렇게 분별하는 일반인의 마음과 분별에 속하지 않는 부처의 마음이 동시에 있는 것이 중생심衆生心이기 때문에 대승기신론에서는 이 중생심을 굉장히 중요하게 여깁니다. 중생의 마음이 곧 부처의 마음이라는 것입니다. 중생의 마음은 에너지가 한번 머물면 거기서 잘 헤어 나오지 못하지만 부처의 마음은 머물다가도 즉각 거기서 헤어 나옵니다. 머묾이 없으면 마음은 구분을 못하는데, 머물지 않으면서 머무는 마음을 사용하는 것이 바로 응무소주이생기심應無所住而生其心입니다. 마음을 사용한다는 것은 기본적으로 구분하는 작용이 일어나서 분별심을 사용하는 것입니다. 다시 말하자면 전식과 현식, 지식을 다 사용합니다. 그리고 고락도 있죠. 경허스님은 마지막까지 술마시고 여자를 만났다고 합니다. 스님인데도 고락苦樂까지 같이 한 것입니다. 그렇지만 어느 누구도 경허스님을 거기에 속한 사람이라고 하지는 않습니다. 그것은 그가 고락苦樂 속에 있었지만 동시에 고락에 속하지 않았기 때문입니다. 이것은 쉬운 일은 아닙니다. 잘못하면 자신을 속일 수 있어요. 그러나 그렇게만 된다면 그는 현상계를 잘 사용하는 사람일 것입니다. 그러니까 중생심 속에 부처의 마음이 동시에 있어서 머무는 바를 쓰지만 머물러 있지는 않았던 사람이 되는 것이에요.

여섯 가지 마음의 진화 단계

지난 시간에 생멸상의 분별에 대해 이야기했는데, 지금 강의하고 있는 부분을 이해하기 위한 기본 내용을 정리해보겠습니다. 여섯 가지 상相과 식識으로 구분할 수 있는 상응염相應染과 불상응염不相應染이 있습니다. 상응염相應染은 번뇌를 일으키는 물든 마음이고, 불상응염不相應染은 번뇌를 일으키지 않는 물든 마음입니다.

깨어있기™ 연습으로 보자면 감각™ 단계가 번뇌를 일으키지 않고, 감지™ 위부터 번뇌를 일으킵니다. 감각™ 단계는 나와 대상으로 분열되어 있긴 하지만 의식은 작용하지 않는 상태라고 설명할 수 있습니다. 다시 말하면 감각기관만 작동하는 상태인데, 이 감각기관이 작동하려면 의식은 하지 않더라도 분열이 되어 있어야 합니다. 그러니까 감각이 느껴지는 것입니다. 아무것도 안 보인다는 환자를 장애물 앞으로 데려가면 마치 보기라도 한 듯 장애물을 피해가지만, 왜 피했냐고 물으면 모르겠다고 합니다. 이것을 시각적 실인증失認症이라고 하는데, 내적으로는 감각되고 있는 상태지만 의식은 하지 못하는 상태입니다. 그런 상태가 감각과 유사합니다.

우리는 감각을 마음의 분열이 없는 상태라고 말해왔지만, 사실 깊이 있게 들여다보면 마음이 미세하게 분열되었기 때문에 감각기관이 작동하고 있는 것입니다. 이렇게 감각 기관이 작동하기 위해서는 감각기관의 기준에 부합되는 것과 부합되지 않는 것이 나뉘어져야 합니다. 예를 들면 가시광선 범위 안의 파장은 눈으로 감지되고, 이 범위 이외의 파장인 자외선과 적외선은 눈으로 감지가 안됩니다. 모든 범위의 감각적인 자극들이 눈으로 들어와도 특정 범위 안의 것은 파악되고 그 외의 것은 파악되지 않는다는 것은, 어떤 기준에 의해 나눠져 있다는 의미입니다. 감각적인 자극은 있어도 '의식되지 않는' 것들은 번뇌를 일으키지 않습니다. 번뇌는 뭔가가 '의식'되면서부터 시작됩니다. 마음의 시뮬레이션이 형성되는 '감지'부터 시작된다고 말할 수 있어요.

지난 시간까지 상응염相應染과 불상응염不相應染으로 구분해서 마음이 전개되는 과정을 설명했는데, 이것을 외워둘 필요가 있습니다.

마음의 가장 심층에는 아라야식이 있습니다. 제 8식이라고도 하고 무명업식無明業識, 카르마Karma 또는 저장식貯藏識이라고도 합니다. 가장 근본적인 '마음의 흔적'이라고 말할 수 있습니다. 오랜 세월의 생물권, 무생물권의 모든 조상으로부터 물려받고, 태어나서 지금까지 받아들인 모든 정보와 에너지 패턴의 흔적들을 말합니다. '이 업식'이 기반이 되어 '나와 대상'의 분열과 경계가 생기고, 그것에 '호오好惡'가 생겨나 그 호오에 집착하는 '고락苦樂'이 생기고, 표면적인 '의식'이 생겨납니다.

아라야식을 여래장如來藏이라고도 합니다. 중생의 기반이 되는 모든 것이 저장되어 있어 갖가지 현상이 드러날 뿌리가 되는 것으로, 그 안에 여래가 될 씨앗도 들어있다 해서 여래장이라고 합니다. 이 여래장이 있기 때문에 깨달은 자가 있을 수 있습니다. 다른 말로 하면 깨닫지 못한 자가 있기 때문에 깨달은 자가 있는 거지요. 깨닫지 못한 자가 없으면 깨달은 자도 없습니다. 여래장을 기반으로 수많은 파도의 흔들림이 생겨나는데, 그 흔들림 속에서 흔들림 없음을 발견토록 하는 여래의 씨앗이 같이 들어있는 거지요.

마음의 표면에서부터 심층을 향한 방향으로 설명해보겠습니다. 의식意識이 가장 표면에 있습니다. 그 의식 밑이 끊임없이 이어지는 상속식相續識이고 그 이전은 좋고 나쁨을 분별하는 앎인 지식智識입니다. 그 이전 단계는 지식의 근본이 되는 현식現識인데, 대상들 간에 경계가 나타나는 상태입니다. 경계가 나타난다는 것은 아주 중요한 의미를 지닙니다. 이때부터 세계라고 하는 현상이 일어나기 때문입니다. 그 이전은 전식轉識인데 다른 말로 동념動念이라고 합니다. 마음의 최초의 움직임이죠. 그 이전 밑바닥에 있는 것이 업식業識인데 카르마Karma 또는 아라야식, 저장식貯藏識, 여래장如來藏이라고 합니다.

업식, 전식, 현식은 번뇌를 일으키지 않는 불상응염不相應染인데, 밝지 못한 내적인 원인이란 의미로 무명인無明因이라고 합니다. 번뇌를 일으킬 의식적인 '나'가 형성되지 않은 상태입니다. 물론 전식부터 주체/대상의 분열은 일어나지만 에너지가 머무는 '나'에는 아직 이르지 않은 상태입니다. 머물기 위해서는 기준삼는 것을 기반으로 호오가 일어나야 합니다. 그래서 그 다음으로 진행되는 지식, 상속식, 의식은 번뇌를 일으키는 상응염相應染으로 파도처럼 흔들리는 마음인 것입니다. 이 세 가지를 외적인 경계라는 의미에서 경계연境界緣이라고 합니다. 무명인無明因과 경계연境界緣이 합해져 인연因緣이 됩니다. 그래서 인因이 멸하고 연緣이 멸하면 구경열반究竟涅槃에 이른다고 합니다.

모든 마음의 상相은 스스로 존재할 수 없기 때문에 서로가 서로를 지지해준다는 의미에서 서로 상相 자를 씁니다. 원래대로라면 이미지 상象이 더 맞을 수도 있겠죠. 그런데 이미지라는 것은 시각적인 의미만 있지만, 우리가 사용하는 의미의 상은 시각적 이미지를 포함한 모든 감각적 이미지와 마음에 쌓일 수 있는 모든 것들, 다시 말해 안이비설신의眼耳鼻舌身意의 식識을 일으키는 모든 상이기에 서로 상相 자를 씁니다.

마음의 전개과정을 깨어있기™ 방식으로 설명해보겠습니다. 대승기신론과 거의 비슷한데 전식轉識이 조금 다릅니다. 전식은 동념動念이라고 하는데, 생각(마음의 의미)이 최초로 움직이려면 어때야 할까요? 바다를 한번 생각해봅시다. 어떤 움직임도 없던 바다가 움직이려면 파도가 일어야겠죠. 물 분자가 올라갔다 내려갔다 하는 움직임이 옆으로 전달되는 것이 파도입니다. 파도의 가장 기본인 '위' '아래'의 한번 움직임이 의식적으로는 '나'와 '대상'의 분열에 해당합니다. 마음이 나와 대상으로 분열되는 것(물 분자의 상하이동)이 생각이 움직일 수 있는(파도가 일어나 움직이는) 기반이 됩니다. 구를 수 있는, 움직일 수 있는 기반이 된다고 해서 전식轉識이라고 합니다. 업식業識은 가장 기반이 되는 흑암과 무명이고, 전식은 의식되지는 않지만 나와 대상으로 분열이 일어나는 것입니다. 분열이 일어나면 '본다'는 현상이 일어나게 됩니다. '보인다'는 것은 '감각'은 되지만 여전히 '의식되지는 않는 상태'입니다. 의식되기 위해서는 마음에 '상'이 생겨 '본다'가 일어나야 합니다. 그러나 감각적 분열만 있는 상태에서는 무의식적인 주체/대상이 나뉘어 있지만 그것들의 활동의 흔적인 상相이 생겨나지 않았기 때문에 '의식'은 일어나지 않은 상태입니다.

이렇게 전식에서는 주체와 대상으로만 나뉘어져 의식활동이 없지만, 현식 단계로 오면 그것을 기반으로 '대상'들에 경계가 생겨나게 됩니다. 전식은 나와 나 아닌 것으로 분열되는 단계이고, 현식은 나 아닌 것들이 경계 지어져 각자 구별되기 시작하는 단계입니다. 여기까지는 단순한 구별이기 때문에 마음에 번뇌가 일어나지는 않습니다. 왜냐하면 아직 '나'의 기준에 머무는 현상이 생기지 않았기 때문입니다.

그 다음은 지식智識인데 이때부터 앎이 일어납니다. 좋고 나쁨의 앎이죠. 호오好惡가 분별되어 지식이 생기면서부터 분별상응염, 즉 분별에 상응하여 번뇌를 일으키는 일이 나타납니다. 대상들 사이에 호오好惡가 생겨나면 좋은 건 취하고 나쁜 것은 버리려 하겠지요. 그런데 힘센 옆 사람이 좋은 것은 그가 가져가고 나쁜 것을 내게 주면 괴롭습니다. 여기서 고락苦樂이 생겨납니다. 호好를 취하고 지키려하고 오惡를 멀리하려는 고락이 있으면, 즐겁지 않은 것에는 저항하고 즐거움을 끊임없이 찾으려는 마음이 꼬리에 꼬리를 물고 이어지는데, 이것이 상속식相續識입니다. 고락이 생기면 표면의식에서는 '락'에의 집착이 생겨납니다. 즐거움을 한번 경험하고 끝내면 되는데 또 경험하고 싶어서 집착하는 것입니다.

호오好惡와 고락苦樂을 구분해야 합니다. 호오는 좋고 나쁨을 구별하여 "이것이 더 좋아." 하는 최초의 비교입니다. 그 뒤에 더 나은 것에 끌리고, 좋지 않은 것을 멀리 하는 마음이 고락苦樂입니다. 좋지 않은 것을 내가 갖게 되면 마음이 괴롭죠.

무명으로부터 최초로 마음의 움직임이 시작되는 동념動念에 대해 자세히 살펴보겠습니다. 움직이려면 움직일 무언가가 필요한데 그것이 저장된 업業입니다. 그리고 움직이기 위한 동력원이 필요하죠. 에너지가 주체에 많이 쌓이고 대상에는 적게 쌓이니까, 많은 데서 적은 데로 흘러가는 흐름이 생겨납니다. 모든 에너지는 '차이'에서 생겨납니다. 차이를 없애고 균등함으로 나아가려는 우주적 속성에 인해 움직임이 발생하는 것입니다. 우주의 흐름은 의식적인 것이든 물리적인 것이든 똑같습니다. 바람은 고기압에서 저기압으로 흐릅니다. 물도 위치에너지가 높은 곳에서 낮은 곳으로 흐르죠. 전기도 고압에서 저압으로 흐릅니다. 전압의 차이가 없다면 전기는 흐르지 않아요. 이렇게 어떤 흐름이 생겨나려면 의식적으로도 에너지 레벨의 차이가 있어야 합니다. 마음의 에너지 레벨의 차이를 우리는 '주의의 차이'라고 표현해 왔습니다. 우리는 의식이 생겨나면서부터 '나'에 많은 주의를 주면서 살아왔습니다. '나'를 지키고, 더 나아지려 하고, 상처받지 않으려 하고, 더 우월하게 느끼고 싶어하면서 주의를 '나'에 쏟으며 살아왔던 것입니다.

그 과정이 주체와 대상을 만들어냅니다. '나'는 강하게 느껴지고 '대상'은 멀리 있는 것처럼 약하게 느껴집니다. 이런 느낌의 차이가 있기 때문에 대상을 느낄 수 있는 것입니다. 이렇게 차이가 생기면 에너지가 주체에서 대상으로 움직여서 흐르기 시작합니다. 그래서 동념動念이라 표현하는데 전식의 또 다른 이름입니다.

주체로부터 대상을 향해 에너지가 흐르기 시작하는데 주체는 흐름의 시작점이니까 차별이 없지만 흘러가는 쪽을 보니 여러 가지 구별이 되는 거지요. 처음에는 원류인 주체와 흘러가는 대상으로 두 개만 나뉘는데, 계속되다 보니까 대상이 이것, 저것으로 구별되는 것이 바로 현식現識입니다. 대상이 구별되고 나니 좋은 것, 나쁜 것이 구별되고(智識), 좋은 것에 끌리고 나쁜 것은 밀어내기 시작하며 끊임없이 이어지고(相續識), 그 다음에는 좋은 것에 집착하여 그러한 의식意識이 활동하는 것입니다.

이상이 마음이 전개되는 구조와 과정입니다. 한 가지 알아둬야 할 점은 괴로움과 즐거움은 함께 시작된다는 것입니다. 동전의 양면과 같아서 절대로 즐거움만 취할 수는 없습니다. 두 가지를 같이 경험하거나 둘 다 포기하거나 해야죠. 하나만 경험할 수 없는 것이 이 '현상 세계'입니다. 그래서 상대 세계인 것입니다. 경험의 세계에 푹 빠지지 않고 적당하게 경험을 즐기는 것은 괜찮습니다. 그것이 좋든 나쁘든. 그러나 거기에 집착하여 매몰되면 고통이 시작되는 것입니다.

생멸은 마음에서 일어난다

대부분의 사람들은 상속식 이전 단계에 대해서는 '의식'을 못합니다.

그런데 자기를 잘 관찰하다 보면 매 순간이 느껴지고 구별되기 시작합니다. 대승기신론에서는 상속식 이전인 지식, 현식, 전식 단계를 지나 '업식業識의 구별'에 이르는 것은 부처만이 할 수 있다고 말합니다. 업식은 무의식적인 저장식으로 미묘한 '느낌'의 세계를 말합니다.

此二種生滅, 依於無明熏習而有. 所謂依因依緣. 依因者,
차 이 종 생 멸   의 어 무 명 훈 습 이 유   소 위 의 인 의 연   의 인 자

不覺義故. 依緣者, 妄作境界義故.
불 각 의 고   의 연 자   망 작 경 계 의 고

이 두 가지 생멸이 무명의 훈습에 의해 있으니 소위 인因에 의하며 연緣에 의한 것이다. 인因에 의지한다는 것은 불각不覺의 뜻이고 연緣에 의지한다는 것은 잘못 경계를 짓는다는 뜻이다.

[논論]

두 종류의 생멸은 지난 시간에 공부한 거친 생멸과 미세한 생멸을 말하는데, 기본적으로 무명無明 때문에 생겨납니다. 그런데 무명이 있더라도 인因과 연緣이 없으면 생멸이 일어나지 않습니다. 무명이라는 밑바탕에 인因과 연緣의 현상이 덧붙어서 생멸이 일어나는 것입니다. 가장 중요한 점은 이 생멸이 우리 마음속에서 일어난다는 것입니다. 실제의 세상이라 할 만한 것은 '없는 것도 아니고 있는 것도 아니'에요. 우리 눈에는 붉은 공의 색깔이 보이지만 개한테는 그 색깔이 보이지 않습니다. 개 앞에서 공을 던지면 그 움직임을 보고서 쫓아가지만 잔디밭에 떨어지고 나면 개는 풀과 공을 구분하지 못합니다. 적록색맹인 개의 입장에서는 더 이상 그 공은 존재하지 않아요. 특히나 개는 움직이지 않는 것은 잘 구분하지 못합니다. 그와 마찬가지로 우리도 가시광선 범위 내의 것만 볼 수 있습니다. 만약 적외선이나 자외선으로만 구성된 물질이 있다면 그것은 우리에게 있는 것입니까, 없는 것입니까? 있다고도 없다고도 할 수 없어요. 주파수 측정기로 보면 있

는 것 같지만 우리 눈에는 보이지 않으니 있다고 할 수 없지요. 세상이란 그런 것입니다. 우리한테 보이는 세계만이 있을 뿐이지요. 다시 말해 이 세계는 우리에게 주어진 '감각'의 한계에 의해 '느껴지는' 세계입니다. 그렇다면 '세계'는 우리의 '감각' 때문에 '존재'한다고도 말할 수 있을 것입니다. 감각과 세계 사이의 '상호관계' 때문에 우리가 경험하는 세계가 '존재'합니다. 그래서 양자물리학자 존 휠러John Wheeler는 "존재는 관계다."라고 말했습니다.

지복, 이유 없는 기쁨

인연因緣을 여섯 가지 단계로 구분해서 설명했습니다. 인因이 근본적인 원인이고 연緣이 바깥 경계입니다.

인因의 맨 기초는 업業입니다. 업상業相부터 전상轉相, 현상現相으로 이어지고, 그 다음이 연緣인데 호오가 생기는 지상智相, 고락이 생겨서 끊임없이 이어지는 상속상相續相, 마지막이 집착에 의해 활동하는 의식意識입니다. 계속 반복되는 내용이므로 외워두면 대승기신론의 기본적인 의식 전개과정의 구조를 알게 됩니다. 인因과 연緣, 무명인無明因과 경계연境界緣, 불상응염不相應染과 상응염相應染은 모두 관련 있는 내용입니다. 업상, 전상, 현상은 번뇌가 드러나기 전이죠. 결국은 지식智識의 비교기능 때문에 번뇌가 시작됩니다. 현식現識이 분별하는 대상들인 현상現象까지는 구분만 하고, 호오를 구분하는 지식智識의 지상智相부터 비교로 인한 기쁨과 괴로움이 생겨나요. 이때의 기쁨이 상대적 기쁨이라면, 비교에 의한 것이 아닌 기쁨, 즉 비교를 넘어선 기쁨을 절대적 지복至福이라고 합니다. 아무 이유 없는 기쁨이 바로 이에 해당합니다. 여러분이 이유없이 기뻐할 수 있다면 지복에 가까워지고 있다고 볼 수 있습니다. 그러나 대부분은 어떤 이유가 있어야 기뻐하게 되지요. 그러나 존재는 '이유없는 기쁨'인 것입니다.

무명의 원인에 의지하는 것은 불각不覺의 뜻이라고 했습니다. 이 모든 것들이 밖이 아닌 자기 안에 있음을 깨닫지 못하는 것입니다. 우리가 보는 모든 현상은 마음의 현상인 것입니다. 마음을 떠나서는 그 어떤 개별적으로 나뉘어진 현상이란 없습니다. 그것을 보지 못하는 것이 불각입니다. 불각不覺은 이렇게 근본 무명을 뜻하는데 이것을 기반으로 일어난 전식과 현식이 바깥에서 일어나는 현상이 아니라 자기 마음속에 일어난 경계임을 깨닫지 못합니다. 예전에 일체분별 즉분별자심一切分別 卽分別自心이라고 했었죠. 모든 분별은 자기 마음속에서 일어나는 일인데 그것을 알지 못한다는 의미에서의 불각不覺입니다. 내 마음의 흔적으로 투사해서 보지 않으면 구별이라는 것이 일어나질 않아요. 그것을 알게 되면 이제 불각不覺에서 떠나게 됩니다.

무명에서 비롯한 내적인 원인無明因이 장식藏識과 전식轉識, 현식現識이라고 했습니다. 장식藏識은 아라야식, 카르마, 업식입니다. 우리는 타고나면서부터 업식을 지니고 태어납니다. 그렇지 않다면 태어나서 2년, 3년이 지나도 나와 너를 구별하지 못할 것입니다. 물에 비유해보면, 장식이 물의 '기본특성'이라 한다면 전식은 '물결'이 이는 것이고, 현식은 그 물결들에 '차이가 있음을 아는 것'입니다. 이 세 가지는 미묘한 세계이기 때문에 현상은 있지만 '나'의 기준을 고집함으로 인한 번뇌와는 상관없습니다. 장식은 세중세細中細(미세한 것 중의 미세한 것), 전식과 현식은 세중추細中麤(미세한 것 중의 거친 것)에 해당합니다. 세중추(細中麤)는 보살이 접근하는 세계라고 앞서 설명했습니다.

연緣에 의지한다는 것은 잘못 경계를 짓는다는 뜻입니다. 이것과 저 것 사이에 실제로는 경계와 구별이 없는데, 내면의 흔적을 통해 구별 하고, 구별된 것 사이를 경계짓는 것은 망령된 마음이라는 의미입니 다. 마음으로 경계 그리는 것일 뿐, 실제로 세상에 경계가 그려져 있지 는 않습니다. 인간은 이것저것을 아주 세밀하게 구분하지만 그렇지 못 한 생명체도 많잖아요. 그것은 세상 자체가 그런 것이 아니라 우리가 그렇게 구분하고 있음을 말해줍니다. 그래서 그렇게 나누어놓고 저 바 깥의 경계연인 지식, 상속식, 표면의식의 파란만장한 삶을 사는 것이 인간의 삶입니다.

삶은 환상이 아니며, 영원한 아트만이 있는 것도 아니다

若因滅, 則緣滅. 因滅故, 不相應心滅. 緣滅故, 相應心滅.
약인멸　　즉연멸　인멸고　불상응심멸　연멸고　상응심멸

만약 인因이 멸한다면 연緣이 멸하는 것이니, 인因이 멸하기 때문에 불상 응심이 멸하고 연緣이 멸하기 때문에 상응심이 멸하는 것이다.

[논論]

내적인 인因 때문에 외적인 연緣이 생겨나기에 인因이 멸하면 연緣도 멸합니다. 그런데 인연이 모두 멸하면 아무것도 남지 말아야 하잖아 요? 그래서 인연이 멸하면 아무것도 남지 않는다는 견해가 단견斷見입 니다. 불교에서 말하는 외도外道, 즉 일종의 사이비로 치부되는 것 중 에 단견斷見과 상견常見이 있습니다. 단견은 '결국 모든 것은 환상'이라 는 견해이고, 상견은 모든 것은 영원불변한 아트만Atman의 천변만화 하는 드러난 모습이라는 견해입니다. 불교는 두 가지 견해가 모두 정 확하지 않다하여 단견도 부정하고 상견도 부정합니다.

만약 단견斷見이 옳다면, 다시 말해 모든 것이 환상이라면 모든 인과

연이 사별한 열반이나 삼매에 들었다가 나왔을 때 그것이 다시 작용하지 않아야 하는데 그렇질 않습니다. 부처가 열반에 들어 모든 식識이 끊어졌다면 팔만대장경을 누가 설說했겠어요. 의식이 살아있다는 것입니다. 한번 끊어졌다고 해서 끝난 것은 아니라는 것입니다. 삼매로 들어가면 '나와 너'로 분열되는 전식과 '너'인 대상을 하나하나 구분하는 현식이 없습니다. 업식도 구분되지 않아요. 인因이 없어졌기 때문에 당연히 바깥의 연緣도 없어진 상태입니다. 깊은 삼매로 들어가면 이 순간 모든 인연이 멸합니다. 그런데 그것으로 영원히 끝나는 것이 아니라 눈뜨고 나오면 모든 세계가 다시 펼쳐집니다. 씨앗인 업이 남아 있어서 그것을 토대로 다시 인연의 나무가 자라서 꽃이 피는 것이지요. 그러니까 단견이 옳지 않다고 말하는 것입니다.

그렇다면 변하지 않는 아트만이 있다는 상견常見이 맞는가? "황금으로 만들어진 컵과 황금으로 만들어진 탁자는 황금이라는 측면에서 다르지 않다. 다시 말해 컵과 탁자가 다르지 않고, 변하지 않고 남는 건 황금이다."라고 말하는 것이 아트만 설입니다. 변하지 않는 진아眞我, 참나가 있다고 믿는 것이 상견입니다. 그런데 불교에서는 이 상견도 틀렸다고 말합니다. 변함없는 영원한 것이 있다면 가장 투명해진 삼매 상태나 깊은 열반에서도 그것이 남아있다는 말인데, 무엇인가 '있다'는 것은 여전히 하나의 마음의 현상이기 때문에 구경열반究竟涅槃이라는 모든 것이 적멸한 그런 상태는 있을 수 없다는 소리가 되겠죠.

단견斷見과 상견常見의 문제점은 뭘까요? 상견이 옳다고 하면 변함 없는 무언가를 찾으려고 애쓰고, 단견이 옳다고 하면 허망함에 빠진다는 점입니다. 그래서 불교는 단견과 상견을 모두 부정함으로써 우리 마음이 어떤 견해에도 머물지 못하게 합니다. 또한 허망함에도 빠지지 않게 합니다. 천변만화하는 현상세계는 현상대로 있으므로 그것을 즐기되, 현상을 진실로 여기지 않고 현상 그 어디에도 머물지 않음을 터득해야 합니다.

인因이 멸하면 불상응심不相應心에 해당하는 장식, 전식, 현식이 멸합니다. 그리고 연緣이 멸하면 상응심相應心인 지식, 상속식, 의식이 멸합니다. 인因은 타고난 업에 의한 마음이고 연緣은 경계 짓는 마음, 구별하는 마음입니다. 흔히들 분별심이 문제라고 하는데, 살기 위해서는 분별심이 꼭 필요합니다. 다만 아주 세밀하게 분별하고 비교하되 비교에 빠지지는 마세요. 모든 비교는 괴로움의 원인이 되기 때문에 그렇습니다. 그래서 "비교해서 더 나은 것을 추구하되 그 어떤 것도 자기의 주인으로 삼지 말라."가 우리 함양수련원 백일학교 주제 중의 하나입니다. 비교하고 철저히 구분해서 더 나은 것을 고르세요. 그러나 상황이 여의치 않다면 깨끗하게 내려놓으세요. 예를 들어 집을 사려고 한다면 꼼꼼히 비교해서 제일 좋은 집을 고르고, 이미 그 집을 다른 사람이 먼저 계약했다면 깨끗하게 마음을 내려놓으라는 것입니다.

뿌리 없는 생각을 통해 생각의 뿌리를 되비추다

問曰. 若心滅者, 云何相續. 若相續者, 云何說究竟滅.
문왈 약심멸자 운하상속 약상속자 운하설구경멸

答曰. 所言滅者, 唯心相滅, 非心體滅. 如風依水而有動相.
답왈 소언멸자 유심상멸 비심체멸 여풍의수이유동상

若水滅者則風相斷絕, 無所依止.
약수멸자즉풍상단절 무소의지

以水不滅, 風相相續. 唯風滅故, 動相隨滅, 非是水滅.
이수불멸 풍상상속 유풍멸고 동상수멸 비시수멸

묻기를, 만약 마음이 멸한다면 어떻게 상속하며, 만약 상속한다면 어떻게 종국에 멸해버린다고 말할 수 있는가?

답하길, 멸한다는 것은 오직 심상心相이 멸하는 것이지 심체心體가 멸하는 것은 아니다. 이는 바람이 바닷물에 의해 움직이는 상相을 만드는 것과 같으니, 만약 물이 없어지면 풍상風相도 단절되어 의지할 바가 없지만 물이 불멸하므로 풍상風相이 상속하며, 오직 바람이 멸하므로 동상動相이 따라 멸할 뿐 물이 사라지는 것은 아닌 것과 같다.

[논論]

심상心相이 멸하는 것이지 심체心體가 멸하는 것은 아니라고 했습니다. 상相과 체體로 나눠놓고 있는데, 이렇게 나누는 것 자체도 상相을 통한 설명입니다. 이전에 불각삼상不覺三相, 경계육상境界六相 등의 여러 상에 대해 설명했습니다.

불각삼상不覺三相은 무명업상無明業相, 능견상能見相, 경계상境界相입니다. 깨닫지 못한 자의 최초의 근본적인 세 가지 상相이죠. 그 다음에 이어서 지상, 상속상, 집취상이 나오는데 이들은 경계육상과 관련 있습니다. 경계육상境界六相은, 경계에 의해 앎이 일어나 호오를 분별하는 지상智相, 지상에 의해 고락이 생겨 망념이 끊임없이 이어지는 상속상相續相, 고락에 머물러 마음에 집착을 일으키는 집취상執取相, 잘못된 집착에 이름을 붙이는 계명자상計名字相, 이름을 따라 집착하여 여러 행동을 일으키는 기업상起業相, 업에 묶여서 괴로움을 느끼는 업계고상業繫苦相을 말합니다. 불각삼상不覺三相에 의해 만들어진 경계육상境界六相은 괴로움이 생기는 순서입니다.

그런데 불각삼상도 경계육상도 모든 단계마다 상相이라는 글자를 붙였습니다. 실제로 있는 것이 아니라는 의미입니다. 마음에 일렁이는 파도는 마음 자체가 아니라 마음의 일시적인 모습인데, 우리는 그것을 깨닫지 못하고 실제라고 여깁니다. 상相을 실체로 여김으로 해서 괴로움이 실제 존재하는 것처럼 느껴지는 것입니다. 마음이 분열되어 '나와 '너'를 나누고, 대상을 구분하여 경계 짓고, 호오가 분별되어 고락이 생기고, 집착함이 상속되고, 이름 붙여 그 이름만 들어도 행동이 일어나고, 그로 인해 업이 생겨나는 일련의 과정은 순서대로 한참 걸려서 일어나는 것이 아니라 한순간에 일어납니다. 마음의 분열에 의해 즉각적으로 생겨나요. 그런데 지금 이 순간 마음의 구조와 과정을 들여다보고 분열 자체가 일종의 상相이라는 것을 알면 그 모든 것들이 모래성처럼 즉각적으로 무너져 내립니다.

마음속에서 물결치는 파도의, 고유한 모습이 있다고 여기지 않는 것이 바로 초상무상初相無相입니다. 마음에 처음 생겨난 상相은 '있는 것'이 아닙니다. 파도가 '있는 것'이라고 여기는 순간 상相에 빠지게 되고, 그 파도가 일시적인 모습임을 철저히 파악하게 되면 그 상相은 '없는 것'이 됩니다. 그런데 그것을 파악하는 순간에 "아, 발견했어. 심상心相이라는 것은 파도 같아서 정말 존재하는 것은 아니구나. 이제 알았어." 한다면 또 하나의 상相을 만들어낸 것입니다. 진짜 파악한 사람은 "아, 알았어." 하는 것마저도 하나의 상相임을 파악하면서 알았다고 합니다. 이런 것이 자기언급이에요. 마음의 모든 파도는 상相이라고 말하는 그것마저도 상相인 것이니까. 뿌리 없는 생각을 통해 생각의 뿌리를 되비치는 역설입니다.

상相은 두 가지 측면에서 잘 살펴봐야 합니다. 첫째는 마음에서 느껴진다는 것입니다. 의식에 잡히는 그 어떤 것도 모두 상相이에요. 눈에 보이고, 촉각으로 느껴지는 것뿐 아니라 마음속에서 일어나는 모든 느낌이나 현상들 모두 상相입니다. 카르마나 업도 모두 상相이에요. 둘째, 상相이라는 것은 특정한 것 하나가 독립적으로 존재할 수 없다는 점입니다. 서로가 서로한테 물리고 물려있고, 서로를 존재시킵니다.

그래서 서로 상相 자를 사용한다고 앞서 말했습니다. 결국 우리가 갖는 '느낌'이라는 것은 이 두 가지 측면이 맞물린 것입니다.

심체心體와 심상心相을 나누었는데, 심체心體는 상相을 만들어 내는 근본 재료라고 이해하시면 됩니다. 마음에 상相이 있다는 것은 상相을 만들어 내는 원재료가 있다고 보는 의미입니다. 사실 심체心體라는 것은, 있다고도 할 수 없고 없다고도 할 수 없고, 알 수도 없고 모를 수도 없습니다. 설명을 해야 하니까 굳이 심체心體라고 이름 붙였을 뿐이에요.

심상心相은, 바람이 물에 의존해서 만들어낸 움직이는 모습인 동상動相과 같다고 했습니다. 바람은 일종의 조건이나 상황이라고 볼 수 있습니다. 애초에 물이 있기 때문에 바람이 물에 의존해서 움직이는 상相이 드러나는 것입니다. 물이 파도를 일으킬 때만 현상계에 뭔가 드러납니다. 우리 마음이 뭔가를 느끼고 잡아챘을 때는, 이미 물이 움직여서 '파도'가 되어있는 상태라고 이해하면 됩니다. 마찬가지로 "이제 나는 다 알았어"라는 것도 마음이 움직여서 생겨난 상相인데, 이것을 붙드는 순간 다시 상相 속에 빠지는 것입니다. 마음의 교묘한 작용인 관성에 의해 습관적으로 상을 붙잡는 것입니다. 마음의 관성 작용은 효율적으로 에너지를 쓰게 하여 현상계가 존재하는 토대가 되지만 이렇게 늘 우리를 착각이라는 함정에 빠지게 합니다.

'느낌'과 '의도'

지금 자신의 마음을 살펴보세요. 지금까지 내 말을 들으면서 푹 빠져 있다가 마음을 살펴보라는 말을 듣는 순간 마음에 뭔가 잡히기 시작하죠? 그전에는 아무것도 잡히지 않았는데 마음을 들여다보는 순간 마음에서 뭔가 '느껴'질 것입니다. 살펴보려는 의도가 '주체'가 되고 마음에 움직이는 미묘한 파도가 '대상'이 되어 그 대상과 주체가 부딪혀서 만들어 내는 것이 의식적 '느낌'입니다. '들여다보려는 의도'를 갖기 전에는 느껴지지 않아요. 그러니까 마음에 뭔가 '잡혔다'는 것은 마음이 주체와 대상과 느낌으로 '분열된 상태'라는 것입니다.

모든 상相은 움직이는 동상動相입니다. 고정된 상相은 없어요. 움직이고 끊임없이 부딪히면서 느낌을 만들어 내는 것이 동상動相입니다. 나와 대상이 분열되어 끊임없이 부딪히는 것이 상相이 생겨나는 근본 원리입니다. 그래서 움직인다는 표현을 사용합니다. 타고난 경향성인 업상業相에서 주체/대상으로 분열되는 전상轉相으로 옮겨갈 때 '내가 대상을 본다'는 동념動念이 생겨납니다. 이때 염念은 생각이라기보다 마음인데, 무명업이 움직여 굴러서, 나와 대상이 나눠지는 것입니다. 나와 대상이 나눠지려면 압력 차이가 생겨야 합니다. 마음의 장場에서 주체와 대상으로 분열이 일어나고 그 둘 사이의 에너지 레벨이 달라져서 주체에서 대상으로 에너지가 흐를 때 "나는 너를 본다, 나는 너를 느낀다, 나는 대상을 붙잡는다."는 앎, 느낌, 상相이 생겨납니다. 이것이 동상動相이라는 말의 의미입니다.

만약 물이 멸한다면 바람이 만들어내는 상도 없어져서 의지할 바가 없지만 물이 불멸하므로 풍상이 상속한다고 했습니다(若水滅者則風相斷絶, 無所依止. 以水不滅, 風相相續.) 물이 없어지면 풍상風相도 당연히 없어지겠죠. 심체心體가 멸하면 당연히 심상心相도 멸하고, 그 어떤 것도 생겨나지 않아서 현상도 없을 것이라는 말입니다. 그런데 세상은 현상으로 가득 차 있잖아요. 현상을 일으키는 심체가 계속 있다는 말입니다.

그러나 그 심체는 알 수도, 느낄 수도, 경험할 수도 없고, 있는 것도 아니요 없는 것도 아닙니다. 본질이란 그러한 것입니다. 있다, 없다라는 것도 상대적인 마음의 작용에 의해 알려지는 것이기 때문입니다. 이렇게 만일 심체가 멸하면 의지할 바 없어서 완전히 단절되어 이 세계에 어떤 현상도 나타나지 않게 될 텐데 그것이 단멸론입니다. 그러나 심체는 멸하지 않기 때문에 마음의 상은 상속相續하게 됩니다. 상속한다는 말은 똑같은 모습으로 계속 유지된다는 의미가 아니라 패턴이 나타났다 사라진다는 의미입니다. 북극의 빙하를 보면 늘 그 모습이 그 모습 같죠. 항상 얼어붙어 있는 것처럼 보입니다. 그러나 사실은 얼었다가 녹았다가 하는데 그 패턴이 늘 비슷하니까 우리 눈에 같은 모습으로 보일 뿐입니다. 물로 비유하자면, 우리 마음에 일어났다 사라지는 파도들도 그 패턴이 비슷하니까 특정한 파도가 계속 이어지는 것처럼 느껴지는 것입니다. 사실 이어진다기보다는 이어진다는 느낌이 있을 뿐입니다.

초등학교 때의 나와 지금의 나는 똑같은 것이 하나도 없는데도 여전히 '나'라는 느낌은 이어집니다. 유사한 패턴으로 전달되어왔기 때문에 그렇습니다. 도끼날이 닳아서 도끼자루에 새 날을 끼워도 "나는 그 도끼야."라고 하다가, 자루가 닳아서 자루를 바꿔도 "나는 그 도끼야." 하면서 지금까지 온 것입니다. 실제로는 모든 것이 바뀌었는데 유사한 상相이 남아서 상속되고 있습니다. '변함없는 나'라는 느낌을 갖는 것도 상相이 이어지기 때문이지 실제로 변함없이 내려져 오는 것은 아무것도 없습니다. 그렇게 이어지는 마음의 상相이라는 것도 고정된 것이 아니라 미묘한 파도처럼 나타났다 사라지면서 유사한 패턴으로 전달되고 있을 뿐인데도, 마음이 엄밀하지 못하니까 변함없는 '나'라고 느끼는 것입니다. 이것을 여러분 자신에게 적용해봐야 합니다. 어제의 나와 오늘의 내가 정말로 똑같은지. 물론 똑같다고 여겨도 상관없지만, 똑같다고 여기는 것이 마음의 상相임을 보면 됩니다. 깊이 있게 느끼면서 살펴보지 않으면 말장난처럼 보입니다. 대승기신론은 매우 치밀하기 때문에 깊이 들여다보아서 이해하지 못하면 말 가지고 노는 것처럼 보입니다.

만약 물이 멸하고 나면 풍상風相은 없습니다. 물 자체가 없다면 똑같은 패턴의 정보가 있다 해도 그것을 드러낼 아무것도 없는 것입니다. 패턴은 이기론理氣論의 이理와 같다고 보시면 됩니다. 이 패턴은 기氣라는 물을 통해서만 드러날 수 있습니다. 그래서 이理와 기氣가 다르지 않다는 것이 이기일원론理氣一元論의 주장입니다.

이어서 원문을 보시면, 오직 바람이 멸하기 때문에 동상이 따라서 멸하는 것이지 물이 사라지는 것은 아니라고 했습니다(唯風滅故, 動相隨滅, 非是水滅). 바람이 바로 물의 상相인 파도를 만들어 내는 정보, 이치, 패턴에 해당합니다.

상相이 없어진 것이 아니라 상相을 초월한 것

無明亦爾. 依心體而動. 若心體滅, 則衆生斷絶, 無所依止.
무 명 역 이   의 심 체 이 동   약 심 체 멸   즉 중 생 단 절   무 소 의 지

以體不滅, 心得相續, 唯癡滅故, 心相隨滅, 非心智滅.
이 체 불 멸   심 득 상 속   유 치 멸 고   심 상 수 멸   비 심 지 멸

무명無明도 이와 같이 심체心體에 의지해 움직이는 것이니, 만약 심체가 멸하면 중생도 단절되어 의지할 바가 없지만 심체가 멸하지 않으므로 마음이 상속하는 것이며, 오직 치癡(무명)가 멸하기에 심상心相이 따라 멸하지만 마음의 지혜는 멸하지 않는다.

[논論]

무명無明은 모든 현상의 근본입니다. 이 무명업이 전상, 현상, 지상, 상속상, 집착 등의 모든 상相을 만들어 내는 근본 뿌리인데, 이 무명도 역시 심체心體에 의지해서 움직인다는 말입니다. 중생은 모든 생겨난 현상계, 만상, 생명체를 의미합니다. 사실 마음이 상속하는 것이 아니라 마음이 만들어 내는 상相이 상속하는 것인데, 그것은 실제로 존재하는 것이 아닙니다. 실제 존재하지도 않는 상相이 상속하는 것이니 심상은 멸할 수도 있고, 상속할 수도 있습니다. 실제로 존재하는 것은 오직 심체이고, 이것은 멸하는 것도 아니고 상속하는 것도 아니며 그냥 본체일 뿐입니다.

여기서 말하는 마음의 지혜는, 심상心相이 사라졌다 나타나는 것을 보고서 저것이 '심心의 본질이 아님'을 아는 특성입니다. 석가모니는 멸진정滅盡定에 이르러 마음의 상相이 모두 사멸했습니다. 구경열반究竟涅槃에 들었어요. 만약 구경열반이 마음의 상相의 소멸이 아닌 마음의 소멸을 얘기한다면, 석가모니는 그 후에 말 한마디 할 수 없고 의식도 없고 암흑으로 돌아가야 합니다. 그런데 다시 세상에 나와서 설법도 하고, 그릇 들고 동냥도 다녔습니다. 그건 누가 하는 것입니까? 심상心相이 하는 거예요. 심상이 완전히 사라진 것이 아니라 다시 생겨났다는 말입니다. 즉 석가모니의 심상이 멸했다는 말의 의미는, 상相이 완전히 없어졌다는 말이 아니에요. 여러분의 생각, 감정, 느낌이 완전히 사라져서 분노나 질투, 기쁜 느낌이 전혀 생기지 않는다는 의미가 아닙니다. 그런 건 마음의 상相이 생겨나는 '기능이 죽은 것'입니다. 심상心相이 멸했다는 말의 진정한 의미는, 상相이 상相일 뿐임을 안다는 것입니다. 그러니까 상相이란 존재하지 않는다고 표현할 수 있는 거예요. 박수 한번 쳐보세요. 금방 그 박수 소리는 어디로 갔어요? 지금 그 소리가 존재합니까? 소리는 어떤 조건에 의해 생겨났다가 사라지는데, 우리는 그 소리의 흔적을 붙들고서 "이것이 나야."라고 하는 것입니다. 소리란 두 손바닥이 만날 때 생겨남을 아는 것, 그것이 심상心相이 없어진 상태입니다.

모든 상相은 '느낌'과 같습니다. 그것이 우리가 말하는 감지입니다. 안경집을 만져보니 차갑고 매끈합니다. 안경집이 손에 느껴지려면 손이 있어야 하고, 대상인 안경집이 있어야 하고, 손과 안경집 사이에 어떤 느낌이 생겨나야 합니다. 이것이 바로 근根(손), 경境(안경집) 식識(느낌)이 동시에 생겨난다는 것입니다. 마찬가지로 마음에도 근根 역할을 하는 심상이 있습니다. 주체로서의 상相이죠. 조상으로부터 패턴으로 물려받은 것도 있고, 살아오면서 경험에 의해 만들어진 것도 있어요. 미묘한 에너지체로 존재하는 그런 것들을 심상체라고 한다면, 손으로 안경집을 잡으면 어떤 느낌이 느껴지듯, 그 심상체가 손과 같은 역할을 해서 어떤 상황이나 생각 또는 다른 사람의 말이나 다른 상相을 만나면 어떤 느낌이 일어납니다. 이런 과정을 통해 우리의 의식작용이 진행되고 있습니다.

예전에 설명했던 '감정의 두 다리'에 대입해서 설명해보겠습니다. 감정을 발생시키는 두 다리 중의 하나가 중심 역할을 합니다. 이와 같이 심상心相 중에서도 중심역할을 하는 것을 심상체라고 한다면, 그 심상체에 뭔가가 부딪혀 소리가 나는 것입니다. 이 과정을 제대로 보지 못하면 나도 모르게 중심역할을 하는 심상체에 에너지가 쏟아져 들어가서 그것이 주인 역할을 하고, 저항하는 조건이나 상황과 맞부딪혀 감정이 일어납니다. 하지만 이 구조를 파악하여 무의식적으로 자동적으로 들러붙는 에너지를 바라보고 느낄 수 있게 되면 즉각 화를 멈출 수 있게 됩니다. 예를 들어, '식사 전후에 많은 물을 마시면 소화에 좋지 않아'라는 지식을 '믿는' 마음에, 누군가 '물을 최소 2리터 이상 충분히 마셔야 건강하다'라고 말한다면 기존의 '믿는 생각'이 주체가 되고, 누군가 한 말이 '대상'이 되어 이 둘이 부딪혀 그것은 틀렸어라는 무언가 불편한 '느낌'을 만들어냅니다. 분노의 감정이란 이렇게 주체가 되는 신념과 그에 반하는 생각이나 상황이 부딪혀 발생합니다. 그러나 이 모든 것들은 상들의 만남일 뿐입니다. 그리고 멸진정이란 이 상들이 모두 사라진다는 것이 아니라 상들이 실재하지 않으며, 따라서 거기에 머물거나 집착하지 않게 되었다는 것입니다. 있지도 않은 사막의 신기루에 집착할 필요는 없으니까요.

멸진정滅盡定에 이르러 모든 것이 상相임을 깨닫고 나서도 상相을 불러다 씁니다. 심상체를 가지고 씁니다. 완전히 사라졌다는 것이 심心이 멸한 것을 의미한다면 상속할 수가 없는 것인데, 심心이 멸한 것이 아니라 심心의 상相이 멸한 것입니다. 심의 상은 항상 멸했다가 생겨납니다. 심상이 멸한다는 것은, 심상은 그 자체로 고정되어 변함 없이 존재하는 그런 것이 아니라 조건이 있어 생겨났다가 사라지고, 끊임없이 변하고 움직이는 것임을 알아채서 '있지만 있지 않은 것'을 본 것이지요. 그래서 그것에 끄달리지 않게 된 것입니다. "아! 이제 알았어."라고 깨닫는 순간, 깨달은 내가 있다고 여기면 또 하나의 심상 속에 들어가는 것이니 그 깨달음마저도 그 순간의 상相의 작용임을 동시에 파악해야 합니다.

우리가 무엇인가를 알 때는 상相 속에 있는 것입니다. 그렇지 않으면 어떤 앎도 일어나지 않습니다. 지혜와 통찰도 마음의 분열 작용이 있을 때 가능합니다. 의식이 생겨난 이후부터 우리는 '나'라는 느낌, 즉 자아감각을 늘 느끼면서 살아왔어요. 항상 그것을 붙잡고 살았기 때문에 그것이 '느낌임을 모르고' 그 느낌에 끌려 다닙니다. 에너지가 많이 몰려있으면 그것이 이끄는 대로 가게 되어 있습니다. 마치 거대한 물 소용돌이가 생겨나면 모든 것이 거기에 빨려들어가는 것과 같습니다. 그러다 '나'를 발견하기 위해 자신을 관찰하기 시작하면 물방울이 물방울을 느끼려는 것과 같아져 주체도 대상도 사라지면서 자기라는 것도 사라집니다. 무심無心이 되고 무아無我가 되어 삼매에 빠져서 마음이 텅 비게 된다는 말입니다. 그러나 그 상태에서는 '나'라는 것이 현상임을 발견할 수 없습니다. 그러다가 다시 분열된 상태인 의식이 깨어나서 대상을 보면 어느샌가 또다시 나라는 느낌을 붙잡고 있는 것입니다. "이 느낌이 다시 나타났네. 이것이 무엇이지?" 하고 다시 주체를 깊이 바라보면 또 주체와 대상이 사라져서 멍한 상태가 됩니다. 그렇기 때문에 발견되질 않아요. 우리가 발견하려는 깃은 '나라는 것 자체가 하나의 대상'임을 발견하려는 것입니다. 그런데 '나'라는 것을 붙잡고 있으면 그것이 주인이 되어있기 때문에 찾을 수가 없고, '나'가 없는 상태에서는 무언가를 '알' 주인이 없기에 '앎'이 일어나지 않는 것입니다. 이렇게 자신을 관찰하다보면 이러지도 저러지도 못하는 은산철벽의 상태가 조만간에 오게 됩니다. 그럼 언제 발견될까요? 잡았다가 놓고, 다시 붙잡는 과정에서 닿을까 말까하는 찰나에 통찰이 일어나게 됩니다. 감지에서 감각으로 가는 과정이 '느낌을 놓는 상태'인데 그 사이에 닿을까 말까하는 과정이 섞여있다는 말입니다. 감지도 아니고 감각도 아닌 상태, 확 닿으면 '알았다'는 상태이고, 떨어지면 마음이 '텅 빈 상태'에요. 이 두 상태 사이를 왔다 갔다 하는 과정에서 어떤 통찰이 일어납니다.

'나'라고 느껴지는 현상

지금 탁자 위의 컵을 보면서 '컵이라는 느낌(감지™)'을 가지고 봤다가 그 느낌마저 없이 '눈에 보이지만' '본다는 느낌'이 없는 감각™으로 들어가 봅니다. 마음에 컵이 나타났다가 사라지는 과정을 잘 보세요. 컵의 상相이 나타나는 순간 느껴지고, 사라지는 순간 텅빔이 느껴질 것입니다. 완전히 사라졌을 때는 느낌도 없습니다. 그와 똑같이 '나라는 느낌'을 탐구하기 시작하면, 감각으로 들어가면서 '나라는 느낌'이 사라지고, 다시 살펴보려고 의도하는 느낌을 붙잡으면 그 의도의 느낌이 대상이 되어 또 내가 생겨날 것입니다.

'나라고 느껴지는 그 느낌'은 현상입니다. 좀 더 자세히 살펴보죠. 지금 자기 마음 안에 뭐가 있는지 살펴봅니다. '살펴보려는 의도'가 이 순간의 '주체감主體感'입니다. 그 의도가 느껴진다면 그것이 대상이고, 그 의도를 느끼는 그 순간 나는 느껴지지 않는 마음의 다른 현상인 '주체'로 있는 것입니다. 그러다가 그 의도를 더 깊숙이 들여다보면 느낌이 희미하게 사라지면서 바라보는 나인 주체도 사라지고 감각으로 멍하게 들어가는데, 그때가 손이 안경집을 놓는 것과 마찬가지 상태입니다. 마음을 추스르고 뭔가를 찾아보려고 하면 다시 '살펴보는 느낌'이 느껴지고, 그것을 대상삼는 '내'가 또다시 생겨납니다. 지금 그 의도가 마음의 파도, 마음의 현상입니다.

마음의 파도는 산(凸)과 골(凹)로 구성되어 있습니다. 산은 드러나 있는 '대상'이고, 골은 보이지 않는 '주체'입니다. 대상과 주체가 하나의 사이클, 하나의 유닛Unit이죠. 이 한 사이클이 의식의 기본단위입니다. 뭔가 마음에 생겨나있는 상태입니다. 주체감을 바라볼 때, 이미 거기에는 또다른 주체가 생겨나 있는 상태입니다. 즉, '느껴지는 그 의도'는 대상인 주체감이고, 그것을 느끼고 있는 어떤 보이지 않는 주체가 있는 것입니다. 이런 것이 마음의 미묘한 현상입니다. 마음에 뭔가 느껴진다면 마음에 현상이 생겨나 있다는 의미입니다. 그런데 이 마음의 파도를 바다 전체가 '느끼고 있다'고 흔히들 생각하는 것이 오해에요. 본질을 안다는 것은 '내가 바다가 되는 것'이 아닙니다. 나의 본질은 이미 바다입니다. 파도의 구조를 통찰해내면, 더 이상 파도라는 과정에 에너지가 머물지 않게 됩니다. 그렇지 않으면 파도에 에너지가 머물러 그것이 주인이라고 여기게 됩니다. 그것이 바로 마음의 '상相'에 머물러 주인삼는 것과 같습니다.

어디에도 머물지 않을 때 이미 그대는 근원이다

에너지가 그 어디에도 머물지 않을 때 그는 이미 근원으로 존재하는 것이 됩니다. 왜냐하면 우리는 이미 근원이기 때문입니다. 에너지가 어딘가에 머물러 그것과 동일시 된다면 당신은 마음의 일부분으로 전락하게 됩니다. 에너지가 어디에도 머물지 않으면 나는 바다인데, 에너지가 하나의 파도에 머무니까 나는 파도로 존재할 수밖에 없는 것입니다. 응무소주이생기심應無所住而生其心은 어딘가에 머무는 바 없이 마음을 내어 쓴다는 말입니다. 마음은 그냥 파도치게 되어 있고, 늘 태어났다 죽습니다. 그런데 마음을 일으켜 쓰려면 에너지 중심이 파도 속에 머물지 않아야 해요. 어느 하나의 파도에도 머물지 않으면 그는 이미 바다입니다. 사실은 파도에 머물러도 이미 바다죠. 현상을 현상으로 보면 이미 근원에 도달했다고 보는 것이 그런 의미입니다. 근원이란 것이 따로 있지 않습니다. 근원의 느낌으로 있는 것, 현존한다고 하는 것은 그런 것이 아니에요. 근원의 '느낌'으로 있다면 또 다른 파도 속에 있는 것입니다. 느낌을 느끼고 있으니까요. 그런데 깨닫고 싶은 사람은 자꾸 근원의 느낌을 느끼려고 합니다. "나는 깨달았어."라고 여기고 싶어 해요. 그래서 그런 사람에게 깨달음도 없다고 말해주는 것입니다. 깨달았다고 여기는 마음도 하나의 파도 속에, 현상 속에 있는 마음이니 현상을 떠나지 못한 것입니다. 현상을 현상으로 보고 있지 못해요.

어디에도 머물지 않고 마음을 쓴다는 것은 어떤 것일까요? 마음의 과정을 보게 되면 전체의 조화를 위해 저절로 내가 쓰이게 됩니다. 나라는 것이 따로 없는데 누구를 위해 쓰겠어요. 만약 자기를 위해 쓴다면 그것은 아직 묶여있는 것입니다. 그렇지 않고 자기라는 개체가 하나의 경계이고 만들어진 상相일 뿐임을 알게 되면, 전체를 볼 수 있게 되고 그 전체의 부족한 부분을 메우는 데 자기가 쓰입니다. 마음을 내어 쓴다는 말의 의미는 그렇게 전체를 위해 마음이 저절로 쓰인다는 뜻이지, 다른 신념을 만들어 '내가 잘 살기 위해 뭐든지 이룰 수 있다'는 마음을 먹는 것이 아닙니다. 그것은 자기라는 개념에 묶인 거예요. 하나의 개념에 묶이면 또 다른 개념에도 결국 묶이게 마련입니다. "내가 마음먹은 대로 될 거야."라고 생각하고 일을 추진하고, 이루고 나면 "내가 해냈어." 하는 생각이 들면서 결국 '나'라는 것은 더 강화됩니다. 그렇게 내가 강화될수록 괴로움의 가능성은 점차 커집니다. 누군가 내게 작은 소리만 해도 듣기 싫거든요. 그래서 많은 것을 성취하거나 높은 자리에 오른 사람은 누가 작은 소리만 해도 자존심이 상합니다. 저항이 강해지는 것입니다. 그래서야 어떻게 나를 쓰겠어요. 마음을 내어 쓺은 개체를 위한 것이 아닙니다. 전체를 위해 망가진 것을 보수하고 전체가 번성하는 데 쓰이게 된다는 것입니다. 내가 애써서 하는 것도 아닌데 그렇게 됩니다. 그때가 정말 쓰이는 것입니다.

전체의 조화와 균형을 위한 모습이 다른 사람이 보기에는 개체가 잘 되려고 애쓰는 것 같아 보일 수도 있습니다. 하지만 근본적으로는 전체의 구멍 난 부분을 보수하고, 부족한 부분을 채우고, 너무 높은 부분을 깎아 내는 일에 쓰이게 됩니다. 그런데 균형과 조화에 쓰인다는 의미가 완전히 평평해지도록 한다는 것은 아닙니다. 완전히 평평해진다면 그것은 죽음의 세계이기 때문에 그렇습니다. 다양한 아름답고 추한 현상을 존재케 하는 것은 차이 때문이므로 그 차이를 다 없애는 데 쓰이지는 않고, 너무 극단적이지 않도록 조율하고 조화롭게 하는 데 내가 쓰입니다.

개별적인 나라는 것이 따로 없기 때문에 그 외에는 사실 할 일이 없어요. 일단은 마음이 불편한 사람들을 위해 먼저 쓰입니다. 왜냐하면 자신도 불편한 마음을 갖고 살아오면서 헛된 추구를 해왔고 그 괴로움을 알기 때문에 그렇습니다. 마음의 내용 속에 빠져서 끊임없이 무언가를 추구해왔는데, 마음의 내용으로부터 벗어남으로써 추구가 사라지면, 마음의 내용 속에 빠져있는 사람들로 하여금 마음 자체를 보게 해주는 역할을 하게 됩니다. 그리고 더 나아가 전체를 위해 마음을 사용하게 되죠. 지금까지는 "마음에서 빠져나오라."는 것이 주된 메시지였는데, 이제는 "마음의 내용에서 빠져나와서 마음을 쓰라."는 표현들이 많이 나옵니다. 옛날에 비해 많이 바뀌고 있어요. 공부하는 사람들이 산속에 틀어박혀서 자기 마음만 편하고 마는 데서 점점 벗어나서 마음을 사용하는 측면이 강조되고 있습니다.

전체의 조화를 위해 쓰여지다

전체의 조화와 균형을 위해 마음을 쓰는 과정으로 가기 위해서는 그 이전에 개별적으로 자기 마음에 묶이지 말아야 합니다. 그 이후에 마음을 잘 쓰는 여러 연습들을 미리 해볼 필요가 있습니다. 그러나 이 연습들 자체가 또 하나의 수련이 됩니다. 보살도의 육바라밀이 바로 그러합니다. 그중 가장 좋은 방법은, 내가 느끼는 이 마음이 전부가 아님을 파악하는 것입니다. 내가 뭔가를 행하고는 '내가 했다'는 생각이 없는 것입니다. 불편한 마음이 들면 그 불편이 '나다'라고 여기지 않는 것입니다. 또는 그것을 파악하지 못했다 해도 불편한 마음을 그대로 느끼면서 가는 것도 좋은 방법입니다. 깨어있기™ 심화과정에서 한 것처럼 '감정은 감정대로 있고 나는 나대로 있는 것'입니다. 공포심이 있으면 그것을 전부라고 여기지 말고, 그것은 그것대로 있고 나는 나대로 있음을 느껴보세요. 사실 여기서 말하는 '나'는, 특별한 개별적인 내가 있다는 의미가 아니라 지금 이 순간 그 공포심이 전부가 아님을 발견하라는 것입니다. 공포심은 조건에 의해 마음의 현상으로 있는 것이지, 실제하는 것이 아니고 이 순간 마음의 전부가 아니라는 것을 발견하면 분노의 느낌을 가지고서도 자기 할 일을 다 할 수 있게 됩니다. 이 연습을 꾸준히 하면 마음의 근력이 세집니다. 사업 도중에 수많은 역경을 넘어간 사람들은 마음의 근력을 키우는 이런 작업을 자기도 모르게 하는 경우도 있습니다. 비록 자기를 위해 한 일이고, 통찰이 아직 일어나진 않았지만요. 로마군이 쳐들어올 때 클레오파트라가 두려워하는 아들에게 "아들아, 나도 두렵다. 너는 그것을 표현하지만 나는 그것을 표현하지 않을 뿐이다"라는 말을 했습니다. 클레오파트라 같은 사람은 지금 이 순간 느껴지는 마음의 두려움이 전부가 아니라는 것을 안 것입니다. 마음 자체를 바라보는 공부를 위해 한 것이 아니지만, 나라의 지도자로 있다 보니 저절로 터득된 것입니다.

이미 마음의 원리와 구조를 명확히 봐서 통찰에 이른 사람도 마음의 근력을 키우는 이런 작업들을 조금씩 해나가야 합니다. 불편한 느낌과 함께 가라는 것은, 마음의 근력을 키우는 연습과 통찰을 같이 해나가라는 말입니다. 불편함, 두려움, 공포심과 함께 가다보면 이것이 전부가 아님을 저절로 알게 됩니다. 통찰이 아직 일어나지 않았다 해도 마음의 불편함이나 느낌들을 그대로 둔 채, 내가 한다는 생각 없이 할 일을 하는 것이 바로 카르마 요가입니다. 카르마 요가는 일상생활 속에서 할 수 있는 수련인데, 일 자체가 수련이 되는 것입니다. 마음의 근력을 키우면서 모든 행해진 일들을 '내가 했다'는 생각 없이 하는 것입니다. 일반적인 사업 현상에서는 내가 했다는 생각으로 하는 것이 우리 과정과의 차이입니다.

9. 훈습론熏習論

근본도 물이 들다

오늘부터 훈습론熏習論에 들어갑니다. 훈습熏習은 '물듦'입니다. 예를 들면, 아무런 향기가 없는 옷에 향수를 뿌리거나 향기가 있는 방에 한참 두어서 옷에 향기가 배는 것이 훈熏이고, 습習은 습관입니다. 습習은 반복된 행동에 의해 만들어진 관성이라 할 수 있습니다. 훈습에는 두가지가 있습니다. 본질인 진여가 무명에 물드는 염법훈습染法熏習과 무명이 본질에 물드는 정법훈습淨法熏習입니다. 여기서 중요한 것은 정법淨法, 진여법眞如法과 염법染法이라는 말에 붙어있는 법法이라는 글자입니다. 진여법眞如法은 진여 자체가 아니라 진여에 의해 만들어진 현상입니다. 우리가 듣고, 보고, 느끼고, 만지고, 이해하고, 파악하는 것은 모두 법法입니다. 법法에는 세 가지 의미가 있다고 했습니다. 모든 번뇌를 일으키는 현상으로서의 법, 진리로서의 법, 진리를 깨친 사람인 부처님의 설법으로서의 법입니다. 일반적으로 드러난 모든 현상을 법이라고 했습니다. 화장실에서 물이 내려가는 것도 법이고, 연기가 피어오르는 것도 법이고, 사람이 화를 내는 것도 법이고, 눈물을 흘리며 기뻐하고 황홀감에 빠지는 것도 다 법입니다. 어떤 법칙에 의해 그런 일이 벌어지고 있는 것이지요. 사과가 떨어지고, 눈물이 흐르고 기쁨이 일어나는 것이 그냥 일어나는 것이 아니라 어떤 법에 의해 일어납니다. 모든 현상 밑에 어떤 법칙이 있다는 말입니다. 그래서 모든 '현상 자체를 법法'이라 표현하는 것입니다. 표면의 파도가 현상으로서의 법이라면, 파도를 일으키는 원리는 진리로서의 법입니다. 그리고 그 진리에 대해 표현하는 것을 설법說法이라 합니다. 기본적으로 모든 법은 드러난 것이기에 모두 현상이고, 우리가 파악하는 진리 역시 현상으로서의 진여법眞如法이지 결코 진여 자체가 아닙니다. 오늘 말하는 진여 또한 바로 그런 법法으로서의 진여입니다.

대승기신론은 크게 진여문眞如門과 생멸문生滅門으로 나뉩니다. 진여 문은 진리 그 자체에 대한 것이고, 생멸문은 나타났다 사라지는 현상에 대한 것입니다. 생멸문에 포함된 훈습론도 현상에 대한 것인데, 오늘 강의 중에 육진六塵 탄생에 대한 내용이 있습니다.

육진六塵은 여섯 가지 먼지라는 뜻으로 색성향미촉법色聲香味觸法을 말합니다. 색色은 시각적인 대상, 성聲은 청각적인 대상, 향香은 후각적인 대상, 미味는 미각적인 대상, 촉觸은 촉각적인 대상, 법法은 의식적인 대상입니다. 왜 먼지 진塵 자를 쓸까요? 색성향미촉법色聲香味觸法이라는 여섯 가지 대상이 육근六根, 즉 안이비설신의眼耳鼻舌身意라는 여섯 가지 감각기관을 통해 우리 안에 들어와서 깨끗한 진여를 더럽히기 때문에 먼지 진塵 자를 사용하여 육진六塵이라고 말합니다.

그런데 육진六塵은 육근六根에 의해 임시적으로 탄생한 것이지 원래 있는 것이 아닙니다. 여섯 가지 대상은, 그것을 파악해내는 여섯 가지 감각기관이 있을 때만 '있다'고 말할 수 있습니다. 만약 촉각이 없으면 촉진觸塵은 없고, 시각이 없으면 색진色塵은 없습니다. 시각적인 대상은 색깔을 띠고 있으므로 눈에 보입니다. 눈은 특정한 주파수 범위(405~790THz)만 감각하는데, 그 범위 내의 시각적인 대상을 색色이라고 말합니다. 색깔이 없는 것은 눈으로 볼 수 없습니다. 투명한 색이라고 표현되는 것도 눈에 보이는 색色입니다. 물은 투명해보이지만, 물결에 따른 색의 변화와 빛의 반사를 눈이 파악해내는 것이지요.

눈에 안 보이는 것이 진짜 투명한 것입니다. 여섯 개의 감각기관이 없는 곳에 육진六塵은 없습니다. 그래서 불교에서 근경식根境識은 동시에 나타나서 동시에 사라진다고 말하는 것입니다. 다시 말하면 특별한 '대상'이 있는 것이 아니라는 말입니다. 세상이 있는 것이 아니라는 말과 같습니다. 세상은, 사실 우리의 감각기관이 나누어 경계 지어놓은 세계世界일 뿐이지요. 감각기관이 없는 곳에 세계는 없습니다. 밖에 뭔가 있다고 여겨지면 마음의 식識이 작동한 것입니다. 눈은 405~790THz, 즉 초당 405~790조 번을 진동하는 부분을 감광합니다. 그런 시각의 한계 지어진 영역이 없다면 바깥 세계라고 할 만한 것은 결코 있을 수 없습니다. 지금 우리가 보고 있는 세계는 인간의 세계죠. 바이러스나 개는 우리가 보듯이 보지 않습니다. 우리가 보는 세계는 우리 느낌의 세계라는 말입니다. 눈은 아주 정밀한 기관이므로 눈에 뭔가 보이면 '사실'로 여겨지지만, 눈도 하나의 감각기관일 뿐입니다. 시각은 촉각보다 정밀하기 때문에 눈을 감은 채 팔에 무언가를 갖다 대면 촉각만으로는 그것이 무엇인지 잘 모릅니다. 그래서 촉각적인 느낌을 우리는 '느낌'으로 인정합니다. 그러나 눈으로 보는 것은 '사실'로 여기는데 만약 눈보다 더 정밀한 감각기관이 있다면, 그 기관이 파악하는 것은 눈으로 보는 것보다 정확하며, 눈으로 보는 것은 '느낌'이라고 해도 인정할 것입니다.

그러므로 본질적으로 시각도 느낌이라고 말하는 것입니다. 우리 눈에 보이는 모든 것은 사실이 아니라 느낌입니다. 사실이라는 것은 없어요. 우리의 '감각기관에 보이는 사실'일 뿐이지요. 우리가 보는 세계는 우리의 감각기관끼리 서로 약속해놓은 일종의 부호와 같습니다. 사람의 눈이 모두 비슷하게 생겨서 비슷한 기능과 한계를 가지고 있기 때문에 "이렇게 보이는 것은 파란색이라고 하자." 하고 약속한 것뿐입니다.

생멸문의 모든 내용도 나타났다 사라지는 어떤 한계 속의 현상일 뿐입니다. 진여법 또한 우리가 진리라고 파악하고, 느끼는 현상일 뿐이에요. 그래서 본각本覺과 시각始覺이라는 말도 있는 것입니다. 시각始覺은 드러난 현상으로의 깨달음이지 본각本覺 자체가 아닙니다.

격랑의 파도와 잔잔한 파도는 모두 파도일 뿐

復次有四種法熏習義故, 染法淨法起不斷絕. 云何爲四.
부 차 유 사 종 법 훈 습 의 고   염 법 정 법 기 부 단 절   운 하 위 사

다시 네 가지 법의 훈습하는 뜻이 있기에 염법染法과 정법淨法이 일어나 단절하지 않는 것이니 어떤 것이 네 가지인가?

[논論]

물든 법인 염법染法과 깨끗한 법인 정법淨法이 있습니다. 파도로 치면 격랑 치는 파도와 잔잔한 파도라고 할 수 있겠죠. 초점이 물 자체에 있지 않고, 파도 즉 모습에 가 있는 것이 바로 법法입니다. '현상'이라는 것입니다. 명상을 통해 마음을 고요하게 하려는 것은 정법淨法을 추구하는 것이고, 거친 파도를 가라앉히려는 것은 염법染法을 제거하려고 하는 것입니다. 그러나 진짜 발견은 법의 발견이 아니라 법을 떠난, 현상을 떠난 절대를 발견하는 것입니다. 생멸문의 모든 내용들은 법法, 즉 파도와 현상에 대한 것입니다. 그러므로 생멸문에 나오는 문장의 진여도 다 진여법眞如法을 의미하고, 현상에 해당합니다. 그것을 염두에 두고 읽어야 합니다.

一者淨法, 名爲眞如. 二者一切染因, 名爲無明. 三者妄心,
일 자 정 법   명 위 진 여   이 자 일 체 염 인   명 위 무 명   삼 자 망 심

名爲業識. 四者妄境界, 所謂六塵.
명 위 업 식　사 자 망 경 계　소 위 육 진

첫째는 정법淨法이니 진여眞如라 이름하며, 둘째는 염인染因이니 무명無
明이라 이름하며, 셋째는 망심妄心이니 업식業識이라 이름하며, 넷째는 망
경계妄境界니 이른바 육진六塵이다.

[논論]

첫 번째는 정법淨法인데 진여라고 했습니다. 다른 말로 하면 각覺입
니다. 진여는 진여법을 일으킵니다. 절대세계의 진여가 현상계에 진여
를 닮은 법法을 만들어냅니다. 절대의 진리가 현상계에 진리의 모습으
로 '드러나는' 것입니다. 진여 자체는 현상이 아니므로 현상계에 나타
날 수 없습니다. 현상계에 드러나는 것은 '진리의 모습'일 뿐 진리 자체
가 아니에요. 절대 진여가 진여의 현상을 낳은 것이 진여법이고, 이러
한 진여의 현상에 의해 무명이라는 현상도 일어납니다. 진여와 무명은
한 쌍이에요. 동전의 양면과 같습니다. 진여가 있기 때문에 무명이 생
겨납니다. 앎이 있기 때문에 모름이 생겨나는 것처럼 진리가 있기 때
문에 거짓이 생겨납니다. 진여법은 진여로부터 왔지만 반쪽짜리입니
다. 천사와 악마가 반쪽인 것과 같아요. 악마가 없으면 천사는 의미가
없고, 천사가 없으면 악마도 의미가 없습니다. 마찬가지로 거짓이 없
으면 진리도 의미가 없죠. 그래서 거짓이 있는 것은 진리 때문입니다.
수많은 경계를 일으켜서 우리를 번뇌에 빠뜨리는 무명은 진리의 또 다
른 짝인 것입니다. 그래서 무명에 빠져있음을 자각하면 진리를 추구하
려고 애쓰게 되는 것입니다. 어린이들은 진리를 추구하지 않습니다.
순수한 어린아이가 진리를 추구하지 않는 이유는, 어린아이에게는 진
리와 거짓이라는 분별이 없기 때문입니다. 우리가 파악하는 진리는 모
두 분별 속의 진리입니다. 이 분별을 넘어가는 것이 생멸문을 넘어가

는 것인데, 그렇게 되면 더 이상 진리도, 진리 아닌 것도 없습니다. 생멸하는 마음속에서, 이런 말을 들으면 말장난 같다고 여길 수 있습니다. 그래서 어느 정도 마음을 파악한 사람이 아니면 이런 말을 해줄 필요가 없지요. 자칫하면 추구하는 마음을 잃게 할 수도 있으니까요. 진정으로 추구하는 사람에게는 이 말이 큰 의미를 지닙니다. 진여는 현상이 아니지만 진여법이라는 현상을 만들어내고, 또 진여법에 의해 염인染因인 무명이 생겨납니다.

현상만이 물들 수 있다

훈습熏習은 서로 물드는 것인데, 오직 현상만이 서로 물들 수 있습니다. 어릴 때는 분별이 없기 때문에 개념이 없고, 좋고 나쁨도 없습니다. 자라면서 조금씩 개념이 생기고, 좋고 싫음도 생겨나고, 좋음을 추구하는 마음도 생겨납니다. 좋음 중에 가장 좋은 것으로 마음에 설정한 것이 바로 열반이기에 그 열반을 향한 추구도 시작합니다. 열반에 대한 추구는, 염법染法에 물든 무명無明한 마음이 정법淨法에 물들어 가는 것입니다. 그런데 둘 다 현상이기 때문에 물들 수 있는 거예요. 물든다는 것은 공명이라고도 말할 수 있습니다. 파동은 공명합니다. 여자들은 한 달 정도 같은 공간에서 지내면 월경주기가 비슷해집니다. 서로의 파동이 공명하기 때문에 그렇습니다. 이런 파동은 현상 속에서 일어납니다. 더럽고, 물들고, 거칠고, 번뇌를 일으키는 현상이 번뇌 없는 깨끗하고 맑고 향기로운 현상 쪽으로 가려는 것이 진리의 추구이고, 서로 공명하는 것입니다. 그렇다 하더라도 이 모든 일들은 현상계, 즉 생멸문의 일입니다. 절대 세계에는 물듦과 물들지 않음이 없습니다. 거기에는 진리 자체도 없어요. 진리라고 말하는 순간 그것은 진리 아님을 말하는 것이기 때문에 그렇습니다. 그래서 법法 자의 의미를 잘 파악해야 한다는 것입니다. 정법淨法과 염법染法은 모두 드러난 '현상'입니다.

일체의 물들게 하는 원인(一切染因)을 무명無明이라 이름한다고 했습니다. 달리 말해서 불각不覺이지요. 모든 현상이 마음의 일임을 깨닫지 못한 것이 불각不覺이고, 마음 밖에는 아무것도 없음을 깨우친 것이 각覺입니다. 일체분별 즉 분별자심一切分別 卽 分別自心이라는 표현이 나왔었죠. 모든 분별은 내 마음속의 분별이라는 말입니다. 마음을 떠난 곳에는 분별이 없다고 대승기신론은 말합니다. 일체유심조一切唯心造도 같은 의미입니다. 바깥의 현상을 마음이 만들어낸다는 의미도 있지만, 그것을 그것으로 보고, 듣고, 느끼는 일은 모두 마음속의 일이라는 의미도 있습니다. 마음을 떠나서는 우리가 지금 보고, 듣고, 만지고, 느끼는 그런 현상은 없습니다. 강아지는 결코 우리가 느끼듯 느끼지 않아요. 강아지의 마음으로 강아지 나름대로 느끼고 있습니다.

무명無明은 마음의 분별을 일으키는 어리석음입니다. 이전에 무명은 근본적인 업業을 만들어낸다고 했었는데, 무명에 의해 만들어진 망령된 마음이 업식業識입니다. 그리고 이 업식業識이 경계를 일으킵니다. 경계란 말을 참 많이 사용하죠. 마음의 번뇌를 가리켜 '경계가 일어났다.'고 표현하기도 합니다. 경계는 이것과 저것을 구분하는 것입니다. 국경선을 그어 이 나라와 저 나라를 구분하듯이, 경계라는 것은 이것과 저것을 구별합니다. 마음속에 좋고 나쁨을 비롯한 이런저런 마음이 일어나는 것이 경계입니다. 이처럼 마음이 파악하는 모든 것은 경계인데, 업식業識이 그런 경계를 일으킵니다. 업業은 수많은 경험의 파도가 만들어놓은 흔적들이죠. 태어나서 감각기관이 받아들인 수많은 흔적들, 부모로부터 물려받은 유전적인 흔적들, 조상들로부터 물려받은 형태형성 에너지장의 흔적들, 미묘한 리듬의 흔적들, 지구 자기장에 동조되어있는 물리적인 흔적들, 그 모든 것이 경계를 일으킵니다. 흔적이 없는 곳에 경계는 없습니다. 어떤 흔적이 있고, 그것이 기준이 되어서 무언가를 경험하는 것이 바로 경계입니다.

어떤 '기준'과 '대상'이 만났을 때 일어나는 것이 '느낌'입니다. 다시 말해 모든 느낌은 기준 때문에 생겨납니다. 기준이 없는 곳에 느낌은 없습니다. 분노와 기쁨도 어떤 기준 때문에 생겨납니다. 마음속에 어떤 기준이 있는데 그보다 더 좋은 것을 경험할 때 즐거운 느낌이 느껴집니다. 모든 감정은 이런 느낌이 증폭된 것입니다. 느낌의 극성이 강하게 일어나는 것이 감정입니다. 시각이나 촉각의 느낌도 내가 가지고 있는 기준과 대상이 만나서 일으키는 소리와 같습니다. 진리니 무명이니 하는 것들을 포함한 모든 것은 의식에 의해 파악되는 마음의 현상이고, 느낌으로 파악됩니다. 그 기초는 경계를 나누어 분별하는 것입니다. 분별이 없는 곳에 느낌이 있을 수 없습니다. 손으로 탁자를 만지면 매끄럽고, 차갑고, 딱딱하게 느껴지는데, 그 느낌은 촉감이 가지는 어떤 한계 때문에 느껴집니다. 마찬가지로 마음의 느낌도 역시 마음속의 어떤 흔적이 주인 노릇을 하여 기준이 되어있는 것입니다. 그렇게 구분되는 경계 속에서의 느낌은 항상 일정하지 않습니다. 그래서 기분 좋음을 느끼다가도 계속되면 더 이상 느껴지지 않습니다. 갖고 싶던 샤넬 향수를 사면 기분이 무척 좋지만 그 기분은 3일도 못갑니다. 왜 그럴까요? '난 저걸 가질 수 없어' 또는 '가지고 싶어'라는 기준을 가지고 있을 때 그것을 사면 어떤 느낌으로 다가오지만, 이제 내 것이 된 상태가 기준이 되어버리면 더 이상 부딪혀 소리를 낼 대상이 아닌 것입니다. 단순한 논리 같지만 우리의 모든 의식세계를 관통하는 하나의 법칙입니다. 느낌이 있다는 것은 기준, 대상, 부딪힘이 있다는 의미이고, 그 밑바닥에는 기준과 대상을 나누는 경계가 있음을 의미합니다. 그리고 그 경계는 마음에 남겨진 흔적 때문에 생기는데, 그 흔적도 영원불멸한 것이 아닌 현상이므로 그것이 만들어 내는 경계는 망경계妄境界(망령된 경계)이고, 그것을 만들어내는 마음은 망심妄心(망령된 거짓마음)입니다. 이런 망심妄心을 이름하여 업식業識이라 합니다.

열반을 추구하는 마음도 하나의 환상

생사生死의 고통을 싫어하고 열반을 추구하는 마음이 일어나는 것 자체도 하나의 환상입니다. 망심妄心 때문에 진여와 진여가 아닌 것을 나누어 놓고 진여를 향해 애써 나아가는 환상의 루트가 생겨나는 것이지요. 망심妄心이 진여를 오래도록 훈습하면 즉, 끊임없이 진여에 물드는 것이 습관이 되면 결국 무명의 마음이 멸하게 됩니다. 무명 또한 하나의 환상이기 때문에 그렇습니다. 무명이 사라지면 무엇이 함께 사라질까요? 무명이 사라지면 무명의 짝인 진여도 사라집니다. 그래서 깨달음도 없다는 말을 하는 것입니다. 번뇌로 가득한 무명심은 맑고 깨끗한 진여를 닮아감으로서 점차 사라지고, 무명심이 사라지면 진여법도 사라지게 됩니다. 그렇지만 지금 무명에 빠져 번뇌로 허우적거리는 사람에게는 결코 "깨달음도 환상이다."라는 말을 하면 안 됩니다.

색성향미촉법色聲香味觸法의 육진六塵은 망심妄心에 의한 망경계妄境界에 의해 나타납니다. 현대물리학은 모든 감각세계를 파동현상으로 통일해서 설명할 수 있는 지점에 와있습니다. 예를 들면 20~20,000 Hz는 청각의 영역, 405~790 THz는 시각적인 영역입니다. 후각이나 촉각은 명확하게 파동의 수치로 표현하고 있지 못하지만 역시 시각보다 거친 진동수의 영역을 가집니다. 생각도 하나의 에너지 현상인데, 깊숙이 들어가 살펴보면 진동하는 에너지끈만 있다는 것이 현대 물리학의 가장 진실에 근접한 발견입니다. 이른바 초끈이론인데, 에너지가 끈처럼 진동한다는 것입니다. 소립자 수준으로 들어가니 만물은 진동하는 에너지끈이라는 것이 지금 정설로 여겨지고 있습니다. 이처럼 모든 것을 파동이라는 현상으로 설명할 수 있는데, 그것은 육진六塵 즉, 여섯 개의 감각대상들이 망령되이 경계지어졌음을 의미한다고 할 수 있습니다. 전라도와 경상도가 따로 없는데, 선을 그어서 여기서부터는 경상도라고 말하는 것과 같은 잘못된 경계는 마음의 흔적 때문에 생겨납니다. 이런 모든 것의 공통점은 그것들이 '현상'이라는 것입니다. 그래서 서로가 서로한테 물들 수 있는 것이고, 어리석은 무명이 참된 진여의 법에 물들 수 있는 것입니다. 그래서 맑은 사람 곁에 있으면 자꾸 맑아지게 되죠. 그것이 바로 동양에서 도제식 교육이 성행했던 이유입니다.

대승기신론에서는 중생심에 부처와 중생의 마음이 다 있다고 했습니다. 소승은 부처의 마음을 추구하는 것이라면, 대승은 이미 자신이 부처인데 그것을 발견하지 못하고 있을 뿐이라는 관점입니다. 그래서 소승은 깨달음을 위해 산속으로 들어가고, 대승은 시장통에서 중생과 함께 하죠. 왜냐하면 중생이 곧 깨닫지 못한 부처이기 때문에 그렇습니다. 깨달음은 훈련하고 수련해서 이루는 것이 아니에요. 그냥 번뜩 오는 것입니다. 훈련하고 수련해서 되는 것은 99.9℃까지일 뿐, 수

증기로 바뀌는 것은 그냥 일어납니다. 우리는 이미 파동인데 스스로를 분자라고 여기고 있습니다. 초점이 분자에 머물러 있는 것입니다. 지금 이 순간 파동과 원자와 분자와 육체가 동시에 있습니다. 내 시각이, 내 주의가, 내 에너지의 중심이 어디에 있느냐에 따라 달라질 뿐, 이미 파동입니다. 그런데 계속해서 자신이 육체라고 우기고 있는 것과 같습니다. 지금 이 순간 동시에 있는 것이니까 초점을 바꾸면 그만입니다. 그래서 깨달음이란 따로 없는 것입니다. 누군가는 눈감고 코잡는 것만큼이나 쉬운 것이라고 합니다. 그러면 "그것 참 별 거 아니네."라고 할 수도 있지만 사실은 굉장히 혁명적인 것입니다. 일반적인 마음은 지금껏 한 번도 그쪽으로 초점을 돌리지 못했기 때문입니다. 한번 돌리고 나면 생각과 감정과 느낌에 절대로 묶이지 않았음을 알고, 묶여지지도 않는다는 것을 알게 됩니다. 그래서 선사들이, 폭우가 쏟아져도 대지는 한 치도 젖지 않는다고 말한 것입니다. 젖지 않는다는 것이 아니라, 젖지만 젖지 않는다는 의미입니다. 육체가 아닌 것이 아니지만, 근본적으로 파동이라는 것입니다. 마음을 가라앉히고, 고요함으로 가려는 것이 법法에 해당한다면, 아무리 시끄럽고 괴로운 마음이라 하더라도 그와 상관없는 것을 발견하는 것이 절대 진여로 가는 길입니다. 그것은 법法이 아니에요. 법法을 만들어내는 바탕입니다.

물든 본질의 그림자

熏習義者. 如世間衣服. 實無於香. 若人以香而熏習故,
훈 습 의 자　여 세 간 의 복　실 무 어 향　약 인 이 향 이 훈 습 고

則有香氣.
즉 유 향 기

훈습의 뜻이란 세간의 의복에 실제 향이 없지만 만약 사람이 향으로 훈습

하면 향이 있는 것과 같다.

[논論]

훈습薰習은 물듦을 말하는데, 옷에는 원래 향이 없지만 만약 향기로 젖어들게 하면 옷에서 향기가 나는 것과 같다는 말입니다. 여기서 말하는 의복은, 본질 즉 다른 말로 진여정법眞如淨法이라고 할 수 있는데 다만 생멸문의 진여임을 기억해야 합니다. 그것은 절대 진리의 '그림자'라고 할 수 있습니다. 의식의 근원이라기보다는 순수의식이나 현상계에서 진여와 닮은 가장 투명한 것 정도로 볼 수 있는데 그냥 진여라고 말합니다. 의복에 향이 없지만 향으로 훈습하면 향이 생겨난다는 것은, 본질은 물들 수 없지만 본질의 그림자는 물들 수 있다는 의미입니다. 본질을 물이라 하고 물든 모습을 파도라고 한다면, 물든 모습이 아직 생겨나지 않아 파도가 전혀 없는 상태가 물과 가장 비슷한 상태겠죠. 그러나 여선히 하나의 '고요한 상태'입니다. 물든 본질의 그림자란 그런 것입니다.

우리의 의식은 늘 움직이는 모습인 파도만을 보면서 살아왔기 때문에 그것이 완전히 가라앉은 무無도 일종의 모습으로 파악합니다. 모습이 없는 모습인 것입니다. 저울에 물건을 놓으면 무게에 따라 바늘이 움직입니다. 점차 가벼운 것을 올려놓다보면 바늘이 점차 0을 향해 가겠죠. 머리카락을 놓으면 미세하게 바늘이 움직였다가 그 머리카락마저 치우면 아무것도 없는 0의 자리로 바늘이 '돌아옵니다'. 우리가 무無를 체험하는 것은 이와 같이 무언가가 '있다가 없어짐'을 '아는 것'과 같습니다. 그리고 돌아와서 무無의 그림자나 이미지를 붙잡고서 "내가 무無를 체험했다."라고 말합니다. 무無의 이미지, 체험, 느낌이라는 것은 파도가 사라진 것 자체라기보다는 파도가 없어졌다는 이미지를 붙잡고 있는 거예요. 저울 바늘이 움직여서 숫자를 가리키는 것이 의식의 상태라고 해보지요. 마음의 내용이 있을 때는 항상 바늘이 움직입니다. 머리카락처럼 아주 가벼운 것이 있다가 그마저도 사라지면 툭 0으로 돌아가면서 의식은 아주 멈춰버립니다. 대상이 사라져버린 것입니다. 그렇게 마음이 움직이지 않는 상태, 동념動念이 없는 상태입니다. 모든 움직임은 분열이 있는 이원적인 것인데, 움직임이 멈추면서 분열이 사라지는 순간에 생겨나는 느낌을 가지고 우리는 흔히 무無를 경험했다고 말합니다. 의식의 세계로 돌아와서 하는 말은 모두 그 '느낌'일 뿐입니다. 이렇게 의식 속에서 하는 말은 모두 느낌, 일종의 감지感知™라고 보면 됩니다. 우리가 지금 나누는 말도 감지, 즉 그림자를 가지고서 하는 것입니다. 이런 그림자는 물들 수 있습니다. 파도를 가라앉히는 작업, 즉 마음을 고요하게 하고, 감정에 물들지 않고, 생각과 느낌으로부터 자유로워지고, 평화스러운 마음으로 가는 그런 작업을 통해 투명한 그림자를 맛보는 것이 흔히 말하는 순수의식이나 삼매입니다. 그런데 "나는 그것을 경험했어."라고 말하는 것은 의식 속에서 설명할 때 느끼는 '느낌'일 뿐, 정작 그 속에 있을 때는 '경험조차 없다'는 점이 명확해져야 합니다.

'알았다' 하는 순간 또다른 마음의 상相 속으로

此亦如是. 眞如淨法, 實無於染. 但以無明而熏習故,
차 역 여 시   진 여 정 법   실 무 어 염   단 이 무 명 이 훈 습 고

則有染相. 無明染法, 實無淨業. 但以眞如而熏習故,
즉 유 염 상   무 명 염 법   실 무 정 업   단 이 진 여 이 훈 습 고

則有淨用.
즉 유 정 용

이와 같이 진여정법眞如淨法에는 더러움이 없지만 무명으로 훈습하기에 물든 상相이 있으며, 무명염법無明染法에는 실로 맑은 업이 없으나 진여로

훈습하기에 맑은 쓰임이 있다.

[論論]

　진여정법眞如淨法은 절대적인 진리의 그림자입니다. 그림자라 해도 더러움 없이 깨끗하고 투명하죠. 그렇지만 그림자이기 때문에 무명이 훈습하여서 물든 상相이 있습니다. 의식의 세계에서 말하는 깨달음과 깨닫지 못함은 모두 상相이라고 말했습니다. 신信이죠. 석가모니가 보여주는 모든 법法도 일종의 신信입니다. 깨달음이라는 믿음인 것입니다. 보이고 드러나는 모든 것은 법法이고, 그 법은 '현상'이라고 했습니다. 그렇기 때문에 진리에 대한 상相도 있을 수 있습니다. 진리의 상相에는 생각적인 상相뿐만 아니라 느낌의 상相도 있습니다. "내가 경험했어."라고 할 때 느껴지는 느낌입니다. "아! 드디어 알았어."라고 여기는 마음이 일종의 진여상眞如相인데, 그런 마음이 든다면 아직 상相 속에 있는 것입니다. 그런데 이런 상相이 없다면 진리에 대한 이야기를 할 수조차 없겠지요. 그래서 옛 선사들은 제자들이 상相에 걸리는지 그렇지 않은지를 살폈습니다. 뭘 봤는지 한번 이야기해보라고 하고, 이런 저런 말을 하면서 툭 하고 한 대 치는 것입니다.

　진여정법眞如淨法에는 더러움이 없지만 무명無明으로 물든 상相이 있다고 했습니다. 상대적인 진여, 말로 설명 가능한 진여, 보여질 수 있는 진여는 전부 생멸문의 진여입니다. 생멸문의 진여이기 때문에 물들 수 있습니다. 마음에서 일어나는 그 어떤 것도 모두 상相입니다. "그래. 이제 다 이해됐어.", "더 이상 괴롭지 않아." 하는 것은 다 마음의 상相이에요. 절대의 세계에는 괴로움이나 괴롭지 않음 자체가 없습니다. 상대의 세계에 괴로움과 괴롭지 않음, 깨달음과 깨닫지 못함이 있죠. 그래서 우리가 말하는 깨달음은 대부분 생멸문의 깨달음입니다. 예를 들어서 감각™에 대해 설명해보지요. 감각은 어떤 느낌이나 감징, 생각이 없는 상태입니다. 눈앞의 물건을 바라보면 어떤 감지™가 떠오릅니다. 지금 감지感知를 느끼면서 설명을 들어보세요. 눈앞의 컵을 바라보면 그에 대한 감지가 마음에 떠오르는 것이 느껴집니다. 마음에 떠오른 상相, 마음의 움직임, 느낌, 그런 것이 감지™입니다. "감각은 그런 감지가 없는 상태야."라고 설명할 때는 이미 마음에 어떤 감지가 형성됩니다. 지금 내게 떠올랐던 느낌이 없는 상태, 다시 말해 감지가 없어진 상태라는 것을 또 하나 만들어낸다는 것입니다. 그런 '감각에 대한 감지'가 형성되면서 감각에 대한 이해가 일어납니다. 감각에 대해 말하고 있지만, 그 순간은 감지상태인 것입니다. 감지상태에서만 이해라는 의식적 현상이 일어납니다. 감지들의 관계 속에서 일어나는 것입니다. 감각상태에서는 이해라는 것 자체가 없습니다. 만일 내적으로 마음의 스크린에 무언가가 있다면 그것은 감각상태가 아닙니다. 이와 같이 감각상태와 감지상태는 확연히 다르지만 말로 그것들을 설명하고 이해할 때는 똑같이 감지상태에서 행하고 있을 뿐입니다. 그래서 모든 설명과 표현에 나오는 법法은 마음의 현상이라고 말하는 것입니다. 이해할 때도 "아하!" 하고 고개를 끄덕이는 순간 하나의 감지 속으로, 마음의 상相 속으로 들어가는 것입니다. 그러한 감지가 없는 세계에는 이해도 이해하지 못함도 없습니다. 감각상태™는 모든 개념을 떠난 것인데 거기에 어떤 이해와 이해하지 못함이 있겠습니까? 마음의 상相이 모두 사라진 상태이니 거기에는 유有와 무無도 없습니다. '아무것도 없음'을 이해하려면 뭔가를 마음에 떠올려야 합니다. 그런데 감각으로 들어가면 '아무것도 없음'마저 없습니다. 그것이 '있는 것도 아니고, 없는 것도 아니고, 있고 없음마저 아니다'라는 것입니다. 구분하는 개념의 세계를 떠나있죠. 이제 여러분은 깊은 감각상태로 들어갈 수 있기 때문에 이 말이 이해될 것입니다. 그리고 이 말이 '이해된다'는 것은 지금 잠시 감지로 나왔다는 의미이고, 무명으로 훈습해서 물든 상相이 여전히 있다는 말입니다.

생멸문의 진여는 절대가 아닌 상대적인 진여이기 때문에 무명에 물드는 것입니다. 절대는 물들지 않아요. 물들 원천이 없습니다. 그래서 폭우가 쏟아져도 대지는 젖지 않는다고 선사禪師들은 말했습니다. 폭우가 쏟아지는데 어떻게 땅이 안 젖겠어요? 그러나 진여의 그림자가 젖을 뿐이죠. 병들면 아프지만 진여의 그림자가 아플 뿐입니다. 절대에는 아픔도 아프지 않음도 없습니다. 아프지 않다는 것이 아니라 아픔과 아프지 않음이 없다는 말입니다.

걸림 없이 마음을 쓴다

무명염법無明染法에는 실로 맑은 업이 없으나 진여로 훈습하기에 맑은 쓰임이 있다고 했습니다. 무명으로 물든 현상에 정업淨業이 없다는 말은, 파도의 모습은 결코 물이 아니라는 의미입니다. 그러나 신기하게도 진여에게 물들어서 맑은 쓰임새가 있을 수 있다는 말입니다. 이것이 바로 '걸림 없이 마음을 쓴다'는 거예요. '맑은 쓰임(淨用)'은 물들지 않음을 기반으로 하는 쓰임입니다. 깨어있기 심화 과정에서 '슬픔은 슬픔대로 있고 나는 나대로 있다.'를 경험한 적이 있죠? 그때의 '나'는 한정된 나라기보다는 슬픔을 느끼는 더 근본적인 위치에서의 그 무엇입니다. 물든 마음은 물든 마음대로 있지만 그와 동시에 존재하는 물들지 않은 마음도 있습니다. 그것이 바로 맑게 쓰이고 있는 것으로, 진여에 물든 맑은 무명입니다. 그동안은 끊임없이 불들어 있는 '나'에만 초점이 맞춰져 있었는데, 물든 부분과 함께 물들지 않은 부분도 있음을 확인하는 작업이었습니다. 그것을 근본의 그림자라고 표현했었죠. 이렇게 맑은 쓰임이 있을 수 있는데, 그렇지만 그것은 그림자일 뿐 절대는 아닙니다. '전체주의'(깨어있기™ 용어)나 '주의에 주의 기울이기'(깨어있기™ 용어)를 해도 슬픔에 상관없는 투명한 주의가 동시에 있음을 알 수 있습니다. 근본 자체는 아닙니다. 왜냐하면 애써야만 그 상태로 있을 수 있기 때문입니다. 다른 상태로 옮겨가면 그 상태가 깨지고 변하잖아요. 하나의 현상이라는 의미입니다. 애쓰면 투명한 주의에 머물 수 있다는 것은 마음을 써야 한다는 의미입니다. 절대의 세계는 마음씀이 없는 세계에요. 마음을 써서 맑은 상태로 간다면 그것은 생겼다 사라지는 현상에 속하는 것입니다. 용用은 현상세계에서 일어나는 일입니다. 마음이 쓰여진다는 것은 '움직임'을 의미하고, 그것은 에너지가 흘러서 레벨의 차이가 생겼음을 의미하며, 또 분열을 의미합니다. '순수의식'과 같이 아무리 투명하다 할지라도 '의식'이라는 분열된 상태는 무명의 세계입니다. 진여를 닮은 무명의 세계인 것입니다. 분열의 세계를 무명의 세계라고 이해하면 됩니다. 가장 기초적인 무명은 나와 대상의 분열입니다. 그것이 아무리 투명하고 맑은 상태의 '나'라 할지라도 주체로서의 기능을 하는 마음 작용이 있다면 거기에는 미묘한 분열이 있습니다. 심화과정에서 연습했던 것처럼 무명에 물든 희로애락에 상관없이 존재하는 '나'는 진여를 닮은 무명입니다. 물들지 않은 것 같은 투명한 모습을 지닌 무명이죠. 슬픔이나 기쁨과 같은 에너지의 뭉침과 머묾 현상을 '부분'으로 파악하는 '전체'를 의미합니다. 특별한 '누가' 있어서 슬픔에 물든 현상을 바라보는 것이 아니라, 진여에 훈습된 무명이, '슬픔에 물든 현상은 내가 아니다'라는 것을 파악하고 있는 것이고, 그것이 맑은 쓰임입니다.

물로 만들어진 물고기

흔히들 잘못 알고 있는 것 중 하나가 명상의 본질이 파도치는 마음을 가라앉혀서 고요하게 만드는 것이라는 이해입니다. 고요해진 마음은 진여를 닮은 무명일 뿐입니다. 근본을 통찰했다는 것은 고요한 '모습'에 초점이 가 있는 것이 아닙니다. 파도가 없는 모습은, 파도가 있다가 사라진 상태의 모습일 뿐입니다. 그것은 무無를 '느끼는 것'과 같은 것입니다. 마음에서 느껴지는 무無는 무엇입니까? 마음에 어떤 형상이 있다가 툭 사라지고 없는 모습이에요. 텅 빈 '모습', 텅 빈 느낌인 일종의 감지죠. 그것은 여전히 '느낌'에 초점이 가있는 것입니다. 마음으로 잡을 수 없는 절대에 빠져 들어가서 '자기가 사라지는 것'이 아니라, 분열된 자기가 아직 남아서 텅 빈 무無의 느낌을 잡고 있는 것이고, 여전히 마음이 나뉘어져 있는 상태입니다. 완전히 가라앉은 파도의 '모습'을 잡고 있을 때 무無의 느낌이 '느껴집니다'. 그러다가 "이것도 모습을 붙잡고 있는 거구나"를 파악하게 되면 드디어 모습에서 떠나 분열이 사라지고, 내가 '보고' 있는지 '보여지고' 있는지 섞여있다가 깊은 심연으로 들어가게 됩니다.

의식은 마음의 모습만을 붙잡을 수 있습니다. 모든 모습은 감지이고, 항상 이원론적입니다. 빛과 어둠, 하늘과 땅, 남자와 여자, 사람과 사람 아닌 것, 이렇게 항상 이것과 저것으로 경계 지어지죠. 이렇게 마음이 나뉘는 경계 지음을 통해 의식 활동이 일어납니다. 마음이 분열되어 있는 상태가 기본적인 무명의 모습이고, 가장 기본적인 분열은 주체와 대상의 분열입니다. 그런데 장엄한 자연의 광경을 보거나 아주 아름다운 꽃을 보거나 정말 좋은 향기를 맡을 때 언뜻 자기가 사라져버리고 그 느낌으로 가득 차는 경험을 하기도 합니다. 너무나 황홀하고 강렬해서 느끼는 '자'가 사라지고 '느낌만' 남는 것입니다. 그리고 다시 나와 대상으로 '분열'되었을 때 "아! 이런 향이구나." 하고 그 느낌을 '의식'하게 됩니다. 그런데 잘 살펴보세요. "이런 향이구나." 하고 의식하려면 그 향과 다른 향을 구별하고 비교해야만 합니다. 그런데 어린아이는 마음에 쌓아둔 비교대상이 없기 때문에 매순간 일원적인 느낌에 빠집니다. 태어나서 처음 보니까 너무 신기한 것입니다. 그래서 지나가는 개미떼를 한두 시간 계속 쳐다보고 있기도 합니다. 이때 처음으로 마음에 개미의 흔적을 남기면서 바라보고 있는 거예요. 마음은 마치 물과 같아서 개미 형상의 물 모양이 만들어져서 물을 헤집고 다니면서 개미라는 흔적이 마음에 남는 것입니다. 무엇을 보는 순간 우리 마음에도 그와 똑같은 것이 형성된다고 보면 됩니다. 청각적으로는, 어떤 소리를 들을 때 '물로 만들어진 사분음표'가 '물속에서' 춤춘다고 비유할 수 있겠죠. 어떤 것을 보고, 듣고, 감각할 때 마음만이 만들어낼 수 있는 상相이 활개치고 있는 것입니다. 그렇게 마음은 감각을 통해 들어온 자극을 본뜸으로 해서 마음속에 갑지라는 경계를 만듭니다. 물속에서 물로 만든 물고기가 헤엄치는 것과 같아요. 마음의 모든 상相들은 결국 말로 표현할 수 없는 마음의 재질로 만들어져 경계지어진 모습입니다. 알거나 느낀다고 여기는 마음의 모든 현상 자체가 '물속의 물'의 흐름과 같은 것입니다. 그것을 알면 경계 속에 있으면서도 경계 없음을 늘 파악할 수 있게 되는 것이지요. 물로 만들어진 물고기가 물속에서 헤엄치는 것이 '나'라는 '느낌'입니다. 이때 물고기와 물이 다르지 않음이 파악되면 경계는 사라지고 물이 되어버립니다. 그런데 우리가 하려는 것은, '경계를 그대로 두면서도' 물고기와 물이 다르지 않음을 늘 파악하려는 것입니다. 그렇게 되면 '모습'이라는 상대相對 속에 있으면서도 모습 없는 물이라는 절대絕對를 놓치지 않게 됩니다.

지금 여러분의 마음속에 일어나는 그 어떤 마음의 상相도 경계라고 여겨보세요. '내'가 무언가를 찾으려 하고, 알려고 하는 그 '의도 자체'가 '경계 그리기'입니다. 물속에서 이 물과 저 물로 나누는 거예요. 나눠져서 주체 노릇 하는 것도 물이요, 나눠져서 대상 노릇 하는 것도 물이고, 나누는 것도 물이고, 그 둘 사이에 일어나는 느낌도 물입니다. '무명'이란 '나눠진 것' 속에 있음을 말합니다. 물로 만들어졌지만 물로 만들어진 물고기와 물로 만들어진 바위는 다릅니다. 모습에 초점이 가 있으면 물고기와 바위는 다릅니다. 그런데 물에 초점이 맞춰지면 아무리 모습이 달라도 물은 물일 뿐임이 파악되고 한순간에 바위와 물고기가 사라집니다. 이것이 바로 무명과 진여의 차이입니다.

청정한 마음은 왜 고락에 물드는가?

지금 강의하고 있는 부분은 생멸문의 훈습론입니다. 훈습에는 염법훈습染法熏習과 정법훈습淨法熏習이 있다고 했습니다. 염법훈습은 깨끗한 마음이 생각이나 감정 등으로 분열하여 더러움으로 물들어가는 과정이고, 정법훈습은 더러워진 마음을 깨끗한 마음으로 물들이는 과정입니다. 그런데 참으로 궁금한 것은, 절대적인 진리 또는 절대의 세계가 왜, 어떻게 물드느냐 하는 점입니다. 우리의 본성이 청정한 마음이라면 괴로움과 집착과 고락에 물든 마음이 왜 나타나서 물드는 것일까요? 오늘은 이 부분에 초점을 맞춰서 강의하겠습니다.

결코 드러나지 않으며 가 닿을 수도 없는 절대진여絶對眞如와, 현상으로 드러난 생멸문의 진여법眞如法을 나눠서 살펴봐야 한다고 말했습니다. 우리가 알아볼 수 있고, 느낄 수 있고, 경험할 수 있는 모든 것은 '현상'입니다. 이런 현상세계인 생멸문에서 말하는 진여법은 '드러난 것'이기에 현상이라고 보면 됩니다. 깨달음이라는 것도 하나의 현상이라는 것입니다. 다시 말해 진여법眞如法은 현상화된 진여입니다. 정법훈습淨法熏習은 주체인 진여법이 대상인 무명을 물들이는 것이고, 염법훈습染法熏習은 주체인 무명이 대상인 진여법을 물들이는 것입니다. 그런데 염법훈습에서 살펴볼 점은 진여법이 어떻게 훈습될 수 있느냐 하는 것입니다. 진리는 그냥 늘 있는 것이고, 현상이 닿을 수 없는 곳에 있는 것입니다. 따라서 물들거나 전달될 수 없는데도 물든다고 하는 이유는, 절대진여가 현상으로 드러나기 위해서는 상相을 통해야 하기 때문입니다. 어쩔 수 없이 무명에 물들 수 있는 속성과 가능성을 갖고 태어난 것입니다. 진여가 상相으로 나타났기 때문에 상황에 영향 받을 수밖에 없는 속성을 지닌 것입니다. 제아무리 진리라 할지라도 현상의 모습을 띠고 나타났기 때문에 허상인 무명에 물들 수 있는 소지가 있는 것입니다.

예를 들어 절대의 세계가 물 즉, 젖는 속성이라 하고, 상相의 세계는 파도의 모습이라고 해보죠. 절대인 젖음에는 상相이라는 것이 없지만, 모든 상相에는 젖음이 기본적으로 내재되어 있습니다. 모든 파도는 물로 구성되어 있잖아요. 우리 마음에도 적용해 봅시다. 우리 마음속에서 느껴지는 모든 감지는 마음에 의해 잡히는 '모습'입니다. 지금 이 순간 뭔가를 듣고 있는 느낌과 뭔가를 알 것 같은 느낌이나 '나'라고 여겨지는 그 주체의 느낌마저도 마음에 잡히잖아요. 신기하지 않습니까? 그런 느낌을 마음이 알고 있다는 것입니다. 마음이 안다는 것은 그런 것들이 본질이 아니라는 것입니다. 모습이죠. 비유하자면 파도라고 할 수 있습니다. 젖음이라는 물의 본질은 결코 이러한 '모습'이 아닙니다. 젖음에는 모습이 없어요. 큰 파도와 작은 파도, 거친 파도와 잔잔한 파도, 솟아오르는 파도와 가라앉는 파도는 모두 각기 모습이 다릅니다. 그런 것이 모습입니다. 그런데, 이렇게 모습은 모두 다르지만 그 파도들이 갖는 물로서의 젖는 속성은 다르지 않습니다.

마음도 마찬가지입니다. 여러분 마음속에서 나라는 느낌, 너라는 느낌, 기쁨, 공포, 이런 저런 생각들은 다 다르기 때문에 구별되는 '모습'입니다. 그 모든 모습에서 변하지 않고 다르지 않은 공통된 것을 발견해야합니다. 거친 파도와 부드러운 파도는 그 세기와 양상이 다르죠. 그래서 모습은 본질이 아니라고 할 수 있습니다. 그러나 젖음이라는 속성은 항상 변함없이 똑같습니다. 모습과 상관없어요. 마찬가지로 우리 마음에서 잡히는 기쁨과 슬픔, 이 생각과 저 생각, 주체와 대상의 느낌들은 다 차이가 나는데, 그렇게 구별되는 모든 마음의 대상들 속에서 차이나지 않는 것은 뭘까요? 물에 있어서의 젖음과 같은 것을 찾아야 합니다. 우리가 황홀함이나 고요하고 평화로운 마음을 추구한다면 그것은 '모습을 찾고 있는 것'입니다. '황홀한 마음'과 '저조하여 죽을 것 같은 마음'에 변함없이 똑같이 내재된 것을 찾아야 합니다. 이 두 가지 마음의 본질은 다르지 않기 때문입니다.

본질이 마음에 드러나기 위해서는 어떤 '모습'을 띨 수밖에 없습니다. 물이 큰 파도나 작은 파도, 또는 물방울이나 거친 폭풍우 등의 모습들을 띠고 나타나는 것과 같습니다. 우리 마음에서도 마찬가지입니다. 기분 좋은 느낌, 우울한 느낌, 황홀한 느낌, 죽고 싶은 느낌, 자책하는 느낌, 오만한 느낌, 이 모든 느낌들은 다 차이가 있지만, 그럼에도 차이나지 않는 것이 있습니다. 그 차이 없음이, 차이 나는 모습을 띠고 드러나면, 마음이 잡아낼 수 있고 우리는 거기에 '현상'이라는 이름을 붙입니다.

정리해서 말하자면, 절대적으로 나뉘지 않고, 분별되지도 않고, 물들여지지 않는 진여가 현상으로 드러나려면 상相을 통해야 하기 때문에 어쩔 수 없이 무명에 물들게 됩니다. 그래서 더러움(染)이라는 '현상'이 진여를 물들이는 염법훈습染法熏習이 가능한 것입니다. 절대적인 진여는 물들지 않지만, 생멸하는 마음속의 진여, 즉 절대진여가 현상으로 드러난 '진여법'은 물듭니다. 우리는 원래 아주 깨끗한 마음인 진여법을 가지고 태어났지만 자라면서 이런 저런 현상에 물들어갑니다.

상相은 모습이고, 모습은 항상 이중적입니다. 기분 좋은 볼록한 파도가 있다면, 기분 나쁜 오목한 파도도 있어서 두 개가 하나의 쌍을 이룹니다. 그걸 상相이라고 하죠. 상相은 늘 서로가 서로에게 의존합니다. 뭔가를 경험하고서 "아! 나는 이제 됐어." 하는 순간이 다시 상相 속에 빠져드는 순간이라고 했습니다. "나는 됐어."는 "나는 아직 안 됐어."에 대비되는 것입니다. 하나의 쌍입니다. 절대의 세계에는 '됐다, 안됐다'라는 것도, '있다, 없다'도, '안다, 모른다'도 없습니다. '됐다, 경험했다, 알았다, 잡았다' 이런 것들은 모두 반쪽이에요. 그래서 마음에 일어나는 이러한 구조 즉, 느낌의 구조를 정확히 보지 못하면 다시 함정에 빠지게 됩니다.

염법훈습의 원문 살펴보겠습니다.

10. 훈습론熏習論: 염법훈습染法熏習

끊이지 않는 물든 마음은 구조를 파악해야 한다

云何熏習起染法不斷.
운 하 훈 습 기 염 법 부 단

어떻게 훈습하여 염법染法을 일으켜 끊이지 않는가?

[논論]

물듦은 끊이지 않습니다. 그래서 마음의 불편함이나 트라우마를 치료해봐야 또다시 물들게 마련입니다. 마음의 구조를 정확히 파악하지 않으면 다시 트라우마가 쌓이게 되죠. 물론 마음의 아픔을 한번 치유하고 나면, 그 해소 과정에서 "이런 것들이 그냥 나타났다 사라지기도 하는구나." 하고 무의식적으로 알기 때문에 그 강도는 줄어들 수 있습니다. 그렇지만 더 큰 강도의 트라우마가 오면 또 각인되어 끌려 다니게 됩니다. 그래서 불편한 마음을 없애려 노력하기보다는 '불편함이 있어도 괜찮다.'에 초점을 맞추어야 합니다. 그때 '현상'인 불편함은 '본질'인 마음의 근본에 영향을 미칠 수 없다는 것을 알아챌 가능성이 생깁니다. 처음 공부를 시작할 때는 마음의 불편함을 없애는 것이 좋습니다. 감당하기 힘드니까요. 그러나 지금 여러분들은 불편한 마음을 없애거나 가라앉히려고 노력하는 단계는 지났습니다. 마음 아파 죽을 것 같은 '느낌'은, 손가락에 가시 하나가 박힌 느낌과 같은 '느낌'일 뿐입니다. 죽을 것처럼 괴로운 그 느낌이 사라져야 할 필요가 없어요. 있어도 괜찮은 것입니다. 이제 여러분은 그런 괴로운 느낌은 거의 없을 것입니다. 편안하고, 고요한 상태를 유지하다가 가끔 한 번씩 자극받겠죠. 웬만한 강도의 자극에는 흔들리지 않다가 가끔 커다란 자극이 오는 그런 때, 죽을 것 같은 느낌일지라도 느낌은 느낌일 뿐임을 분명히 파악하세요. 철저하게 그 구조를 파악하면 됩니다. 느낌은 그 아래 일종의 스토리를 구성하고 있기에 생겨나는 상相입니다.

크든 작든 느낌의 속성은 모두 같습니다. 느낌이라는 점에 있어서 똑같은 것입니다. 마음속에 있는 배경과 어떤 현상이 만나서 관계 맺는 과정에서 일어나는 제3의 반응 현상이 느낌입니다. 우리가 느끼는 모든 느낌이 이런 것입니다. 마음속에서 생겨나는 일도 마찬가지입니다. '나'라고 여겨지는 느낌, 지금 이 순간 살아있다는 느낌, 존재감, 의식적으로 파악되는 투명한 주의의 느낌도 마찬가지에요. 마음에 나타난 현상, 모습이라는 것입니다. 그 모든 것이 왜 모습일까요? 모두 '차이가 나기 때문에' 그렇습니다. 분별되기 때문에 그렇습니다. 주의에 주의를 기울일 때의 느낌, 전체주의 느낌, 감지의 느낌들이 모두 다르죠? 그 점이 바로 본질이 아님을 말해주는 것입니다. 본질이라면 모두 똑같아야죠. 만약 그것들이 본질로서 모두 같다면 우리가 구분하여 파악할 수도 없을 것입니다. 똑같은 것은 결코 의식세계에 들어오지 않아요. 그래서 절대세계는 의식될 수 없는 것입니다. '의식'이라는 것 자체가 분별을 기반으로 서로가 서로를 파악하는 메커니즘이기 때문에 그렇습니다. 큰 파도와 작은 파도가 구별되듯이 의식은 구별의 세계입니다. 그러나 큰 파도건 작은 파도건 물의 젖는 속성을 지녔다는 점에서는 차이 없음을 발견하는 것처럼, 우리는 서로 다른 느낌 속에 있을 때에도 변함없는 무엇을 발견해야 합니다. 단식을 시작하면 처음 얼마간 짜증이 나서 너무 힘든 느낌이 들기도 합니다. 그것은 아직 짜증낼 힘이 남아있기 때문입니다. 계속해서 단식을 하다보면 더 이상 짜증도 나지 않습니다. 힘이 빠지면 그런 짜증이 나고 우울한 느낌마저도 없어요. 호흡하고 생명을 유지하기에도 버거워서 그런 감정을 느낄 여유가 없는 것입니다. 우울함이나 황홀함의 느낌 간에는 어떤 차이가 있고, 우리는 황홀한 느낌에 더 끌려서 집착하지만, 그 황홀한 느낌과 우울한 느낌은 둘 다 생명력이 쓰여서 만들어진 '현상'이라는 측면에서는 같습니다.

절대진여는 훈습의 대상이 되지 못합니다. 그 무엇도 절대진여에 접촉할 수 없어요. 그리고 우리는 절대진여를 이해할 수도 없습니다. 만약 이해했다면 그것은 현상으로서의 진여입니다. 우리는 상相을 통해 이해합니다. 뭔가를 알았다는 것은 조금 전까지는 그것을 몰랐음을 전제로 합니다. 이처럼 '안다, 모른다'는 이원론二元論적인 얘기입니다. 그러나 절대진여는 이원론에 속해 있지 않기 때문에 이해의 대상도, 훈습의 대상도 될 수 없습니다. 훈습되어 염법을 일으키는 것은 생멸문生滅門의 진여라는 '현상'일 뿐입니다. 진리가 현상으로 드러난 모습인 것입니다. 세기와 높이가 불규칙한 파도가 이어지다가 아주 고른 파도가 일정 시간 밀려오면 안정되고 균형 잡힌 느낌이 듭니다. 무작위적인 경련 형태의 파도와는 구별되는 잔잔한 고른 파도의 비유를 통해 진리의 한 속성인 안정과 절대성의 표현을 살펴볼 수 있고, 절대진여를 추측해 볼 수 있습니다. 중용, 중도라고 일컫는 모습으로 진여는 현상화되어 드러납니다.

진여眞如와 진여법眞如法은 이렇게 다릅니다. 진여는 절대진여요, 진여법은 현상으로 드러난 진여입니다. 진여법은 상相을 사용하기 때문에 무명에 물들어서 어두워지기도 하고, 고락에 빠지기도 하고, 집착하게 되기도 합니다.

'안다'와 '모른다'의 상호의존성

所謂以依眞如法故, 有於無明. 以有無明染法因故,
소위이의진여법고 유어무명 이유무명염법인고

卽熏習眞如. 以熏習故, 則有妄心.
즉훈습진여 이훈습고 즉유망심

소위 진여법眞如法에 의해 무명이 있고, 무명염법無明染法의 인因에 의해
진여를 훈습하며, 훈습하기 때문에 곧 망심妄心이 있게 된다.

[논論]

진여법眞如法 때문에 무명無明이 생긴다고 했습니다. 여기서 말하는
진여가 절대진여라면 거기에는 무명이 있을 수가 없습니다. 현상으로
드러난 진여법이기 때문에 무명이 있을 수 있는 것입니다. 현상에서는
'앎'이 있기 때문에 '모름'이 생겨나는 것입니다. 앎은 기본적으로 모름
을 전제로 해서 나타납니다. 모름이 없는데 어떻게 앎이 생겨나겠어
요? 어린아이가 "나는 모르겠어."라고 말하는 때부터 이 아이에게 무
엇을 알 수 있는 소지가 드디어 생겨나기 시작합니다. 그리고 "나는 알
아." 하는 순간부터 이 아이는 모름 속에 빠지기 시작하게 됩니다. 그
전에는 아는 것도, 모르는 것도 없었어요. 왜죠? 앎과 모름의 시스템
속으로 아직 들어가지 않았기 때문입니다. 그러다가 그런 구조의 의식
이 형성되면 어느 순간 '안다, 모른다'가 생기고, 모르면 창피하고 알
면 자랑스럽고 기쁘고 오만한 느낌이 듭니다. 이와 똑같이 진리 때문
에 그와 상반된 무명도 생겨나는 것입니다. 아이러니하죠. 진여 때문
에 무명이 생겨나는 이유는, 그 진여가 현상적인 진여이기 때문에 그
렇습니다. 현상이란 항상 상반된 것을 전제로 하니까요. 그래서 진여
법에 의해 무명이 있다고 말하는 것입니다. 얼핏 들으면 말이 안 되잖
아요. 어떻게 진리 때문에 무명이 생기는지 의문을 가질 수밖에 없어

요. 그러나 진여에 붙은 법法이라는 글자 하나 때문에 이 문장이 말이 되는 것입니다.

진여의 현상, 즉 진여법은 그 이면인 무명을 갖고 드러납니다. 깨달음이라 여겨지는 현상 때문에 깨닫지 못한 무지한 인간이 생겨나는 것입니다. 깨달음이 없는 세계에는 깨닫지 못함도 없습니다. 깨달음도 깨닫지 못함도 모두 개념 때문에 나눠졌을 뿐입니다. 이 점을 잘 이해해야 합니다. 지금 우리는 생멸문의 진여에 대해 얘기하고 있습니다. 진여문의 진여는 이렇게 무명을 전제로 하지 않습니다. 그러나 진여법과 무명은 현상계에 나타나기 때문에 서로 비교될 수밖에 없습니다. 분열되어 깨끗함과 더러움으로 나타난 것입니다. 깨끗함은 항상 더러움을 전제로 하고, 더러움은 깨끗함을 전제로 합니다. 그래서 진여법이 없다면 결코 무명도 없습니다.

인因은 내적인 원인이고, 연緣은 외적인 원인입니다. 인연因緣에 의해 결과적인 현상이 드러나는 것이 인연법因緣法입니다. 인연법에는 항상 원인이 되는 요소들이 있고, 그것들이 합쳐져서 어떤 현상이 결과로서 나타납니다. 우리가 느끼는 감정의 구조적인 인연因緣을 살펴볼까요? 내 마음속의 '이래야 한다.'라는 기준인 인因과 밖에서 벌어지는 상황인 연緣이 만나서 어떤 소리를 내는 것이 바로 감정입니다. 모든 현상은 이렇게 인因과 연緣이 만나서 부딪히는 박수소리와 같습니다. 마음에 잡히는 모든 느낌도 마찬가지여서 '나'라는 느낌도 하나의 현상에 불과합니다.

인연법因緣法은, 모든 현상계는 인연에 의해 생겨난다는 의미입니다. 느낌 자체도 인연因緣입니다. 나무에 대한 시각적 느낌은, 감각기관(눈)이라는 인因과 나무에서 반사된 빛의 자극인 연緣이 만나서 만들어집니다. 사물에 비쳐서 들어오는 빛과 그 자극에 반응하는 감각기관이 만나서 시각적인 느낌이 만들어지고, 우리는 "저기에 나무가 있다."고 인식을 합니다. 엄밀히 말하면 사물 자체를 본다기보다 감각기관과 반응점들이 리액션하는 것일 뿐입니다. 느낌일 뿐이에요. 그래서 칸트는 "절대로 물物 자체를 건드릴 수 없다."라고 말했던 것입니다. 시각적인 느낌일 뿐, 사물 자체를 볼 수 없다는 말입니다. 그런데 더 엄밀히 얘기하면 사물 자체라는 것이 정말 있을까요? 그저 '관계'만 있을 뿐입니다. 예를 들어 우리가 빨간색을 보는 것은 405THz를 감지할 수 있는 예민한 감각기관인 눈을 가지고 있기 때문입니다. 그런 감각기관이 없다면 빨간색을 볼 수 없겠죠. 우리의 마음도 마찬가지입니다. 의식적인 측면의 감각기관은 의근意根입니다. 시각적인 감각기관인 눈과 같은 역할을 합니다. 조금 차이가 나는 점은, 의근은 성장하고 자라면서 형성된다는 것입니다. 그래서 자신을 들여다보는 연습이 안 된 사람은 마음속의 미묘한 느낌을 감각해내지 못합니다. '주의의 느낌'도 알지 못합니다. 그들에게는 아직 '주의'를 감각할 의식적 감각기관이 형성되지 않은 것입니다. 이렇게 마음의 감각기관이 세밀하지 않은 사람에게는 마음의 현상이 없는 것이나 마찬가지 입니다. 전체주의를 연습하고, 주의 자체에 주의 기울이기를 연습해서 그것을 파악하게 되면 마음이 그만큼 민감해진 것입니다. 마음의 감각기관이 아주 세밀해진 것입니다. 감각기관인 인因과 빛의 자극인 연緣이 만나서 빨강이라는 느낌이 나타나는 것처럼 모든 '현상'은 '인因과 연緣의 만남'입니다.

무명염법無明染法이라는 내적인 원인 때문에 진여를 훈습하고, 망심妄心이 있게 된다고 했습니다. 무명염법은 기본적으로 갖고 태어나는 업業, 카르마입니다. 유전적이거나 에너지적인 어떤 패턴, 경향성입니다. 누가 가르쳐주지 않아도 사춘기가 되면 남자는 여자에 끌리고, 여자는 남자에게 끌립니다. 어린아이는 움직이는 것만 보면 하루 종일 관찰합니다. 어떤 개는 날아가는 새만 보면 뛰어올라 공격하고, 어떤 개는 땅 위의 동물만 쫓아다닙니다. 인간을 아홉 가지 유형으로 분류하는 에니어그램이나 점성술, 동양의 사주팔자 등이 모두 이러한 경향성傾向性에 바탕을 둔 것입니다. 말도 안 된다고 무시받기도 하지만, 태어난 시기나 장소 등의 주변 환경과 지니고 태어나는 것에 영향을 받지 않을 수가 없습니다. 그렇기 때문에 우리가 이렇게 다양한 모습을 띠고 있는 것입니다. 자라는 환경이 똑같아도 개성의 다양한 차이를 보인다는 것은, 차이를 만드는 어떤 것의 영향을 받았다는 의미입니다. 그러한 타고난 경향성은 분명히 존재하고, 그것을 인因이라고 볼 수 있습니다. 우리 의식의 내적인 원인은 무명無明, 즉 카르마입니다. 부모와 그 이전의 조상으로부터 받은 에너지적인 패턴들이 인因이 되고, 그것 때문에 마음의 분열이 시작됩니다. 동물이나 식물은 그런 인因을 지니고 있지 않기 때문에 인간과 같은 의식이 형성되지 않는 것입니다. 인간적인 의식이란 기본적으로 나와 너를 명확하게 구분하는 것입니다. 동물들도 나와 너를 대충은 구분하지만 명확한 인식은 아닙니다. 식물들도 구분을 하지만 동물보다도 더 둔합니다. 인간적인 의식은 우리가 물려받은 유전적인 카르마에 의해 자연스럽게 발현됩니다. 그런 무명염법의 원인이 청정한 마음인 진여를 훈습하여 분열, 분별이라는 파도로 물들입니다.

우주의 다양함은 한마음(一心)의 표현

무명염법無明染法이 진여를 훈습하는 과정을 잠시 짚어보겠습니다.

생멸상을 강의하면서 불각삼상不覺三相에 대해 얘기했습니다. 무명업상無明業相, 능견상能見相, 경계상境界相이 그것이었습니다. 무명업상은 카르마이고, 능견상은 주체와 대상으로 분열되는 것, 경계상은 대상 간의 경계가 나타나는 것인데, 이는 아주 논리적이고 과학적인 분류입니다. 동양에서는 무극無極에서 태극太極으로, 태극太極에서 음양陰陽, 음양에서 만상으로 분화한다고 말합니다.

물리적이든 의식적이든 우주는 항상 처음에 양극화되고, 그 양극성이 만물萬物이라는 현상을 만들어냅니다. 노자老子는 만물 생성과정에 대해 "도道는 하나를 낳고, 하나는 둘을 낳고, 둘은 셋을 낳고, 셋은 만물을 낳는다(道生一, 一生二, 二生三, 三生萬物)."라고 했습니다. 여기서 말하는 둘(二)이 양극화된 현상입니다. 전기적인 (+)와 (-), 자기적인 N극과 S극, 물질과 반물질, 양성자와 전자처럼 서로 대비되는 두 개가 만물을 생성해냄을 옛날 사람들은 이미 통찰했던 것입니다.

물질적 분자는 원자로 구성되어 있고 원자는 기본적으로 양성자, 중성자, 전자로 구성됩니다. 전자수와 양성자수가 다를 뿐 모든 원자들이 양성자와 전자로 구성된다는 점은 같습니다. 최근에 와서는 더 깊숙이 들어가서 에너지끈과 에너지의 스핀 방향에 대한 얘기를 합니다. 에너지가 도는 방향에 따라 어떤 것은 (+), 어떤 것은 (-)로 나타난다는 거예요. 기존의 지식과는 조금 달라졌지만, 기본적으로 두 개의 극성이 존재한다는 점은 같습니다. 독일의 신과학자인 빅터 샤우버거Viktor Schauberger가 쓴 《살아있는 물》이라는 책을 보면 좌선성左

旋性과 우선성右旋性에 대한 얘기가 나옵니다. 물을 관찰해보면 왼쪽으로 도는 물과 오른쪽으로 도는 물이 있다는 것인데, 이와 마찬가지로 왼쪽으로 도는 에너지와 오른쪽으로 도는 에너지가 있습니다. 오른쪽으로 도는 에너지는 폭발성을 가지고, 왼쪽으로 도는 에너지는 응축성을 가집니다. 동양적으로 말하면 양陽과 음陰이죠. 흐름의 차이는 없고 도는 방향만 차이가 있다는 것인데, 이 두 에너지가 서로 밀치거나 끌리는 일이 벌어집니다. 음陰과 양陽은 방향성에 의한 구별일 뿐, 근본 베이스는 돌고 있는 에너지 끈이라는 점에서 같다고 할 수 있습니다.

우리 마음속의 주체와 대상도 이와 같습니다. 대상과 주체가 완전히 다른 별개의 것이 아니에요. 마음의 장場 안에 한 방향으로 도는 대상의 상相이 있고, 그와 반대 방향으로 도는 주체의 상相이 있다고 이해하시면 됩니다. 파도가 갈라지듯이 두 개의 물줄기가 나뉘어 있지만, 똑같은 물의 바다일 뿐입니다. 물의 일부는 오른쪽으로 회전하고, 일부는 왼쪽으로 회전하기 때문에 둘이 나눠졌을 뿐이고, 잠들면 회전력이 줄어들면서 다시 하나가 되어 주체와 대상이 사라집니다. 핸드폰을 보는 순간 마음에 어떤 느낌이 느껴지는 것은, 마음이라는 물이 핸드폰 모습을 띠었기 때문입니다. 그러다 잠시 후에 싹 사라지죠. 어디로 사라졌을까요? 특별한 무엇이 어딘가로 사라지는 것이 아닙니다. 그저 모습이 사라졌을 뿐입니다. 파도처럼 마음에 어떤 '느낌'이 일어났다가 다시 가라앉은 것 뿐입니다. 바다속에 핸드폰 형상인 물의 모습이 생겨났다가 다시 바다로 사라진 것과 같습니다. 주체와 대상의 느낌도 이와 같아서 '한 마음(一心)'에서 에너지의 흐름이 서로 어긋나거나 갈라져서 잠시 분열된 것뿐입니다. 매 순간마다 마음에는 어떤 모습들이 나타났다 사라집니다. 주체와 대상의 분열인 능견상能見相 이후에 생겨나는 경계상境界相은 이 대상과 저 대상이 구별되어 나뉘는 것입니다. 무명업상, 능견상, 경계상은 깨닫지 못한 마음의 세 가지 모습이고, 깨달음은 이 모든 것들이 상相일 뿐임을 알아차리는 것입니다.

불각삼상不覺三相은 식識으로 따지면 무명업식無明業識, 전식轉識, 현식現識에 해당합니다. 이어서 좋고 나쁨을 분별하는 지식智識이 일어나고, 고락苦樂이 생겨나며 끊임없이 이어지는 상속식相續識, 그리고 집착이 일으키는 의식意識이 일어납니다. 이처럼 우리의 의식이라는 것은 기본적으로 분별을 통해 생겨납니다. 분별이 바로 무명염법의 인因이 되어 물 자체였던 맑은 진여를 물들게 하는 것입니다.

그런데, 잘 보십시오. 주체와 대상으로의 분열은, 오른쪽으로 도는 물과 왼쪽으로 도는 물로 잠시 나뉜 것입니다. 그렇지만 젖음이라는 속성에 있어서는 전혀 차이가 나질 않아요. 회전하는 방향이 달라서 서로 떨어져 만나지 않지만, 젖는다는 그 본질적인 속성은 그대로입니다. 모습만 나눠졌을 뿐이에요. 모습이 없는 고요한 물이 모습이 있는 물로 나뉘는 것, 그것이 바로 무명염법이 진여를 물들인 모습입니다. 의식의 측면으로 보자면 무극無極은 절대진여, 태극太極은 정법淨法 또는 진여법眞如法, 음양陰陽은 염법染法으로 볼 수 있습니다. 순수의식인 태극은 보이지는 않아도 미묘하게 나눠져 있습니다. 그래서 언제든지 주체/대상이라는 음양으로 갈라질 수 있는 상태입니다. 그렇기 때문에 무명염법인 음양이 태극을 물들일 수 있는데 이것이 바로 진여를 훈습하는 것입니다. 이렇게 나눠져 물드는 진여는, 나눌 수 없는 절대진여가 아니라 현상으로서의 진여법일 뿐입니다. 진정한 절대진여는 결코 물들일 수 없고, 닿을 수도 없습니다.

무명염법의 인因에 의해 진여를 훈습하면 망심妄心이 생겨납니다. 망심心은 대상을 구별하여 나누고 경계를 일으키는 마음입니다. 내 마음에 기분 좋은 황홀한 느낌이 있고, 기분 나쁜 우울한 느낌이 있으면 이 둘을 구분하는 것입니다. 황홀한 느낌을 좋아해서 그것을 추구하는 것이 물든 마음입니다. 황홀한 느낌이든 우울하고 저조한 느낌이든 마음속의 '현상'이라는 측면에서는 똑같은데 우리는 우울을 피하고, 황홀을 좇습니다. 그것은 이때 마음의 중심이 '분별의 레벨'에 속해있기 때문입니다. 이 분별의 차원에 있지말고 느낌을 모두 '하나'로 보는 차원으로 넘어와야 합니다.

커졌다 작아졌다 하는 '자아'는 어떻게 생겨나는가?

以有妄心, 卽熏習無明. 不了眞如法故, 不覺念起現妄境界.
이 유 망 심　 즉 훈 습 무 명　 불 료 진 여 법 고　 불 각 념 기 현 망 경 계

망심妄心이 있어서 무명을 훈습하여 진여법을 통찰하지 못해 불각不覺하여 망념妄念이 일어나 망경계妄境界를 나타낸다.

[논論]

망심妄心은 경계를 그려 나누는 마음이고, 현상現相을 일으키는 현식現識의 마음입니다. 누군가 여러분에게 "당신을 정말 사랑합니다." 하면서 따뜻한 눈빛을 보인다면 마음은 날아갈 듯 기쁘고 자신이 커지는 느낌이 들 것입니다. 그렇게 자신을 추앙하는 사람이 많을수록 '자아가'가 커지는 느낌도 더해지겠죠. 인기가 높이 올라간 연애인이 느끼는 느낌입니다. 이때 커지는 느낌은 높이 올라간 파도에 비유할 수 있습니다. 그 느낌을 자기라고 여긴다면 그 사람은, 젖음이라는 물의 본질적인 속성에 있는 것이 아니라 파도라는 '모습' 속에 있는 것입니다. 반대로 "나는 너를 싫어해."라는 말을 들으면 기분이 저조해지고, 마음이 가라앉고, 위축되고 작아지는 느낌이 들 거예요. 이때도 그 느

낌을 자기라고 여긴다면 그는 모습 속에 있는 것입니다. 진정한 자기는 커지지도 않고 줄어들지도 않습니다. 변함이 없어요. 어떨 때는 내가 커졌다는 느낌이 들고, 어떨 때는 작아졌다는 느낌이 든다면 여러분들은 늘 변하는 마음의 모습 속에 있는 것입니다. 그렇다면 이때 커지고 작아진 것 같은 자신은 누구일까요? 그것이 바로 현상으로서의 '나'입니다. 그럼 이렇게 커졌다가 작아졌다하는 '자아'는 어떻게 생겨날까요? 기본적으로 나와 대상으로 나뉘는 마음 때문에 나타납니다. 그것은 마음의 '일부분'인 것입니다.

기분 좋을 때나 기분이 가라앉을 때나 변함없는 것을 찾아야 합니다. 그것이 진정한 자기입니다. 물론 그렇다고 해서 기분 좋음이나 기분 나쁨이 없다는 말은 아니에요. 바다가 늘 파도치며 움직이듯이 우리 마음도 그렇습니다. 파도가 없는, 다시 말해 마음의 변화가 없는 사람은 마음이 죽은 사람이나 마찬가지입니다. 그 파도치는 마음의 변화가, 아름답고 추하고 다채로운 세상을 형성합니다. 그것 없이는 아름다움도, 추함도 경험할 수 없습니다. 마음의 파도를 경험하지 않고, 없애고 가라앉혀서 초연해진다면 목석과 같은 사람이 될 뿐입니다. 기분 좋음과 나쁨을 느끼되, 그 안에서 늘 변함없는 물과 같은 속성을 발견해보세요. 그것이 초월超越입니다. 내가 커진 것 같은 느낌도 내가 작아진 느낌도 느끼되, 그 모든 것이 마음에서 일어나는 파도와 같음을, 마음이 나와 대상으로 나뉘어 부딪혀서 만들어내는 현상임을 알아야 합니다. 모든 '현상'의 뿌리는 바로 마음의 '나뉨'인데, 그것은 왼쪽으로 도는 물과 오른쪽으로 도는 물의 나뉨일 뿐이지, 물 자체라는 점에서는 어떤 차이도 없다는 것, 이런 분열을 일으키는 것이 바로 무명업식이라는 것을 알아채야 합니다.

깨닫지 못해서 망념妄念이 일어나 망경계妄境界를 나타낸다고 했습니다. 깨닫지 못했다는 것은 '드러난 모습'을 자기라고 여기는 것입니다. 모습은 끊임없이 변하는데, 끊임없이 변하는 것이 자기일 수는 없습니다.

무명업식無明業識, 전식轉識, 현식現識의 불각삼상不覺三相의 순서는 태어나서 의식이 발달하여 전개되는 과정과 똑같습니다. 아기가 태어나면 안이비설신眼耳鼻舌身을 통해 경험이 쌓이기 시작합니다. 이 경험들이 부모로부터 받은 내적인 프로그램인 업業과 반응하면서 점차 '나'와 '너'를 구별하기 시작합니다. 그 다음은 '너'를 상세하게 구분하는 단계입니다. 이쁜 너, 못난 너, 유용한 물건, 쓸모없는 물건... 이렇게 나누죠. 이것이 바로 경계들끼리 구분되어 나타나는 현상現相입니다.

진여법을 통찰하지 못하면 불각심不覺心으로 인하여 망념이 일어나 망령된 경계가 나타납니다. 진여법, 즉 진여라는 현상을 통찰했다는 것은 느낌과 생각, 감정으로 덧씌우는 일을 멈췄다는 의미입니다. 우리 마음에는 느낌과 생각, 감정이라는 세 가지 종류의 현상이 나타납니다. 가장 표면에는 감정이 있고, 그 아래층에 생각이 있고, 심층에는 미세한 느낌이 있습니다. 이 세 가지 패턴의 현상들로 내면을 끊임없이 덧씌우면서 우리는 살아가는데, 그 덧씌움을 딱 멈추면 진여법이 드러납니다. 아주 고요한 바다가 드러납니다. 아무것도 없어요. 순수한 의식만 남고, 모든 것이 사라진 상태가 옵니다. 그렇지만 그 순수한 의식 역시 하나의 고요해진 '모습'일 뿐입니다. 그래서 명상을 통해 고요해지고 평화로워진 마음은, 그냥 평화로운 마음이지 마음 자체가 아니라고 말하는 것입니다. 그리고 그런 평화로운 마음 역시 모습이라는 측면에서는 시끄럽고 소란스러운 마음과 하등의 차이도 없습니다. 우리가 발견해야 할 것은 마음 자체입니다. 평화스러운 마음은 또다시 깨지기 마련입니다. 그래서 우리는 소란스러움 속에서도 고요한, 절대적인 마음을 발견해야 된다는 것입니다. 시끄러워도, 기분 나빠도, 슬퍼도, 우울해도 괜찮아요. 황홀해도 괜찮고, 절정에 달한 기쁨 속에 있어도 괜찮아요. 그런 다채로운 느낌들을 모두 맛보고 느끼세요. 그렇지만 그것들은 마음의 모습임을 잊지 마세요. 그 모든 마음의 모습들 안에 있는 변함없는 속성을 발견하는 것이 우리의 지상 과제입니다.

번뇌의 발생

以有妄境界染法緣故, 卽熏習妄心, 令其念著, 造種種業,
이 유 망 경 계 염 법 연 고　　즉 훈 습 망 심　　영 기 념 착　　조 종 종 업

受於一切身心等苦.
수 어 일 체 신 심 등 고

망경계妄境界의 염법의 연緣이 있기에 곧 망심을 훈습하여 그 염착에 의해 많은 업業을 지어 일체의 심신心身의 고통을 받는다.

[논論]

경계부터 연緣, 즉 외적인 원인에 해당됩니다. 경계 이전인 업식이나 전식은 인因에 해당해요. 망심妄心은 전식이나 현식 같은 분열된 마음이라고 해석하시면 됩니다. 무명업식은 '나눠지지 않은 마음'이고, 주체와 대상이 나뉘는 전식과 능견상부터 마음이 분열됩니다. 이어서 '대상에 경계만 나타나는' 현식까지는 번뇌가 없습니다. 즉 '이 컵과 저 컵이 다르다'고 구별하는 단계까지는 번뇌가 일어나지 않아요. 그 이후에 일어나는 '이 컵보다 저 컵이 더 좋아'부터 번뇌가 생겨납니다. 저것이 더 예쁘고 좋은데 내가 차지하지 못하고, 그보다 못한 것을 갖게 되면 기분 나빠지고 번뇌가 생겨나는 것입니다. '경계'까지는 하등의

문제가 안 생깁니다. 그래서 '분별심'을 좋은 방향으로 철저히 '사용하되', 분별하는 마음속에 '빠지지는 말라'고 했습니다. 빠진다는 것은 좋음 속에 들어가서 못 나오는 것입니다. 좋음과 나쁨을 언제든지 오갈 수 있다면 그것은 무엇에 빠진 마음이 아니라 그저 구별하는 마음입니다. 백일학교 주제 중에 '비교하여 최고의 것을 추구하되, 그 어느 것도 마음의 주인을 삼지 않는다.'가 있습니다. 마음의 주인을 삼는 것은 비교하여 좋은 것을 붙들고 거기에 빠지는 거예요. 철저히 비교해서 최고의 것을 선택하세요. 그러나 그것을 취할 수 없는 상황이어도 괜찮다가 되어야 합니다. 그런 마음이 되려면 비교 속에 빠지지 말아야 해요. 비교는 지혜를 일으킵니다. 모든 지혜는 분열과 '비교' 속에서 일어나고, 모든 어리석음은 '빠짐' 속에서 일어납니다. 비교된 대상 중의 하나에 빠져서 헤어 나오지 못하는 것이 바로 어리석음입니다.

말은 이렇게 쉬운데, 마음이 자꾸 빠진다면 어떻게 해야 할까요? 비교하되 거기에 빠지지 않으려면, 그 비교된 대상들 간의 차이가 본질적인 것이 아님을 발견해야 합니다. 내 마음이 비교할 뿐인 것입니다. A는 벤츠를 가지고 있고, B는 중고 프라이드를 갖고 있고, C는 낙타 한 마리를 갖고 있어요. 지금 이들이 독일의 아우토반 위에 있다면 벤츠가 최고겠지요. 비교하여 최고의 것을 추구하려면 벤츠를 가지면 됩니다. 아우토반에서 낙타를 가진 사람은 터벅터벅 힘들게 갑니다. 그런데 갑자기 아우토반이 끝나고 사막이 시작되면 어떨까요? 벤츠는 사막에서 아무 소용없어요. 할 수만 있다면 바로 낙타와 맞바꿔야죠. 그런데 벤츠가 좋다는 고정된 마음에 빠져있다면, A는 번쩍이는 비싼 벤츠와 낙타를 바꾸지 못할 것입니다. 계속해서 벤츠를 타고 사막을 지나다 모래 속에 빠져서 죽을 수도 있겠죠. 비교하여 추구할 최고의 것은 조건과 상황마다 수시로 바뀔 수 있어요. 조건과 상황은 바뀌었는데, 내 마음속에 좋은 것으로 심어놓은 그 '인상印象'에 묶여있는 것이 바로 '빠짐'입니다. 경계는 항상 비교를 일으키는데, 비교는 고정된 것이 아니라 변할 수 있고, 달라질 수 있어야 합니다.

망경계염법妄境界染法의 연緣이 있기 때문에 망심을 훈습하고, 생각에 집착하게 되고 이런저런 수많은 업業이 만들어집니다. 집착 때문에 업業이 만들어져요. 벤츠에 매달리는 고정된 마음이 쌓이면 그것이 바로 업業이 되는 것입니다. 상황과 조건이 달라지면 즉각 변하고 내려놓을 수 있다면 자유로울 텐데, 집착하여 붙들려 있는 마음을 '나'라고 여기기 때문에 놓지 못하는 것입니다. '나'라고 여겨지는 마음은 이렇게 벤츠에 고정된 마음과 같습니다. '나는 멋진 사람이야', '나는 누구의 엄마야', '나는 변호사야' 이런 것은 사막에서 벤츠를 붙들고 있는 마음과 똑같습니다.

이렇게 많은 업業을 짓게 되면 심신心身의 고통을 받게 됩니다. 그 집착을 자기라고 여기기 때문이에요. 예를 들면, 어떤 대상만 만나면 두려워서 가슴이 쪼그라들고 통증이 느껴집니다. 이런 것은 몸에 기록된 집착이에요. 그 느낌을 자기라고 여기는 것입니다. 불쾌하고 고통스러운 느낌이 일어나도 "그냥 하나의 느낌일 뿐이야."라고 지나갈 수 있다면 점차 그 느낌이 줄어들고 사라집니다. 그런데 이 느낌이 너무 싫어서 그것이 생길 때마다 "또 생겼어?" 하면서 짜증내고 신경질을 낸다면 거기에 자꾸 주의가 쏟아지고 에너지가 흘러들어가서 그 느낌이 오히려 더 강화되고 몸에 각인됩니다. "그런 느낌이 있어도 괜찮아." 하며 가볍게 여기고 다른 일에 집중한다면, 그 느낌은 점차 자연스럽게 힘을 잃어버립니다. 싫어함 자체가 집착이에요. 그래서 '내가 저항하는 것들은 결코 나를 떠나지 않습니다'. 내가 너무 싫어하는 것은 결코 나를 떠나지 않아요. 신기하지 않습니까? 내가 죽기보다 더 싫어하면, 그것은 죽을 때까지 절대로 나를 떠나지 않아요. 그러니 '죽기보다 싫은 것'은 만들지 않도록 하세요. 싫으면 그냥 "싫은 느낌이 있네." 하고 지나치면 됩니다.

좋은 것을 추구하는 것도, 싫어하는 것을 배척하는 것도 모두 '자기를 강화'시킵니다. 기분 좋음의 추구는 끌림 속으로 빠져드는 것이고, 기분 나쁨을 멀리하는 것은 밀침 속으로 빠져드는 것입니다. 끌림이나 밀침은 모두 그것을 일으키는 '나'라는 현상을 강화시킵니다. 그런 집착에 의해 많은 업을 지으면 일체의 심신의 고통을 받게 됩니다. 자신도 모르는 습관, 패턴들이 몸과 마음의 고통을 일으켜요. 그렇지만 이모든 것이 다 물의 모습일 뿐입니다. 나는 물의 모습이 아니라 물 자체이기 때문에 이런 물의 모습들은 얼마든지 있어도 괜찮습니다. 물의 모습을 싫어하면 싫어할수록 그 모습을 자꾸 더 만들게 됩니다. 또한 물의 모습을 좋아하면 좋아할수록 그 모습을 자꾸 만들어서 집착하게 됩니다. 집착은 종국에는 고통을 일으킵니다. 기분 좋은 것에 집착하면 처음에는 좋지만 점차 고통을 느끼게 마련입니다. 왜 그럴까요? 기분 좋음의 높은 사다리에 있다가 평소상태인 중간 사다리로 내려오면 '내려왔기 때문에' 저조해져서 우울해져요. 특정한 우울이 있어서가 아닙니다. 기분 좋음을 자꾸 맛보고 싶은데 그렇지 못하면 기분이 나빠지는 것입니다. 원래 중간 사다리인 평상심에서는 기분이 나쁘지 않았는데 이상합니다. 밋밋하고 덤덤한 평상심에 동일시되어 있던 마음일 때는 그것이 기준이었는데, 이제 기준이 달라져서 기분 좋음을 기본상태로 여기게 되었기 때문입니다. 그래서 그 기준보다 낮은 원래의 평

상상태는 기분이 나쁘게 여겨지는 것입니다. 한 달에 100만원 벌이로 살던 사람이 갑자기 일이 잘되어 한 달에 1,000만원을 벌게 됐어요. 그럼 소비도 많아지고, 맛있는 것도 많이 먹고, 다양한 것을 할 수 있 겠죠. 처음에는 그런 생활이 좋지만, 일정시간 유지되면 그것이 이제 새로운 기준이 되어 더 이상 기분 좋게 여겨지지 않습니다. 그러다 다 시 100만원 벌이로 떨어지면 오히려 죽을 것 같죠. 옛날엔 그 돈으로 도 그럭저럭 살았는데 이젠 그 돈으로 어떻게 사나 싶어집니다. 이처 럼 내 안의 익숙한 기준에 따라서 좋고 싫음의 느낌이 나타납니다. 그 래서 나는, 마음이 우울하여 죽고 싶다는 사람들에게, 길을 가다가 걸 인이 보이면 돈을 좀 주라고 말합니다. 그럼 힘이 나거든요. 그 사람을 위해서라기보다는 자기를 위해 주라는 말입니다. 누군가에게 뭘 주면 '내가 누군가를 도울 힘이 있구나' 하는 느낌이 무의식적으로 생겨나고 그 느낌이 자기를 일으켜 세웁니다. 우리가 느끼는 모든 느낌들은 이 렇게 항상 기준에 영향을 받는 따라오는 느낌일 뿐이지 결코 절대적인 느낌이 아닙니다. 이것을 느낌의 의타성이라고 합니다.

깨닫지 못한 마음의 근본적인 세 가지 상相

오늘 강의는 염법훈습染法熏習의 망경계훈습妄境界熏習과 망심훈습妄 心熏習에 대한 내용인데, 본 내용에 들어가기 전에 대승기신론을 강의 하면서 반복되는 불각삼상不覺三相과 경계육상境界六相을 다시 한 번 살 펴보겠습니다. 중요한 개념이므로 외워두시면 좋습니다.

불각삼상不覺三相은 깨닫지 못한 마음 때문에 만들어지는 세 가지 근 본적인 상相으로 무명업상無明業相, 능견상能見相, 경계상境界相을 말합

니다. 무명업상은 카르마이고, 능견상은 주체와 대상으로 분열되는
것, 경계상은 대상 간에 경계가 나타나는 것입니다. 무명업식無明業識,
전식轉識, 현식現識 또는 업상業相, 전상轉相, 현상現相이라고도 합니다.

경계육상境界六相은 경계가 생겨나는 현상現相(境界相) 이후에 대상들
이 여섯 단계의 상相으로 나누어지는 것입니다. 첫 번째는 좋고 싫음
(好惡)을 분별하는 마음에서 생겨나는 '지상智相'입니다. 그 호오好惡에
고락苦樂이 붙는 것이 '상속상相續相'이고, 고락苦樂에 집착하거나 밀치
는 것을 '집취상執取相'이라고 합니다. 네 번째는 잘못된 집착에 거짓된
명칭과 이름을 붙이는 '계명자상計名字相'입니다. 잘못된 집착이 일어나
면, 그 집착에 이름을 붙여서 끊임없이 매달리게 됩니다. 그 전에는 느
낌을 따라서 집착했는데 이제 이름을 붙이게 되면 그 이름을 따라 착
각이 더 커지고 집착하게 됩니다. 느낌으로 느껴지지도 않는데, 그 이
름과 생각만으로도 느낌이 만들어져요. 그것은 바로 계명자상이 만들
어 내는 것입니다. '불편함' 또는 '괴로움'이라는 말만 들어도 갑자기 괴
로운 '느낌'이 미묘하게 느껴집니다. '행복'이라는 말을 듣거나 떠올리
기만 해도 기분 좋고 여유로운 '느낌'이 느껴집니다. 이렇게 이름만 떠
올려도 이름에 붙어있는 느낌들이 발현되어서 몸과 마음에 영향을 미
칩니다. 이처럼 이름 때문에 일어나는 것이 업을 일으키는 '기업상起業
相'입니다. 이름이 붙으면 업業이 만들어지기 시작합니다. 고정되고,
지속되는 실체처럼 여겨지는 업業이 만들어지고 그로 인해 괴로움에
묶이는 것이 업계고상業繫苦相입니다. 지상智相, 상속상相續相, 집취상執
取相, 계명자상計名字相, 기업상起業相, 업계고상業繫苦相이 바로 경계육
상 즉, 경계지어진 것들이 일으키는 여섯 가지의 상입니다.

불각삼상不覺三相과 경계육상境界六相을 잘 살펴보면 마음에서 어떤

과정이 전개되어 번뇌가 만들어지는지 아주 명확하게 보입니다. 번뇌를 일으키는 근본은 불각삼상입니다. 불각삼상 자체는 직접 번뇌에 연결되지는 않지만 그 기반이 되고, 경계육상으로 오면서 괴로움이 생겨나기 시작합니다. 그런데 이 모든 용어들에 '서로 상相' 자가 붙어있음을 잘 살펴봐야 합니다. 서로 상相 자의 산스크리트어 원문은 삼즈냐samjñā인데, '함께 알다'라는 의미입니다. 즈냐jña는 '알다'이고, 삼sam은 '함께'라는 뜻이에요. 그러니까 '어떤 것을 안다'는 것은 이것저것을 섞어서 뭉쳐 함께 한다는 의미라는 것입니다. 독자적인 무언가를 안다는 것은 있을 수 없습니다. 다시 말해 '앎'이란 서로가 서로한테 의존한다는 뜻입니다. 그래서 구마라즙이 산스크리트어의 불경을 중국어와 한자로 번역하면서 삼즈냐라는 단어를 서로 상相 자로 표현했습니다. 이 구마라즙이라는 사람이 굉장히 통찰력이 있는 사람입니다. '함께 알다'라는 의미이니까 알 지知 자 등을 사용할 수도 있는데 서로 상相 자를 쓴 것입니다. 우리가 뭔가를 느끼고 알 때는 늘 다른 것에 의존함을 의미한 것입니다. 다시 말해 독자적이고 '독립적으로 존재하는 것은 없다'는 말입니다.

의자는 탁자에 의존하고, 탁자는 의자에 의존하고 있어요. 우리의 느낌 또한 이러한 의타성을 갖기에 모두 상相입니다. 앞에 있는 탁자가 하얗게 느껴지는 것은, 하얀 것을 도드라져보이게 하는 검은색이나 빨간색 등의 하얗지 않은 다른 색에 대한 경험이 배경으로 작용하기 때문입니다. 즉 하얀색의 느낌은 하얀색이 아닌 다른 색에 의존하는 것입니다. 그래서 이 또한 하나의 상이라는 것입니다. 마찬가지로 선善은 악惡에 의존하고, 악惡은 선善에 의존합니다. 나쁜 사람을 경험해보지 않은 사람은 착한 사람을 느낄 수가 없습니다.

이렇게 상相의 의미를 생각해볼 때, 불각삼상不覺三相과 경계육상도 결국 존재하는 것이 아니라고 말할 수 있습니다. 애초에 홀로 존재할 수가 없는 것입니다. 불각不覺은 각覺에 의존하는 상相이고, 각覺은 불각不覺에 의지하는 상相입니다. 그러니까 각覺도, 불각不覺도 따로 존재하지는 않는 것입니다. 동전의 양면처럼 이 현상계에 같이 드러났을 뿐이에요. 분열을 통해서만 드러나는 우리의 의식적인 현상으로서 나타나 있을 뿐이지, 사실 각覺도 불각不覺도 없는 것입니다. 대승기신론은 그런 내용을 상相이라는 단어를 통해 얘기하고 있습니다. 따라서 상相 자가 붙어있는 명칭들이 나오면, 그것은 독립적으로 존재하는 것이 아님을 기본적으로 알아채야 합니다. 무언가에 이름을 붙이고 나면 독립적으로 존재하고 구별되는 것으로 여겨지기 쉽습니다. 그러나 독립적으로 구별되는 그 어떤 것도 없습니다. 다른 것들과 연계된 상태에서만 우리가 의식하고 느끼고 알 수 있는 것입니다. 각覺이 없으면 불각不覺도 있을 수 없고, 불각不覺이 없으면 각覺도 있을 수 없으며, '내'가 없는 곳에 '대상'이 있을 수 없고, 대상이 없는 곳에 내가 있을 수 없습니다. 경계로 인해 대상들이 구별될 때도 이 대상이 없으면 저 대상이 있을 수 없고, 저 대상이 없으면 이 대상이 있을 수 없습니다. 이렇게 모든 것은 서로 연결된 상相에 불과하다는 것을 면밀히 봐야 합니다. 이 점이 분명해지면 '있다, 없다'도 상相이라는 것과 우리의 본질은 있고 없음을 넘어서 있음이 분명해집니다.

세계에 대한 집착과 나에 대한 집착

此妄境界熏習義則有二種. 云何爲二.
차 망 경 계 훈 습 의 즉 유 이 종   운 하 위 이

一者增長念熏習. 二者增長取熏習.
일 자 증 장 념 훈 습   이 자 증 장 취 훈 습

이 망경계妄境界 훈습의 뜻에는 두 가지가 있으니 어떤 것인가?

첫째는 증장념훈습이고 둘째는 증장취훈습이다.

[논論]

훈습이 가능한 것은 상相의 세계의 일이기 때문입니다. 상相들은 서로 영향을 미쳐 물들게 되죠. 근본적인 어리석음인 무명 때문에 나와 대상이 생겨나고, 대상 간의 경계가 만들어지는 것이 망경계妄境界입니다. 망妄은 착각과 잘못의 의미로, 망경계훈습이란 잘못 만들어진 경계가 훈습됨을 뜻합니다.

잠시 기본적인 용어를 짚고 넘어가겠습니다. 망심妄心, 망념妄念, 망경계妄境界가 있어요. 망심妄心은 어리석고 착각하는 망령된 마음입니다. 나뉘고 분열되는 경계의 기반이 되는 불각삼상不覺三相의 마음과, 경계이후의 경계육상境界六相의 마음 전체를 통틀어서 망심妄心이라고 합니다. 망심妄心은 포괄적인 용어인 셈입니다. 그에 반해 망념妄念은 주로 전식轉識과 관련 있습니다. 전식은 마음의 첫 움직임인데 망념妄念, 또는 동념動念이라고 합니다. 드디어 생각이 한번 움직여서 나와 대상의 분열을 일으킨 것을 말합니다. 우리가 깨어있기™에서 했던 감지와 감각연습을 떠올려보세요. 감각感覺상태가 되면 더 이상 나와 대상이 느껴지지 않다가 감지感知로 나오면서부터 다시 나와 대상이 느껴지죠. 감지로 나오는 그 과정이 바로 전식이고, 망념이 일어나는 과정이라고 할 수 있습니다. 망경계妄境界는 대상과 대상 사이에 경계가 일

어나는 것입니다.

　망경계훈습妄境界熏習은 망령된 경계가 생겨난 이후에 일어나는 훈습인데 증장념增長念과 증장취增長取가 있습니다. 증장增長은 더 자라고 커지고 증폭되는 것입니다. 경계는 모두 내가 아닌 대상들을 의미합니다. 나를 둘러싼 주변과 환경, 또는 세계에 집착하는 마음이 강해지는 것이 증장념增長念입니다. 특히나 여기서는 법法에 집착하는 것을 일컫습니다. 법은 진리라고 여겨지는 것입니다. 내가 아닌 모든 현상에서 발견되는 메커니즘과 법칙에 대해 집착하는 마음이 증장념입니다. 이처럼 세계와 나를 나눠놓고, '세계에 대한 집착'을 증가시키고 키우는 것이 증장념이라면, '나에 대한 집착'이 커지는 것이 증장취增長取입니다. 내가 알고 경험한 것, 나라고 여기거나 고집하는 것 등의 '나'에 대한 집착으로 인한 번뇌가 증장취라고 보시면 됩니다. 그러니까 증장념은 대상 또는 세계에 대한 집착이고, 증장취는 나 또는 주제에 대한 집착과 번뇌입니다. 이 증장념과 증장취가 훈습되어 물드는 것이 망경계훈습의 두 가지입니다.

　이제 좀 더 포괄적이고 근본적인 망심훈습妄心熏習을 살펴보겠습니다. 망경계훈습妄境界熏習이 '잘못 경계지어진 것'을 물들이는 마음이라면, 망심훈습妄心熏習은 애초부터 망령된 마음, 착각된 마음이 물드는 훈습입니다. 업식근본훈습業識根本熏習과 증장분별사식훈습增長分別事識熏習이 이에 해당합니다.

근본불각, 서로에 기대어 존재함을 모르다

妄心熏習義有二種. 云何爲二.
망 심 훈 습 의 유 이 종   운 하 위 이

一者業識根本熏習. 能受阿羅漢僻支佛一切菩薩生滅苦故.
일 자 업 식 근 본 훈 습   능 수 아 라 한 벽 지 불 일 체 보 살 생 멸 고 고

망심훈습의 뜻에 두 가지가 있으니 어떤 것이 두 가지인가?
첫째는 업식근본훈습業識根本熏習이니, 이리한阿羅漢과 벽지불僻支佛과 일
체 보살의 생멸고통을 받을 수 있기 때문이요.

[논論]

업식근본業識根本은 근본무명根本無明, 근본불각根本不覺을 의미합니
다. 근본적인 불각이란 뭘까요? 상相이라는 것은 서로가 서로에게 의
존하여 서있어서 마치 '존재하는 것처럼 보이는 것'입니다. 이렇게 존
재하는 것처럼 보이는 것이 현상이지요. 그러나 기대어 있는 두 개 중
하나가 사라지면 나머지 하나도 무너지고, 더 이상 현상으로 나타날
수 없습니다. 현상이 존재할 수 있는 이유는, 두 개가 서로에게 기대어
의존하기 때문인 것입니다. 그러니까 상相이라는 것은 근본적으로 존
재하지 않는데, 이를 모르는 것이 근본불각입니다. 근본적으로 알아채
지 못하는 것입니다. 깨어있기 방식으로 풀어보죠. '나'와 '대상'은 본
질적이거나 독립적인 존재가 아님에도, 우리는 '내'가 독립적으로 존재
하고 저 밖의 세계와 대상도 독립적으로 존재한다고 알고, 믿고 느끼
며 살아갑니다. 이것이 바로 근본무명, 근본불각입니다. 근본적인 어
리석음이죠. 깨닫지 못하는 이유가 바로 이 상相의 비존재성을 알아채
지 못하기 때문입니다. '나'라는 것은 상相이에요. 왜죠? '대상' 때문에
느껴지고 나타나 있기 때문입니다! 대상도 상相입니다. 왜요? '나'라는
주체 때문에 나타나고, 느껴지고, 보여지고, 알려지기 때문입니다. 두
려움과 불안정한 느낌도 상相입니다. 그 불안정한 느낌을 느끼려면 마

음의 밑바닥에 '안정된 느낌의 경험'이 배경처럼 올라와 있어야 하기 때문입니다. 유독 겁이 많은 사람들이 있습니다. 그들이 겁먹을 때 그 마음속에는 용감함에 대한 느낌이 있습니다. 그것을 배경으로 해서 겁나고 두려운 느낌이 느껴지는 거예요. 겁은 자신을 지키고 안전을 도모하기 위해 나타나는 신호이지만, 그 겁남이 느껴지는 기본 구조는 이전에 용감함이나 대범함을 경험해 봤기 때문인 것입니다. 그때 '나는 겁을 내고 있다'라는 것을 의식할 수 있습니다. 경험하거나 느끼거나 간접적으로라도 알고 있는 것입니다. 그렇지 않다면 '겁난다는 말을 할 수가 없어요.

상相의 진정한 의미는, 실제로는 나라는 것도 대상이라는 것도 따로 없으며, 나와 대상은 서로에게 의존해서 나타나고 느껴진다는 것입니다. 이를 알아채는 것이 각覺이라면, 모르는 것이 불각不覺이고, 근본적인 업식근본훈습業識根本熏習인 것입니다.

상相이 실제로는 '없음'을 모르고서 전상轉相과 현상現相을 일으키고, 고락苦樂을 만들어서 계속 집착하는 마음인 상속심相續心까지 이르게 되는 원인은 바로 업식근본훈습 때문입니다. 그래서 업식근본훈습은, 범부凡夫들이 느끼는 생사生死는 벗어났지만 나와 대상의 근본적인 분별이 명확히 와 닿지 않은 사람들이, 생사生死의 고통을 느끼는 원인이 됩니다. 욕계, 색계, 무색계라는 삼계三界를 떠난 에너지적인 미묘한 느낌의 세계, 무의식 세계의 생사生死는 아직 벗어나지 못한 사람들이 아라한, 벽지불, 일체보살이죠. 이들은 몸 때문에 일어나는 일반적인 생사生死는 벗어났지만, 미묘한 에너지적인 느낌의 생사生死는 아직 철저하게 넘어가지 못했습니다. 그 원인이 바로 업식근본훈습이에요. 몸이 있음으로 해서 생겨나는 '나와 대상'이 있고, 의식적인 '나와 대상'이 있습니다. 그 다음에는 더 미묘한 에너지적인 '주체와 대상'의 느낌이 있습니다. 미묘한 분별이죠. 순수의식이라는 태극상태에서도 나와 대상이 있잖아요. 태극상태는 순수의식, 무심無心의 느낌입니다. 마음은 텅 빈 것 같고, 나도 없고, 세계도 없는 것 같죠. 그러나 여전히 미묘한 분열이 있기 때문에 언제든지 의도적으로 그 상태에서 빠져나올 수 있습니다. 그것은 그렇게 빠져나올 '나'가 있다는 의미입니다. 그러한 미묘한 분열, 태극상태의 분열과 같은 것에서 아직 벗어나지 못한 사람들이 아라한과 벽지불과 일체보살입니다. 그러니 생멸의 고통을 여전히 받을 수밖에 없는 것입니다. 업業과 카르마가 일으키는 미묘한 분열마저 떠나야 비로소 부처라고 할 수 있습니다.

대승기신론 소疏를 살펴보면 〈업식근본훈습이란 업식業識으로 무명을 훈습하여 상相이 없는 것임을 잘 모르고 전상, 현상을 일으켜 상속하는 것이니, 저 삼승인三乘人이 삼계三界를 벗어날 때에 사식事識의 분단추고分段麤苦는 여의었으나 아직 변역變易의 아라야 행고行苦를 받기 때문에 생멸고를 받는다.〉고 했습니다. 삼승인三乘人은 성문聲聞, 연각緣覺, 보살菩薩을 말합니다. 성문聲聞은 부처의 설법을 듣고 깨달은 사람이고, 연각緣覺은 부처가 돌아가신 이후에 연기법緣起法, 즉 인연법因緣法을 철저하게 보고 모든 것이 서로 의존하는 상相임을 알아 스스로 깨달은 사람입니다. 보살은 보시布施·지계持戒·인욕忍辱·정진精進·선정禪定·지혜智慧의 보살도를 행해서 깨달음에 이른 사람입니다. 세 가지 종류의 깨달은 사람인 이 삼승인三乘人들을 원문에서는 아라한, 벽지불, 일체보살로 표현했습니다. 아라한은 부처님 밑에서 설법을 듣고 깨달은 성문聲聞입니다. 벽지불僻支佛은 연각緣覺이에요. 홀로 깨달은 사람이라서 독각獨覺이라고도 합니다. 보살은 헌신의 길을 많이 가고, 연각은 지혜의 길을 가는 사람입니다. 성문은 스승과 함께 가는 사람들이죠. 이렇게 세 종류의 깨달은 사람들도 근본업식과 근본불각에 의한 미묘한 에너지적인 분열로 인해 생겨나는 고통과 괴로움은 여전히 넘어가질 못하고 있습니다.

무명 때문에 생겨나는 근본적인 의식현상인 분열로 인해 '나'라는 것이 생겨나고, 그 '나'가 터득하고, 경험하고, 파악한 지혜인 아견我見 즉, 내가 만들어낸 견해를 사랑하는 것이 견애見愛입니다. 자신의 경험과 그로 인한 통찰에 집착하게 되는 것입니다. 그러나 모든 통찰과 지혜는 여전히 분열 속에서 나타나는 현상일 뿐입니다. 공부를 하면 할수록 미묘한 상相에 붙들리기 쉽습니다. 미묘한 분열에 붙들린다는 말이에요. 여러분의 모든 느낌과 모든 앎과 감지들은 모두 분열로 인해 일어나는 상相일 뿐입니다.

$x+y=z$라는 방정식이 있다고 해보죠. 여기서 x, y, z는 모두 미지수입니다. 누군가 물어봅니다. x는 뭐지? 그러면 방정식에 따라 x는 $z-y$라고 대답할 수 있겠죠. 뭔가 설명되어진 것 같습니다. z와 y로 설명이 됐으니까요. 그러나 x를 설명하는 z와 y가 결국 미지수라면 과연 x는 실재한다고 할 수 있을까요? 느낌으로 얘기해봅시다. x는 손바닥의 온도인 36.5도이고, y는 차가운 탁자의 온도인 10도, 그리고 z는 차가운 느낌이라고 해봅시다. 이 경우에는 손을 탁자에 대면 차가운 느낌이 나겠죠? 즉, x라는 손의 36.5도와 y라는 탁자의 10도가 만나면 z라는 차가운 느낌이 난다는 말입니다. 그렇다면 z라는 것이 진짜 있는 건가요? 차가움이 느껴지는 것은 손의 온도가 36.5도이기 때문입니다. 만약에 손의 온도가 5도라면 어떨까요? 우리 체온이 5도라면, 5도가 10도를 만났으니 이번에는 뜨거운 느낌이 나겠죠. 그러니 탁자

자체가 차가운 것이 아니에요. 36.5도의 손과 탁자가 만났을 때 차가움이 일어나는 것뿐입니다. 온도라는 것은 물이 어는 온도를 0이라고 기준삼고 나머지를 대비해 놓은 숫자일 뿐입니다. 원래 정해진 36도라는 것은 없습니다. 0도를 일정한 상태에 동일시 하여 정의해놓고 그것의 36배니까 36도라고 말하는 것뿐이죠. 세상의 모든 지식은 이렇게 무작위적인 '정의定義' 때문에 만들어진 '미지수'에 불과합니다. 관계죠. 우리의 느낌도 마찬가지입니다. 볼록하다는 느낌은 평평한 느낌에 대비된 것이고, 평평한 느낌은 볼록함에 대비되는 느낌입니다. 그것이 바로 상相의 의미입니다. 상相 중에서도 나와 대상이라는 상相을 생겨나게 하는 근본적인 것이 업식業識입니다. 몸과 마음에 타고난 것과 0세부터 3세까지 주위 환경으로부터 무작위적으로 받아들여 마음에 쌓여있는 것들이이 바로 업식에 해당합니다. 그것을 기준삼아 앞으로의 삶에서 모든 것을 보고, 듣고, 느끼게 됩니다.

이런 근본적인 업식에 의한 무명이 만들어내는, 에너지적인 마음의 분열을 아직 넘어가지 못한 사람들이 아라한과 벽지불과 보살입니다. 그래서 그들도 생멸의 고통을 받습니다. 일반적인 몸과 마음의 생멸이 아니라, 미묘한 에너지적인 분열에 의해 생기는 생멸로 인한 고통을 받는다는 말입니다.

분별하고 이름 붙이면 왜 괴로움이 오는가?

二者增長分別事識熏習. 能受凡夫業繫苦故.
이 자 증 장 분 별 사 식 훈 습   능 수 범 부 업 계 고 고

둘째는 증장분별사식훈습增長分別事識熏習이니 범부의 업계고業繫苦를 받을 수 있기 때문이다.

[논論]

망심훈습의 두 번째는 증장분별사식훈습增長分別事識熏習입니다. 이것은 범부한테 오는 괴로움이에요. 업業이라는 근본 속박이 만들어내고, 점차 증장되어 지식智識과 상속식相續識에 이르기까지 발전한 모든 경계의 속박에서 만들어진 번뇌가 바로 증장분별사식훈습增長分別事識熏習입니다. 간단히 말해서 분별하는 마음이 증장하여 번뇌를 일으킨 것이 증장분별사식인데, 범부가 경계육상境界六相의 맨 마지막인 업계고상業繫苦相을 겪게 되는 원인이 됩니다. 사실 '업業'이라는 것도 있는 것이 아닙니다. 업도 상相이기 때문에 그렇습니다. 업業을 만들어 내는 것이 기업상起業相이라고 했고, 그 전 단계는 계명자상計名字相이라고 했습니다. 이름을 붙였기 때문에 고정되기 시작합니다. 어제 한 분이 말씀하신 예를 들어볼게요. 회의에 참석하기 위해 차를 타고 가야 하는데, 주차장에 가보니 누군가가 자신의 차 앞을 가로막아 주차를 해 놓았어요. 전화를 아무리 해도 안 받습니다. 마음속에서 뭔가 막 느낌이 올라옵니다. 올라오는 그 느낌을 이름을 붙이지 않은 채로 그대로 바라봤더니, 이것이 답답함도 아니고, 화도 아니고, 뭔가 이상한 느낌이더랍니다. 거기에 분노나 짜증이라는 이름을 붙이면 강렬한 느낌으로 확 올라올 텐데, 이름을 붙이지 않으니 어떤 미묘한 느낌으로만 느껴지더라는 것입니다. 그런데 거기서 이름을 딱 붙이면 뭉쳐진 에너지가 화라는 형태로 급격하게 분출하게 됩니다. 그렇게 되면 욕하거나 싸우면서 상대로부터 반발을 사고, 마음에는 괴로움이 생기겠죠? 이렇게 '이름'붙인 계명자상計名字相이 업을 일으키고, 그 업이 고통에 묶이는 과정인 업계고상業繫苦相입니다. 모두 이름을 붙였기 때문에 생겨나는 일이에요. 일반인은 이런 업계고業繫苦를 받습니다.

　나와 대상의 분열이 발전해서 고락苦樂을 일으키고, 거기에 힘이 붙어 어떤 느낌을 고정화시켜서 경험함으로 인해 일어나는 고통이 증장분별사식훈습입니다. 불각삼상不覺三相과 경계육상境界六相으로 표현해본다면, 불각삼상에 해당되는 미묘한 고통은 아라한, 벽지불, 일체보살이 느끼는 생멸의 고통입니다. 불각삼상의 단계를 지나서 복잡한 마음이 되어, 있지도 않은 상相을 존재한다고 여기면서 매달리고 괴로워하는 것은 업계고상인데, 이런 업계고상에 의해 생겨나는 고통의 원인이 증장분별사식훈습인 것입니다. 거친 마음이 받는 괴로움이 증장분별사식훈습이라면, 아직 거친 번뇌를 일으키지 않은 미묘한 마음에서 일어나는 번뇌와 괴로움이 업식근본훈습입니다.

정리해보겠습니다. 망심妄心을 둘로 나누면, 망념妄念과 망경계妄境界입니다. 망념은 나와 대상으로 나뉘는 전식轉識에 해당하고, 망경계는 현식現識 이후에 대상들의 경계를 나누는 것입니다. 이들로 인해 생겨나는 훈습들은 상相이라는 것이 형성되고 나서 일어납니다. 상相은 이것이 있기 때문에 저것이 있고, 저것이 있기 때문에 이것이 있다는 개념입니다. 대상 때문에 '나'라는 주체가 느껴지고, 주체 때문에 대상이 느껴지는 것입니다. 서로 상은 놀라운 용어입니다. 마음속 상에 이미지를 뜻하는 코끼리 상象 자를 쓰지 않고 서로 상相 자를 썼다는 것은 놀라운 통찰입니다. 근본적인 원리를 설명히는 용어이기 때문에 그렇습니다.

본질은 마음 상태의 변화가 아니다

훈습熏習은 물들여짐인데 상태의 변화를 의미합니다. 격랑 속에서 흔들리던 마음이 고요하고 차분해지는 것은 마음의 상태가 바뀌었음을 말합니다. 그러나 본질이란, 그 이름에서도 알 수 있듯이 바뀔 수 있는 것이 아닙니다. 뭔가 바뀔 수 있다면 그것은 그림자요, 어떤 '상태'이지 본질이 아닙니다. 상태는 격랑에서 고요로, 고요에서 격랑으로 바뀔 수 있어요. 그래서 괴롭고 힘든 마음을 평안한 마음으로 바꾸기 위해 명상과 수련을 한다면, 그것은 본질의 추구가 아닌 고요한 마음을 습관화하려는 습기習氣를 만드는 작업일 뿐입니다. 우리의 본질은 습기 너머에 있고, 그 어떤 습기에서도 떠나 있다는 점을 발견해야 합니다. 그렇지만 일상에서 괴로운 마음, 불편한 마음, 힘든 마음을 자기라고 여기기 쉽기 때문에 그것을 가라앉히는 작업이 초기에는 어느 정도 필요합니다. 다만 그 후에는 그것이 자기가 아님을 알아채야 하죠.

예를 들어 화나는 감정이라면, 보통 사람들은 화에 휩싸여서 그 끓어오르는 화가 자기가 되어 자동적으로 감정을 터트립니다. 화에 동일시된 무의식적인 마음의 작용인 것입니다. 그러나 이 분노의 감정을 살펴보기 시작하면, 분노의 마음과 그것을 바라보는 나로 나누어지고, 자기가 분노의 마음을 바라보게 됩니다. 이렇게 마음의 분열을 알게 되고, 그 분열로부터 떠나게 되는 때가 본질로 향하는 첫걸음입니다. 그래서 공부를 처음 시작할 때는 화가 나면 그 화를 없애버리려 하지 말고 화를 바라보고 관찰하라고 합니다. 어느 정도 관찰하면 분열된 마음의 관찰자 쪽에 에너지가 더 몰리면서 관찰하고 있는 동안에는 화가 나질 않게 됩니다. 화가 난다해도 그것이 보이기 때문에 이전처럼 반응하지는 않게 되지요. 그쯤 되면 수련이 됐다고 생각하기도 합니다. 그런데 그에 익숙해지면 신선함이 사라지고 관찰이 시들해져서 관찰자에 더 이상 에너지가 많이 모이지 않게 됩니다. 그러다 자기 안의 기준들이 부딪쳐서 작동하는 일이 생기면 다시 이전처럼 화가 납니다. 이럴 때 후회를 하기도 하죠. "아! 내가 이것 밖에 안 되는구나. 그렇게 공부를 많이 했는데도 아직도 난 멀었네." 하고 자책하기도 하고, "그러지 말았어야 했는데." 하고 후회가 일어나기도 하는데, 이것을 2차 화살이라고 합니다. 1차 화살은 '화가 난 것'입니다. 내 안에 있는 기준이 자동적으로 작동하여 그것에 반하는 외부 사건이나 상황, 다른 사람의 생각과 부딪혀서 폭발하는 분노의 에너지입니다. 공부를 해 나가는 과정에서는 2차 화살을 맞기 시작합니다. "그러지 말았어야 했어." 하고 후회하는 마음은 화를 낸 그것을 자기라고 여기기 때문입니다. 오히려 공부가 더 안 되고 있는 거예요. 그래서 2차 화살을 안 맞기만 해도 좋은 것입니다. 그렇게 되면 점차 '분노가 내가 아님'을 무의식적으로 알게 된다는 의미입니다. 물론 후회하지 않는 다른 경우도 있습니다. 내가 옳다고 철저히 믿기 때문에 화를 낸 것이 잘한 일이고 필요한 일이라고 합리화를 할 수 있어요. 그러나 그것은 미숙함일 뿐입니다.

일단 후회 자체는 돌아보고 있다는 뜻이고, 그런 후회를 넘어서서 교훈은 얻지만, 후회 속에 빠지지는 말아야 합니다. 화를 낸 것이 자기가 아님을 서서히 알기 시작하면 그것은 경계 없음으로 가는 것입니다. 나와 대상이 분열되기 이전으로 돌아간다는 의미가 아니라, 나와 대상이 일어난 이후에도 그것이 내가 아님을 아는 것, 즉 나와 대상의 분열을 '넘어가는' 것입니다. 다시 말해 나와 대상의 분열이 있더라도 그것에 걸리지 않는 것인데, 이것이 참 어려운 지점입니다. 나와 대상의 분열 이전으로 가면 마음은 참 편안합니다. 이렇게 파도가 일어나기 이전의 고요로 돌아가거나 고요한 파도가 되려고 하면 편안하지만,

자칫 마음이 둔해질 수 있습니다. 그런데 마음의 분열 즉 경계를 넘어 간다는 것은, 경계가 있음에도 불구하고 그 경계에 걸리지 않는다는 의미입니다. 누가 걸리지 않죠? 걸리는 이가 따로 없기 때문입니다.

경계는 내적으로 쌓인 기질 때문에 생겨나는데, 그 경계로 인해 우리가 모든 세계와 현상을 인식하고 상황을 파악할 수 있게 됩니다. 그래서 경계없는 마음이란 어떻게 보면 상황 파악을 못하는 어리석은 마음일 수 있는 것입니다. 반면 경계 짓는 마음은 경계에 끌려 다니고 집착하기 쉽습니다. 이 두 가지를 다 넘어 가는 것이 본질을 발견하는 길입니다. 경계란 것은 없다는 것을 아는 거예요. 그런데 자기를 방어하는 방편으로 경계 없음을 사용하는 경우도 있기 때문에 면밀히 검토하고 들여다봐야 합니다. 분명히 자기 안의 기준과 경계에 묶여 화가 나면서도, "화가 나도 상관없다"는 식인 것입니다. 공부하기 이전에는 화를 '내는' 것이 아니라 대체로 화가 '납'니다. 아무 이유 없이 '화내는' 사람은 없다는 것의 의미는 이유에 의해 화가 '나기' 때문입니다. 어떤 상황과 내 안의 기준이 맞부딪혀서 화가 일어나는 것이지요. 공부하기 이전에도 화를 '내는' 경우가 가끔 있기는 합니다. 어린아이가 뜨거운 물건을 잡으려고 하거나 차에 뛰어드는 등의 위험한 상황에 부모들이 화를 '내죠'. 그러나 그런 경우 아이가 행동을 멈추면 부모의 화 역시 즉각 멈춥니다. 왜냐하면 부모는 그 상황이 못마땅해서 화난 것이 아니라, 아이를 보호하기 위해 행동을 멈추게 하려고 화를 '사용한 것' 이기 때문에 그렇습니다. 그런데 화에 동일시되어 있으면 화를 즉각 멈출 수 없습니다. 그렇게 멈추지 못하면서도 자신은 화를 사용한다고 말하는 사람이 있습니다. 자신은 정의를 위해 화를 사용한다고 말하면서 불의를 보고 큰소리를 내는 사람을 잘 들여다보면 "이래야 돼"라는 자기 기준에 묶여있기 때문에 그런 경우가 대부분 입니다. 물론 사회에는 질서가 있어야 하고, 공평하고 조화로운 사회를 위해 어떤 일을 할 수도 있지만, 그것은 자신이 먼저 그 '이래야 된다'로부터 자유로워진 후에 현상계를 다룰 수 있을때 진정으로 사회를 위할 수 있는 것입니다. 본질적인 것이 분명히 파악된 다음에 현상계를 다루어야 합니다. 본질을 파악하지 못한 채 어떤 신념에 동일시되어 분노하는 것은 화를 사용하는 것이 아니라 화에 묶여 끌려다니는 것입니다. 이 점에 있어서 자기 자신을 속이지 말고, 자기 안에서 면밀히 구분해내야 합니다.

물든 마음에 젖어 근본을 잊다

내 안의 모든 기준들이 결국은 경향성, 습기習氣, 훈습된 것으로 작용하게 됩니다. 훈습됐다는 것은 일종의 습기가 형성되었다는 말이에요. 어떤 것만 보면 마음에서 뭔가 불쑥 올라온다면 그것은 습관성이 된 것이고 패턴이 형성된 거예요. 그런 패턴이 있어야만 에너지는 움직이게 마련입니다. 동양식으로 말하면 패턴이 이理고 에너지는 기氣죠. 불교식으로 말하면, 이렇게 습기가 형성되고 훈습된 것들이 윤회하는 씨앗이 되어 유전합니다. 고유성을 가진 특정 개인이 윤회한다기보다는 이런 경향성, 특성, 습기가 전달되는 것입니다. 예를 들면 사냥개 출신인 함양의 우리 까미는 날아가는 새만 보면 무조건 쫓아가고, 진돗개와 시베리안 허스키 사이에 태어난 태풍이는 새에는 관심이 없고, 땅에서 움직이는 다람쥐나 두더지만 보면 집요하게 쫓아가서 잡습니다. 태어나서 두 달 만에 여기에 온 개들이라 부모로부터 배운 것도 없는데 이런 차이를 보이는 것을 보면 이 둘이 전대로부터 어떤 경향성을 물려받았다는 것을 알 수 있습니다. 태어날 때부터 자동화된 패턴이 장착되어 있는 것입니다. 그런 특성을 만들어 내는 것이 바로 이 훈습입니다. 향기가 나는 곳에 옷을 한참 두면 옷에 향기가 배듯, 습관적으로 오래 계속하다 보면 어떤 경향성이 생기는 것이 훈습입니다. 지난 시간까지 살펴본 염법훈습染法熏習을 크게 보면, 근본에서 현상으로 드러나 끊임없이 유전하는 것, 즉 윤회전생 등을 말하는 것입니다. 물든 마음이 끊임없이 다른 마음을 또 물들이고 오염시켜서 계속해서 다음 세대로 이어가게 하는 것입니다. 이것은 몸에서도 마찬가지고 마음에서도 그러합니다. 예를 들어 몸에 어떤 상처가 나서 10년이 지났는데도 상처의 흔적이 남는 경우가 있습니다. 그런데 현대의 생리학은 우리 몸의 세포가 7년이면 모두 바뀌어서 갱신된다는 것을 밝혀냈습니다. 그렇다면 10년 전의 상처는 세포들이 모두 바뀌었으므로 상처의 흔적은 사라져야 마땅할 것입니다. 그런데도 남아있는 이유는 무엇일까요? 그것은 바로 상처를 간직한 이전 세포들이 새로 태어나는 세포들에게 그 흔적을 물려주었기 때문입니다. 마음에서 이런 일이 일어나는 것을 훈습이라 합니다.

근본은 잊어버리고 현상으로 나아가게 하는 것이 염법훈습染法熏習입니다. 가장 투명한 현상으로 드러난 진리인 '진여법'이 무명에 의해 물들어 가는 과정이에요. 근본에서 현상으로 나아가는 과정입니다. 반면에 정법훈습淨法熏習은 무명에서 진여로 나아가 열반으로 이어지게 합니다. 원효대사의 기신론 소疏에서는 정법훈습을 불사의훈습不思議熏習이라고 했습니다. 도저히 생각할 수 없고, 말도 안 된다는 뜻이죠. 어떻게 절대 진리가 무명을 건드려서 맑게 할 수 있느냐는 말입니다. 참으로 기묘하다해서 불사의훈습不思議熏習이라 합니다.

오늘 정법훈습淨法熏習에 들어가기 전에 염법훈습染法熏習을 요약해 보겠습니다. 염법훈습은, 물든 마음이 어떤 경향성이나 패턴, 습관성, 습기 같은 것들을 갖게 되는 과정입니다. 염법훈습은 무명無明이 있기 때문에 일어나는데, 무명은 진여법眞如法 때문에 생겨납니다. 진리가 있기 때문에 무명이 있다니 참 아이러니 하죠. 진여법에 의해 무명이 생겨나는 이유는 뭘까요? 모든 현상계는 짝과 쌍雙으로 되어 있습니다. 마치 동전의 양면처럼 모든 현상계는 서로가 서로를 이어주고 있어요. 그러한 현상계에 진리가 드러난 것이 진여법이므로 당연히 무명과 짝이 될 수밖에 없습니다. 다시 말해 진여법은 무명 아닌 것을 말하는 것입니다. 결국 현상계에 나타난 진리는 반쪽일 수밖에 없어요. 절대진리는 결코 무명이 건드리거나 닿을 수 없지만, 진여법은 현상계에 드러난 진리이기 때문에 무명에 물들 수 있고, 무명을 물들여서 깨끗하게 할 수도 있습니다. 나누어진 경계로 인해 나타나는 세계는 항상 이렇게 쌍雙의 세계, 음양陰陽의 세계입니다.

망심妄心―망념妄念―망경계妄境界, 육식六識으로 말하면 업식業識―전식轉識―현식現識의 순서가 마음이 전개되어 나가는 과정입니다. 뒤이어 지식智識―상속식相續識―분별사식分別事識 또는 집착에 이르는 발전과정은 지금 매 순간 일어납니다. 그리고 어린아이 때부터 성인이 되기까지 의식이 발전하는 과정도 이 과정을 닮아 있습니다.

무명염법無明染法의 인因에 의해 생멸문의 진여를 훈습하면 망심妄心이 생겨나는데, 그것이 바로 나와 대상을 분열하는 최초의 씨앗인 업식業識입니다. 망심훈습妄心熏習은, 이렇게 생겨난 망심이 도리어 무명을 물들여서 주체와 대상을 나누는 전식轉識과 경계를 나누는 현식現

識이 발생하는 것입니다. 망심은 기본적으로 불각不覺입니다. 깨어 있지 못하다는 것은, 경계를 실제라고 여기는 것입니다. 지금 눈앞의 탁자와 의자, 책상들이 구분되는 것은 내 마음의 시뮬레이션일 뿐이라는 것, 실제 세계는 알 수 없다는 것, 경계라는 것은 원래 없다는 것을 지금 이 순간 명확히 파악하는 것이 각覺입니다.

망경계妄境界는 육진六塵입니다. 안이비설신의眼耳鼻舌身意에 의해 색성향미촉법色聲香味觸法이라는 6개의 오염물질로 경계가 나눠지는 것이 바로 망경계입니다. 망경계훈습은 색과 소리, 향, 맛, 감촉, 의식적인 느낌들이 모두 다르다고 여기는 경계를 고정화하는 것입니다. 이런 망경계훈습으로 인해 망심妄心(망심, 망념, 망경계를 합한 의미)이 훈습되어 호오好惡를 일으키는 지식智識, 고락을 일으키는 상속식相續識, 집착을 일으키는 분별사식分別事識으로 전개되고 고통을 받게 됩니다. 염법에 훈습되어 물드는 과정은 이렇습니다.

11. 훈습론熏習論: 정법훈습淨法熏習

마음이 맑아질수록 더 힘들어지는 이유

정법훈습은 진여법眞如法이 무명을 훈습하는 것입니다. 맑은 특성이 오염을 도리어 깨끗하게 물들이는 것입니다. 정법훈습淨法熏習에도 두 가지가 있습니다. 진여훈습眞如熏習과 망심훈습妄心熏習이 있어요. 진여훈습은 정법淨法을 일으키는 과정으로 근본을 향해 나아가는 과정을 말합니다. 아까 얘기한 정법훈습의 의미와 같습니다. 그런데 정법훈습 안에 망심妄心으로 물들어 가는 망심훈습이라는 것이 또 있습니다. 여기서 말하는 망심훈습은 번뇌와 괴로움, 생사의 고통을 싫어하는 것을 의미합니다. 그래서 열반과 고요, 무극無極을 향하여 가게 만드는 것이 망심훈습의 일종이라는 것입니다. 망심훈습이라는 말을 그냥 보면 맑은 마음이 물들어 망심으로 되어가는 과정인 것 같은데, 정법에도 그런 것이 있다는 것입니다. 그렇다면 "그것은 정법이 아니지 않느냐?"라고 할 수 있는데, 그 의미를 잘 살펴보면 이렇습니다. 마음공부를 하기 전에는 번뇌가 일어나면 그대로 괴로움 속에서 살아가거나 괴로움을 피하려고 즐겁고 기분 좋은 것을 찾아냅니다. 그러다가 이제 마음공부를 시작하면 오히려 번뇌에 더 민감해집니다. 마음이 맑아지면 맑아질수록 번뇌도 더 많아지고 괴로움도 더 많이 느껴집니다. 왜 그럴까요? 사실 번뇌가 많아진다기보다는 더 섬세하고 민감하게 의식하는 것입니다. 이전에는 화가 나면 남한테 욕하거나 그냥 자기 혼자 삭히고 말았는데, 이제는 남한테 욕하면 자기 마음이 더 아픕니다. "나도 모르게 저 사람을 비난하고 비판하는 마음이 일어났네. 내가 왜 그랬지?" 하면서 자기 자신을 아프게 합니다. 자기를 점점 더 민감하게 의식하기 때문에 그렇습니다. 어떻게 보면 마음이 맑아질수록 더 힘들어지는 것입니다. 그러나 그와 함께 그것이 내가 아님을 아는 명확함도 점차 깔리기 때문에 이런 일이 가능할 수 있습니다. 만약 계속 힘들어지기만 한다면 견디지 못하겠지만, 괴롭고 힘든 한편으로 "이것은 내가 아니다."라는 인식도 점차 명확해지기 때문에, 즉 동일시에서 벗어나고 있기 때문에 민감해질 수 있는 것입니다. 기독교에서 "하나님은 내가 견디어 낼 수 있는 시련만 주신다."라고 말하는 것과 비슷합니다. 마음공부를 하면 할수록 2차 화살을 더 많이 쏘게 되어 있어요. 전에는 남을 욕하고, 자기를 합리화해도 괜찮았어요. 그런데 이제는 이런 태도가 자기를 유지시키고 존재케 하려는 자기합리화라는 것을 알기 때문에 "내가 이러면 안 되는데..." 하면서 괴롭습니다. 그럼에도 견딜 수 있는 이유는 "이건 내가 아니야."가 점차 명확해지기 때문입니다. 자기를 더 많이 괴롭히는데도, 괴롭힐 '나'가 없다는 점이 분명해지기 때문에 그 괴로움 때문에 쓰러지지는 않는 것입니다. 참 아이러니하고 재미있는 일입니다. 현상계라는 것은 참 이상하고 신기하게 돌아갑니다.

진리로 나아가는 패턴을 쌓는 과정인 정법훈습에 망심훈습이 하나의 구성요소로 포함되어 있습니다. 이 망심의 패턴은 번뇌를 더 많이 일으켜서 그 번뇌를 싫어하여 열반으로 나아가게 하는 힘을 줍니다.

云何熏習起淨法不斷.
운 하 훈 습 기 정 법 부 단

어떻게 훈습하여 정법淨法을 일으켜 단절시키지 않는가?

[논論]

무명이 어떻게 정법을 훈습받아서 닦아가며 끊이지 않고 정법을 일으킬 수 있는가? 무명이라는 것이 어떻게 정법을 닮아간다는 건지 말도 안 된다는 것입니다. 그에 대해 질문하고 스스로 대답하죠.

所謂以有眞如法故, 能熏習無明. 以熏習因緣力故,
소위이유진여법고 능훈습무명 이훈습인연력고

則令妄心厭生死苦, 樂求涅槃.
즉령망심염생사고 요구열반

소위 진여법眞如法이 있기 때문이니 이 진여가 무명을 훈습하는 것이며, 훈습하는 인연의 힘에 의하여 곧 망심妄心으로 하여금 생사生死의 고통을 싫어하고 열반涅槃을 구하기 좋아하게 하는 것이다

[논論]

진여훈습은 진여법이 있기 때문이라는 것은, 이 말만 들어서는 알 수가 없어요. 진여법이 어떻게 무명을 훈습할 수 있다는 것인지 이해하기 힘듭니다. 진여법도 현상 중의 하나이고, 무명도 현상이기 때문에 서로 물들이고 물들임을 받을 수 있는 것입니다. 레벨이 다르면 물들일 수 없어요.

법法은 물 수水와 갈 거去를 합한 글자입니다. 물이 가는 모습이죠. 현상계에는 물이 흘러가는 모습 같은 법칙, 패턴이 있습니다. 물은 위에서 아래를 향해 흐르고, 장애를 만나면 위로 넘쳐흐르거나 옆으로 비켜서 돌아가고, 움푹 팬 곳을 만나면 흐를 수 있을 때까지 가득 채우는 그런 패턴이 있습니다. 이런 것처럼 진여가 흘러가는 법칙이 있습니다. 진여가 현상으로 드러날 때의 어떤 모습이 바로 진여법眞如法입니다. 진여법이 있기 때문에 무명을 훈습할 수 있습니다. 현상계의 씨앗인 무명을 진여의 법칙이 물들입니다. 어리석은 중생의 마음을 물들여서 맑은 진리로 향하게 합니다. 마음공부를 시작하면 괴로움이 잦아들어 편안해지고, 점차 쓸데없는 것에 묶이지 않고, 집착하지 않게 되고, 결국 그것을 넘어가게 되잖아요. 그와 같습니다.

무심삼매로 가는 마음의 전개 과정

마음의 전개 과정을 한번 거슬러 올라가 보겠습니다. 분별사식分別事識, 즉 철저하게 분별해서 집착하는 마음입니다. 여기에서 그 이전으로 거슬러 올라가면 고락苦樂을 보게 됩니다. 고락이 있기 때문에 철저한 분별과 집착이 일어난다는 말입니다. 거기서 한 과정 더 올라가서 고락을 생기게 하는 호오好惡의 분별을 보게 되는데 좋고 나쁨이 있으니 그중 좋은 것을 취하니 즐겁고, 나쁜 것을 없앨 수 없으니 고통스러움이 옵니다. 그 다음에는 분별을 일으키는 경계를 보는 현식으로 거슬러 올라갑니다. 이 분별이 있기에 좋고 나쁨이 분별될 수 있는 것입니다. 이렇게 마음의 분열과정을 거슬러 올라가는 것이 바로 무명에서 근본으로 나아가는 과정, 무명이 진여에 훈습되어가는 과정입니다. 그러면서 점차 고락苦樂에 집착하지 않게 되고, 좋고 나쁨의 분별에 묶이지 않게 되고, 마음이 평안하고 고요해집니다. 그렇게 점차 깊숙이 들어가다 보니 드디어 마음의 분열이 멈추고 통합된 비이원적非二元的인 마음에 이르러 무심삼매無心三昧에 듭니다. 그때 교묘한 마음이 속삭입니다. "나는 드디어 무심삼매無心三昧를 터득했어." 마음이 또다시 분열 속으로 들어가려는 순간입니다. 여기까지 이른 사람이, 무심삼매도 하나의 현상이고 진여도 하나의 현상이라는 얘기를 들어야 하는 사람입니다.

진리를 닦아가는 마음에 있는 인연因緣의 힘이, 생사生死를 싫어하고 열반을 좋아하여 추구하게 만듭니다. 이것도 망념妄念이지만 진리와 근본을 향하여 나아가게 하는 망념妄念이지요. 일단 무엇을 좋아하고 싫어한다는 것은 분별의 경계가 일어나고 거기에 호오好惡가 붙었다는 의미이므로 그 자체가 망념이지만, 생사生死를 싫어하고 열반을 좋아하는 호오好惡가 붙어 진리를 닮아가고자 하는 망념이기에 쓸모 있는 망념입니다. 이것이 정법훈습에 있는 망심훈습입니다.

진리에 물들고, 물든 마음을 떠나는 것도 인연의 힘에 의한 것입니다. 훈습이 일어나는 기본적인 인因은 무명입니다. 그래서 무명인無明因이라고 하지요. 훈습을 일으키는 외적인 연緣은 경계입니다. 그래서 경계연境界緣이라고 합니다. 나뉘었기 때문에 무언가가 다른 무언가를 물들일 수 있고, 무언가에 의해 다른 무언가가 변할 수 있어요. 그러나 변할 수 있고, 물들거나 물들 수 있다는 것은 그 자체가 본질은 아니라는 의미입니다. 그래서 망념일 수밖에 없습니다.

괴롭다가 괴롭지 않게 된 것은 상태 변화일 뿐

以此妄心有厭求因緣故, 卽熏習眞如, 自信己性, 知心妄動,
이 차 망 심 유 염 구 인 연 고　즉 훈 습 진 여　자 신 기 성　지 심 망 동

無前境界, 修遠離法.
무 전 경 계　수 원 리 법

이 망심妄心에 싫어하고 좋아하는 인연이 있기에 진여를 훈습하여 스스로 자기의 본성을 믿어 마음이 망령되이 움직이는 것일 뿐 앞의 경계가 없음을 알아 멀리 여의는 법을 닦는다.

[논論]

염구인연厭求因緣은 앞에서 말한 생사의 고통을 싫어하고 열반을 추구하는 것(厭生死苦, 樂求涅槃)입니다. 망심妄心에 생사의 고통을 싫어하고 열반을 좋아하는 인연이 있기에 진여를 닮아서 진여에 물들어 갑니다. 이 망심훈습이 바로 명상을 하고, 마음공부를 하고, 자기를 다루는 공부의 과정인 것입니다. 그래서 이전에는 괴롭게 여기던 일에 괴로워하지 않게 되고, 더 이상 끌려 다니지 않게 되면서 점차 마음이 맑

아집니다. 사실은 전반적인 구조가 파악되어 마음이 동일시되지 않고 집착하지 않아 편해지는 것인데, "내가 끌려다니다가 이제 끌려다니지 않게 되었어."라고 잘못 생각할 수도 있습니다. 나의 본질이 끌려다니다가 그러지 않게 되었다고 여긴다는 것입니다. 본질은 결코 변하지 않습니다. 괴롭다가 괴롭지 않은 것은 모두 망령된 마음, 즉 상태 변화를 일으킬 수 있는 일시적인 현상이라는 말입니다. 현상적인 마음과 '현상적인 나'에게만 상태 변화가 일어날 수 있습니다. 내가 누군가에게 그의 잘못에 대해 심한 말을 했습니다. 그리고 집에 와서는 '너무 그러지 말걸' 하고 후회를 합니다. 이때 후회라는 2차 화살을 일으키는 것은, 그렇게 튀어 나오는 후회라는 그 마음의 현상을 자기라고 여기는 마음입니다. 2차 화살이 줄어들기만 해도 1차 화살도 점차 줄어듭니다. 2차 화살이 줄어든다는 것은, 그런 현상을 '나'라고 여기는 마음으로부터 떨어져 나가기 시작한다는 의미입니다. 이런 의미에서 후회하지 않는다는 것은 뻔뻔해지는 것이 아닙니다. 남들 보기에는 뻔뻔함일 수도 있지만 자기 내면에서는 명료하게 보는 것인 일어나고 있을 수 있습니다. 그래서 자기 자신을 속이지만 않는다면, 자기 안에서 일어나는 일들을 통해 '나'라는 것에 구속 받고 있는지, 아니면 '나'라는 동일시로부터 떨어져 나오고 있는지를 명확히 볼 수 있는 것입니다. 2차 화살을 맞지 않는 것이 참 중요합니다. 실수는 일어날 수 있어요. 현상계는 늘 실수가 일어나고 잘못이 일어 날 수밖에 없게끔 되어 있습니다. 점차 섬세해지고 민감해질수록 실수는 줄어들겠지만 그럼에도 불구하고 또 일어날 수도 있어요. 그럴 때 "아직도 내가 이 모양이야."라고 한다면, 실수한 것을 자기라고 여기는 마음을 강화시키는 것입니다. 실수가 일어나는 것은 나 때문이 아니라 무명의 인因의 작용입니다.

최초의 오해, 스스로 개인이 존재한다고 믿다

지난 시간 마지막 원문 중간부터 다시 보겠습니다.

自信己性, 知心妄動, 無前境界, 修遠離法.
자신기성　지심망동　무전경계　수원리법

스스로 자기의 본성을 믿어 마음이 망령되이 움직이는 것일 뿐 앞의 경계
가 없음을 알아 멀리 여의는 법을 닦는다.

[논論]

마음이 처음에 망령되이 움직이는 것이 전식轉識입니다. 마음의 망
동妄動이나 망념妄念, 또는 전식轉識을 비슷한 의미로 받아들이면 됩니
다. 마음의 첫 번째 움직임은 주체와 대상이 나눠지는 것입니다. 움직
인다는 것은 어딘가로 움직인다는 것이고, 어딘가로 움직인다는 것은
시작점과 도착점이 생겨난다는 얘긴데, 마음의 이러한 움직임이 바로
주체와 대상으로 나뉘게 하는 첫 번째 움직입니다.

앞의 경계가 없다(無前境界)는 말은 이것 말고 다른 경계가 없다는 의
미입니다. 오직 이 경계가 마음의 분별의 시작이라는 뜻입니다. 즉 나
와 대상이 생겨나는 경계를 말합니다. 그것과 그것 아닌 것으로 나누
는 것이 경계의 역할입니다. 그래서 경계는 곧 분리를 의미합니다. 멀
리 떠나는 법(修遠離法)은 경계로부터 떠나는 것입니다. 경계를 없애려
는 것이 아니고 경계가 없다는 걸 알아서 멀리 떠나는 것입니다. '있다'
로부터 떠남을 말합니다.

자신기성自信己性은 굉장히 중요한 말입니다. 최초의 오해가 생겨나
는 것은 스스로 개인이 존재한다고 믿기 때문입니다. 자기라는 것은

하나의 분리된 개별체로서 있다고 믿는 것이지요. 자신의 본성, 즉 개별화된 자기가 있다는 스스로의 믿음으로부터 오해가 생겨나 모든 현상이 일어나기 시작합니다.

　무의식의 깊은 심층에 데이터가 저장되어 모든 것의 토대가 되는 총집합을 아라야식이라고 합니다. 업식業識, 제8식識, 또는 여래장如來藏이라고도 하지요. 아라야식의 기본적인 정보, 느낌들의 총합이 전식轉識의 토대가 되어 첫 움직임이 일어나 전식으로 가면 드디어 '나와 대상'으로 분리되므로 어떤 '앎'이 일어나게 됩니다. 아라야식 자체에는 분리가 없기 때문에 앎이 일어나지 않아요. 아라야식은 모든 분열의 원천이지만 아라야식 자체는 분리 없음입니다. 그래서 여래의 씨앗이 저장되어 있다는 의미로 여래장이라고도 합니다. 아라야식 자체는 중생衆生의 마음을 만드는 토대가 되지만, 또한 부처의 마음을 알 수 있는 재료가 되기 때문에 여래의 씨앗, 즉 깨달음의 씨앗이 담겨 있다고 보는 것입니다. 7식識까지의 모든 것을 일으키는 근본적인 저장소라는 의미로 제8식識이라고도 합니다.

　아라야식이 한 번 움직이면, 다시 말해 망동妄動하면 전식轉識이 됩니다. 방향이 없는 움직임이라는 것은 없습니다. 방향이 있다는 것은 움직임의 시작점과 도착점이 있다는 의미이므로 분리를 의미합니다. 마음에 하나의 대상을 떠올려보세요. 이때 그 대상을 자기 내면을 잘 살펴보면 '보는' 무언가가 생겨납니다. 이때 보는 자는 시작점이요, 보여지는 대상은 도착점입니다. 이것이 바로 나와 대상의 분리입니다. 그 다음, 또다시 마음이 움직이면 '나'가 아닌 모든 것은 '대상'일 뿐이었는데 좀더 세밀하게 보면서 다양한 대상이 구분됩니다. 즉, 대상들끼리 분리가 일어나고 경계가 생겨나서 현상계라는 대상으로 가득한 세계가 나타나는데, 그것이 바로 현식現識입니다. 이때부터 사물에 경계가 있다고 착각하기 시작합니다. 경계라는 것은 자기 마음에 있는 겁니다.

우리는 이 핸드폰을 경계를 지닌 하나의 대상으로 파악합니다. 그런데 만일 사람 몸집 크기를 바이러스 크기만큼으로 여길 정도의 큰 손을 가진 거인이 있다면 그 거인의 눈에는 이 핸드폰과 사람을 분별해 낼 수 없을 것입니다. 그렇다면 그에게는 사람과 핸드폰 사이에 경계가 없는 것이고 서로 다른 두 개가 아닌 것입니다. 마치 우리 눈에 손바닥에 붙어있을 바이러스가 보이지 않아 분별되지 않듯이 말이지요. 둘 사이의 경계란 각각을 분별할 수 있는 측정 장치를 가진 마음에게만 존재합니다. 따라서 핸드폰 자체는 존재하는 것도 아니고, 존재하지 않는 것도 아닙니다. 핸드폰을 측정해 낼 수 있는 감각기와의 관계에서만 존재하는 것입니다.

그래서 색즉시공 공즉시색色卽是空 空卽是色이라고 합니다. 소립자 수준까지 볼 수 있는 감각기로 핸드폰을 본다면 허공으로 가득 차 있고, 다시 물리적인 차원으로 나오면 핸드폰은 하나의 물질로 존재합니다. 즉 핸드폰의 본질적인 측면으로 깊숙이 들어가서 관계 맺을수록 핸드폰은 점점 공空에 가까워지고, 표면적인 물리적인 모습으로 점점 나와서 관계 맺을수록 핸드폰은 색色에 가까워지겠죠. 그러니까 그 관계가 표면에 있느냐, 본질에 있느냐에 따라서 색色적인 관계 맺음인지 공空적인 관계맺음인지가 구별되는 것이지, 사실 공空도 없고 색色도 없는 것입니다. 관계만 있는 거예요. 마찬가지로 우리가 현상을 볼 때, 현상을 정말 실질적인 존재라고 여기는 마음에게는 그 현상이 색色으로 존재하고, 현상은 나타났다 사라지는 임시적인 것일 뿐 본질은 비어 있음을 파악한 마음에게는 그 현상은 공空으로 존재합니다. 그래서 색色은 곧 공空이 되는 것입니다. 색色이기도 하고 공空이기도 하고, 또는 다르게 말하면 색色도 아니고 공空도 아닌 것입니다. 그래서 비유非有, 비무非無, 비비유非非有, 비비무非非無 등의 표현을 했습니다. 있는 것도 아니고(非有), 있는 것이 아닌 것도 아니고(非非有), 없다고도 할 수 없고(非無), 없다고 할 수 없는 것도 아니라는(非非無) 것입니다.

마음이 '망령되이' 움직인다고 했습니다. 그 움직임을 통해 나와 대상이 생겨나기에 그렇습니다. 색色으로 보는 마음이 생겨나면 색色으로 존재하는 주체와 대상이 생겨나고, 공空으로 보는 마음이 생겨나면 공空으로 보는 주체와 대상이 생겨납니다. 그것이 바로 망동妄動입니다.

대승의 신심信心은, 경계가 없다는 것 즉, 분리가 없다는 것을 아는 것입니다. 그래서 경계를 멀리 떠나는 법을 닦는 것이 수원리법修遠離法입니다. 망동의 첫 경계 지어짐은 일시적인 에너지 흐름 때문에 생겨난 착각일 뿐, 변함없이 고정된 경계는 아닙니다. 그냥 나타났다 멈추는 움직임 속에서 주체와 대상이라는 현상이 잠깐 일어나는 것일 뿐, 고정불변한 것이 아님을 파악하는 것이 바로 경계를 떠나는 것입니다.

일상의 예를 들어보겠습니다. 뭔가를 하고 나서 "내가 그러지 말았어야 했는데…"라는 후회가 2차 화살이라고 했습니다. 후회함으로써 발전하는 것이 아니라 대부분 자기를 강화시킬 뿐입니다. 그런 후회 속에는 이미 나와 대상의 분리인 전식이 일어나 있고, 내가 잘못했다는 생각은 자기 강화를 일으킵니다. 이런 후회가 드는 순간, 나와 대상이 분열되어 나를 주장하고 있음을 알아채는 것이 수원리법修遠離法이라고 할 수 있습니다. 2차 화살을 맞은 자를 자기라고 여기지 않게 되면 점차 1차 화살도 줄어들게 됩니다. 자기라는 분열이 점점 흐려지기 때문에 그렇습니다. 물론 나쁜 짓 하고서 후회하지 말라는 소리는 아니에요. 내 마음에서 후회하는 마음이 일어난다면 그 밑바탕에 어떠한 행동을 한 것을 자기라고 여기는 마음이 기본적으로 깔려있는 상태임을 느끼라는 것입니다. 분열을 기본적으로 인정하고 있는 상태인 것이지요.

이렇게 자신기성自信己性 때문에 망동妄動이 일어나는데, 그 망동 이전의 경계는 따로 없습니다. 망동 자체가 바로 경계를 일으키는 것이지, 그 이전의 경계, 그 외의 다른 경계는 없다는 것이 무전경계無前境界의 의미입니다. 나와 대상, 주체와 객체가 생겨나는 전식轉識이 최초의 경계입니다. 아기일 때 자기를 인식하지 못하는 것을 보면 '자기'라는 것은 만들어진 '느낌'이라는 것을 알 수 있습니다. 경계 지어진 모든 것은 우리에게 느낌으로 장착됩니다. 마음의 미묘한 느낌들을 세밀하게 분별해 내는 것은 아주 중요하기 때문에 우리는 감지™ 연습을 합니다. 분별 이후에 "이것은 좋고, 저것은 나빠"라는 호오好惡가 붙을 때부터 문제가 생기는 것이지, 그 이전의 분별은 우리 마음을 살펴 볼 수 있는 아주 중요한 도구입니다. 우리가 말하는 감지는 바로 분별 자체입니다. 분별에 좋고 나쁨이 붙은 것을 의미하는 것이 아니에요. 이런 현식現識까지는 괜찮습니다. 현식에 좋고 나쁨이 붙는 지식智識부터 문제가 생겨납니다. 업식, 전식, 현식까지가 현상의 인因이고, 지식, 상속식, 의식이 현상의 연緣입니다. 인因과 연緣이 합쳐진 인연因緣에 의해 우리가 의식하는 경계 지어진 현상 세계가 드러나고 나타납니다.

모든 나눔은 자기 마음을 나눈 것

以如實知無前境界故, 種種方便, 起隨順行, 不取不念.
이 여 실 지 무 전 경 계 고　　종 종 방 편　　기 수 순 행　　불 취 불 념

乃至久遠熏習力故, 無明則滅.
내 지 구 원 훈 습 력 고　　무 명 즉 멸

앞의 경계가 없음을 여실히 알기 때문에 여러 가지 방편으로 수순행隨順
行을 일으켜 집착하지도 않고, 잘못 생각하지도 않으며, 오랫동안 훈습한
힘 때문에 무명無明도 멸하게 된다.

[논論]

경계란 마음이 망령되이 움직인 것이지, 그 외의 경계는 따로 없습
니다. 지금 여러분 앞에 있는 컵과 탁자를 보다가 감각™ 상태로 들어
가면 마음이 컵과 탁자를 구별하지 못합니다. 감각에서 빠져나오면 다
시 컵과 탁자가 구별됩니다. 마음이 과거의 데이터를 기준으로 지금
현재의 컵과 탁자를 볼 때 두 개가 분별되기 시작합니다. 이것이 곧 마
음속 경계입니다. 그래서 一切分別, 卽分別自心. 心不見心, 無相可得
(일체분별은 자기 마음의 일을 분별하는 것이니, 마음은 자신을 보지 못하고, 자신
에 대한 상相을 만들 수 없다.)이라고 했습니다. 마음은 마음 자체를 볼 수
없어요. 잡을 수 있는 상相이 없기 때문에 그렇습니다. 마음은 끊임없
이 변화하는 상相들의 재료가 될 뿐, 마음 자체의 상相은 따로 없다는
말입니다. 두려움, 분노, 기쁨, 슬픔 등의 다양한 감정과 갖가지 생각
들이나 미묘한 느낌들은 모두 마음이 잡을 수 있는 상相이에요. 그런
데 그런 상相들을 일으키고 있는 마음 자체는 잡을 수 없습니다. 다양
한 상相을 만들어 낼 수 있지만 마음 자체가 특별하게 고정된 하나의
상相을 이루고 있는 것은 아니기 때문에 결코 마음은 마음을 볼 수 없
습니다. 눈은 모든 것을 보지만 눈 자신을 보지는 못한다는 말과 똑같
습니다. 외부의 일이라고 여겨지는 분별을 포함한 모든 분별은 내 마

음속 분별입니다.

이것을 연습해 보지요. 감각™이 바로 분별자심分別自心 상태 이전입니다. 감각으로 들어가 보세요. 마음속의 분별이 없어집니다. 마음의 상相을 없애려고 하지 말고 에너지를 빼버리면 됩니다. 탁자와 컵을 분별하는 마음에서 주의의 강도를 낮추세요. 주의 제로! '눈에는 보이지만 보지 않는다.'는 말이 이해되나요? 상相이 없어지니까 마음이 흐리게 느껴집니다. 다시 감지로 나오세요. 이름과 생각은 없지만 어떤 느낌이 구별되는 상태입니다. 마음에 컵과 탁자의 느낌이 나타나는 이때부터가 분별자심分別自心입니다. 감각 상태일 때는 '나'라는 것도 느껴지지 않죠? 분별자심分別自心 이전에는 자기도 대상도 없으니까 스스로를 보지 못하는 상태, 심불견심心不見心입니다. 우리 방식으로 말하자면 잡을 수 있는 감지가 없기 때문에 스스로를 보지 못하는 것입니다. 그런데 감지 상태로 나오면 주체가 있잖아요. 마음이 어떤 형상으로 드러난 것입니다. 그러니까 마음의 본질은 어떤 상相을 통해 자기를 드러내는 것입니다. 그런데 그 상相이 없으면, 다시 말해 감각으로 들어가면 주체가 있는지 없는지도 관심 없고, 알려고도 하지 않고, 점차 태극太極 상태로 들어가는 것입니다. 마음이 나눠지지 않기 때문에 즉, 상相이 없기 때문에 자기 자신이 있는지 없는지 모르는 상태로 들어가는 거예요. 잡을 수 있는 감지가 없기 때문에 자기가 있는지 없는지도 모르는 상태가 심불견심心不見心입니다.

여러 가지 방편을 써서 훈련을 한다고 했는데 경계를 멀리 떠나는 훈련을 의미합니다. 경계를 없애는 훈련이 아니라 경계가 본질적으로 없음을 파악하는 훈련이에요. 경계를 없애려고 하면 할수록 경계가 생기게 마련입니다. 왜일까요? 뭔가를 싫어하고 없애려고 하면 할수록 그것에 주의가 붙들리기 때문입니다. 없애려고 하면 없애기 위해 그것에 집착하게 됩니다. 불취不取의 취取가 집착을 의미합니다. 불념不念은 잘못 생각하는 것을 말합니다. 이어서 말하는 훈습은 진여를 훈습하는 것입니다. 오래도록 경계 없는 진여를 닮아가려고 애쓰는 것입니다. 집착하지도 않고 잘못 생각하지도 않으며 오랜 시간 훈습하면 무명無明도 멸하게 된다고 얘기하고 있습니다. 훈련을 하고 연습을 하면 무명無明이 사라질 수 있다는 말인데, 이것은 생멸문에서의 얘기입니다. 진여문에서는 그런 것도 없다고 했지만, 현상 속에 빠져 있을 때는 이렇게 생멸문으로 설명할 수밖에 없습니다.

불취불념不取不念에 대해 자세하게 살펴보겠습니다. 불취不取는 사취번뇌四取煩惱를 일으키지 않음을 말합니다. 불교에서 말하는 사취四取는 욕취欲取, 견취見取, 계금취戒禁取, 아어취我語取입니다. 욕망하는 집착, 견해를 가지는 집착, 억지로 고행하고 계율을 지키려는 집착, 자기의 주장에 대한 집착을 의미합니다. 고행하고 규율을 지키는 것도 집착이에요. 불교에서는 그런 집착도 외도外道라고 합니다. 뭔가를 얻으려는 마음이 있기 때문입니다. 그리고 그것이 진리라 할지라도 자신의 주장이 옳다고 고집하는 것은 '내가 있다'를 전제로 하기 때문에 역시 집착입니다. 뭔가 발견되고 깨쳐졌다고 해서 "이게 옳아"라는 마음이 나온다면, 그것이 바로 아어취我語取입니다. 다른 사람의 아어취는 잘 보면서 자기의 아어취는 못 볼 때가 많습니다. 이런 네 가지 집착을 하지 않는 것이 바로 불취不取입니다.

주체와 대상이 생겨나는 과정

 불념不念은 법집분별념法執分別念을 일으키지 않음을 말합니다. 불교 수행에 장애가 되는 그릇된 두 가지 집착이 아집我執과 법집法執입니다. 법집은 일체의 사물이 각기 고유한 본체와 성격을 가지고 있다는 생각에서 일어나는 집착입니다. 무명의 씨앗인 아라야식이 움직여서 주체와 대상, 즉 대승기신론에서 말하는 견분見分과 상분相分으로 나뉩니다. 이 나뉜 것에 집착이 생겨나는데 견분見分은 아집我執이 되고, 상분相分은 법집法執이 됩니다. 다시 말해 "나와 대상이 독립적으로 존재한다."는 것이 아집과 법집입니다. 이것은 제 7식識인 마나스식Manas識(말나식)에 해당합니다. 6식識까지는 경계와 분별이 있는 상태이고, 거기에 덧붙여 "내가 있다."고 여기는 것이 마나스식입니다. 나와 대상이 임시적으로, 상대적으로, 현상적으로 존재하는 것이 아니라 독립적으로 존재한다고 여깁니다. 우리는 깨어있기 기초과정에서 M.C. 에셔의 검은새와 흰새 그림을 봤었죠.

 그림의 아래 최초의 모습은, 흐릿한 검은색 삼각형과 흐릿한 흰색 삼각형이 서로 붙어 있다가 점차 전개될수록 둘 사이에 공간이 생겨납니다. 그래서 윗부분으로 가면 검은 새와 흰 새 사이에 공간이 생겨납니다. 바로 그 공간이 "내가 너를 본다.", "나는 네가 아니다."를 의미해요. 동

검은 새와 흰 새 사이에 공간이 생겨났다.

검은 새와 흰 새 사이에 공간이 없다.

검은 삼각형과 흰 삼각형 사이에 공간이 없다

전의 양면처럼 붙어 있던 검은 공간과 흰 공간의 상태에서 주체(흰 새)와 대상(검은 새)이 완전히 분리되어 독립적으로 존재하는 중간 쯤 위가 바로 아집과 법집의 마나스식이 생겨나는 때입니다. 자신이 독립되어 있다고 여기는 '나'는, 아라야식이 작용해서 주체와 대상으로 나뉜 일시적 상태임을 모릅니다. 왜냐하면 그 '나' 속에 존재가 들어앉아 있기 때문이죠. 주된 에너지가 '나'에 머물기 때문에 자신이 전체 마음 중 하나의 현상에 불과하다는 것을 모릅니다. 자기가 아라야식의 작용에 불과하다는 것을 모르고, 자신은 독립적으로 존재한다고 믿기 때문에 분별이 없는 아라야식을 알지 못합니다. 그래서 모든 것이 이 앎, 즉 식識 속에 존재함을 모르고 식識의 밖에 존재한다고 여기는 것이 바로 마나스식, 제7식識입니다. 이때부터 나와 대상이 독립적으로 존재한다고 믿기 시작하는 것입니다. 그런 착각을 통해 아집我執과 법집法執이 일어나고 마음의 작용이 자각되지 않으므로 무명無明속에 머물게 됩니다.

이러한 집착에서 멀어지기 위해서는 경계를 인정하지 않고, 경계가 착각임을 계속해서 파악해야 합니다. 알아챔을 통해 집착에서 멀어지고 불취불념不取不念 하지 않으며, 오랫동안 연습을 하거나 순간적으로 알아채면 그 힘에 의해 무명도 멸하게 됩니다.

以無明滅故, 心無有起. 以無起故, 境界隨滅.
이 무 명 멸 고　심 무 유 기　이 무 기 고　경 계 수 멸

무명이 멸하기 때문에 마음에 일어나는 것이 없고, 일어남이 없기 때문에 경계가 따라서 멸한다.

[논論]

마음에 일어나는 것이 없다는 것은 분열이 없다는 말입니다. 마음에 잡히는 어떤 감지感知도, 경계적인 현상도 일어나지 않는다는 뜻이에

요. 경계가 고정불변으로 존재한다는 착각이 사라지면 그 경계가 멸합니다. 마음속의 경계가 멸하면 즉각 무명으로부터 떨어져 나오게 됩니다. 그러니까 알아채면 끝인 거예요. 물론 오랜 습관이 있기 때문에 그 관성慣性을 다루어야 하겠죠. "우리는 이미 완벽해. 우리는 완전해."라고 자주 말하잖아요. 생겼다가 사라지는 현상인 파도를 자기라고 믿는 것이 문제일 뿐, 그런 습관적인 믿음이 힘을 잃어버리면 우리는 이미 이 순간도, 100년 후에도, 2만 년 전에도 완전한 물이라는 것입니다.

무명이 멸滅한다는 것은 마음이 움직이지 않는다는 의미입니다. 동념動念에 의해 경계와 분별이 생겨나고, 좋고 싫음이 생겨나고, 이어서 즐기고 저항하는 고락이 생기고, 집착이 일어나 파란만장한 의식의 세계가 펼쳐집니다. 얼마나 재미있는 현상계입니까? 파란만장하지 않은 인생은 밋밋하죠. 그렇지만 파란만장한 현상의 깊숙한 곳에는 전혀 움직이지 않는(不動) 절대고요가 있습니다. 절대고요에 기반한 파란만장함은 재미있지만 절대고요를 파악하지 못한 인생은 괴로울 뿐입니다.

以因緣俱滅故, 心相皆盡, 名得涅槃, 成自然業.
이 인 연 구 멸 고 심 상 개 진 명 득 열 반 성 자 연 업

인因과 연緣이 모두 멸하기 때문에 심상心相이 다 없어지니, 이를 열반을 얻어 자연업自然業을 이룬다고 한다.

[논論]

자연업自然業은 생각할 수 없는 미묘한 업業의 쓰임(불사의업용不思議業用)을 말합니다. 업業이 쓰여서 열반으로 가게 됩니다. 마음이 깨끗해져가는 과정인 정법훈습淨法熏習 중에서 망심훈습妄心熏習이 끝났습니다.

정법훈습에는 두 가지가 있습니다. 진여가 무명에 영향을 미쳐서 깨끗하게 하는 진여훈습眞如熏習과 망심으로 하여금 생사의 고통을 싫어

하고 열반을 구하게 만드는 작업인 망심훈습妄心熏習이 그것입니다. 그런데 여기서 참 재미있는 것은, 생사와 열반의 나눔 자체가 착각된 분열인데, 생사에서 벗어나려고 애써 노력한다는 것입니다. 진짜 분열이 아니라 착각된 분열이라는 것, 마음의 분열은 일시적인 현상에 불과하다는 것을 알면 망심훈습이 필요가 없습니다. 그것을 모르니까 망심妄心을 가르치고 물들여서 정법淨法으로 돌아오게 하는 작업이 가능한 거예요. 착각 속에 빠져있기 때문에 가능한 일인 것입니다.

항상 두 가지로 나누어 얘기하는데, 그중 하나는 본질적인 이야기입니다. 모든 노력이란 전부 착각 속에서, 꿈속에서 하고 있다는 것입니다. 생멸문은 다 꿈속의 일이고, 진여문은 깨어난 상태를 얘기합니다. 깨어있을 때는 아무런 노력이 필요 없지만 꿈속에서는 꿈을 깨려는 노력을 해야 합니다. 그런데 꿈속에서 아무리 애써봐야 꿈속의 애씀일 뿐이라는 것입니다. 꿈속에서는 아무리 해봐야 깨어나는 꿈일 뿐일 뿐 그것이 실제로 깨어나게 하는 것은 아니지만, "이건 꿈이야, 꿈이야" 하다보면 진한 꿈이 점차 옅어지다가 어느 순간 발버둥을 치면서 깨어납니다. 깨달음과 자각에 대한 모든 가르침은 중생이 생멸문 속에 있기 때문에 가능합니다. 생멸문을 벗어난 진여문에서는 깨달음도 없다고 말하지만, 생멸문 속의 일반 대중에게는 생사의 고통 속에 있지 말고 빨리 빠져나오라고 말하는 것입니다.

깨달았다거나 마음에서 벗어났다고 여기는 마음 자체는 또 다른 함정이라고 했습니다. 그 또한 마음이 그려내는 개념이에요. 그렇지만 분명 자유로워지고, 마음이 괴롭지 않게 됩니다. 어떤 느낌이 일어나도 거기에 영향 받지 않고, 느낌은 그냥 나타났다가 사라진다는 것을 아니까 자유로워요. 느낌에 영향을 받지 않는다는 것은, 그것이 경계

지이진 고정불변한 존재라고 믿지 않는 마음이 생긴 거예요. 그러니까 괴로움이 있어도 괜찮게 됩니다. 괴롭게 느껴지긴 하지만 더 이상 괴로움이 아닙니다. 왜 괴롭게 느껴집니까? 내 안에 쌓인 아라야식의 씨앗 때문에 그렇습니다. 현상을 위한 기본 재료인 그 씨앗은 나도 모르게 장착되어 있고, 그것들을 통해 안이비설신의眼耳鼻舌身意라는 감각기관이 형성됩니다. 그리고 이 감각 기관의 한계 내에서는 항상 생멸生滅이 있습니다. 그런데 이 감각기관 자체가 하나의 만들어진 현상이라는 것입니다. 그러니까 우리 자신을 감각기관의 현상 속에 묶어두지 않는다면 어디에도 머물지 않는 생명의 힘 그 자체가 되는 것입니다. 물론 생명의 힘이라는 것도 하나의 개념입니다만, 어떤 틀과 개념에도 묶이지 않는, 모든 현상을 일으키는 그 토대를 자유롭게 쓰면서 살다 가면 됩니다. 무엇을 하던 간에 어디에도 묶이지 않고 겁내지 않고 두려워하지 말고, 자신에게 주어진 생명 에너지를 최대한 발휘하면서 사세요.

세상에 존재하는 모든 수련법의 두 가지 귀결

오늘 강의는 정법훈습淨法熏習 중의 망심훈습妄心熏習에 대한 내용입니다. 망심훈습에는 분별사식훈습分別事識熏習과 의훈습意熏習 두 종류가 있습니다. 분별사식훈습은 지止수련법이고, 의훈습은 관觀수련법이라고 보면 됩니다. 지止는 남방불교에서 말하는 사마타로 경계를 없애는 수련법이고, 관觀은 위빠사나를 말하는데 나타났다 사라지는 생멸을 바라보는 것입니다. 사마타쪽으로 가는 것을 정淨이라 하고, 위빠사나처럼 나타났다 사라짐을 명확하게 보고 알아채는 것을 혜慧라고 하죠. 정혜쌍수定慧雙修라는 말은 사마타와 위빠사나를 같이 하라는 말입니다. 우리식으로 말하자면 지止는 감각 연습이고, 관觀은 모든 현상을 현상으로 보는 감지 연습입니다. 대승기신론 뒤쪽에 나오는 수행신심분修行信心分에서 수행하는 방법으로 지관법止觀法을 얘기하는데, 그때 좀 더 자세히 다루도록 하겠습니다. 분별사식훈습과 의훈습은 세상에 존재하는 모든 수련법을 크게 대별하는 두 가지인 지관법止觀法을 말합니다.

妄心熏習義有二種. 云何爲二.
망 심 훈 습 의 유 이 종   운 하 위 이

一者分別事識熏習. 依諸凡夫二乘人等, 厭生死苦, 隨力所能,
일 자 분 별 사 식 훈 습   의 제 범 부 이 승 인 등   염 생 사 고   수 력 소 능

以漸趣向無上道故.
이 점 취 향 무 상 도 고

밍심훈습妄心熏習의 뜻에 두 가지가 있으니 어떤 것인가?
하나는 분별사식훈습分別事識熏習이니 모든 범부凡夫와 이승인二乘人이 생사의 고통을 싫어하여 힘이 닿는 대로 점차 무상도無上道에 나아가기 때문이다.

[논論]

분별사식훈습分別事識熏習은 분별사식을 멈추도록 훈습시키는 것입니다. 지금 저 밖에 있는 분별은 마음속의 경계 때문에 생겨난 것임을 자꾸 보면서 분별을 멈추는 것입니다. 분별을 통해 생사와 열반이 존재합니다. 생사와 열반이 있다고 여기는 것 자체가 생사와 열반을 분별해 놓았기 때문인 것입니다. 어린애들한테 열반이 어디 있겠어요? 범부凡夫와 이승인二乘人은 생사가 일으키는 고통을 싫어하여 힘닿는 대로 무상도無上道를 향해 나아간다고 했습니다. 생사가 일으키는 고통을 싫어함은, 생사와 열반으로 나누는 분별하는 마음을 기반으로 하고 있는 것입니다. 뭔가가 싫어서 떠나려고 움직이고 있는 것입니다. 그

러나 기본적으로 모든 분별은 또 고통을 일으키게 되어 있습니다.

　이승인二乘人은 성문연각승聲聞緣覺乘을 말합니다. 성문聲聞은 부처님
의 설법을 듣고서 깨달은 사람이고, 연각緣覺은 설법을 듣지 않고도 마
음의 상相들이 인연因緣에 의해 생겨난다는 것을 깨달은 사람입니다.
이런 이승인二乘人도 생사의 고통을 싫어해서 열반을 향해 움직인다
는 것입니다. 그래서 힘닿는 대로 점차 위가 없는 도道를 향해서 가는
것입니다. 생사가 없는 데로 가고 싶어 한다는 말입니다. 그런데 여기
에 하나의 함정이 있어요. 범부는 생사를 싫어하기만 할 수 있죠. 이승
인二乘人은 생사를 싫어하고 열반을 향하는 마음이 있어요. 열반에 대
한 추구의 유무有無에도 불구하고, 범부와 이승인二乘人이 같은 부류가
될 수밖에 없는 이유는 둘 다 생사를 싫어하기 때문입니다. 즉, 둘 다
생사와 열반을 나누는 분별 속에 있다는 것입니다. 분별사식의 집착이
라는 큰 틀의 측면에서는 범부와 이승인이 같다는 말입니다. 그래서
정법훈습 자체가 생멸문 속에서 일어나고 있는 일인 것입니다.

二者意熏習. 謂諸菩薩發心勇猛, 速趣涅槃故.
이 자 의 훈 습　위 제 보 살 발 심 용 맹　속 취 열 반 고

둘째는 의훈습意熏習이니 모든 보살이 발심용맹發心勇猛하여 속히 열반에
나아감을 말하기 때문이다.

[논론論]

　의意는 안이비설신眼耳鼻舌身 다섯 가지가 만들어 내는 마음의 흔
적들을 아는 기능입니다. 의식意識의 의意입니다. 의훈습意熏習은 그
의意를 훈습하는 것인데 업식훈습業識熏習이라고도 합니다. 의意는 안
이비설신의眼耳鼻舌身意에서 제일 표면적인 분별의 경계를 그리지만,
그것은 기본적으로 미묘한 분별된 느낌을 통해 일어나기 때문에 업
식業識의 표면적인 대표성을 가졌다고 보고 그 뿌리를 업식으로 봅니

다. 의식의 가장 밑바탕이 되는 것이 업식이라는 의미이지요. 그래서 의훈습意熏習은 업식훈습業識熏習입니다.

업식業識은 '나와 대상'이 일어나기 바로 직전으로, 최초의 업식은 마음에 어떤 미묘한 흔적들이 나타났다 사라지는 것입니다. 양자진공과 같은 것입니다. 양자진공은 아주 짧은 순간에 나타났다 사라집니다. 나타났을 때는 뭔가 존재하는 것 같고 사라졌을 때는 없는 것 같은데, 이것이 계속 반복되면 나타났다는 느낌과 사라진 느낌이 고정된 것처럼 느껴지기 시작합니다. 그래서 파도로 비유하자면, 올라간 파도의 산은 존재하는 것 같고 골은 사라진 것 같습니다. 산은 어떤 '대상'인 것 같고 골은 '나'인 것 같아요. 나타났다 사라짐이 계속해서 반복되다 보면 마음속에 고정된 느낌으로 자리 잡기 시작해서 대상이 잡히고 내가 보고 있다는 느낌이 드는 것입니다. 이처럼 "뭔가 있어." 하면서 주체와 대상, 다시 말해 견분見分(보는 자)과 상분相分(보여지는 상)으로 고정화시키기 시작하는 것이 바로 전식轉識입니다. 넓은 의미의 의식은 그렇게 견분과 상분으로 나눠져 분별하면서 시작되는데, 그 의식의 근본은 바로 견분과 상분이 일어나기 이전인 미세한 느낌들의 부침, 다시 말해 미묘한 느낌의 나타났다 사라짐이고 그것이 바로 업식業識입니다.

그 업식業識에 고정된 경계가 없고 그 식識이 헤아림인 줄 알아서, 경계 짓는 망념妄念을 떠나게 되고 망념妄念의 근본이 되는 착각하는 마음인 망심妄心도 떠나게 하는 것이 의훈습意熏習입니다. 아주 미세하게 나타났다 사라지는 느낌을 관觀하는 것입니다. 그것이 고정된 것처럼 느껴질지라도 관찰을 엄밀히 하다 보면 나타났다 사라지는 것임을 알아챌 수 있고, 명확하게 보면 그 느낌이 고정된 것이 아니라는 점이 분명해집니다. 맨 처음엔 몰랐지만 나타남과 사라짐이 계속 반복되다 보면, 나타나는 미세한 느낌은 마음의 대상이 되고, 그 대상을 보는 것 같은 느낌은 주체가 되어 한 쌍으로 고정됩니다. 사실은 나와 대상이 생겨나는 게 아니라 끊임없이 느낌들이 일어났다 사라지는 것일 뿐이죠.

주체와 대상의 느낌이 고정되면 이제 대상이 세밀하게 경계 지어지면서 분별되는 현식現識이 일어납니다. 그리고 이어서 대상들의 좋고 나쁨이 구별되기 시작하죠. 좋고 나쁨은 왜 구별될까요? 전식轉識에서 만들어진 주체가 기준 역할을 하게 되어 그 기준에 잘 맞으면 좋고 안 맞으면 싫은 호오好惡가 생겨나는 것입니다. 그러니까 전식轉識이 생겨나면 분별된 대상들에 호오好惡가 붙는 것은 필연적으로 일어나게 됩니다. 우리가 각 단계를 명확히 의식하여 파악한다면 멈출 수 있어서 점차 호오好惡는 떨어져 나갑니다. 그래서 우리가 감지와 감각 연습을 하는 것입니다. 마음속의 느낌을 잡는 것이 감지 연습입니다. 그냥 분별 상태에 머물려고 하는 거예요. 그 감지에 좋고 싫음이 붙으면 지식智識으로 발전하게 되죠. 업식훈습業識熏習은 투명한 마음이 되어 미묘한 느낌들이 생겨났다 사라지는 것을 바라보아서 그것이 현상임을 알게 되는 것입니다. 이것이 바로 진여가 업식業識을 훈습시키는 것입니다.

망심妄心과 망념妄念도 살펴볼 필요가 있습니다. 원래 심心이 가장 기본이고, 그 심心으로부터 분별을 일으키는 념念이 생겨납니다. 망념妄念이라는 것은 망심妄心 때문에 일어난 것입니다. 심心이 착각을 일으켜서 경계가 있는 망념妄念을 만들어 내는 것입니다. 망妄자를 쓰면 좋지 않은 뜻으로 해석되는데, 심心과 념念을 사용한다는 입장에서는 꼭 나쁜 의미인 것만은 아니죠. 잘 사용할 수 있는 도구가 된다면 말이죠.

무명의 마음을 정법淨法이 훈습, 훈련시키는 것이 정법훈습인데, 결국 훈련시키는 방법이 필요합니다. 분별사식훈습과 의훈습을 얘기했지만 그게 어떤 방법인지는 명확하게 나와 있지 않습니다. 그런 내용은 수행신심분修行信心分에서 다뤄질 것입니다.

공空과 색色의 차이는 경계 유무의 차이

眞如熏習義有二種. 云何爲二.
진 여 훈 습 의 유 이 종　 운 하 위 이

一者自體相熏習. 二者用熏習.
일 자 자 체 상 훈 습　 이 자 용 훈 습

自體相熏習者. 從無始世來, 具無漏法. 備有不思議業,
자 체 상 훈 습 자　 종 무 시 세 래　 구 무 루 법　 비 유 불 사 의 업

作境界之性.
작 경 계 지 성

진여훈습眞如熏習이라는 뜻에는 두 가지 종류가 있는데 무엇을 일러 두 가지라고 하는가?
하나는 자체상훈습自體相熏習이고 두 번째는 용훈습用熏習이다.
자체상훈습自體相熏習이란 무시無始의 때로부터 무루법無漏法을 갖추고 불사의업不思議業을 갖추며 경계성境界性을 만드는 것이다.

[논論]

자체상훈습自體相熏習은 진여 자체의 상相의 훈습을 말하고, 용훈습用熏習은 진여의 작용과 활동의 훈습을 말합니다. 불사의업不思議業은 불가사의한 업業의 작용입니다. 그렇게 표현하는 이유는, 진여가 본각本覺에 대한 증득證得을 통해 알아채게 하는 작용을 하는데, 사실 진여가 가르치고 깨우게 해서 교화하는 도움을 준다는 것 자체가 본질과 현상 간의 이어질 수 없는 다리를 잇는 것처럼 여겨지기 때문입니다.

작성계성作境界性은 경계를 만들어 내는 특성을 말합니다. 진여는 본질적인 측면에서 경계가 없습니다. 그래서 공空이라고 말하는 것입니다. 여실공如實空이라고 합니다. 경계의 의미는 분리되고 나누어져서 아주 다양한 것이 존재하게 된다는 것입니다. 만약에 이 안경집과 스마트폰 사이에 경계가 없다면, 다시 말해 구분이 안 된다면 결코 둘로 존재한다고 할 수 없겠죠. 그냥 하나로 인식될 거예요. 이처럼 경계가 있기 때문에 수많은 색色이 존재합니다. 색色은 어떤 존재란 의미이고, 공空은 존재가 아닌 것을 의미합니다. 그런데 공空과 색色의 차이는 경계의 유무의 차이일 뿐입니다. 용훈습用熏習은 만들어진 경계를 경계 없음 속으로 되돌리는 진여 작용의 훈습을 말합니다. 우리는 영원하고 변함없는 개별체로 존재한다고 여기는 환상 속에 빠져있기 때문에 그 경계가 헛된 망상임을 보여주는 것이 용훈습用熏習입니다. 마음의 작용으로 인한 경계를 통해 중생과 부처를 나눈 다음에 부처를 향해 가게 만드는 것입니다. 경계를 만들어 늘 괴롭고 힘든 중생과 고통이 없는 부처를 나누고, 중생의 무리를 부처와 열반을 향해 움직여 가게 만드는 것이 바로 경계를 만드는 작경계성作境界性을 통해 진여의 작용이 훈습하는 것입니다. 그러니까 공부의 초기단계에는 중생과 부처를 나누는 경계가 있는 것입니다. 깊어질수록 경계가 없어지기 때문에 부처와 중생의 차이도 점차 없어지지요. 사실은 경계와 차별로부터 벗어나는 것이 부처인데, 초기 단계에는 중생과 부처를 차별해 놓고 시작하는 것입니다.

물과 물의 소용돌이를 생각해 보지요. 소용돌이가 만들어지려면 일단 물줄기가 두 개로 나눠져야 되고, 서로를 밀치는 작용이 있어야 합니다. 이렇게 물이 나눠져 있으니까 어떤 작용이 일어날 수 있어요. 이와 마찬가지로 마음도 나눠져서 작용이 일어나는 과정을 통해 생사生死의 고통을 멀리하고 열반을 즐겨하는 일들이 생겨나게 됩니다. 물줄기를 두개로 나누는 분별 작용만 없으면 그냥 물이듯이, 마음에서 부처와 중생을 나누는 분별에서 벗어나는 것이 바로 도달하고자 하는 길인데, 처음에는 경계를 만들어 나눠 놓고 중생과 이승인二乘人들을 열반이나 부처를 향해 가게 만드는 것입니다. 즉, 원래는 분열 자체가 없는데 현재 둘로 나눠놓아서 어떤 왜곡이 있는 상태입니다. 그러니까 우리가 단박에 깨우쳐야 될 것은 이런 구분 자체가 없다는 것을 보는 것입니다. 모든 구분은 마음의 구분일 뿐이라는 것입니다. 물론 그전에 구분을 해서 괴로움이 있는 상태로부터 괴로움이 없는 상태로 가게 만드는 것이 일단은 바람직하지요. 그렇지 않다면 괴로움 속에서 그대로 살아가게 될테니까 말입니다. 그것이 바로 분별하는 작용, 나누는 작용, 경계를 긋는 작용을 통해 열반을 향해 가도록 만드는 용훈用熏習입니다. 분별 속에 있는 사람들에게는 분별로써 설명하고 영향을 미칠 수밖에 없기 때문에 경계를 통해 열반을 향해 가게 만드는 것입니다. 이렇게 초기 단계에서는 그 분별이 의미가 있지만, 공부가 깊어질수록 경계는 불분명해지고 없어지게 됩니다. 마음이 경계 짓지 않는 곳에는, 즉 소용돌이가 없는 마음에는 어떤 분별도 없기 때문에 부처와 중생도, 열반과 생사의 고통도 없습니다. 그런 나눔 자체가 분별을 통해 일어나기 때문에 분별이 없어지면 생사고生死苦는 저절로 스러지게 되어 있습니다.

자체상훈습自體相熏習은 경계 자체가, 만들어진 하나의 환상이며, 중생과 부처의 개념도 보살과 이승인二乘人들이 경계 지은 것임을 알려주는, 불가사의한 업을 통한 작용입니다. 진여훈습眞如熏習은 자체의 상相을 가지고 다루는 자체상훈습自體相熏習과 생사고生死苦에 고통받는 중생에게 부처를 향해 가라고 하는 용훈습用熏習의 두 가지가 있습니다. 자체상自體相에서 상相 자가 붙은 것은 생멸문의 일이기 때문입니다. 진여사체의 상相이라는 의미이지요. 우리가 깨달음에 대한 상相을 갖고 추구하듯 상相이 있으니까 그것을 향해서 움직이게 됩니다. 어릴 때는 상相 없이도 마냥 생명력을 활용하고 사용 히는데, 어느 순간부터 '나'라는 것이 생겨나고, 보상을 주고받고, 좋고 나쁜 것이 생겨나며, 좋은 것을 위해서는 온갖 애를 쓰지만 나쁜 것을 위해서는 애쓰지 않게 됩니다. 좋고 나쁨이 생겨나면 그렇게 틀지어진 상相을 통해서만 에너지가 나오는 것이 바로 생멸의 세계의 일입니다. 그렇기 때문에 진여상眞如相을 만들 수밖에 없습니다. 마음은 상相을 통해서만 이해하기 때문입니다. 여러분이 애쓰고 노력하는 이유도 깨달음이나 자유, 궁극에 대한 상相이 있으니까 그것을 향해 움직이는 것입니다. 경계라는 작업을 통해 둘로 나눠 놓고 이쪽에서 저쪽으로 움직여가는 것이지요. 용훈습用熏習과 자체상훈습自體相熏習은 시작과 끝이라는 지점으로 나눠 놓은 것입니다. 구분해 본다면 용훈습用熏習은 중생의 입장에서 경계를 지어 나눠놓고 열반과 부처를 향해 애써 움직여 가게 하는 것이고, 자체상훈습自體相熏習은 불사의업不思議業을 통해 성문聲聞, 연각緣覺, 보살菩薩들이 중생과 부처를 나누는 경계를 지어놓고 중생을 가르치고 도와서 열반으로 나아가게 하는 작용이나 행동이라고 보면 됩니다. 초점이 조금 다릅니다.

작경계성作境界性에 대해 더 상세히 살펴봅시다. 물 소용돌이에 대한 예를 다시 들어보겠습니다. 물 소용돌이가 있는 상태를 '느낌'이 있는 상태라고 해보지요. 최소한 2개의 물줄기가 서로 밀치고 밀리는 작용

자체가 어떤 '느낌'을 만들어 내고, 이런 소용돌이 상태에 있는 것이 느낌 속에 있는 것입니다. 즉, 분별의 에너지가 투입되어 나와 대상이라는 느낌이 있는 상태라는 것입니다. 분별 속에서 "저것은 내가 아니야, 나와 달라."라는 생각이 끊임없이 둘을 나눌 때는 어떤 느낌이 있는 상태이고, 이런 작용이 일어나게 하는 내외內外의 요인, 즉 인연因緣이 있습니다. 그러다가 그 자체를 보고 둘이 아님을 알거나 감각™ 상태로 들어가면 소용돌이가 멈추고 느낌도 사라집니다. 그것이 바로 마음에 어떤 느낌도 없는 상태입니다. 마음에 느껴지는 움직임 중에 가장 커다란 느낌은 '나'라는 느낌인데, 그것이 느껴질 때는 무슨 작용을 하고 있는 상태인 것이고, 작용이 멈추면 즉각 특별한 '나'는 없고 마음은 텅 빈 상태가 됩니다. 스스로 미진하다고 여기고 뭔가를 구하고 있을 때는 "뭔가 미진해, 이게 아니야"라고 하는 '나'가 생겨나 있는 상태이고 역시 소용돌이 상태인 것입니다. 이렇게 소용돌이가 만들어져 있는 상태가 색色이고, 소용돌이가 멈추면 공空입니다. 그런데 엄밀히 말하면 멈춰 있는 공空이나 소용돌이가 만들어져 있는 색色이나 물이라는 측면에서는 똑같아요. 색色은 작용을 하고 있을 뿐, 그 작용을 멈추면 즉시 물입니다. 그렇지만 사실은 작용이 있을 때도 물이고, 작용이 없을 때도 물이기 때문에 색色이 곧 공空입니다.

'경계'라는 것은 참 중요한 말입니다. 이것과 저것을 나누는 경계선을 말합니다. 작경계성作境界性은 진여라는 본질의 작용이 경계라는 특성을 만들어 낸다는 말입니다. 생멸문의 진여가 경계와 분별을 만들어내는데, 그중에 깨우침이라는 필드에서는 중생과 부처, 깨달은 자와 깨닫지 못한 자, 평화로운 자와 괴로운 자, 이렇게 경계 지어 나누어 놓고 있는 것입니다. 그러나 모두 다 마음의 한 움직임일 뿐입니다.

깨달음의 상相과 깨닫지 못한 상相이 나뉘어 있고, 깨닫지 못한 상相에 동일시되어 깨달음을 향해 애써 노력하는 것이 처음에는 필요합니다. 왜냐하면 괴로움, 아픔, 복잡한 생각들을 자기라고 여기기 때문입니다. 이런 것들을 마음에 나타나는 '느낌'과 나타났다 사라지는 하나의 '현상'으로 파악하기 시작하면 점차 모든 경계들이 '대상'으로 느껴지고, 그 대상들은 마음이 경계 지어 분류시켜 놓은 에너지 덩어리일 뿐임을 알게 됩니다. 경계선만 풀어버리면 에너지는 분별과 모습이 없는 세계로 돌아가고 맙니다. 그것이 바로 경계육상境界六相의 발전과정을 거슬러 올라가는 과정입니다. 그 과정 중에 고통스러운 생사生死를 벗어나 열반을 향해 가도록 하는 것이 바로 용훈습用熏習입니다. 그런데 거기서 한발 더 나아가 생사生死와 열반을 나눠 놓은 분류에서 좋고 나쁨만 떼버리면 분류만 남게 되는데 그것이 바로 지식智識에서 현식現識으로 돌아오는 것입니다. 분별만 남은 현식現識에서 더 거슬러 올라가면 대상 각각에 대한 분별이 사라지고 하나로 뭉뚱그려져, 나와 대상만 남게 됩니다. 경계들이 없어진 거기에는 부처도 중생도 없고 주체와 대상만 있을 뿐입니다. 모든 감지들을 '대상'으로만 보는 우리의 작업이 바로 전식轉識의 과정으로 돌아오는 것입니다. 감지에는 좋고 나쁨이 없습니다. 물론 마음에서 잡히는 모든 것을 감지感知로 보는 포괄적인 감지에는 그런 호오好惡도 포함되지만, 엄밀하게 분류된 감지에는 호오 없는 분별만 있습니다. 좋고 싫음 없이 이 마우스와 저 마우스가 다르게 분별되는 것이 현식現識이고, 거기서 더 거슬러 올라가서 주체와 대상으로의 이분화만 일어나는 것이 전식轉識입니다. 그러다 주체마저도 마음의 한 현상이 되면 전식轉識에서 업식業識으로 거슬러 올라온 것입니다. 그러면 이제 관성을 다루는 작업을 해야 합니다. 자기도 모르게 나와 너를 나누는 작업이 자동적으로 일어나는데, 그렇게 나눈다 해도 이것이 마음의 작용이라는 것을 알아서 다시 업業으로 돌아올 수 있습니다. 그렇게 되면 무의식적인 차원에서의 자동화된 과정들은 아직 좀 남아 있지만, 나도 모르게 장착된 자동적인 과정에 의한 습관일 뿐임을 의식하면 언제든지 마음의 모든 것들을 현상으로 파악할 수 있게 됩니다.

통찰 이후 분별은 보리菩提의 또 다른 이름

분별하는 마음의 세계를 떠나면 부처와 중생이 없습니다. 동물들한테는 부처와 중생 같은 것이 따로 있지 않잖아요. 우리 마음속에서 '높고 낮다', '좋다, 나쁘다', '기쁘다, 슬프다'로 분류시켜 놓은 모든 것은 다 대상입니다. 그런데 나도 모르게 좋은 것에 에너지가 쏠려가서 그것을 집착했던 것뿐입니다. 좋은 느낌이든 나쁜 느낌이든 모두 하나의 현상임이 분명해지면 좋은 느낌이 오면 즐기고, 나쁜 느낌이 와도 그것대로 즐길 수가 있습니다. 좋은 느낌과 나쁜 느낌은 내 안에 있는 기준들, 또는 느낌의 데이터들 때문에 일어난다는 것을 분명히 보면 그런 기준들을 없앨 필요도 없습니다. 그 기준들이 있음으로 해서 세상이 명확하게 분류되고, 분별되고, 의식되기 때문입니다. 자아自我는 좋은 도구입니다. 분별을 위한 하나의 회로죠. 이 회로가 있어야만 우리가 컴퓨터처럼 수많은 상相을 띄우고, 그 상相을 가지고 하는 작업들이 가능해집니다. 회로 없는 컴퓨터는 쓸모없잖아요. 전기는 흘러가도 어떤 현상을 보여주지 못하면 쓸모없는 것입니다. 그러니까 그런 회로를 무조건 나쁘다고 할 것이 아니라 잘 사용하면 됩니다. 여러분들 자아라는 그 회로 하나 만들기가 얼마나 어려웠어요? 지금까지 자아自我라는 정체성을 만드느라 20년, 30년 동안 수고 많았습니다. 그 회로를 깨부술 필요가 없으니 잘 사용하십시오. 다만 그 회로가 진정한 내가 아니라는 것, 나는 그 어떤 회로에도 갇히지 않는 전기 자체라는 것만 알면 됩니다. 전기는 모습이 없기 때문에 회로가 없으면 나타나지 않습니다. 마찬가지로 마음에 어떤 현상이 있어야만 뭔가를 잡아내서 의식할 수 있어요. 소용돌이를 만들어야만 마음에 잡히는 거예요. 누가 잡죠? 소용돌이 중의 일부가 잡는 것입니다. 바다가 잡는 것이 아니에요. 바다가 소용돌이를 느끼는 것이 아니라, 바다가 있기 때문에 소용돌이가 있을 뿐입니다. 소용돌이를 느끼는 건 소용돌이의 일부인 주체입니다. 그러니까 주체라는 것 자체가 현상에 불과하다는 것입니다.

지금 이 순간에 경계 지어진 마음 때문에 모든 것이 생겨납니다. 내 얘기를 열심히 들으면서 여러 상相들이 생기고 있는 지금, 마음은 계속 경계 짓고 있는 것입니다. 나누고, 분류해서 회로를 돌리고 있어요. 그 회로를 딱 멈추면 텅 비어버리는데 그것이 바로 소용돌이가 없어진 상태입니다. 그래서 대승찬大乘讚이나 신심명信心銘에서 분별만 없으면 그것이 끝이라고 얘기하는 것입니다. 그런데 분별이 완벽하게 없어지면 마음도 없기 때문에 앎도 없고 알려지는 자도 없으니까 삼매나 무심으로 들어가게 되죠. 그러다 다시 분리가 있는 상태로 나오면 그 삼매 상태는 잊혀지는데, 그것은 통찰이 없기 때문입니다. 분별이 있는 상태로 나와도 통찰이 있다면 수많은 분별은 그냥 마음의 소용돌이일 뿐입니다. 이 소용돌이는 번뇌가 아니라 보리菩提의 또 다른 모습입니다. 물 소용돌이가 물의 또 다른 모습인 것처럼 말이죠. 괴로움이 있다는 것은 에너지가 잘 돌고 있다는 의미입니다. 그런데 조화롭게 돌고 있는 것이 아니라 에너지가 부딪치며 돌고 있기 때문에 부딪치지 않게만 해주면 즉각적으로 조화로운 에너지 형태로 돌 수가 있습니다. 강한 분노가 일어나도 에너지의 모습만 바꿔주면 즉각적으로 분노가 기쁨으로 바뀔 수 있습니다.

우리 내면의 모든 다른 느낌들은 에너지의 '모습'인데, 그 모습이 딱 멈추는 순간 에너지 자체만 남게 됩니다. 다만 에너지 자체만 있을 때는 있는지 없는지도 모르죠. 왜 그럴까요? 움직임이 없으니까 그렇습니다. 그런 것을 스칼라Scalar라고 합니다. '움직임 없는 에너지'입니다. 움직임이 있으면 벡터Vector라고 합니다. 우리 마음속에 벡터가 있을 때만 뭔가를 '느낄' 수 있습니다. 벡터는 어딘가로 향하고 있기 때문에 항상 시작점과 도착점이 있어요. 그래서 시작점이 주체처럼 느껴지고, 목적지가 대상으로 느껴집니다. 움직임이 있기 때문에 주체와 대상이 생겨나고 주체가 대상을 느끼는 것처럼 느껴지는 것입니다. 그런데 이 움직임이 멈추면 시작점과 도착점이 없어지니까 주체와 대상도 없어지고 느낌도 없어지지요. 움직이는 동안 변화 속에서 일어나는 것이 느낌이고, 움직임과 변화가 없어서 그 어떤 느낌도 없는 상태가 바로 삼매나 무심 같은 것입니다. 한류寒流와 난류暖流는 온도차가 있기 때문에 서로 섞이지 않습니다. 다시 말해 에너지 레벨이 다르기 때문에 한류와 난류가 섞이지 않는 것처럼 바로 지금 이 순간 마음에서도 같은 현상이 일어나고 있습니다. 에너지만 같아지면 한류건 난류건 그냥 물인 상태가 바로 삼매와 무심입니다. 주의에 주의를 기울일 때 일어나는 현상이 그런 것입니다. 분리가 없는 상태가 되기 때문에 명해진 것 같고, 느낌이 없어집니다.

1차원의 점은 3차원의 입체를 이해하지 못한다

依此二義恒常熏習. 以有力故, 能令衆生厭生死苦, 樂求涅槃,
의 차 이 의 항 상 훈 습　　이 유 력 고　　능 령 중 생 염 생 사 고　　요 구 열 반

自信己身有眞如法, 發心修行.
자 신 기 신 유 진 여 법　　발 심 수 행

이 두 가지 뜻에 의해 항상 훈습하여 훈습의 힘이 있기 때문에 중생으로 하여금 생사의 고통을 싫어하고 열반을 즐겨 구하여 스스로 자기의 몸에 진여법眞如法이 있는 줄 믿어 발심하여 수행하게 하는 것이다.

[논論]

의차이의依此二義는 불사의업과 경계성의 뜻을 말합니다. 불사의업不思議業은 이승인二乘人과 보살이 중생을 이끄는 작업을 말하는데 이것도 분별 속에서 일어나는 일입니다. 생사를 떠나서 열반으로 가려는 중생들의 애씀은 경계성境界性 즉, 생사와 열반의 분별에서 일어납니다. 이렇게 훈습이 일어나는데 결국 모두 다 환상, 즉 생멸문生滅門에서 일어나고 있는 일인 것입니다. 분별이란 사물에 있는 것이 아니라 마음에 있기 때문입니다. 진여훈습眞如熏習은 맑은 것이 더러운 것을 물들여서 깨끗하게 만드는 과정입니다. 오염된 생멸의 세계를 본질이 물들여서 진여의 세계로 이끄는 것입니다. 왜 훈습이라고 하는지를 잘 보세요. 물들이려면 같은 레벨에 있어야 합니다. 차원이 다른 사람은 물들일 수가 없어요. 사람뿐 아니라, 1차원에 있는 점은 3차원의 입체를 이해하지도 못하고 물들일 수도 없어요. 생멸문生滅門에 나오는 진여는 진여문眞如門의 절대적인 진여와 다르다고 말했습니다. 상대적인 진여를 말하는 것이기 때문에 중생과 부처로 나누어 놓고, 부처가 중생을 가르치고 일깨울 수 있다는 소리를 하는 것입니다. 절대적인 진여의 세계에는 부처도 중생도 없기 때문에 일깨움도 일깨워짐도 없습니다. 그러니까 "나는 깨닫지 못했어."라거나 "나는 깨달았어."라고 여

긴다면 생멸문 속에 있다고 말하는 것입니다. 근본은 바뀌지 않습니다. 절대 본질의 세계는 늘 변함이 없어요. 그래서 "내가 깨달았어, 내가 달라졌어."라고 한다면 아직도 상대세계 속에서 변화한 모습을 자기라고 여기고 있는 것이고, 그렇게 여기는 한은 언젠가는 나와 대상의 분별로 다시 뚝 떨어지게 됩니다. 그렇지만 상대세계 속에서 경계와 분별 속에 푹 빠져 있는 사람에게는 처음에 분별을 통해 가라고 말할 수밖에 없어요. 괴로움을 자기라고 여기고 있는 사람에게는 괴롭지 않은 세계로 가라고 말하는 것입니다.

훈습이 작동할 수 있는 이유는 마음이 생사와 열반, 중생과 부처를 나눠 놓았기 때문입니다. 훈습은 무엇이 다른 무언가를 물들이는 것인데 이 둘이 분리되어 있지 않다면 훈습이 일어나지 않겠죠. 그래서 훈습한다는 것은 이미 분별과 분리가 일어나 있는 상태라는 것을 의미합니다. 어쨌든 훈습을 통해 더러워진 마음이 맑아진다면 쓸모는 있는 것입니다. 나중에는 그 맑음이라는 것 자체가 분별이라는 것을 알게 되겠지만요. 여러분이 여기에 와서 열심히 공부하는 것도 속고 있는 것입니다. 알고 보면 이런 것, 저런 것이 없는 것인데 말이죠. 현상 속에 빠져 있으면서 마음에 속아 여러 작업들을 하고는 "모든 것이 다 현상이구나." 하고 마음이 가벼워지게 되면 이제 "내가 속고 있었네." 하고 알게 됩니다. 그동안 자신을 살펴온 결과 이제는 마음이 많이 편안해졌죠? 그러나 '내가 편안해졌'고 여기는 것은 편안한 나와 그렇지 않은 나를 나눠 놓고 있는 것이고, 그런 분별은 사실이 아니라 지금 이 순간 마음속에 일어난 소용돌이에 불과하다는 것, 마음의 그 소용돌이는 주의가 많이 간 에너지와 주의가 적게 간 에너지 흐름이 각각 주체와 대상이 되어 서로 작용한 것뿐임을 알 때가 왔습니다. 그런 것들이 괴로움과 기쁨, 마음의 모든 현상들을 만들어 낸다는 것을 알고, 물을 떠나서는 그 어디에도 괴로움과 슬픔, 기쁨은 없음을 알아서 더 이상 속지 않을 때인 것입니다.

전기가 나타나려면 다양한 회로가 필요하다

본질은 현상을 바꾸거나 물들일 수 없고, 현상 또한 본질을 전혀 건드릴 수 없습니다. 거울 속에 여러 가지 상이 수많이 있는 것 같지만, 그 상은 절대로 거울 자체를 한 점도 건드릴 수 없는 것과 같습니다. 그런데도 진여훈습眞如熏習이라고 말합니다. 이것은 본질이 무명의 현상을 맑게 만드는 작업인데 그것이 어떻게 가능할까요? 여기서 말하는 진여眞如는 본질 그 자체인 절대 진여가 아니라 현상에 드러난 본질의 모습인 생멸문의 진여이기에 가능한 일입니다. 원문 보겠습니다.

問曰. 若如是義者, 一切衆生悉有眞如, 等皆熏習.
문 왈 약 여 시 의 자   일 체 중 생 실 유 진 여   등 개 훈 습

云何有信無信, 無量前後差別.
운 하 유 신 무 신   무 량 전 후 차 별

皆應一時自知有眞如法, 勤修方便, 等入涅槃.
개 응 일 시 자 지 유 진 여 법   근 수 방 편   등 입 열 반

묻기를, 만일 그런 뜻이라면 모든 중생에게 모두 진여가 있어 같이 훈습해야 하는데 어찌해 믿음이 있기도 하고 믿음이 없기도 하여 무량無量한 전후前後의 차이가 있는가?
모두 동시에 스스로 진여법이 있음을 알아서 방편을 부지런히 닦아 똑같이 열반에 들어가야 할 것이다.

[논論]

앞서 설명한 진여훈습의 두 가지 내용처럼 불사의업不思議業의 훈습으로 진여본각眞如本覺이 중생을 가르쳐서 열반으로 나아가게 하는 행

동을 돕고, 부처와 중생이라는 경계를 지어내어 생사의 괴로움을 당하는 중생으로 하여금 열반의 기쁨을 즐기는 부처로 나아가게 하는 작용이 있다면, 어찌하여 어떤 사람은 믿음이 없어서 그런 생각을 하지도 않고, 어떤 사람은 가다가 멈추고, 어떤 사람은 생사를 넘어서 열반에 빨리 도착하는지 질문합니다. 누구에게나 진여가 있고 본질이 있는데 왜 이런 차이가 나는지 묻는 것입니다.

答曰. 眞如本一. 而有無量無邊無明, 從本已來, 自性差別,
답 왈 진여본일 이유무량무변무명 종본이래 자성차별

厚薄不同故.
후 박 부 동 고

답하기를, 진여는 본래 하나이지만 한량없고 끝없는 무명無明이 있어 본래부터 자성自性이 차별되어 후박厚薄이 같지 않다.

[論論]

진여眞如는 하나이고 무명無明은 한량없다고 했습니다. 불교에 '일즉다 다즉일一卽多 多卽一'이라는 말이 있습니다. 하나는 곧 많은 것이고, 많은 것은 곧 하나라는 말이죠. 진여는 본래 일一이고, 한량없으며 끝없는 무명은 다多입니다. 그런데 진여와 무명은 사실 다르지 않지요. 진여가 어떤 현상적인 모습을 띤 것이 무명일 뿐이고, 그 현상적인 모습은 아주 다양합니다. '나는 이런 사람이야.' 하고 우리가 동일시하는 모습도 모두 현상적인 모습입니다. 우리 마음이 '파악'할 수 있는 그 어떤 '모습'도 모두 진여의 현상적인 표현입니다. 컴퓨터에는 메인 보드, 사운드 카드, 모뎀 등의 수많은 장치의 전기회로가 있는데, 그 회로들은 전기가 흘러가는 방식과 얽혀있습니다. 그런 모습에 따라서 전기가 흘러 모니터에 여러 화면으로 나오기도 하고, 사운드 카드에서 소리로 흘러나오기도 하고, 모뎀의 무선 랜처럼 전파로 나가기도 합니다. 모두 전기의 작용인데, 전기가 모습을 드러내려면 이런 회로들을 거쳐야 하는 것입니다. 그런 회로들이 무명의 수많은 모습이고, 그중에 가장 진한 모습이 '나'라는 무명입니다. '나'라는 가장 근본적이고 뿌리 깊은 현상도 진여가 어떤 모습을 띤 무명이에요. 마치 전기가 다양한 회로를 거쳐 이런 저런 현상을 나타내는 것과 같습니다.

무명無明이 있어 본래부터 자성自性이 차별되어 후박厚薄이 같지 않다고 했는데, 이 말은 모든 차이는 본질에 있지 않고 현상에 있음을 의미합니다. 차이라는 것은 구별되는 모든 것입니다. 그러니까 우리가 마음속에서 잡아낼 수 있고, 느낄 수 있고, 분별할 수 있는 모든 것은 다 구별되는 '현상'이라는 의미에요. 본질은 분별되지 않기 때문에 잡을 수 없습니다. 그래서 끊임없이, 변하고 구별되고 마음으로 잡아낼 수 있는 모든 것은 본질이 아니라고 말하는 것입니다. 본질은 잡거나 이해하거나 경험할 수 없어요. 왜일까요? 뭔가를 잡는다는 것은 벌써 잡을 '내'가 생겨났다는 의미이기 때문입니다. 마음에 무언가 일어나서 그것을 딱 잡습니다. 두려움, 불편함, 황홀감, 자유로움... 이런 모든 것들은 마음에서 잡히는 느낌, 현상이며 그러하기에 그것들은 모두 본질이 어떤 모습을 띤 파도일 뿐입니다. 그렇다고 이 모든 것들이 물이 아니라는 것은 또 아닙니다. 그래서 일즉다一即多인 것입니다.

기운이 빠지고 생명력이 쇠하면 짜증도 두려움도 느껴지지 않습니다. 그 말은 짜증도 두려움도 기쁨도 모두 생명력의 표현이라는 것입니다. 모든 분별되는 느낌은 본질이 어떠한 형태와 형상으로 나타난 것이라는 의미입니다. 그래서 강한 분노가 강한 기쁨으로, 강한 미움이 강한 사랑으로 한순간에 전환될 수 있습니다. 미움이 강하다는 것은 그만큼 상대에 대한 집착이나 애착이 강하다는 의미입니다. 그에게 끌릴 만한 기준을 내가 가지고 있기 때문에 강하게 끌렸는데, 그 기준에 맞지 않게 상황이 변하면 그 에너지 강도는 그대로이면서 즉각 반대방향으로 돌아선 것이 강한 미움입니다. 그렇기 때문에 기준을 조금만 바꾸면 다시 강한 사랑으로 바뀌기도 합니다. 이미지에 쉽게 속는 사람들이 있어요. 그런 사람들은 어떤 대상에 대해 강한 분노를 느끼다가도, 그 대상의 이미지만 바꿔주면 강한 사랑을 느끼기도 합니다. 반대로 강한 사랑 속에 있다가 강한 미움으로 바뀌기도 하지요. 말 한마디에 그렇게 되는 경우들이 있습니다. 말은 에너지의 방향을 바꿔버립니다. 그 말을 '믿어버리면' 그렇게 되는 것입니다. "그 사람이 너보고 인간쓰레기라고 하더라."는 말을 듣고 '믿어버리면' 사랑으로 가던 마음이 갑자기 분노로 향하게 됩니다. 좋아하는 감정은 순식간에 아주 커다란 분노로 바뀔 수 있어요. 사랑과 미움은 색깔과 형태 등의 모습만 다를 뿐이지 큰 에너지가 있다는 점에서는 같습니다. 그래서 강한 미움은 강한 애정과 동전의 양면이라고 하는 것입니다.

에너지가 큰 사람과 에너지가 작은 사람이 있습니다. 에너지가 큰 사람은 아주 역동적이고 감정의 기복起伏도 심합니다. 한 사람이 갖는 감정의 기起와 복伏의 크기가 결국 비슷하기 때문입니다. 기起도 작고 복伏도 작은 사람은 늘 평안하고 고요합니다. 반면에 조울증을 앓는 사람은 기起도 크고 복伏도 크기 때문에 에너지가 크게 올라왔다가 크게 떨어집니다. 우울이 에너지가 없는 것이 아닙니다. 심한 우울감에 빠져있는 것은 마이너스 에너지가 잔뜩 있는 것이지, 에너지가 없는 것이 아니에요. 에너지가 없는 사람은 무덤덤하고 어디에도 별 관심이 없습니다. 우리가 말하는 '슬픔, 기쁨, 두려움 등과 상관없이 있는 나를 발견한 사람'은 모든 것에 무덤덤한 것이 아니라 더 예민해지고, 아무 이유 없이 모든 일에 정성과 에너지를 기울이게 됩니다. 에너지가 없는 것이 아니에요. 그는 이제 에너지를 낭비하지 않기에 더 커다란 에너지를 사용합니다. 다만 이제는 방향전환이 즉각 이루어져 크게 기뻐하다가도 상황이 끝나면 즉각 고요로 돌아옵니다. 분노해야 할 일에 분노하지만 돌아서면 즉각 고요해집니다.

그런 에너지가 현상화된 모습들의 다양한 차이는 무명이고, 그 차이 속에서 발견할 수 있는 차이 없음은 본질에 가까운 것입니다. 우리가 발견하는 것 자체가 본질은 아니기에 '본질에 가깝다'고 표현했습니다. 그래서 우리는 차이 없는 것에 관심을 많이 기울여야 합니다. 이런 마음, 저런 마음으로 수없이 변하는 와중에도 늘 변함없는 것은 무엇인지 살펴보세요. 그중 하나가 투명한 주의 혹은 투명한 알아챔이라고 말할 수 있습니다. 기쁨, 슬픔, 두려움, 분노, 그 어떤 것이 오더라도 그 모든 걸 알아채고 바라보고 있는 그 앎이 본질에 가깝고 유사합니다.

왜 '산'과 '물'이 보이는가?

過恒沙等上煩惱, 依無明起差別. 我見愛染煩惱,
과 항 사 등 상 번 뇌   의 무 명 기 차 별   아 견 애 염 번 뇌

依無明起差別. 如是一切煩惱, 依於無明所起, 前後無量差別.
의 무 명 기 차 별   여 시 일 체 번 뇌   의 어 무 명 소 기   전 후 무 량 차 별

唯如來能知故.
유 여 래 능 지 고

갠지스강의 모래보다 많은 상번뇌上煩惱가 무명에 의해 차별을 일으키며, 아견애염번뇌我見愛染煩惱가 무명에 의해 차별을 일으키니 이와 같은 일체의 번뇌가 무명에 의해 일어난 것이어서 전후의 한량없는 차별이 있는 것이며, 오직 여래만이 이를 알 수 있기 때문이다.

[논論]

항사恒沙는 항하恒河, 곧 갠지스강의 모래를 말합니다. 아주 많다는 의미죠. 상번뇌上煩惱는 말초적인 번뇌인 지말번뇌枝末煩惱를 의미하는데, 불각삼상不覺三相인 무명업상無明業相, 능견상能見相, 경계상境界相이 만들어내는 번뇌입니다.

무명업상無明業相은 깨닫지 못함으로 인해 생겨나는 가장 근본적인 마음의 업상業相이고, 두 번째 능견상能見相은 '볼 수 있다'고 여기는 상相입니다. 불교에 "산은 산이요, 물은 물이다."라는 말이 있는데, 세 단계로 나누어 설명할 수 있습니다. 첫 단계는 우리가 일반적으로 말하는 마음속의 상相으로 보는 산과 물입니다. 원래는 아무것도 없다가 마음의 상相이 생겨 산은 산으로 보이고 물은 물로 보이는데 이것이 바로 능견상입니다. 그런데 내가 보는 것이 마음의 상相임을 알기 시작하면 더 이상 산과 물이 아니고 마음의 상相일 뿐이기에 두 번째 단계에서는 "산은 산이 아니고, 물은 물이 아니다."라고 합니다. 세 번째 단계에서 다시 "산은 산이고 물은 물이다."라고 할 때의 산과 물은 본질적이고 감각적인 산과 물을 의미합니다. 마음의 상相 없이 보는 있는 그대로의 산과 물이죠. 지금 여기서 말하는 능견상能見相은 맨 처음에 상相으로 보는 산과 물을 말합니다. 왜 산과 물이 '보일까요?' 산이라는 것은 산이 아닌 다른 것들과 대비된 '의타적인 느낌'입니다. 내 안에 쌓여있는 평평한 다른 것들과 대비되어 불쑥 솟아오른 산이 구별되는 것입니다. 능견상能見相은 분열이 일어나 상相이 생긴 것이고, '볼 수 있다(능견能見)'는 건 나와 대상으로 나눠졌다는 의미입니다. 이어서 여러 분별이 일어나면 경계상이 됩니다. '내가 무엇을 본다.'의 '무엇'이 다양한 것으로 나뉘게 될 때 경계상이 되는 것입니다. 경계라는 것은 이것과 저것을 나누어 놓는 선이지요.

불각삼상不覺三相이 만들어 내는 수많은 번뇌가 바로 지말번뇌枝末煩惱입니다. 경계가 있기 때문에 이것과 저것이 분별되면서 "이 마우스가 저 마우스보다 좋아."라는 호오好惡가 생기고, 이어서 좋은 것은 끌어당기고 싫은 것은 밀어내는 고락苦樂이 생깁니다. 그래서 의식의 발달과정에서 보면 호오好惡가 일어나는 지식智識부터 번뇌가 시작된다고 했습니다. 불각삼상까지는 번뇌가 없는데 그 이후부터는 수많은 번뇌들이 일어나고, 그것이 바로 상번뇌上煩惱입니다.

갠지스강의 모래보다 더 많은 번뇌가 무명에 의존해서 차별을 일으킵니다. 무명은 없는 것을 있다고 여기는 착각입니다. 간단히 말하면 파도의 모습과 형상에 초점이 맞춰진 것이 무명이에요. 그 어떤 파도라도 '파도가 곧 물'이라는 것을 분명히 알아서 물 자체에 초점이 맞춰지면 그 즉시 무명이 아니라 명明이 됩니다. 극명함, 명료함이지요. 모습에 초점을 맞추면 모든 것이 달라 보입니다. 모든 것이 달라 보이고 구별이 된다면 모습, 즉 현상에 초점이 맞춰져 있다고 보면 됩니다. 여러분이 좋고 나쁜 것을 구별한다면 모습에 초점을 맞추고 있는 것이고, 그래서 좋은 대로 행동하고 좋은 것에 끌려 다니게 됩니다. 본질을 찾는 추구를 멈추고, 현상을 쫓아서 헤매고 다니는 것은 바로 무명에 의존해서 일어나는 차별에 빠져있는 마음입니다. 자기 마음에 대해 면밀히 살피지 못하기 때문에, 내가 좋아하는 모든 것은 내 마음에 쌓여 있는 기준 때문임을 보지 못하는 것이 바로 무명입니다.

'나'라는 것이 있다고 여기는 견해

아견애염번뇌我見愛染煩惱를 살펴보겠습니다. '나'라는 것이 있다고 여기는 것이 아我입니다. 견見은 수많은 견해들이에요. 미혹시키는 열 가지 견해에 대해 전에 살펴본 적이 있습니다. 첫 번째로 몸이 있다는 견해인 신견身見이 있습니다. "몸은 당연히 존재하지. 내 몸이 있잖아."라고 하는데 대체 누구의 몸입니까? 내 몸? '나'라는 것이 무엇입니까? '나'라는 것을 직접 깊이 살펴보지 않고 남들이 이름을 불러주니 내가 그 사람이라고 여길 뿐입니다. 이렇게 '나'가 허상이라면 주인이 없는 몸은 몸이 아닌 것입니다. 아我가 없는데, 아신我身이 어디 있겠어요. 두 번째로, 경계가 있다고 여기는 변견邊見이 있습니다. 분별이 있어 구별이 된다고 여기는 것입니다. 세 번째는 삿된 견해인 사견邪見입니다. 그리고 견해에 집착하는 견취견見取見과 계율에 집착하는 계금취견戒禁取見이 있습니다. 살생하지 말라, 간음하지 말라, 도둑질하지 말라 등의 계율들은 '내'가 있으니까 주장되는 것입니다. 이런 계율을 어기지 않음을 자기의 훈련으로 삼는 것은 상관없지만, 다른 사람을 지배하기 위해 타인을 향해 '이것은 안돼'라고 주장하는 것이 계금취견戒禁取見입니다. 그 다음에 탐貪, 진瞋, 치痴, 만慢, 의疑가 있는데 각각 탐욕, 분노, 어리석음, 오만함, 의심에 해당합니다. 이 열 가지가 모두 견혹見惑으로 아견애我見愛 중의 견見에 해당합니다.

애愛는 탐애貪愛인데 정情 같은 것을 말합니다. 같이 살면 정情이 이유도 없이 쌓입니다. 그래서 붙어있으면 매일 싸우며 싫어하다가도 떨어져 나가면 허전해 합니다. 같이 있을 때는 미운 부분만 보이는데 떠나고 나면 좋은 점만 생각나는 법입니다. 사실 좋고 나쁜 것이 특별히 없고, 서로 섞여서 살아가면서 주고받고 하는 거에요. 내가 받는 것은 모르고 상대의 싫은 면만 보다가, 떠나고 나면 그간 받던 것이 없어지니 허전해지죠. 손가락도 하나 잘려나가면 얼마나 불편합니까? 그런데 있을 때는 그것을 모릅니다. "손가락들아. 다 있어줘서 고마워." 하지 않잖아요. 있을 때는 고마워하지 않아요. 사실 고마움도 일종의 개념입니다. 고맙고 말고도 없이 그냥 내 몸으로 하나일 뿐인데, 막상 없어지니 불편해서 고마움을 느끼는 것뿐이죠. 고맙다는 것은 벌써 분리되었음을 의미합니다. 손가락이 잘려 나가서 더 이상 내 몸이 아닐 때, "네가 있어서 얼마나 좋았는지 이제 알았어." 하는 것은 분리되었을 때 느끼는 감정입니다. 고마움, 감사, 사랑 등이 다 그렇습니다. 그런데 하나가 되면 더 이상 사랑 같은 것은 안 느껴지죠. 한 몸이 되면, 같이 살면 사랑은 별로 안 느껴집니다. 심리적인 거리감이 있을 때 상대가 잘해주면 고맙지, 하나가 되면 잘해줘도 잘해준다는 것을 모르고 늘 그런 거라고 생각합니다. 결국 고맙다는 감정은 남남일 때나 느낄 수 있습니다. 부부간에 사랑을 느낀다는 것은 남남으로 살고 있다는 뜻도 되는 것입니다. 남남으로 살려고 노력해야 끌림이 있습니다. 어쨌든 정情이라는 것은 이렇게 함께 오래 지내면 자기도 모르게 쌓이는 것입니다. 주고받는 하나의 회로가 형성된 것입니다. 그런 것이 바로 '애愛'입니다.

내가 있다는 아我, 열 가지 견해, 쌓여 있는 정情으로 인해 일어나는 애愛가 일으키는 물든 번뇌가 아견애염번뇌我見愛染煩惱인데, 무명에 의해 차별을 일으킨다고 했습니다. 아견애염번뇌我見愛染煩惱는 원래 있는 것이 아니라, 사랑과 미움이나 정情으로 나눠 놓으니 생기는 것입니다. 손가락이 내 몸일 때는 좋지도 싫지도 않았는데, 분리되니 좋고 싫음이 생겨나는 것과 같습니다. 즉, 내 마음에서 분리가 일어나면 그 둘 사이에서 좋고 싫고, 끌리고 밀치는 일이 생겨나는 것입니다. 그런데 그런 분리는 모두 마음의 상相에 의한 것이지, 실제 무언가가 분리되는 것은 아닙니다. 마음의 상相이 만들어내는 분리는 모두 무명에 의한 것이니, 무명에 의한 차별을 일으킨다고 표현했습니다. 분리 없는 분리 때문에 차별이 일어나는데, 분리만을 보고 분리 없음을 보지 못하는 것이 바로 무명입니다.

마음의 구조를 아는 것과 내용에 빠지는 것

번뇌煩惱에 불 화火 자가 들어 있습니다. 번煩은 불 화火와 머리 혈頁이고, 뇌惱는 마음 심心과 불 화火와 뇌 뇌腦죠. 번뇌는 마음이 불타는 거예요. 끓어오르고, 애가 타고, 초조한 것이 모두 불에 해당합니다. 일체번뇌가 무명에 의해 일어난다고 했습니다. 무명無明이란, 말 그대로 밝지 못한 것으로 마음의 구조가 명확하게 보이지 않는 것입니다. 내가 왜 분노하는지, 왜 슬퍼하고 두려워하는지 모릅니다. 나 자신도 모르게 붙들고 있는 그 무엇 때문에 두려움, 분노, 슬픔, 상실감 등이 생겨난다는 것을 몰라요. 그냥 누군가가 내 물건을 가져가서 화가 난다라고 생각합니다. 그러나 그것은 마음의 구조를 '안' 것이 아닙니다. 마음의 내용 속에 빠져있는 것이지요. 구조를 안다는 것은 이 스토리 속에 '내'가 있고 '대상'이 있고 나와 대상 사이에 어떤 관계가 형성되어 그런 '느낌'이 일어나는 구나를 아는 것입니다. 즉 모든 느낌은 어떤 마음의 구조인 스토리 속에서 일어난다는 것을 알아채는 것입니다.

이렇게 마음의 구조를 보면 그것들이 힘없이 스러지고 맙니다. 왜냐하면 모두 마음이 만들어낸 구조이기 때문입니다. 너와 나를 구분하지 못하는 어린 아이는 손안에 있는 물건을 뺏어도 아무런 반응이 없습니다. 그것은 그의 마음에 스토리가 형성되지 않기 때문입니다. 그런데 이 스토리를 밖에서 보지 못하고 그 안에 끌려들어가 있으니 그 구조 때문에 생겨난 희로애락喜怒哀樂에 끌려 다니고 있는 것입니다. 희로애락을 느끼지 말라는 것은 아니고, 적당히 즐기면 됩니다. 공놀이 하면 재미있어요. 그런데 편을 나누어 공놀이를 했는데 지면 슬프죠. 천만 원을 걸고 공놀이를 했다면 진짜 슬플 것입니다. 그런데 십 원짜리 하나 걸었으면 져도 별로 슬프지 않겠죠. 우리의 믿음이라는 것이 그런 것입니다. 강한 믿음이란, 내가 믿고 있는 생각에 천만 원을 걸고 있는 것과 같아서 그 믿음에 반하는 일이 생기거나, 믿음이 배신당하거나, 그 믿음에 걸려 넘어지면 커다란 슬픔과 분노와 두려움이 일어납니다. 그만큼 믿음을 강하게 쏟은 것입니다. 도박할 때는 의도적으로 돈을 걸지만, 믿음이 쌓여있는 내 안의 기준들은 내가 의도적으로 만든 것도 아니고, 그것에 의도적으로 믿음을 쏟고 있는 것도 아닙니다. 나도 모르게 어릴 때부터 주입된 것들이 있고, 태어나면서 조상들로부터 받은 경향성 같은 무명업도 있지요. 어떤 사람은 명예를 중요시하고, 어떤 사람은 실리적이어서 돈을 중요하게 여기고, 어떤 사람은 재미를 추구하고, 또 어떤 사람은 관계를 중요시합니다. 내 의도와는 상관없이 무의식적으로 그런 경향으로 자라왔습니다. 비록 그렇게 무의식적으로 쌓인 것이지만, 그 믿음에 우리 현상적 존재는 크게 좌우됩니다. 그러나 그것에 빠지지만 않으면 그 모두는 우리에게 주어진 선물과 같습니다. 그것을 좋은 도구로 활용할 수 있습니다. 하느님이 우리에게 준 좋은 선물이에요. 편하게 살라고 자동 장치와 같은 무의식적인 경향성도 집어넣어 준 것입니다. 그런데 그 도구에 자꾸 걸려 넘어지게 됩니다. 왜냐하면 경향성이라는 것이 완벽한 것이 아니어서 그렇습니다. 경향이란 어느 한 쪽으로 치우쳐 있다는 뜻입니다. 사실은 어느 한 쪽으로 치우쳤기 때문에 이 세상에 태어나죠. 다시 말해 모든 현상이라는 것은 어디론가 치우쳐 있는 것입니다. 삼태극은 빨강, 노랑, 파랑이 각각 33%를 차지합니다. 그러면 나머지 1%는 어디 갔을까요? 그 1%를 채우기 위해 삼태극이 계속 돌아가며 움직이는 것입니다. 또한 빨간색은 그 안에 파랑과 노랑도 다 들어 있는데 빨간색이 1%가 더 많아서 빨간색으로 보이는 것이고, 파란색은 그 안에 노랑과 빨강이 들어 있지만 파란색이 1% 더 많아서 파란색으로 드러나 보이는 것뿐입니다. 그런데 현상계에서는 그 밑바닥의 구조가 보이지 않으니 그것을 찾아서 자꾸 채우려고 돌아다니는 것입니다. 그래서 현상계는 끊임없이 움직이죠.

드러난 측면을 바라볼 때 차이가 보이는 것이지, 사실 그 밑바닥은 다르지 않습니다. 그래서 표면은 돌아가지만 근본은 돌지 않습니다. 움직이지 않아요. 현상이 아니라는 것입니다. 수레바퀴의 중심은 돌지도 않고, 텅 비어 있지만 바퀴살들이 질서 있게 끊임없이 돌 수 있는 중심이 되어줍니다. 태풍의 중심도 텅 비어있지만, 그 중심을 기반으로 끊임없이 움직이는 태풍의 외곽은 에너지로 가득 차 있습니다. 뜨거운 공기와 찬 공기가 만나서 끊임없이 서로를 밀치고 끌어당기면서 강력한 태풍을 만들어 내지만, 그 중심은 촛불이 꺼지지 않을 정도로 바람 한 점 없습니다.

차이에 의해 생겨나는 일체번뇌는 무명 때문에 일어납니다. 즉 현상이라는 파도는, 모습에 초점이 맞춰져 있기 때문에 구별(분별)되고 있는 것입니다. 물에만 초점을 맞추면 그 모든 파도들이 서로 다르지 않은데, 파도치는 모습에 초점이 가 있으니 수많은 파도가 있는 것처럼 보이는 것입니다. 차별되는 다양한 현상들의 일부에 우리의 에너지가 동일시되어 있으면 자기가 거기에 묶여 있다는 것도 알지 못합니다. 오직 여래如來만 알 수 있다고 했어요. '늘 그러한 것'이 여래如來지요. 늘 그러한 사람만이 미묘한 관성적인 믿음까지도 발견해 낼 수 있습니다. 번뇌에는 거친 번뇌와 미묘한 번뇌가 있고, 상相에도 거친 상相과 미세한 상相이 있다고 했습니다. 거친 상相은 호오好惡와 고락苦樂과 집착의 상相이고, 미세한 상相은 불각삼상不覺三相입니다. 좋고 나쁨이 없는 분별, 즉 감지感知™부터 미세한 상相에 해당합니다. 그 다음 미세한 상相은 나와 대상으로 분별되는 능견상能見相이고, 가장 미세한 상相은 무명업상無明業相입니다. 내가 무의식적으로 받은 편향성, 경향성이죠. 의식되지 않고, 그냥 느낌 따라 행하게 되는 것들이 바로 아라야식에 저장되어 있습니다. 저장식貯藏識이라고도 하고 여래장如來藏이라고도 합니다. 늘 그러한 사람인 여래如來만이, 자기 마음의 미세한 구조까지도 다 바라보고, 느낄 수 있는 사람만이 무명에 의해 미묘한 분별이 일어남을 알 수 있습니다.

배움의 단계

又諸佛法有因有緣. 因緣具足. 乃得成辦.
우 제 불 법 유 인 유 연　인 연 구 족　내 득 성 판

如木中火性, 是火正因. 若無人知, 不假方便,
여 목 중 화 성　시 화 정 인　약 무 인 지　불 가 방 편

能自燒木, 無有是處. 衆生亦爾. 雖有正因熏習之力,
능 자 소 목　무 유 시 처　중 생 역 이　수 유 정 인 훈 습 지 력

若不遇諸佛菩薩善知識等以之爲緣, 能自斷煩惱入涅槃者,
약 불 우 제 불 보 살 선 지 식 등 이 지 위 연　능 자 단 번 뇌 입 열 반 자

則無是處.
즉 무 시 처

또 모든 불법佛法에 인因이 있고 연緣이 있으니 인연因緣이 구족하여야 법

이 이루어질 수 있는 것이다.

이는 나무 중의 화성火性이 불의 정인正因이지만 만약 사람이 알지 못해 방편을 빌리지 못하면 스스로 나무를 태울 수 없는 것과 같이, 중생도 그러하여 정인正因의 훈습하는 힘은 있으나, 만약 모든 부처, 보살, 선지식 등을 만나 그들로 연緣을 삼지 못하면 스스로 번뇌를 끊고 열반에 들 수가 없는 것이다.

[논論]

불법佛法은 깨우침을 일으킬 수 있는 법法을 말하는데, 내적인 원인인 인因과 외적인 원인인 연緣이 갖추어져야 합니다. 나무가 불에 타는 것은, 일차적으로 불에 탈 수 있는 소인素因을 나무가 가지고 있기 때문이죠. 돌에는 아무리 불을 붙여봐야 소용없잖아요. 그러나 나무도 저절로 불타오르지는 않습니다. 불에 타는 소인을 나무가 지니고 있는 것은 인因, 성냥불이나 횃불, 라이터 불을 가져다가 대는 것이 연緣입니다. 나무의 인因과 성냥불이라는 연緣이 합쳐져야 모닥불이라는 결과가 생겨나는 것처럼, 불법佛法이 현상으로 드러나는 데도 역시 인因과 연緣이 필요합니다. 개개의 사람이 생사를 싫어하고 열반을 좋아하는 특성을 가져서 진리를 추구하는 마음이 인因입니다. 그러나 이런 마음이 있어도 올바른 연緣, 즉 스승이나 진리를 담은 책, 또는 어떤 외부적인 것이 다가오지 않으면 그 인因에 불이 붙지를 않습니다. 혼자서 하다가는 평생 가기 쉽죠. 그래서 배우러 다니는 것입니다. 누구나 그렇습니다. 석가모니도 육사외도六師外道에게 육년 동안 배우고 고행했습니다. 수많은 수련들을 다 해보고 "안 되는구나."라고 했지만, 배우는 과정에서 마음이 미세해졌습니다. 깨우침이 불시에 그냥 일어나는 것은 아닙니다.

진리가 드러나기 위해서는 기본적으로, 추구하는 마음이 있어야 하고, 그 다음으로 배움을 찾아다녀야 합니다. 맨 처음에는 스승에게 말로 배웁니다. 두 번째는 스승 곁에서 말없이 배웁니다. 굳이 말이 필요 없는 것입니다. 세 번째는 모든 만물이 말을 걸어와 배웁니다. 네 번째는 만물의 말도 필요 없고 그냥 배워집니다. 추구하는 과정에서 생겨나는 흐름은 이렇습니다.

훈습지력熏習之力은 자신의 본질에 대한 의문이 일어나서 생사의 고통을 떠나 열반을 찾고자 하는 마음인데, 이러한 마음의 인因이 있다 하여도 부처와 보살들, 또는 선한 지식을 가진 사람, 즉 선사들을 만나서 연緣을 삼지 못하면 뜻을 이루기 어렵습니다. 부처나 보살, 선지식善知識은 본각本覺이 현상으로 드러난 모습을 말합니다. 말이나 행동, 느낌 등으로 본각本覺을 드러내 보여주는 사람들입니다. 그것이 처음에는 사람의 모습일 수 있지만 나중에는 자연일 수 있고, 무생물일 수도 있습니다. 대혜종고 선사 같은 이는 기왓장 떨어지는 소리를 듣고서 깨달았다고 하니 그에게는 기왓장이 스승이 되는 것입니다. 그런데 그런 일은 끊임없이 화두를 들고 있었기 때문에 가능한 일입니다. 내적인 추구가 없는 상황에서 기왓장 깨지는 소리를 아무리 듣는다 하여도 어떤 일도 일어나지 않습니다.

또 아무 기초도 없이 처음부터 화두를 든다는 것도 사실 무모한 거예요. 지금 말한 기초란 자신의 감정을 다루는 일을 의미합니다. 감정적 흔들림에서 떠나 진리 자체에 초점을 맞출 수 있을 때 비로소 화두를 드는 것이 의미가 있습니다. 그리고 화두를 줄 필요도 없어요. 화두는 스스로 만나는 것이지, 누군가 주는 것이 아닙니다. 마음에 어떤 문구 하나가 들어와 밤낮으로 떠나지 않는 것, 그런 것이 화두입니다. 자신도 모르게 붙들고 있게 되는 '의문'이지요. 그래서 화두는 사람에게서 올 수도, 자연에서 올 수도, 어떤 물건에서 올 수도 있습니다. 이렇게 점차 갈수록 만물이 다 스승이 됩니다. 그런 의미에서 여기서 말하는 부처나 보살, 선지식이 꼭 사람만을 말하는 것은 아닌데, 그들을 연緣으로 삼아서 힌트를 얻어야 합니다. 밖에서 일어나는 현상이 화두를 통해 자신에게 통찰을 주는 것입니다. 화두, 즉 주제를 갖고 있지 않으면, 다시 말해 목적이 분명하지 않으면, 밖에서 어떤 일이 일어나도 통찰로 이어지지 않습니다. 무언가를 추구하는 마음, 이것이 바로 화두입니다. 목적을 갖고서 어딘가로 흐르는 에너지가 있지만, 어딘지는 모르다가 길을 발견하고 터져 나오는 것이 통찰인 것입니다.

맨 처음에는 괴로움에서 벗어나기 위해 사람들이 공부를 시작합니다. 순수한 궁금함을 가진 사람들은 일찍 시작하기도 합니다만, 대부분 삶이 힘들어서 괴로움을 없애려고 시작한다는 것입니다. 그러다가 점차 그 괴로움이 작아지면 거기서 멈추는 사람이 있고, 다시 걸리는 일이 생기면 돌아오기도 하죠. 그런데 진리로 향하는 사람들은, 괴로움으로부터 벗어나 좀 편안해지면 진정한 호기심이 생깁니다. "이 사람들이 하는 것이 뭐야? 도대체 정말 이런 것이 있는 걸까? 정말 그렇다면 신기한데." 이렇게 순수한 궁금증이 생겨서 에너지를 쏟을 수 있다면 그는 이제 제대로 길을 가기 시작하는 것입니다. 이것이 바로 연緣이 생겨난 것입니다. 연緣을 삼지 못하면 능히 번뇌를 끊고 스스로 열반에 들어갈 수 없다고 했으니 연緣이 굉장히 중요한 것입니다. 인因만 있어서는 안 돼요. 보통은 인因도 잘 없습니다. 처음에는 괴로워서 인因이 생기는데, 괴로움이 떨어져 나가도 인因이 그대로 유지되는 사람만이 끝까지 가게 됩니다. 그렇다 하더라도 인因만 가지고서는 안되고 연緣이 꼭 필요합니다.

사실은 인因 이전에 누구에게나 본질이 갖춰져 있습니다. 그 본질이

가려져 생겨나는 불편함과 괴로움 때문에 본질을 찾는 일에 들어서는 것을 인因이라고 보는 것입니다. 본질을 찾는 길로 가지 않고 괴로움을 다르게 해석하거나 임시적으로 해소하는 데 그치는 사람이 많습니다. 그 사람 안에는 인因이 없는 것입니다. 본질을 찾으려는 마음은 여러 가지 현상에 의해 생겨납니다. 민감한 사람의 경우에는 자신과 아무 상관없는 노인의 죽음을 보며 "결국 나도 죽게 되는가?" 하는 생각을 일으킨 것이 인因이 됩니다. "누구나 다 죽으니 결국 나도 죽겠지." 하고 당연히 여기는 사람이 있는가 하면, 석가모니의 경우처럼 죽고 싶지 않은 마음에 길을 떠나 연緣을 만나는 사람이 있습니다. 누구에게나 갖춰져 있는 것은, 자기 안에 있는 스스로 찾아야 될 본질입니다. 모든 중생에게 진여眞如가 있다고 했지, 인因이 있다고 한 것이 아닙니다. 인因은 생겨나는 것입니다. 그런데 사실 누구나 살면서 부딪히기 때문에 그 부딪힘에 대해 살펴보고, 그로 인해 생기는 아픔에서 벗어나고자 하는 마음은 모두에게 있지요. 그런 의미에서 넓게 보면 누구나 인因을 갖고 있다고 볼 수도 있습니다. 다만 그것을 통해 직접적인 추구로 들어가느냐, 아니면 일시적인 해소에 초점이 맞춰지느냐의 차이가 있는 것뿐입니다.

경험을 추구하는 것과 근본에 대한 갈증의 차이

若雖有外緣之力, 而內淨法未有熏習力者,
약 수 유 외 연 지 력　이 내 정 법 미 유 훈 습 력 자

亦不能究竟厭生死苦樂求涅槃.
역 불 능 구 경 염 생 사 고 요 구 열 반

만약 외연外緣의 힘이 있으나 안으로 인因의 정법淨法이 아직 훈습의 힘을 갖지 못한 사람이라면 결국 생사의 고통을 싫어하고 열반을 즐겨 구할

수 없을 것이다.

[논論]

외연外緣의 힘이 있다는 것은 배움을 얻기 위해 스승을 찾아다닌다는 의미입니다. 인因의 정법淨法이 아직 훈습의 힘을 갖지 못한 사람이란 내면에 진정으로 자기의 본질을 찾으려는 명확한 마음이 생겨나 있지 않은 사람을 말합니다. 내면의 추구하는 힘이 훈습력, 즉 '본질이 물든 마음을 깨끗하게 하고자 하는 힘'이고 본질을 찾는 마음입니다. 이것이 바로 정법훈습력淨法熏習力인데, 그것이 내면에 없으면 아무리 외적으로 스승을 찾아다니고 배워도 결국 깨달음이 일어나지 않습니다. 즉, 감정을 가라앉히려 하거나, 평화로운 마음을 추구하거나, 황홀경을 경험하려 하는 등의 경험적인 추구에 머물 뿐, 근본에 대한 갈증이 분명하지 않으면 스승을 만나도 그냥 지나치게 됩니다. 그래서 준비된 사람에게 스승이 찾아온다고 말하는 것입니다.

若因緣具足者, 所謂自有熏習之力,
약 인 연 구 족 자   소 위 자 유 훈 습 지 력

又爲諸佛菩薩等慈悲願護故, 能起厭苦之心, 信有涅槃,
우 위 제 불 보 살 등 자 비 원 호 고   능 기 염 고 지 심   신 유 열 반

修習善根. 以修善根成熟故, 則値諸佛菩薩示敎利喜,
수 습 선 근   이 수 선 근 성 숙 고   즉 치 제 불 보 살 시 교 리 희

乃能進趣向涅槃道.
내 능 진 취 향 열 반 도

만약 인연因緣이 구족具足한 사람이라면 스스로 훈습하는 힘이 있고, 모든 부처, 보살 등의 자비와 원호함을 받기 때문에 능히 생사의 고통을 싫어하는 마음을 일으키고 열반을 신뢰하여 선근善根을 닦아 익히며, 선근을 닦는 일이 성숙하기 때문에 모든 부처와 보살의 가르쳐 중생을 이롭게 하고 기쁘게 함을 만나 차츰 일을 이루어 나아가 열반의 도道에 향할수 있다.

[논論]

추구하는 내부의 힘도 있고 외부의 스승도 만나서 인연因緣이 다 갖춰진 사람이라면, 다시 말해 내적인 갈증도 있고, 스승의 말을 알아들을 지혜와 열정이 갖춰진 사람이라면, 서서히 그 사람 안에 있는 본질이 빛을 발하기 시작합니다. 그런 사람은 스승이 알아보게 됩니다. 스승도 그 길을 지나왔기 때문에 그런 빛을 발하는 사람, 열정을 갖추고 끝까지 가려는 사람이 사랑스럽습니다. 부처나 보살 등은 저절로 그런 이들에게 끌려서 자비로운 마음을 베풀고 보호해 주고, 그들이 원하는 바를 이루도록 해 주려는 마음을 쏟아 붓게 되는데 이것이 바로 스승이 알아서 다가온다는 것입니다.

진정으로 고통을 싫어하는 마음도 능력이다

원문을 보면 '능히' 고통을 싫어하는 마음을 일으킨다고 했습니다. 누구나 고통을 싫어할 것 같은데 그렇지 않은 사람도 있다는 의미죠. 고통이 생겨나면 근본적인 고통을 해결하려는 마음이 염고지심厭苦之心이에요. 그냥 일시적으로 아픔을 잊어버리기 위해 기분 좋은 쾌락을 쫓는 것은 염고지심厭苦之心이 아닙니다. 그것은 고통을 정말로 싫어하는 것이 아닙니다. 왜냐하면 조금 있으면 진정한 고통이 다가올 걸 뻔히 알면서도 일시적인 쾌락에 빠져 그러고 있는 것이거든요. 영화 매트릭스에서 "내가 먹는 것이 다 가짜라는 걸 알지만 그래도 이것을 먹는 것이 좋아."라는 대사가 나오는데 그것과 비슷합니다. 고통이 있는데 본질을 찾고 싶지는 않은 것입니다. 불경에, 낭떠러지 위의 나뭇가지에 매달린 사람의 비유가 있습니다. 흰쥐와 검은 쥐가 한 번씩 그 나무를 갉아 먹고 있는데, 이 사람은 잠시 후면 나뭇가지가 부러져 천 길

낭떠러지 아래로 떨어질 처지를 신경 쓰는 것이 아니라, 나무에서 떨어지는 꿀을 받아먹으며 좋아하고 있어요. 곧 낭떠러지로 떨어져 온몸이 산산조각 나는 고통을 겪을 것을 알고는 있지만 당장의 쾌락으로 인해 그것을 잊어버리고 지금 입 속에 떨어지는 꿀을 더 좋아하는 것입니다. 이것은 고통을 진짜로 싫어하지 않는 것입니다. 염고지심厭苦之心이 없는 사람입니다. 그래서 생사의 고통을 싫어하고 열반을 좋아하는 마음을 일으키는 것이 중요합니다. 사람들이 고통을 싫어하는 것이 당연하다고 여길 것 같지만 자세히 살펴보면 그렇지 않아요. 남에게 화내고 짜증내면 그 상대에게도 좋을 것이 없지만 그런 행위는 우선 자기를 괴롭게 합니다. 더군다나 분노의 대상이 앞에 있는 것도 아닌데 집에 돌아와 다시 떠올리면 화를 내는 것은 자기만 괴로운 것입니다. 이렇게 상상에 빠져 스스로를 옥죄는 것은 자기를 괴롭히는 것임을 모르기 때문에 그렇게 화를 내는 것입니다. 다 지나간 일로 괴로워하는 사람에게 "왜 그래봐야 소용없는 것에 괴로워해?"라고 하면 "너는 사람 같지 않다. 사람은 다 이런 일에 괴로워하고 화내는 거지."라고 반응합니다. '능히'를 붙인 것은 이렇게 진정으로 고통을 싫어하는 마음도 능력이기 때문에 그렇습니다.

수습선근修習善根은 선근을 닦아 익힌다는 의미입니다. 열반을 신뢰하고 선근을 닦는 것이 쉬운 일은 아닙니다. 지루하고, 짜증나기도 하고, 힘들기도 하죠. 그렇지만 열반이 있다는 것을 깊이 믿기 때문에 할 수 있는 것입니다. 선근善根을 닦는 것도 성숙해지는 과정이 있습니다. 그냥 무조건 똑같이 한다고 되는 일도 아니고, 똑같이 되지도 않아요. 연습을 하고 살피다보면 마음이 민감해지고 섬세해지고 미묘해져서 보이지 않던 것도 보이고, 느끼지 못하던 것도 느껴져서 점차 성숙해집니다. 그러나 아무리 성숙해져도 본질을 발견하는 것은 또 다른 얘기입니다. 이 부분은 분명히 해야 돼요. 지금 우리는 생멸문을 얘기하고 있습니다. 수행을 하면 성숙하고 발전해서 희로애락喜怒哀樂의 마음이 점차 옅어지고 사라질 수 있습니다. 그렇지만 수행을 한다고 해서 반드시 본질을 얻을 수 있는 것은 아닙니다. 왜 그럴까요? 본질은 '발견'이기 때문에 그렇습니다. 본질은 수련과 상관이 없습니다. 이것이 바로 '발견'과 '발전'의 차이입니다. 모든 수련은 발전을 일으키지만, 크게 발전했다고 해서 본질을 발견하게 되는 것은 아닙니다. 그리고 수련을 하지 않은 사람이나 수련을 적게 한 사람도 본질에 초점이 맞춰지면 그것을 발견을 할 수가 있는 것입니다. 이것이 바로 돈오頓悟의 놀라운 점입니다. 그래서 돈오頓悟를 지향하는 사람들은 수련을 하지 말라고 합니다. 수련을 한다는 것 자체가 "나는 아직 깨닫지 못했어."를 되뇌는 것과 똑같다는 것입니다. 끊임없이 "나는 아직 본질이 아니다." 하고 있다는 것입니다. 그 말은 맞습니다. 진리에 어긋나는 '나'를 강화시키는 작업인 것이지요. 그렇지만 수련을 통해 마음이 미세해지고 섬세해질수록 점차 괴로움과 어려움, 현상에 휘둘리는 일이 줄어들기 때문에 발전도 의미가 있습니다. 이것이 점수漸修입니다. 선근善根을 닦는 일이 성숙해진다는 것은 바로 이런 발전을 말합니다.

선근善根을 닦는 일이 성숙해지면 부처와 보살의 가르침을 만나게 됩니다. 스스로 애쓰고 닦고 있으면 스승의 가르침과 원호願護가 더 다가오게 되어 있어서, 그를 통해 중생은 점차 열반으로 나아갑니다. '중생이 열반으로 나아간다.'는 말에는 사실 오류가 있습니다. 중생과 열반이라는 것이 따로 없잖아요. 중생과 열반이라는 것이 있어서 중생이 열반을 향해 나아간다고 믿고 있는 한은 아직 분별 속에, 즉 현상 속에 있게 됩니다. 그래서 처음부터 이런 대승기신론을 배우면 안 됩니다. 처음에는 생사를 떠나 열반으로 가려는 열정과 패기를 불러 일으켜야죠. 그런 다음 마지막에 가까이 다가갔을 때 "그간 네가 열심히 했지만 그런 식으로 본질을 발견할 수 있는 게 아니다. 본질이라는 것은 분별하고 나누는 그 개념을 떠나는 건데, 아직도 그러고 있니?" 이렇게 말하는 것입니다.

진여가 물든 마음을 가르치거나 맑게 하는 과정인 진여훈습眞如熏習의 뜻에는 두 가지가 있는데, 자체상훈습自體相熏習과 용훈습用熏習이 그것입니다. 자체상훈습自體相熏習은 우리 자체가 진여, 즉 진리이기 때문에 스스로를 밝히려는 작용을 하는 것으로 내적인 인因이 됩니다. 반면에 용훈습用熏習은 외부적인 만남을 통한 깨우쳐짐을 뜻하는데 외적인 연緣이 됩니다. 나무 스스로 가진 불에 타는 소인과 나무에 불이 붙게 할 수 있는 성냥이나 불씨 같은 외부의 요인 두 가지로 비유할 수 있겠네요. 내적인 인因과 외적인 연緣이 만나서 인연因緣을 이루어 나무에 불이 붙는 것처럼, 마음이 맑아지는 깨우침의 과정도 이와 같습니다. 우리 본성은 언제나 진리 그 자체여서 스스로를 드러내려고 하는 측면인 내적인 인因이 있습니다. 지난 시간에는 깨우치려고 애써 노력하는 특성의 측면이 더 부각됐었죠. 그런 것이 있어야만 더 빠릅니다. 그 다음으로는 그런 내적인 인因이 있다 해도 외부의 연緣, 즉 내면의 진리를 일깨우는 불쏘시개가 되어줄 외부의 스승이나 책 등의 연緣을 만나지 못하면 깨어나기 어렵다는 이야기를 했습니다.

오늘은 외부의 도움에 해당되는 용훈습用熏習, 즉 외부의 작용에 대해 자세히 살펴봅니다.

세계, 경험자와 경험 대상 사이의 관계

用熏習者. 卽是衆生外緣之力. 如是外緣有無量義. 略說二種.
용 훈 습 자   즉 시 중 생 외 연 지 력   여 시 외 연 유 무 량 의   약 설 이 종

云何爲二.
운 하 위 이

용훈습用熏習이란 곧 중생의 외연外緣의 힘이니, 이 외연에 무량한 뜻이 있으나 대략 말하면 두 가지가 있다.
무엇이 둘인가?

[논論]

용훈습用熏習이란 중생의 외적인 원인의 힘이라고 했습니다. 인因은 물든 마음을 본질의 투명함으로 바꾸려는 내적인 열망이라고 할 수 있고, 연緣은 스승이나 책, 그리고 외부에서 일어나는 어떤 조건들을 말하는 것입니다.

一者差別緣. 二者平等緣.
일 자 차 별 연   이 자 평 등 연

첫째는 차별연差別緣이요, 둘째는 평등연平等緣이다.

[논論]

차별연差別緣이란 범부와 이승二乘(연각승과 성문승)이 분별사식훈습分別事識熏習을 통해 가는 길입니다. 생사와 열반이 다르다는 분별을 통해 간다는 말이죠. 희로애락에 시달리고 두려움과 슬픔 등의 괴로움을 많이 겪는 사람은 생사生死의 고통으로부터 벗어나 열반의 세계로 가고 싶다는 마음을 내게 됩니다. 그 사람은 생사의 고통과 그런 것이 없는 열반, 이렇게 둘로 나누고 있는 것인데, 이것이 바로 범부와 이승인의 분별사식分別事識을 통한 길입니다. 생사와 열반을 나누는 차별이 하나의 인연이 되어 깨달음의 길로 가게 합니다. 그런 차별을 통해 열반을 향해 애써 노력하고 수행하는 힘을 얻게 되는 것입니다. 그렇지만 궁

극적으로는 생사와 열반이 따로 없음을 알아채려고 공부를 하는 것입니다. 그래서 지금 이 순간 내가 살아가고 있는 이 현실은 내 마음이 만든 분별에 의해 나타났을 뿐, 실제로는 지금 내가 느끼는 분별된 현실은 없다는 것을 알아채려는 것입니다.

내가 가진 감각기관과 그 감각기관의 도움을 받아 형성된 마음의 세계가 그려낸 분별된 그림이지, 실제 저 밖의 세상은 그 어떤 분별도 없는 세상입니다. 가시광선만을 볼 수 있는 눈으로 바라보니까 일곱 색깔 무지개의 색깔을 띤 사물들이 분별되는 것이지요. 만약 적외선과 자외선도 볼 수 있는 눈을 가졌더라면 더 많은 색깔로 분별된 세계를 경험할 것입니다. 물론 그런 감각기관을 가졌다고 하더라도, 마음에 남은 그 감각기관의 흔적들을 교묘하고 엄밀하게 결합하고 재조정하여 조절할 수 있는 마음의 장場이라는 것이 없다면 세밀하게 분별해서 보지 못할 것입니다. 예를 들면, 개는 사람보다 더 뛰어난 후각을 가졌고, 귀도 아주 예민하지만 우리만큼 세계를 다채롭게 경험하지는 못합니다. 그 이유는, 개의 눈은 흑백만 구별하고, 미각도 민감하지 못하기 때문입니다. 귀와 코의 민감도는 사람보다 낫지만, 그 감각을 마음의 장에서 조합하는 능력은 사람보다 정교하거나 엄밀하지 못하기 때문에 그냥 즉물적으로 반응하고 마는 것입니다. 마음 또는 의식이라는 또 다른 민감한 감각 기관을 가지지 못했기 때문에 개들은 우리보다 둔하게 분별된 세상을 살아가고 있습니다.

그러니까 세상 자체가 분별되어 있는 것이 아니에요. 세계라는 것은, 경험자와 경험되는 대상 사이의 '관계'에서 느껴지는 '느낌'일 뿐입니다. 그런데도 우리는 '내가 죽어도 이 세계는 변함없을 거야.'라고 믿죠. 내가 죽으면 내 세계는 사라지고 없는 것입니다. 다른 사람이 경험하는 그들의 세계가 있을 뿐이지요. 또한, 세계는 고정되어 있지 않아서 감각기관과 세월의 흐름에 따라 바뀌며, 있기도 하고 없기도 하는 변화무쌍한 세상입니다.

우리가 느끼는 일체의 분별은 우리 마음속의 분별이라는 점과 마찬가지로, 원래 차별이라는 것이 없는데 중생의 마음은 생사의 고통과 열반이 즐거움을 나누고서 생사를 버리고 열반으로 나아가려고 합니다. 이것이 바로 용훈습의 차별연差別緣을 통한 수행입니다. 그래서 결론적으로는 분별없는 지혜를 통해 궁극에 도달하게 됩니다.

연緣은 깨우침을 향해 나아갈 수 있도록 외부로부터 다가오는 도움입니다. 그중에 분별함으로써 도움을 얻는 것이 차별연이라면, 언뜻 보게 된 분별없음을 통해 가는 것이 평등연平等緣입니다. 보살은 업식훈습業識熏習을 위한다고 되어 있습니다. 자기 자신을 관찰하며 마음의 작용을 언뜻 본 보살들은, 미세한 느낌이 나타났다 사라지는 것을 봄으로써 그것의 비존재성을 파악하고, 결국 모든 분별은 마음의 미세한 느낌들 때문이라는 것을 파악하여 평등연을 걷게 된다는 말입니다. 그러니까 마음의 움직임 때문에 경계가 나타나는 것이지, 고정되고 분별된 경계가 있지는 않다는 것입니다. 마음의 분별을 사물이 가지는 고유한 분별인양 여기는 마음이 고정된 경계를 만들고 있을 뿐입니다. 그런 마음 때문에 차별을 일단 인정하고 그것을 바탕으로 수행해 나가는 것이 차별연이라면, 평등연은 분별이 마음의 문제임을 즉각 직지인심直指人心하여 들어가는 것입니다.

눈앞에 있는 탁자와 컵을 보세요. 우리는 외부 대상이 이렇게 분별된다고 여깁니다. 탁자와 컵이 다르다고 분별하는 이유는, 그 사이에 공간이 있기 때문입니다. 이것과 저것을 나누는 것은 공간이에요. 두 개의 사물이 공간 없이 딱 붙어있으면 어떻겠어요? 둘로 여겨지지 않을 것입니다. 그와 마찬가지로 우리의 모든 의식적인 분별에도 공간이 있습니다.

공간이란 것에 대해 한번 살펴보겠습니다. 감지 연습을 처음 할 때 사물의 경계를 그렸었죠. 지금 앞에 있는 탁자와 탁자 아닌 것 사이의 경계를 깊숙이 들여다보세요. 탁자의 외부 테두리인 경계선에 눈의 초점을 맞추고 오래도록 들여다보세요. 그리고 그 경계의 느낌을 느껴봅니다. 어떻습니까? 맨 처음 본 그대로 경계선이 유지되나요? 경계선이 왔다 갔다 하거나 희미해지거나 흐려지죠? 맨 처음 보았던 경계선의 느낌은 고정불변한 것이 아닙니다. 이렇게 경계선은 변하는데, 우리는 '저건 탁자지. 그리고 탁자는 탁자 아닌 것과는 완전히 달라.' 이런 생각으로 완전히 고정시켜버립니다. 실제 눈으로 보는 느낌은 고정돼 있지 않고 달라지는데, '탁자'라는 이름을 붙여 놓으면 그때부터 그 경계선이 변함없는 것으로 생각됩니다.

이번에는 눈을 감고 자신의 어깨를 느껴 보세요. 그 선을 넘어가면 더 이상 내 어깨가 아니라는 몸의 경계선을 정확히 느껴보세요. 자신의 몸이라고 여기는 이유는 몸의 느낌이 있기 때문인데, 몸의 경계선의 느낌도 잘 느껴보면 아까 탁자의 경계선처럼 희미해질 것입니다. 만약 우리에게 시각이 없고 촉각만 있다면 내 몸은 불분명할 거예요. 느낌이 있는 것 같긴 한데, 어느 부위에 주의를 주고 있으면 다른 곳은 잊혀지고, 또 주의를 계속 주면 그 경계선이 명확하지 않고 애매해진다는 것을 알 수 있습니다. 자신의 몸 전체를 잘 느껴 보세요. 내 몸이 정말로 내가 생각했던 그 몸으로 느껴지고 있는지. 부위는 느껴지지만 경계는 뚜렷이 느껴지지 않을 것입니다. 압력의 차이 등을 통해 끊임없이 비교대상을 주어야만 경계선의 느낌이 유지되는 거지, 그냥 경계선 자체를 들여다 볼 때는 희미해지고 사라져요. 그런데 우리는 '내 몸은 여기서 여기까지야.'라고 마음에 이미지를 그려놓고 거기에 이름을 붙여 고정시키며 산다는 것입니다.

사물의 경계와 마음의 경계

지금 느껴본 것처럼 물리적인 경계나 감각적인 경계선이 이처럼 희미한데, 마음의 경계는 어떻겠습니까? 더 희미합니다. 경계와 분별을 기반으로 우리의 의식이 작동하고 있는데, 이 경계와 분별 자체의 느낌이 희미하다는 것을 우리가 파악하지 않고 지나가게 되면 의식이 그것을 있다고 상상하는 거예요. 모든 생각의 기반은 '느낌'입니다. 느낌에 붙은 이름표들 간의 관계가 생각이기 때문에, 느낌 자체를 바라보지 않고 생각만 한다면 당연히 상상하게 되는 것입니다. 촉감적인 느낌으로만 따져 보면 몸이 명확하지 않습니다. 그런데, 느낌의 경계는 모호한데도 우리의 생각이 '내 몸은 이렇다.'라고 틀지어서 고정시켜 놓고 분별하고 있죠. 마치 컵 속의 물은 형태가 불분명한데 컵이라는 틀 속에 넣어놓음으로써 물의 모습이 둥그런 원통형으로 고정되듯이, 느낌은 변하며 불분명한데 거기에 붙여놓은 이름 때문에 그 느낌이 계속 일정하게 유지되는 듯이 여겨지는 것입니다. '두렵다'라는 느낌이 일어나면 그것에 이름을 붙이지 말고 한번 느껴보세요. 그러면 그 느낌이 시시각각으로 미세하게 또는 크게 변한다는 것을 알 수 있습니다. 그러나 그 느낌을 살펴보지 않고 그저 '두렵다'라는 이름으로만 생각하고 있으면 느낌은 '두렵다'라는 이름에 붙어 있는 고정된 과거느낌이 불러내져 계속 유지되는 것입니다.

이번에는 의식적인 느낌에 대한 경계를 살펴보겠습니다. 눈을 감고 시원하다는 생각을 해보고 그 느낌을 느껴보세요. 마음이 만들어낸 '시원하다'라는 느낌에도 경계가 있습니다. 그러니까 다른 느낌과 구별되는 것입니다. 그렇다면 시원하다는 그 느낌의 경계는 어디에 있을까요? 일반적인 사물의 경계와는 다르지만, 마음에 그 느낌이 잡힌다는 것은 경계가 있어서 다르게 느껴지기 때문입니다. 그 경계선의 느낌을 깊숙이 느껴보세요. 다른 것과 구별되는 경계가 얼마나 명확하게 계속 유지되는지 살펴보세요. 사물이나 몸의 경계선이 고정되지 않은 것처럼 의식적인 느낌의 경계선도 그와 같습니다.

모든 분별되는 느낌은 비교에 의해 마음이 만들어 놓은 경계입니다. 그것이 바로 대승기신론에 말하는 일체분별 즉분별자심一切分別 卽分別自心입니다. 그리고 마음은 그 자체의 상相이 없기 때문에 마음 자신을 볼 수 없다고 했습니다(心不見心, 無相可得). 볼 수 있고 얻을 수 있는 상相이 없기 때문에 마음은 자기 자신을 볼 수 없어요. 마음이 다른 모든 사물과 개념에 대한 다양한 상相을 만들기는 하지만 마음 자체의 상相은 없기에 스스로를 보거나 느낄 수 없습니다. 그리고 모든 분별되는 상相은 마음속의 분별일 뿐 원래는 분별이란 것은 없는 것입니다.

용훈습의 평등연平等緣은, 분별없음이라는 기본적인 통찰을 기반으로 가는 길입니다. 차별연差別緣은, 일체 분별이 마음의 일인지를 모르고 생사의 괴로움을 벗어나기 위해 열반을 향해 노력하고 수행하는 것입니다. 초기에는 이런 차별연이 필요하지만, 공부가 깊어질수록 그 모든 분별은 마음이 만들어 낸 것임을 알게 됩니다. 그래서 대승기신론은 전부 다 상相이라고 합니다. 열반도 상相이죠. 진여상眞如相, 생멸상生滅相, 불각삼상不覺三相… 모두 상相이에요. 모든 상相을 넘어선 무한한 생명의 힘이 다양한 상相들을 통해 드러나고 있습니다. 모든 현상은 본질의 표현이에요. 그래서 모든 현상 자체가 곧 본질이기도 합니다. 본질이 드러난 어떤 모습이죠. 본질자체는 어떤 모습을 취하지 않기 때문에 본질을 모른다고 할 뿐, 모든 현상 자체가 이미 본질입니다. 금으로 코끼리를 만들면 사람들은 코끼리만 바라볼 뿐, 금 자체를 보지 못합니다. 그러고는 그것을 코끼리라고 말합니다. 금으로 돼지를 만들면 돼지라고 합니다. 그렇지만 코끼리나 돼지는 모습일 뿐, 본질은 금입니다. 그러나 금 자체는 모습이 없잖아요. 코끼리나 돼지 등의 모습으로 나타날 수 있을 뿐이에요. 우리가 뭔가를 안다는 것은 항상 모습이 있을 때 가능합니다. 그러니까 깨달음이든 깨닫지 못함이든 어떤 앎이 있다는 것은, 모습 속에 있다는 뜻이고 현상 속에 있다는 뜻입니다. 무엇을 알았다고 주장하면 '알았다는 모습' 속에 있는 거예요.

사물과 사물을 분별하는 것은 그 사이의 공간을 기반으로 하듯 마음의 분별도 내적인 공간을 기반으로 합니다. 내적인 공간은 물리적인 공간처럼 느껴질 수도 있고, '그냥 다르다, 아니다.'라는 느낌으로 형성되기도 합니다. 내적인 느낌의 세계에서는 '이 느낌과 저 느낌이 다르다.'는 인식이 공간을 대신하고 있다는 말입니다. 그런데 좀 전에 살펴봤듯이 외적인 사물을 자세히 살펴보면 그것의 경계가 희미해지는 것처럼, 내적인 느낌도 자세히 살펴보면 경계가 희미해지고 모호해집니다. 이 모호함을 명확하게 구분 짓는 것이 바로 생각입니다. 생각은 느낌을 담는 그릇이에요. 느낌은 생각이나 이름이라는 테두리가 없으면 제 모양을 그대로 유지하지 못합니다. 끊임없이 변하는 느낌을 고정불변의 형태로 지속시켜주는 생각과 이름은 일종의 껍질과 같아서 경계를 유지시켜 줍니다. 내적인 경계의 메커니즘을 명확히 알아서 경계라는 것은 마음의 작용일 뿐임을 파악하고, 그 기반 하에 수행하는 것이 평등연입니다. 차별연差別緣은 범부凡夫와 이승인二乘人이 분별사식分別事識을 통해 가는 길이고, 평등연平等緣은 보살이 업식훈습業識熏習을 통해 깨우치고 가는 길입니다. 그 다음 원문은 지금까지 말한 핵심을 길게 설명해 놓은 것입니다.

선재동자가 되라

差別緣者. 此人依於諸佛菩薩等, 從初發意始求道時,
차 별 연 자   차 인 의 어 제 불 보 살 등   종 초 발 의 시 구 도 시

乃至得佛, 於中若見若念. 或爲眷屬父母諸親. 或爲給使.
내 지 득 불   어 중 약 견 약 념   혹 위 권 속 부 모 제 친   혹 위 급 사

或爲知友. 或爲怨家. 或起四攝. 乃至一切所作無量行緣.
혹 위 지 우   혹 위 원 가   혹 기 사 섭   내 지 일 체 소 작 무 량 행 연

以起大悲熏習之力. 能令衆生增長善根. 若見若聞得利益故.
이 기 대 비 훈 습 지 력   능 령 중 생 증 장 선 근   약 견 약 문 득 리 익 고

차별연差別緣이란 이 사람이 모든 부처보살에 의해 처음 발의發意하여 구도求道할 때부터 부처가 될 때까지 그중에 부처를 보기도 하고, 생각하기도 함에 권속眷屬, 부모, 제친諸親이 되기도 하며, 어떤 경우는 급사給使, 지우知友, 원가怨家가 되기도 하며, 어떤 경우는 사섭四攝을 일으키고, 일체 짓는 무량한 행위의 연緣이 되는 것이니, 이는 대비大悲로 훈습하는 힘을 일으켜 중생으로 하여금 선근善根을 증장케 하여 보거나 들어서 이익을 얻게 하기 때문이다.

[논論]

깨달음에 뜻을 둔 이후로 그가 만나는 사람들이 깨달음의 불을 지필 외연外緣이 된다는 것입니다. 물론 아닌 사람도 있겠지만요. 내가 뜻만 가지고 있다면 사실 모든 사람들이 나를 깨우쳐 주는 도우미들이죠. 선재동자의 구도 여정의 글인 화엄경華嚴經을 보면, 선재동자는 만나는

사람을 외연으로 삼아 배웁니다. 도둑놈을 만나든, 창녀를 만나든 그들로부터 뭔가를 배우지요.

사섭四攝은, 고통으로 가득한 세계에서 보살이 중생을 불도佛道로 이끌기 위한 네 가지 방법을 말합니다. 진리를 가르쳐 주고 재물을 베풀어 주는 보시섭布施攝, 사람들에게 항상 따뜻한 얼굴과 부드러운 말을 하는 애어섭愛語攝, 몸과 말이나 마음으로 선행을 행하여 중생에게 이익을 주는 이행섭利行攝, 상대의 근성을 따라 친하며 행동을 같이하여 이끄는 동사섭同事攝입니다. 동사섭은 보살의 동체대비심同體大悲心, 즉 중생과 나를 같은 한 몸으로 여기는 깊은 자비심을 말하는데, 중생에게 접근하여 함께 일하고 생활하면서 그들을 깨달음으로 이끄는 일입니다.

이런 외연들이 커다란 연민으로 훈습하는 힘을 일으켜서 중생으로 하여금 선근善根을 일깨우고 증장시킵니다. 선근善根이 상·중·하근기上·中·下根機로 날 때부터 정해진 것으로 보기 쉬운데, 여기서는 대자대비大慈大悲하는 훈련하는 훈습을 통해 선근善根을 기르고 강하게 해 준다고 말합니다. 선근善根도 길러진다는 뜻이지요.

此緣有二種. 云何爲二. 一者近緣. 速得度故. 二者遠緣.
차 연 유 이 종   운 하 위 이   일 자 근 연   속 득 도 고   이 자 원 연

久遠得度故.
구 원 득 도 고

是近遠二緣. 分別復有二種. 云何爲二. 一者增長行緣.
시 근 원 이 연   분 별 부 유 이 종   운 하 위 이   일 자 증 장 행 연

二者受道緣.
이 자 수 도 연

이 연緣에는 두 가지가 있으니 무엇인가?
하나는 근연近緣이니 빨리 도탈度脫하기 때문이요, 둘째는 원연遠緣이니 오랜 시간이 지나야 도탈을 얻기 때문이다.

이 근원이연近遠二緣을 분별하면 다시 두 가지니 무엇인가?

하나는 증장행연增長行緣이요, 둘은 수도연受道緣이다.

[논論]

증장행연增長行緣은 좋은 일을 하는 선한 마음을 키우는 인연이고, 수도연受道緣은 진리의 길에 들어서도록 하는 계기가 되는 인연입니다. 지금까지 차별연에 대해 얘기했습니다.

平等緣者. 一切諸佛菩薩, 皆願度脫一切衆生,
평 등 연 자   일 체 제 불 보 살   개 원 도 탈 일 체 중 생

自然熏習恒常不捨.
자 연 훈 습 항 상 불 사

평등연平等緣이란 일체 부처와 보살이 모든 일체중생을 도탈度脫시킴을 원하여 자연스럽게 이들을 훈습하여 항상 버리지 않는 것이다.

[논論]

평등연은 보살의 서원誓願 같은 것을 통해 자연스럽게 중생을 훈습해서 항상 버리지 않는 것입니다.

以同體智力故, 隨應見聞而現作業. 所謂衆生依於三昧,
이 동 체 지 력 고   수 응 견 문 이 현 작 업   소 위 중 생 의 어 삼 매

乃得平等見諸佛故.
내 득 평 등 견 제 불 고

이는 동체지력同體智力으로서 중생의 견문에 따라 응하여 업용業用을 나타내니 소위 중생이 삼매三昧에 의하여 평등하게 모든 부처를 볼 수 있기 때문이다.

[논論]

동체지력同體智力은 한 몸임을 아는 지혜의 힘인데, 이 동체지력으로 견문의 깊이가 각자 다른 중생의 레벨에 맞춰서 업용業用을 드러낸다고 했습니다. 평등연은 보살의 업식훈습을 사용하는 것으로 마음의 자재업용自在業用을 통해 간다고 했습니다. 자유자재한 마음의 작용을 통

해 중생의 견문에 맞춰서 도道를 나타내서 보여줘서 이끌고 간다는 의미입니다. 중생은 분별심이 없어진 상태인 삼매三昧를 통해 부처를 볼 수 있습니다. 이처럼 분별없음을 통해 가는 것이 평등연이고, 이는 보살의 길이기도 합니다.

의식 자체가 이미 분별을 기반으로 한다

불교를 비롯해서 공부하는 모든 곳에서 초기에는 절대적인 진리에 대해 가르칩니다. 악한 마음을 멀리하고, 선한 마음을 가지고 선행을 하라고 하죠. 그러나 다른 한편으로는 선악이 없다고도 말합니다. 두 가지 관점으로 나눠 놓고, 듣는 이의 상태에 따라서 다르게 말하는 것입니다. 그래서 어떤 사람이 듣느냐를 파악하는 것이 중요합니다. 지금 강의하는 훈습에도 이런 두 가지 관점이 섞여 있습니다. 오늘 강의 내용에 나오는 무분별無分別에 대해서도 마찬가지입니다. 범부와 이승인二乘人은 아직 분별 속에 있어 무분별의 지혜를 터득하지 못했기 때문에 분별사식훈습分別事識熏習을 통해 나아가야 하고, 한 단계를 지난 초발의보살初發意菩薩은 무분별에 대해 어느 정도 파악했기 때문에 업식훈습業識熏習을 통해 간다는 얘기를 합니다.

체용體用의 훈습이 진여훈습의 범위 안에 있습니다. 진여훈습이란 본질이 환상에 쌓여있는 나를 훈련시키거나 물들여서 본질로 향하게 하는 것입니다. 우리는 이미 본질 그자체인데도 본질로 향하게 한다고 말하는 이유는, 자신이 아직 본질에 닿지 않았기 때문에 스스로를 훈련해서 바꿔야하고, 본질을 터득하거나 깨달아야 한다고 여기는 사람들이 있기 때문입니다. 깨달은 자와 깨닫지 못한 자, 본질을 본 자와 보지 못한 자가 따로 있고, 본질의 세계인 열반과 환상의 세계인 생사가 따로 있고, 생사를 떠나서 열반으로 가야 한다고 여기는 사람들이 있어요. 이런 분별하는 마음에 빠지지만 않는다면 사실 진여훈습은 아무런 필요가 없습니다. 그런데 의식 자체가 분별을 기반으로 하기 때문에 의식 속에 있는 사람들에게는 이런 과정이 필요한 것입니다. 진여문의 절대세계에는 아무런 분별도 없지만, 그 절대 본질이 현상화한 생멸문의 진여는 생사가 있다고 여기는 마음속의 진여이기 때문에 전달되거나 물들이는 훈습이 가능한 것입니다.

훈련과 노력, 그리고 공부를 통한 성취가 가능하다고 여기는 세계는 분별의 세계입니다. 이것과 저것을 나누고, 아직 이루지 못한 사람과 이룬 사람을 나누고, 어떤 상태를 향해 가도록 하는 것입니다. 그런데 어떤 선사들은 "거기에 어떤 분별도 없다. 분별은 환상이다."라고 얘기합니다. 분별이 없는 그 세계는 그냥 절대일 뿐입니다. 이미 완벽하기 때문에 더 이상 애쓸 필요도 없고, 어딘가를 향해 갈 필요도 없습니다. 이처럼 사뭇 다른 두 가지 이야기가 진여훈습에 섞여 있습니다. 자기의 본질이 '분별없음'이라는 것을 언뜻 본 사람에게는 절대의 세계가 전달될 수 있습니다. "이미 너는 완벽해. 애쓸 필요도 없고 노력할 필요도 없어. 이 자리가 이미 본질의 자리다."라는 말을 할 수 있지요. 그런데 그러한 부분을 아직 보지 못한 사람한테는 애써 노력해서 수행을 하라고 말해야 됩니다.

이 두 가지 부분이 섞여 있기 때문에 헷갈리는 거예요. 선악을 얘기할 때는 기본적으로 분별을 기반으로 하는 것입니다. 분별없음을 본 사람에게는 선악이 없습니다. 선악 자체가 개념과 분별 세계의 내용이니까요. 지금은 선악이 있다는 전제 아래 훈련과 노력을 하는 부분에 대해 얘기하고 있고, 그런 분리 자체가 환상이라는 것은 앞서 진여문에서 다뤘습니다. 우리의 마음은 두 가지 상태가 동시에 있습니다. 전혀 흔들림이 없는 절대의 마음이 있고, 이것저것에 흔들리고 동일시되고 감정에 시달리는 상대적인 분별의 마음이 있습니다. 분별하는 마음 속에 있을 때는 지금 하고 있는 이야기가 옳은 얘기이지만, 분별을 떠난 상태에서는 이 모두가 거짓인 것입니다.

此體用熏習, 分別復有二種. 云何爲二.
차 체 용 훈 습   분 별 부 유 이 종   운 하 위 이

一者未相應. 謂凡夫二乘初發意菩薩等, 以意意識熏習,
일 자 미 상 응   위 범 부 이 승 초 발 의 보 살 등   이 의 의 식 훈 습

依信力故而能修行. 未得無分別心, 與體相應故,
의 신 력 고 이 능 수 행   미 득 무 분 별 심   여 체 상 응 고

未得自在業修行, 與用相應故.
미 득 자 재 업 수 행   여 용 상 응 고

이 체용體用의 훈습을 분별함에 다시 두 가지가 있으니, 무엇이 둘인가?
하나는 미상응未相應이니, 범부와 이승二乘과 초발의보살 등은 의意와 의
식意識의 훈습으로 믿음의 힘에 의하는 고로 능히 수행을 하지만, 무분별
심無分別心과 체상응體相應을 하지 못하는 때문이고, 아직 자재업自在業의
수행과 용상응用相應이 안되기 때문이다.

[논論]

체용體用의 훈습이라고 했습니다. 동양에서 말하는 체용體用은 본체, 그리고 그 쓰임이나 작용을 말합니다. 체상응體相應을 하지 못한다는 것은, 본질과 상응하지 못하여 아직 깨닫거나 체득하지 못했다는 말입니다. 체용의 훈습은 상응하지 못한 사람들과 관련된 부분이 있습니다.

범부와 이승은 의식훈습意識熏習을 통해 가는 사람입니다. 분별사식훈습分別事識熏習이라고도 하죠. 뭔가를 의식한다는 것은 이것과 저것

을 나누는 분별을 기반으로 합니다. 내 앞에 있는 탁자와 컵을 나눌 수 없다면 우리는 그것들을 둘로 알지 못합니다. 그러한 나눔을 기반으로 하는 훈련이 분별사식훈습인데, 범부와 이승, 즉 분별 속에 있는 사람에게는 이런 훈련이 필요하다는 것입니다.

남방불교에는 위빠사나와 사마타가 있습니다. 사마타를 주로 하는 곳에서는 생사와 열반을 나누고 열반을 향해 가는 훈련을 시키는데, 그 처음이 집중 훈련입니다. 하나의 사물만을 바라보며 다른 모든 생각을 잊도록 하지요. 오직 그 사물에 대한 집중만 남았을 때, 그 사물마저 사라지게 함으로써 '없음'으로 갑니다. 집중이란 다른 모든 경계를 멈춘다는 의미인데, 이렇게 분별을 멈추는 것이 사마타입니다. 분별사식훈습도 고통과 괴로움의 세계와 그렇지 않은 세계를 나눠놓고, 고통과 괴로움이 없는 상태로 가도록 애써서 노력하고 수련하게 만듭니다.

카르마, 관성을 다루다

초발의보살初發意菩薩은 의훈습意熏習을 합니다. '식識'이 없고, 오직 '의意'만 있는데 업식훈습業識熏習이라고 합니다. 보살은 능견상能見相을 떠난 사람들을 말합니다. 견분見分(주체/보는 자)과 상분相分(대상/보이는 자)이 동시에 생겨남을 파악하여 능견상을 떠난 것입니다. 능견상은 타고난 업식業識 때문에 저절로 생겨나는데, 이 능견상이 생겨나면 자기를 보호하려 듭니다. 주체와 대상을 떠난 보살들은 업業으로부터 많이 자유로워진 사람들이라 분별사식을 하지 않고 업식훈습業識熏習을 하게 됩니다. 주체와 대상은 만들어진 느낌이라는 것, 즉 마음의 상相에 대한 체득이 이루어지면, 물려받아 뿌리박힌 습관인 카르마, 관성, 업식業識을 다루는 작업을 하는 것입니다. 견분見分과 상분相分, 즉 주체와 대상으로 나누어서 분별하고 느끼는 것이 의식이지요. 그런데 주체와 대상으로 나뉘기 이전에도 미세한 느낌의 나타남과 사라짐이 있으니 그것이 바로 업식業識입니다. 식물과 동물은 그런 미묘한 느낌을 기반으로 살아갑니다. 사람의 분별보다 명료하지 않은 분별을 사용하는 것입니다. 명확하게 나뉜 주체와 대상을 다루는 것이 의식意識이라면 그런 고정된 경계가 없는 것이 업식業識이고, 모든 분별되는 세계는 거짓된 경계에 의한 것이며, 우리의 근본은 경계 짓는 망념妄念을 떠나 있음을 파악하는 것이 바로 의훈습意熏習입니다.

위빠사나를 통해 의훈습意熏習의 훈련을 많이 시킵니다. 위빠사나는 관찰을 뜻하는데, '위빠'는 '나누어진/둘'의 의미입니다. 주체와 대상으로 나뉜 걸 뜻합니다. 집중이 안 되는 사람은 집중 훈련인 사마타를 통해 갑니다. 사실 어떤 의문에 몰입되어 있으면 저절로 집중, 즉 사마타가 일어나기 때문에 절실한 주제를 가진 사람은 위빠사나를 바로 시작하면 됩니다. 위빠사나는 마음에 일어나는 모든 것을 나타났다 사라지는 임시적인 현상임을 보게 하는 것으로 마지막에는 주체와 대상에 대한 관찰을 지속하다가 종국에는 그 관찰자마저도 관찰되고 있음을 파악하는 것입니다. 누가 파악하죠? 관찰자 자신이 파악합니다. 현상인 관찰자가 자신이 현상임을 파악하는 것이 바로 위빠사나의 맨 마지막 일입니다. 법의 본체를 증득한 사람을 법신보살法身菩薩이라고 하는데, 법法의 본체는 능견상能見相을 떠나는 것, 즉 분별을 떠나는 것을 말합니다.

다시 간단하게 정리해보면, 범부凡夫와 이승二乘은 분별을 통해 훈습하고, 보살은 미묘한 느낌의 세계인 업식業識을 훈습합니다. 생사와 열반을 나눠놓고 생사를 싫어하고 열반을 좋아하여 그것을 향해 노력하는 것이 분별사식훈습입니다. 보살은 주체와 대상이 동시에 생겨나며 서로 의존적인 존재임을 파악했지만, 그럼에도 불구하고 오랜 시간을 너와 나로 구별하면서 살아온 업業이 있기 때문에 그런 자동적인 패턴과 습관을 뚫고 나아가도록 하는 것이 업식훈습입니다. 관성을 다루는 것입니다.

범부와 이승과 초발의보살은 의意와 의식意識의 훈습으로 믿음의 힘에 의존해서 능히 수행을 한다(凡夫二乘初發意菩薩等, 以意意識熏習, 依信力故而能修行.)고 했습니다. 이들은 무분별無分別의 지혜를 얻지 못해서 아직도 미묘한 분별 속에 있기 때문에 믿음의 힘이 필요합니다. 모든 수련과 수행은 믿음의 힘에 의지합니다. 왜 그럴까요? 아직 모르니까 그렇습니다. 도달하지 못했기 때문에 이렇게 하면 될 거라는 믿음의 힘으로 갈 수 밖에 없습니다. 그래서 끝까지 가려면, 진정으로 자신이 고개 숙여지고 믿음이 가는 사람 밑에서 배워야 됩니다. 믿음이 가지 않는 스승에게 가 있을 필요가 없어요. 끝까지 가게 하는 믿음의 힘이 나오질 않기 때문입니다. 분별이 없는 마음과 본체에 상응하는 마음을 아직 얻지 못했기 때문에 이렇게 믿음의 힘으로 갈 수 밖에 없습니다.

무분별심無分別心을 얻게 되면 수행이 저절로 일어납니다. 굳이 내가 하려고 해서가 아니라 저절로 일어납니다. 하려는 의도가 있는 동안에는 '하려는 나'와 '얻어야 하는 대상'이 필요한 상태이므로 분별의 세계입니다. 의도意圖는 음양陰陽에서 태극太極으로 가는 과정에서 필요한 것입니다. 이 현상세계는 둘로 나누어진 음양의 세계입니다. (+)와 (−), N극과 S극, 구심력과 원심력, 물질과 반물질, 정신과 물질, 남과

여, 주체와 대상, 이렇게 대치되는 두 개의 현상이 서로를 존재하게 해주는 동전의 양면 같은 상相의 세계지요. 이런 음양陰陽에서 태극太極으로 갈 때는 나누어진 세계이기에 주체의 의도와 노력과 믿음의 힘이 필요합니다. 하지만 태극에서 무극無極으로 가는 것은 투명한 분별에서 무분별로 가는 것이기에 노력으로 가능한 일이 아닙니다. 내가 애써서는 절대로 갈 수 없어요. 애쓸 '나'가 투명해져 있는 상태이기에 만일 거기에 노력을 더하려 하면 '나'가 다시 강해지기 때문입니다. 그러나 여전히 미묘한 분별이 있는 상태입니다. 그래서 태극상태에서는 내가 투명해져서 삼매, 무심無心을 때때로 경험하게 되지만, 그런 텅 빈 마음에 있다가도 다시 '나'라는 것이 의식되는 세계로 나오게 되는데 그 이유는, 텅 빈 마음도 미묘하게 나와 대상으로 나눠져 있기 때문입니다. 그것이 바로 태극이라는 순수의식 상태입니다. 순수의식이나 텅 빈 마음을 경험했다고 말하지만, 사실은 체험하는 자가 여전히 남아있는 것입니다. 투명해 보이지만 체험과 체험자로 미묘하게 나눠져 있는 상태에서는 언제든지 다시 음양으로 나올 수 있습니다. 그러므로 최종적인 무극無極으로의 전환은 애써서 '나'를 없애려 한다고 해서 되는 것이 아닙니다. '나'를 없애려는 그 의도 자체가 '나'이기 때문에 그렇습니다. 여전히 나눠 놓고 있는 것이지요. 도달해야 될 어떤 곳과 그렇지 못한 내가 있고, 노력해서 그곳으로 가려는 의도가 섞여 있기 때문에 여전히 분열되어 있는 마음입니다.

태극은 무분별심無分別心이에요. 순수하고 투명한 의식만 남고, 의식의 내용이 없고 거친 분별이 없는 마음입니다. 주체와 대상이 동시에 발생하며 주체가 따로 존재하는 것이 아님을 체득하여 무분별심을 얻으면 그때부터 수행은 저절로 일어나게 됩니다. 그 분별없는 마음을 오래도록 유지하거나 더 깊숙이 들어가면 저절로 무극無極으로 향하게 되는 거예요. 그래서 자기도 모르게 무극無極으로 툭 떨어지는 일이 일어납니다. 내가 노력해서 되는 것이 아니기 때문에 무분별한 마음을 얻은 사람은 수행이 저절로 일어나게 된다고 말합니다. 그리고 태극에서 무극으로 갈 때는 다시 돌아올 나인 투명한 경계마저도 사라지게 됩니다.

자재업自在業은 자유자재로 행동할 수 있는 마음입니다. 자재업과 그 작용에 비유할 수 있는 것은 노자老子에서 말하는 '무위無爲의 위爲'입니다. '아무것도 하는 것이 없는데 한다.'의 속뜻은 '내가 한다.'는 것 없이 한다는 의미입니다. 움직이고 작용하되 '내가 한다.'가 없는 거예요. '내가 한다, 나를 위해 한다.'가 있으면 분별 속에 빠져 있는 것입니다. 또, 내가 아닌 다른 무엇을 위해 하더라도 그 안에 '내가 한다.'가 있으면 분별심입니다. '무위無爲의 위爲'는 무분별심이에요. 자재업自在業과 용상응用相應은 바로 '무위의 위'를 말하는 것입니다.

자신의 본질로 향하는 길에 세 가지가 있습니다. 지혜의 길, 헌신의 길, 무위無爲의 길입니다. 첫 번째, 지혜의 길은 분석하고 철저하게 실험하는 탐구의 길입니다. 인도에서는 이를 즈나나 요가Jnana Yoga라고 합니다. 요가는 신과의 합일이라는 의미인데, 지혜를 통해 합일로 가는 것이 즈나나 요가입니다. 불교가 이에 속하지요. 두 번째, 헌신의 길은 박티 요가Bhakti Yoga입니다. 무조건적으로 믿고, 자기를 숙이고, 바치는 것입니다. 정말로 믿게 되면 내 마음에서 올라오는 분노나 두려움, 괴로움과 이익을 취하려는 마음, 미워하는 마음 같은 것들을 다 내려놓을 수 있게 됩니다. 헌신이란 그런 것입니다. 내 마음에서 그 어떤 것도 올라오지 않는다는 것이 아니라 올라와도 그냥 내려놓을 수 있는 믿음의 힘이 있는 것입니다. 믿음의 힘이 강한 사람은 헌신의 길을 가는 것이 좋습니다. 잘 따지지 못하고, 분석이 어렵고 복잡하게 여겨지면 단순하게 믿으면 됩니다. 그 대신 자기의 어떤 생각도 바로 내려놓을 수 있을만큼 믿음의 힘이 강해야 합니다. 기독교나 이슬람이 여기에 해당합니다. 세 번째, 일을 하되 내가 한다는 생각 없이 하는 무위無爲의 길은 기르마 요가Karma Yoga입니다. 사재업自在業은 쓰임새에 '나'라는 것이 없이 상응하는 것이기 때문에 카르마 요가에 해당합니다.

분별은 양날의 칼

분별은 양날의 칼입니다. 모든 괴로움이 분별 때문에 생겨나고, 모든 지혜도 분별 때문에 생기지요. 아주 철저한 분별을 통해 가는 것이 지혜의 길이고, 분별을 내려놓고 무조건 믿고 따르는 것이 헌신의 길입니다. 그러니까 헌신하는 사람은 처음부터 무분별을 얻고 가는 것입니다. 따지지 않지요. 그런데 불교 같은 종교는, 범부나 이승이 따지고 물어서 분석하는 지혜인 분별사식의 단계를 거쳐야 무분별심, 즉 보살에 이르게 됩니다. 그런데 기독교 같은 헌신의 종교는 처음부터 믿고 따르라는 요구에 툭 고개를 숙이고 따르잖아요. 그 사람이 진정으로 고개를 숙였다면 무분별심을 얻은 것입니다. 어떻게 보면 헌신의 길이 정말 빠른 길이지만, 정말로 믿고 자기를 내려놓는 사람은 보기 드뭅니다. 무위無爲의 길인 자재업自在業과 용상응用相應도 쉽지 않기 때문에 우리는 의意와 의식意識의 훈습을 통해 갑니다.

二者已相應. 謂法身菩薩, 得無分別心, 與諸佛智用相應,
이 자 이 상 응   위 법 신 보 살   득 무 분 별 심   여 제 불 지 용 상 응

唯依法力自然修行, 熏習眞如滅無明故.
유 의 법 력 자 연 수 행   훈 습 진 여 멸 무 명 고

둘째는 이상응己相應이니, 법신보살法身菩薩이 무분별심을 얻어 여러 부
처의 지용智用과 더불어 상응하여 오직 법력에 의하여 저절로 수행하게
되어 진여를 훈습하여 무명을 멸하기 때문이다.

[논論]

주체와 대상이 가상의 작용이고, 주체는 대상 때문에 생겨남을 파악
한 사람이 법신보살法身菩薩입니다. 이론으로 아는 것이 아니고 체득하
여 분별이 없는 마음을 얻은 거예요. 모든 분별의 기본은 주체와 대상
입니다. 얼마 전에 불각삼상不覺三相과 경계육상境界六相에 대해 설명했
습니다. 업식業識(경향성의 작용)에서 주체와 대상이 생겨나는 전식轉識(
주체/대상의 분열)을 거쳐 대상들이 분별되는 현식現識(대상의 분별)이 이어
집니다. 이런 업상業相, 전상轉相, 현상現相까지가 불각삼상不覺三相입니
다. 전식轉識이 확립되어 주체는 동일시의 기반이 되어 보이지 않게 자
리잡고, 그것을 기초로 온갖 대상들이 분별되지만 아직 좋고 나쁨은
들러붙지 않았기 때문에 괴로움은 없습니다. 이렇게 내 마음과 눈에 '
대상'이 나타나기 시작하는 것이 현식現識입니다. 대상들이 하나하나
구분되는 것인데, 이런 분별은 지혜의 기반입니다. 그렇지만 한편으로
는 괴로움의 기반이기도 합니다. 이 분별이 일어나면 바로 이어서 대
상들을 서로 비교하여 호오好惡가 생겨납니다. 분별 때문에 호오가 생
겨나는 것입니다. 좋고 나쁨을 구별하여 좋은 것을 끌어와서 즐기려
하고 나쁜 것은 밀쳐내서 멀리하려고 하는 데 그렇게 하지 못하면 괴
로움이 생겨납니다. 즉 대상의 분별과 비교, 거기서 생겨난 호오가 고
락을 일으키고 집착이 생겨나요. 이 집착의 대상을 끊임없이 얻으려
하는데서 '의식意識'이 계속됩니다.

뭔가를 의식할 때는 그 '의식' 안에 벌써 호오고락好惡苦樂과 그에 따른 집착이 내장되어 있기 때문에 우리는 감지感知(분별되는 맨느낌)™를 열심히 연습하는 것입니다. 감지에는 호오好惡가 없습니다. 미묘한 밀침과 끌림은 있지만, 그것은 어쩔 수 없이 내 안에 쌓여있어 분별을 위해 필요한 작용이니 수용합니다. 감지라는 것 자체가 마음의 흔적이니까요. 그래도 거의 호오好惡가 없는 분별심이 바로 감지상태입니다. 느낌으로써 이것과 저것을 미묘하게 구분해 내는 것입니다. 생활의 달인들이 해내는 미세한 분별이 감지에 해당합니다. 거기에 좋고 나쁨이 끼어들면 감지를 넘어 생각과 감정으로 발전합니다. 좋은 것을 가지려는 마음이 생겨나고, 그로부터 괴로움이 생겨나는 것입니다. 좋은 것이 좋은 것만은 아닙니다. 괴로움의 기반이 되니까요. 행복만 추구하고 괴로움은 멀리하려는 사람은 자기모순에 빠져있는 것입니다. 왜냐하면 행복은 늘 불행과 같이 다니는 친구이기 때문입니다. 행복을 원하는 마음은 행복하지 않음도 봅니다. 행복하지 않음이 눈에 보이니까 그것을 싫어하고 행복으로 가려고 하는 것입니다. 지옥도 즐길 수 있는 사람에게 지옥은 더 이상 지옥이 아닌 것처럼, 불행을 싫어하는 마음이 없는 사람에게는 불행이 더 이상 불행이 아닙니다. 행복한 마음이란 매우 가변적이서 기준이 바뀌면 언제든지 불행한 마음이 될 수 있습니다. 지금 이 순간 아무 이유 없이 행복할 수 있다면 그것이 최고의 행복이고, 진정한 행복입니다. 흔히 지복至福이라고 말하죠. 행복한 이유는 언제든 다른 이유로 대체 될 수 있고, 그 행복한 이유 때문에 불행해질 수도 있습니다. 그에 반해 아무 이유 없이 행복한 사람은, 안경이 있으면 잘 보여서 행복하고 없으면 아직 눈이 쓸 만하다고 여기며 행복합니다. 이렇게 어떤 이유 없이도 행복할 수 있는 사람이 진짜 행복한 사람인데, 그가 바로 무분별심을 얻은 사람입니다. 분별은 할 줄 알되 분별에 빠지지 않는 것입니다. 분별을 못하는 것이 아니에요. 그것은 무지한 것입니다.

자아自我가 생겨났다는 것은 분별할 수 있다는 의미입니다. 어린애가 스스로를 '나'라고 말하지 못할 때는 아직 분별을 못하는 때입니다. 나와 너를 구별하기 시작하면 분별심을 얻어 자아가 생겨나는데, 이 자아自我 자체가 바로 분별심이죠. 청춘기의 반항은 자아를 강화시키고, 또 자아 때문에 괴로움을 당하기도 하면서 마침내 자아가 괴로움의 온상임을 깨닫고, 자아를 벗어나려고 노력하기 시작합니다. 자아를 벗어난다는 것은 자아를 넘어간다는 의미입니다. 이것은 자아를 아직 터득하지 못한 상태나 자아가 생기기 이전의 어린아이 상태와는 완전히 다릅니다. 자아를 경험하지 못한 아이는 분별심을 사용할 수 없습니다. 자아를 경험하고 자아를 초월한 사람만이 분별심을 사용하면서도 분별에 빠지지 않습니다. 무분별심無分別心을 모든 것에 무분별한 인간이라는 의미로 해석하면 안 됩니다. 분별은 하되 분별심에 빠지지 않는 사람의 마음입니다.

무분별심을 얻은 사람

무분별심無分別心을 얻은 사람은 자기의 본질을 파악한 부처들이 지혜와 그 쓰임에 상응하여 법력法力에 의지해서 저절로 수행이 된다고 했습니다. 이들이 바로 주체/대상을 넘어간 태극太極을 지난 사람들이에요. 그들은 애쓸 필요가 없습니다. 그렇게 애쓰는 '나'가 허상임을 자꾸 보기 때문에 그렇습니다. 그러면서 탐구 자체에 재미를 느끼고 진리의 힘인 법력法力에 의존해서 저절로 수행이 됩니다. 그리고 그때부터 진리를 훈습하여 무명無明이 사라지는데, 무명이 사라지면 이미 우리는 본질의 자리에 와 있다는 것을 알아채게 됩니다.

동쪽을 향해 서 있으면서 그 방향을 서쪽이라고 여기는 사람이 있다고 해 봅시다. 그가 "서쪽은 언제 사라지지?", "왜 이렇게 어두워?" 한다거나 새벽녘에 떠오르는 해를 보면서 서녘에 지는 해라고 여긴다면 어떻습니까? 그가 수행하고 변하고 애써 노력해야 할까요? 그렇지 않습니다 .그는 그저 자신이 서쪽을 향해 서 있다는 생각이나 해가 지고 있다는 생각으로부터 벗어나기만 하면 됩니다. 그는 이미 동쪽을 향해 서 있는 것입니다. 원래 동쪽을 향해 서 있었는데, 서쪽이라 믿고 있는 것뿐이에요. 서쪽이라는 착각 때문에 자신을 괴롭히고 있는 이런 상황이 우리가 지금 처해 있는 상황과 같습니다. 우리는 이미 본질 속에 있어요. 본질에 있기 때문에 이렇게 의식을 사용하면서 살아가고 있는 것입니다. 그런데도 마음에 일어나는 슬픔과 괴로움, 허무와 답답함이 전부라고 믿고 있어요. 그런데, 잘 살펴보세요. 그것이 전부가 아니잖아요. 마음에 어떤 느낌이 일어난다는 것은 그것을 아는 무엇이 또 있다는 의미입니다. 다시 말하면 그 느낌이 전부가 아니라는 것입니다. 슬픔이 일어나면 슬픔을 느낄 수 있어요. 그렇게 느낄 수 있다는 것은, 자기의 본질이 그 느껴지는 대상이 아니라는 뜻입니다. 모든 '느낌'은 나에게 느껴지는 '대상'일 뿐입니다. 우리말을 잘 살펴보세요. '내 몸'은 내가 가지고 있는 몸이지 내가 아니라는 의미입니다. '내 마음이 괴롭습니다.'를 보면, 내가 괴로운 것이 아니라 내 마음이 괴롭다는 것입니다. 괴로움을 내가 잠깐 갖고 있는 것뿐이에요. 뜨거운 물건을 잠깐 들고 있는 것과 같습니다. 그렇기 때문에 그것을 그냥 내려놓으면 됩니다. 그런데 자기도 모르게 그것을 계속 붙들고 있어요. 왜 그럴까요? 허상인 자기를 지키려 하기 때문입니다. 지키려고 하면 할수록 더 그 괴로움을 붙잡게 되는 법입니다. 두렵고 무서워서 붙잡는 것인데, 붙잡으면 붙잡을수록 더 힘들고 어렵고 괴로워집니다. 두려움이나 슬픔, 분노도 마찬가지입니다. 주체와 대상으로 나눠진 허상인 자기를 지키려고 하면 할수록 그것들은 더 강해지기 마련입니다. 혼자 밤길을 걷고 있을 때 누군가 뒤에서 지켜보거나 귀신이 있는 것 같은 느낌을 받는 경우가 있죠? 이럴 때 자기를 보호하려는 마음이 강하면 강할수록 그 두려움이 더 커집니다. 또, 내 상태가 싫으면 싫을수록 그것이 더 강하게 느껴지기도 하죠. 싫어한다는 것 자체가 그것에 에너지를 주기 때문입니다. 더 주의를 거기에 쏟게 되지않아요? 뭔가를 좋아하는 것도 에너지를 쏟고 있는 것이지만 싫어하는 것도 에너지를 쏟는 것입니다. 그래서 분별은 항상 괴로움의 기반이 되는 것입니다. 분별만 하면 괜찮은데 거기서 끝나지 않고 곧바로 호오好惡가 붙으니까 문제가 됩니다. 좋은 것이 오면 즐기고, 좋은 것이 지나가면 집착하지 말고 그대로 끝내세요. 그리고 괴로움이 오면 떨쳐버리려 하지 말고 받아서 잠시 함께 해주세요. 그러면 그것은 잠시 머무르다 지나가버릴 것입니다. 그렇게 괴로움도 잠시 즐기세요. 싫어하면 괴로움이 지나가질 않습니다. 싫은 것을 멀리하려고 내 주의가 그것에 계속 쏟아지니 괴로움이 계속 마음속에 남게 됩니다. 이렇게 싫다 좋다 판단하고 거기에 집착하거나 없애려는 저항이 거기에 계속 에너지를 주니, 모든 괴로움은 분별심이 바로 원인입니다.

믿음이란 일종의 거대한 에너지

　무분별심無分別心을 얻음이 본체本體를 발견한 것이고, 무분별심으로 자유자재하게 행동하고 에너지를 마음껏 쓰는 것이 바로 용用입니다. 그런 체용을 배우는 것이 체용體用의 훈습입니다.

　무분별심은 '나와 대상이 동시에 생겨남'을 체득한 것이라 했습니다. 지금 내 눈앞에 나 아닌 다른 사람이 있다고 여겨진다면 나와 남이라는 분별 속에 있는 것입니다. 여러분은 무심無心 속에 들어가서 나와 대상이 사라지는 경험을 해봤을 것입니다. 그런데 의식 세계로 나오면 무분별했던 그 마음은 사라지고, 다시 분별되는 이 상황을 철저하게 믿게 됩니다. 분명히 무분별을 경험했는데 분별로 돌아오면 왜 다시 분별을 믿게 되는 걸까요? 무심無心의 경험을 믿지 않고 지금 눈에 들어오는 분별을 믿는 이유는, 무의식적 자동 습관이 되었기 때문입니다. 너무도 오랫동안 그렇게 해 왔어요. 그런데 정말로 그것이 습관일 뿐 실재하는 것이 아니라고 믿는다면 그 습관을 즉각 멈출 수도 있습니다. 자기의 생각과 믿음을 부인하고 진리를 믿는 것입니다.

　믿음이란 일종의 거대한 에너지입니다. 자신의 생각에 에너지가 쏠리지 않고, 진리에 에너지가 뭉치게 되면 진리가 자기 자신이 됩니다. 믿음의 길이 빠른 이유가 바로 이것입니다. 그런데 지혜의 길은 자꾸 따지고 물어봐서 자신의 믿음을 약화시키고, 믿음의 기반을 금가게 만들어 무너뜨리는 방법을 사용합니다. 지혜의 길은 하나하나 차근차근 가는 반면에 믿음의 길은 즉각적으로 도약해 버리죠. 그렇지만 광신이나 맹신이 되기도 쉽기 때문에 믿음의 길은 위험하기도 합니다. 자기가 따르는 믿음이나 사람이 정말 진리인지 파악할 눈이 없다면 믿음의 길을 간다는 것은 굉장히 위험합니다. 그래서 믿음의 길은 양날의 칼입니다. 반면에 지혜의 길은 좀 안전하죠. 저 깊숙한 마음에 정말 진정한 진리를 찾겠다는 마음만 분명히 있다면 함정에 빠져도 금방 헤치고 나옵니다. 각자 자기 스타일대로 가지만, 우리의 저 깊은 직관은 정말 제대로 된 길을 알아요. 진정한 진리에 대한 목마름이 있는 사람은, 믿음의 길을 가든 지혜의 길을 가든 직관적으로 함정을 잘 파악해 냅니다.

분별심은 나와 대상을 나누는 마음인데, 나와 대상의 분열이 '의식'을 형성하고 마음을 작용하게 하는 기본 과정이란 것이 파악되면, 나와 대상이 고정된 실체가 아니라 나타난 현상이라는 것이 드러납니다. 그렇게 되면 거기서 자연스럽게 멀어지고 드디어 무분별심을 체득하게 되며, 그때부터는 수행이 저절로 일어납니다.

무분별심을 얻는 다른 훌륭한 방법은 자재업自在業을 사용하는 것입니다. 끊임없이 움직이고 열심히 행동하지만 '내가 한다.'는 생각 없이 하는 것입니다. 자신의 이익을 위해 열심인 사람은 자신에게 이익이 돌아오지 않는 것에는 에너지가 나오지 않습니다. 그런 사람은 생명력이 제한되어 있는 사람이지요. 생명력이 '자기의 이익'이라는 '틀' 속에 갇혀 있어요. 자신에게 주어진 일에 아무 이유 없이 정성을 기울이고, 전체를 위한 조화로운 일에 혼신의 힘을 다 할 수 있는 사람은 어떤 틀에도 갇히지 않는 생명력을 발견한 사람입니다. 이것이 바로 '무위無爲의 위爲'를 통해 가는 길인 카르마 요가입니다. 석가모니가 2500년 후에는 카르마 요가의 시대가 올 것을 예언했다고 합니다. 지금이 그때입니다. 중용에 '정성은 하늘의 도道이고, 성실하고자 하는 것은 사람의 도道다(誠者 天之道, 誠之者 人之道也).'라는 말이 있는데 이와 비슷한 의미입니다. 정성 자체라는 것은 아무 이유없는 에너지의 몰입입니다. 어떤 것에도 에너지를 꺼내 쓸 수 있게된 것을 의미합니다. 생명력 자체에 대한 터득을 얘기하는 것입니다. 무슨 일에나 아무런 이유 없이 정성을 기울일 수 있는 사람은 생명력을 터득한 사람입니다.

어릴 때는 별다른 이유 없이 에너지를 발산하면서 놀았는데, 스무 살쯤 되면 어떤 이유와 목적이 있어야만 열심히 하게 됩니다. 특히나 보상이 주어져야만 힘이 나서 노력하지요. 이익이라는 틀에 갇히기 시작한 것입니다. 의미 없는 헛된 일에 인간은 좌절하게 되어 있습니다. 러시아의 감옥에서 가장 힘든 벌칙이 흙구덩이를 파게 하고, 그 일을 마치면 구덩이를 다시 메우게 하고 끝나면 또 다시 파는 일을 반복해서 시키는 일이라고 합니다. 자아自我는 헛되다고 여겨지는 일에 좌절하기 때문에 죄수들이 이 벌칙을 견디기가 굉장히 어렵다고 합니다. 그러나 어린애나 자아自我가 형성되지 않은 사람은 어떤 경우에도 좌절하지 않습니다. 자아를 넘어간 사람도 좌절하지 않아요. 오직 자아만이 좌절합니다. 왜냐하면 자아만이 의미에 묶여 있기 때문에 그렇습니다. 빅터 프랭클이 쓴 《죽음의 수용소에서》라는 책이 있습니다. 독일의 아우슈비츠 수용소에서 수많은 사람들이 좌절하고 죽어갔지만, 이 사람은 끝까지 건강하게 살아남았습니다. 그는 감옥의 삶에서도 계속해서 어떤 의미들을 발견하고자 했기 때문에 자신은 살아남을 수 있었다면서 모든 일에서 의미를 발견하라고 말합니다. 그것을 로고테라피라고 하는데, 그는 자아가 살아남을 수 있는 훌륭한 방법, 즉 모든 일에 의미를 두는 방법을 발견했지만, 그렇다고 자아를 초월한 것은 아닙니다.

생명력에는 아무 '의미'가 없습니다. 인간만이 '의미'에 사로잡힙니다. 이 지상에 생명이 처음 탄생했을 때 거기에 무슨 의미가 있었겠어요? 그렇지만 생명력 자체가 아주 훌륭한 의미일 뿐입니다. 이 세계의 수많은 다양성을 만들어내는 것이 생명의 힘입니다. 잡초는 좌절하지 않지만 나무는 좌절합니다. 나뭇가지를 쳐내면 새 순이 나오는데, 그것을 또 쳐내기를 10여번 반복하면 더 이상 새 순이 돋지 않습니다. 해봐야 소용없다고 좌절하는 것입니다. 그러나 잡초는 아무리 잘라내고 뽑아도 끊임없이 돋아납니다. 원시성으로 갈수록 생명력이 더 강하고 고등 동물로 갈수록, 지성이 더 발달할수록 더 쉽게 좌절하는 것을 볼 수 있습니다. 그것은 의미에 묶여 있기 때문입니다. 우리가 발견하려는 것은, 지성은 지성대로 가지고 있으면서도 지성이 전혀 없는 원시동물처럼 좌절하지 않는 생명력을 발견하려는 것입니다. 어떻게 보면 이 둘은 서로 모순되는 것입니다. 지성이 있다는 것은 어떤 틀이 있어서 아무렇게나 멋대로 하지 않고 지혜로운 길로 분별해서 가는 것인데, 그 틀을 가지고 있으면서도 그 틀에 아랑곳 않는 생명력을 발견하려고 하기 때문입니다. 그것은 다른 말로 하면 바로 평화 속의 역동성이고 역동적인 평화입니다. 평화는 고요하고 조용한 것인데, 역동적인 평화는 자기 에너지를 최대한 쓰면서 역동적으로 활동하지만, 그의 본질은 아무것도 하지 않았음을 발견하는 것입니다. 그것이 바로 무위無爲의 위爲입니다. 무분별지無分別智를 얻으면 그렇게 아주 세밀한 분별을 쓰면서도 분별에 갇히지 않는데, 그것이 바로 체용의 훈습입니다.

존재와 비존재

대승기신론에 두 가지 흐름이 있습니다. 하나는 진제眞諦 곧 진리를 향해 가는 길이고, 또 하나는 진리에서 속제俗諦로 다시 나오는 길입니다. 지금까지는 속俗에서 진眞으로 가는 길에 대해 주로 얘기했죠. 진眞에 이른 사람은 다시 속俗으로 나와야 한다는 얘기는 뒷부분의 수행문에서 주로 나올 것입니다.

> 復次染法從無始已來, 熏習不斷. 乃至得佛, 後則有斷.
> 부차염법종무시이래 훈습부단 내지득불 후즉유단
>
> 淨法熏習, 則無有斷, 盡於未來. 此義云何.
> 정법훈습 즉무유단 진어미래 차의운하
>
> 또한 염법은 무시無始의 때로부터 훈습하여 단절되지 않다가, 부처가 된 후에는 곧 단절함이 있으나, 정법훈습은 곧 단절함이 없어서 미래에까지 다하는 것이니, 이것은 무슨 뜻인가?
>
> [논論]

염법染法은 시작이 없는 때로부터 훈습하여 끊이지 않았다고 했습니다. 왜 무시無始의 때로부터 훈습인가 하면, 염법은 벌써 법法 자체가 물들었음을 말하는 것입니다. 업상業相, 카르마 자체가 조상으로부터 또는 까마득하게 오래된 미생물로부터 진화하고 변화되어 왔다면, 그 변화의 과정에서 물들어 온 것입니다. 할아버지 시대의 극한적인 상황의 환경이 손자 세대에 무의식적으로 심어져서 그 상황에 대해 민감하게 반응하게 된다고 후생유전학後生遺傳學에서는 말합니다. 예를 들면 할아버지 세대에 심한 가뭄을 겪었다면, 손자 세대에는 가뭄을 경험한 적이 없음에도 잠시 비가 안 오거나 물이 좀 부족하다 싶으면 물 부족에 대비한 행동을 무의식적으로 하는데, 이는 무의식적인 두려움이 있다는 말입니다. 이처럼 윗대의 경험이 의식과 무의식에 심어져서 아랫대에 발현하는 것들이 있다는 것입니다. 이렇게 태어나면서부터 갖고 나오는 특성들이 있습니다. 사람에게도 있고, 동물종마다 있고, 식물에게도 있습니다.

차이는 있습니다. 식물과 동물 사이에도 차이가 있고, 인간들 각자의 차이들도 있습니다. 차이란 그것을 인식할 수 있느냐의 문제이므로, 차이를 인식할 수 있다면 차이가 있는 것이고 인식할 수 없으면 차이가 없는 것입니다. 차이가 있다, 없다는 것은 관계에요. 볼 눈이 있으면 보이는 것이고 볼 눈이 없으면 안 보이는 것입니다. 그렇기 때문에 있다, 없다라는 것은 말하는 사람의 기준에 기초한 것이지, 대상 자체가 있거나 없다고 절대적으로 말할 수는 없습니다.

그런 의미에서 '염법은 무시의 때로부터 훈습되었다'는 말 자체도 상대적인 것임을 알 수 있겠죠. 즉, 염법은 일종의 착시나 환상에 속할 수 있다는 것입니다. 우리 눈에는 이 볼펜이 보이지만 이것은 우리 눈에 보이는 것일 뿐, 실제로 이것이 있다고 말할 수는 없어요. 이 볼펜이 대상이 될 수 있는 이유는, 이것을 볼 수 있는 감각기관을 가진 주체인 우리가 있기 때문입니다. 대상은 주체 없이 홀로 존재할 수 없어요. 우리가 경험하는 이 세계는, 우리 감각 기관과 잘 맞아서 다시 말해 우리의 감각기관의 영역 안에 들어오니까 존재하는 것입니다. 그렇기 때문에 무시無始의 때로부터 훈습되어 단절되지 않았다고 말하지만, 사실 주체와 대상의 관계를 알아채는 순간 그것은 이미 단절된 것입니다.

애초에 훈습은 있지도 않았어요. 그렇지만 그것을 알아채지 못한 상황에서 염법은 무시無始의 때로부터 끊임없이 물들면서 단절되지 않고 전달되어 업상과 전상과 현상을 거쳐서 다양하게 펼쳐지게 됩니다. 현상은 끊임없이 일어나고 있습니다. 또는 일어나지 않기도 합니다. 우주는 현상과 비현상으로 가득 차 있어요. 그런데 어떤 현상이 존재로 의식될 수 있는지의 여부는, 감각기관이 그 현상을 얼마나 오래 붙잡을 수 있느냐에 따라 달라집니다. 의식이 일어날 수 있도록, 일정 기간 동안 감각기관에 접촉될 수 있는 것을 '존재'라고 합니다. 이 마우스는 존재합니다. 왜냐하면 우리의 눈이라는 감각기관에 보이고, 손이라는 촉감에 잡히는 시간이 일정기간 동안 유지되어 우리가 의식할 수 있기 때문입니다. 그런 것을 존재라고 합니다. 그런데 만약 이 마우스가 1초에 100번 생겨났다 사라진다고 해 봅시다. 그러면 과연 이것은 나한테 존재하는 것일까요? 우주는 현상으로 가득 차 있지만 그 현상들이 존재로 이어지기 위해서는 그것을 존재로 인식할 수 있는 감각기관을 가진 무엇(주체)이 있어야만 합니다. 주체와 대상의 상호관계에 의해 하나의 대상으로 그 감각기관에 잡히는 것입니다. 그런 끊임없는 현상들 속에서 존재로 나타기도 하고 비존재로 사라지기도 합니다. 있다고 여겨지는 것은 그 감각기관에 접촉될 때이고, 그 감각기관에 접촉되지 않거나 그 범위를 넘어서면 없다고 여겨지는데, 그렇다면 그 대상은 있는 것도 아니고 없는 것도 아닌 것입니다. 감각기관에 대한 상대적인 의미를 가진 있다, 없다가 될 뿐이에요.

이와 같이 존재의 차이는 있을지언정 변화는 끊임없이 있어 왔습니다. 그래서 단절은 없는 것입니다. 현상 세계는 끝나지 않는 우주의 놀이터인 셈이죠. 그러므로 현상 이면을 보는 눈이 필요하고, 현상 이면을 보는 사람에게 드디어 단절이 생겨나기 시작합니다. 불성佛性을 얻은 이후에 현상의 끊어짐이 있다(乃至得佛, 後則有斷)고 했습니다. 드디어 염법이 끊어진다는 말입니다. 염법이 있다는 것은 마음이 끊임없이 현상을 본다는 의미입니다. 분별하고, 호오好惡와 고락苦樂, 그리고 집착이 생겨나는 그 수많은 염법들은 부처가 된 이후에 단절됩니다. 본질을 본 이후에 단절 아닌 단절을 보게 되는 것입니다. 사실은 애초에 단절도 단절 아님도 없었습니다. 그 현상을 보는 감각기관을 '사실로' 믿기 때문에 현상은 계속되지만, 모든 사실은 그저 '현상'에 불과하므로 본질의 측면에서 이미 그 현상은 존재하지 않는 것입니다. 변하는 것이기 때문에 존재하지 않는 것입니다. 탁자라는 것이 있는 것이 아닌 것처럼 말이죠. 탁자는 여러 가지 다양한 부위로 구성돼 있고, 몇십 년이 지나면 그것들은 모두 사라집니다. 그 기간 동안 우리의 감각기관이 붙잡고 있으니까 탁자가 존재하는 것처럼 보일 뿐입니다. 또 지금 이 순간에도 탁자라는 것은 따로 없어요. 위의 상판과 네 개의 다리로 이루어진 무엇을 '탁자'라는 이름으로 부르고 있을 뿐입니다. 또 우리의 보는 눈을 나무 수준에서 원자나 소립자 수준으로 내려가 보면 거기엔 어떤 탁자도 없습니다. 이렇게 '탁자'란 상대적이고 일시적인 대상일 뿐입니다.

본질을 본 이후에 단절 아닌 단절을 보게 된다는 말은 현상 너머를 보게 된다는 뜻입니다. 현상 세계는 단절이 없어요, 현상을 사실로 보는 한은 결코 이 염법의 단절이 없습니다. 그렇지만 현상의 너머를 보게 되면 이 염법의 단절은 이미 일어나 있는 것입니다. 단절될 필요도 없이 염법이라는 것 자체가 애초에 없다는 것입니다. 본질의 측면에서 이미 현상은 늘 단절된 상태입니다. 염법은 아무 힘없는 지도와 같은데, 직접적인 땅과는 관련이 없기 때문입니다. 그런 가상의 땅인 지도에 힘을 주는 것이 믿음입니다. 그 지도가 힘을 발휘하는 것은 거기에 에너지를 주는 믿음 때문인데, 그 믿음을 떠날 수 있을 때 염법의 단절은 즉각 일어납니다. 일어나는 것이 아니라 이미 단절돼 있어요. 그래서 염법은 사실 없는 것이나 마찬가지입니다.

그러나 정법훈습은 단절이 없습니다. 염법훈습은 본질을 본 이후에 단절이 있는데 정법에 단절됨이 없는 이유는 본질을 기반으로 하고 있고, 본질이 미치지 않는 곳이 없기 때문이에요. 본질은 중생의 마음이나 부처의 마음, 또는 보살의 마음이나 살인자의 마음이나 성자의 마음이나 그 어느 하나 미치지 않는 곳이 없어요. 언제나 본질은 있고, 그것을 토대로 모든 현상이 일어납니다. 그렇기 때문에 정법은 끊임없이 현상들을 물들이고 있습니다. 그리고 공간적으로도 시간적으로도 미치지 않는 곳이 없기 때문에 미래에까지 이른다고 말하는 것입니다.

정법훈습은 지치지 않는다

以眞如法常熏習故, 妄心則滅, 法身顯現, 起用熏習,
이 진 여 법 상 훈 습 고　　망 심 즉 멸　　법 신 현 현　　기 용 훈 습

故無有斷.
고 무 유 단

진여법이 항상 훈습하기 때문에 망심妄心이 곧 멸하고, 법신法身이 밝게 나타나 용훈습用熏習을 일으키므로 곧 단절이 없는 것이다.

[논論]

염법과 생멸에 물든 마음을 진여법이 훈습하기 때문에 망령된 마음이 멸하게 됩니다. 망심妄心은 움직이는 마음입니다. 모든 '움직임'은 현상에서의 일입니다. 업식業識에서 전식轉識으로 넘어갈 때 처음으로 마음이 움직인다고 했죠. 업식은 조상 또는 그 이전의 미생물과 무생물로부터 물려받은 모든 정보와 에너지 움직임의 패턴, 습관적인 패턴이라고 할 수 있는데, 동양식으로 말하면 이理입니다. 어떤 에너지가 움직이는 이치예요. 그 이理에 에너지가 실려야만 현상으로 드러나게 되는데, 그렇게 처음으로 한번 움직인 것이 망심妄心인 주체와 대상의 분열입니다. 움직여야만 주체와 대상으로 나눠지고, 나눠진 대상이 또

여러 대상들로 분별되기 시작하는 것입니다. 그 움직이는 마음인 망심妄心이 멈추면 본질, 법칙, 진리가 밝게 드러나게 됩니다.

용훈습用熏習은 보살이나 본질을 본 사람들이 설법과 의식적인 행동을 통해 훈습하는 것인데, 본질의 작용이라고 할 수 있습니다. 선사들이 제자를 가르치고, 부처가 중생을 일깨우는 모든 것이 용훈습에 해당합니다. 법신法身이 그런 용훈습을 일으키죠. 언제 그러합니까? 바로 망심이 멈췄을 때입니다. 움직여서 늘 현상을 일으켜 그 속에 빠져 있는 그 마음이 멈추면 법신法身, 즉 본질이 드러나서 망심과는 다른 움직임인 진리의 본질을 전하는 진여훈습을 일으킵니다. 이렇게 본질의 작용을 통해 훈습을 일으키는 것이 용훈습用熏習입니다. 그래서 단절이 없다고 했습니다.

그런데, 똑같은 작용이고 움직임인데 왜 어떤 움직임은 망심妄心이라 하고, 어떤 움직임은 용훈습用熏習이라고 하는 걸까요? 망심은 주체와 대상으로 나누고 분리된 주체를 자기라고 진실하게 믿는 마음인데, 용훈습은 어떻게 다른가요? 본질을 보고, 주체와 대상을 나누는 망심이 멈췄어요. 그렇다고 주체와 대상이 생겨나지 않는 것은 아닙니다. 생겨나지만 그것을 진실이라고 믿지 않고, 주체와 대상 모두 작용이고 현상임을 아는 것입니다. 주체와 대상이 서로에게 영향을 미치고, 동전의 양면처럼 상호보완적으로 존재한다는 것을 아는 것입니다. 그렇게 되면 법신이 드러나 '주체와 대상이 일어나는 마음의 작용'을 통해 중생들에게 이것이 마음속 하나의 '부분적인 현상'임을 전하게 되는데, 이것이 바로 용훈습입니다. 이처럼 마음의 작용을 통한 훈습을 일으키므로 정법훈습에는 단절이 없다고 말하는 것입니다. 그래서 정법훈습은 지치지 않습니다. 40여년간 부처님이 지치지 않고 설법을 하고 제자들을 가르친 것은 정법의 무한한 생명력 때문입니다. 때로 제자들이 말을 안듣고, 둔한 제자가 엉뚱한 질문을 하고, 수많은 실수를 저질러도 스승은 지치지 않고 계속 힌트를 보냅니다. 무한을 얻은 이는 이렇게 지치지 않습니다. 그는 결과를 기대하지 않고 바램도 없기 때문입니다. 법신이 밝게 나타났다는 것은 본체가 알아채진 것이고, 그로 인해 '무위無爲의 위爲'가 가능하게 된 것입니다. '내'가 무언가를 하는 사람만 지칩니다. 하는 '내'가 없이 하는 이는 지치지 않습니다. 용훈습은 '무위無爲의 위爲'라고 했습니다. 그렇기 때문에 주체와 대상으로 나뉘어 주체로서의 자기가 한다고 여기는 망심과는 다른 것입니다. 마음이 움직인다는 면에서는 똑같지만 이런 차이가 있습니다. 용훈습은 주체와 대상을 넘어가서 주체와 대상을 사용하는 것이고, 망심은 주체만이 자기라고 여기고 대상을 향해 작업을 하는 마음입니다. 그래서 망령된 마음인 것입니다. 둘 다 자기 마음인데 그중의 일부만을 자기라고 믿고 있어요. 컵을 보면서 저 컵은 내가 아니라고 여기지만, 컵 자체가 내 마음에 떠오른 상相이므로 모두 내 마음에서 일어나는 작용입니다.

'나'라는 현상

이제 법장문法章門을 마쳤으니 총정리를 해보겠습니다.

법장문 제일 처음에 진여문眞如門과 생멸문生滅門으로 나눴습니다. 진여문은 현상으로 드러날 수 없는 절대의 세계이고, 생멸문은 현상화된 세계입니다. 그래서 생멸문에서 말하는 진여와 진여문에서 말하는 진여는 다르다고 말했습니다. 진여는 본질, 불성, 부처, 법신, 이런 것을 말하는데, 진여문의 진여에는 우리의 의식이 가 닿을 수 없습니다. 우리가 닿을 수 있는 것은 현상 밖에 없어요. 왜 그럴까요? '나'라고 여기는 그 마음 자체가 현상이기 때문에 그렇습니다. 현상은 현상에만 닿을 뿐, 절대로 본질에 가 닿을 수 없습니다. 그러면 어떻게 본질을 안다고 말할 수 있느냐? 우리 자체가 현상임을, 지금 이렇게 말하는 '내'가 현상임을 아는 것이 바로 본질에 가 있는 것입니다. '의식'으로 아는 것이 아니에요. 의식과 무의식, 존재와 비존재, 그 모든 차원에서 자신이 현상임을 알 때 이미 현상을 떠나 있는 것입니다. 현상을 떠나 있는 '누군가' 있는 것이 아닙니다. '내'가 현상을 떠나 있는 것이 아니에요. 간단히 말하면 '내'가 바로 현상이라는 거예요. 그래서 '나'에 집착하지 않을 수 있게 되는 것입니다. 나타났다 사라지는 현상일 뿐이니까요.

우리는 절대의 세계에 접촉할 수는 없지만 현상을 현상으로 보게 됨으로써 그 어디에도 머물지 않게 되면, 절대가 어떻게 현상화되는지 이해할 수 있습니다. 현상계의 구조와 과정을 철저하게 파악하면 이미 그 구조 밖으로 나와 있게 되는 것입니다. 그것을 모른다는 건, 전기가 컴퓨터의 메인보드회로 속을 헤매고 다니면서 자기가 메인보드라고 여기고 있는 꼴입니다. 메인보드가 하나의 에너지 흐름이고 생명의 힘이 흘러가는 패턴이라는 것을 알게 되면, 자기는 메인보드가 아닌 전기라는 것을 파악하게 되는 것입니다. '전기'에 대해 '알게 되는 것'이 아니에요. 전기는 볼 수도, 들을 수도, 느낄 수도 없습니다. 왜냐하면 보고 듣고 느끼려면 회로, 즉 현상 속에 있어야 되기 때문입니다. 그러나 회로 속에도 전기는 있죠. 그와같이 모든 현상 속에 본질이 있습니다. 대승기신론이 가진 큰 힘 중의 하나는, 번뇌와 고통에 시달리는 중생심衆生心이 곧 본질이라는 얘기를 함으로써 중생에게 일말의 가능성을 주는 것입니다. 컴퓨터의 메인회로 자체에 생명의 힘이 들어 있어요. 그래야 회로가 움직이죠. 내 마음을 움직이게 하는 것도 본질입니다. 다만 본질을 건드리거나 잡을 수 없다는 것이 문제일 뿐입니다.

생멸문生滅門은 태어나고 사라지는 변화하는 현상계를 말합니다. 그런데 이런 생멸문에도 진여가 있습니다. 우리가 보는 부처, 깨달음이라고 이름 붙인 깃들이 바로 생멸문에 드러난 본질입니다. 그렇지만 아무리 본질이라 하더라도 이미 드러났기 때문에 그것 역시 현상입니다. 그래서 "나는 깨달았어."라고 얘기하는 사람이 있다면 그는 다시 현상 속에 빠졌다고 하는 것입니다. 금강경에서 부처님이 수보리에게 "깨달음이라는 것이 있느냐?"라고 물으니까 "그런 것은 없습니다."라고 답하고, "깨달은 아라한이 있느냐?"는 물음에도 "그런 것은 없습니다."라고 답하죠. 이것은 생멸문이 아닌 진여문의 입장에서 물어보고 답하는 것입니다. 그렇지만 처음 입문한 사람에게 깨달음이란 없는 것이라고 말한다면 공부를 시작하지도 않을 테니, 그들에게는 생멸문의 진여를 말해주는 것입니다. 생멸문은 번뇌하는 생멸하는 마음과 그것을 떠난 열반을 나눠놓고, 생멸심에서 열반을 향해서 가야 된다고 말합니다.

우선 진여문의 내용을 자세히 살펴보겠습니다. 먼저 진여의 체體와 진여의 이름에 대해 말합니다. 진여의 체體에 대해 간단하게 얘기하자면 '심성은 불생불멸한다(心性不生不滅)'입니다. 현재, 과거, 미래를 떠나 있기 때문에 불생불멸不生不滅한다고 합니다. 과거, 현재, 미래는 모두 마음이 분류하여 만들어낸 개념입니다. 그런데 우리가 알고 있는 석가모니는 죽었습니까, 안 죽었습니까? 죽었잖아요. 불생불멸이 아니에요. 그러니까 우리가 알고 있는 이미 죽어서 없어진 부처는 진짜 부처가 아닌 것입니다. 그는 생멸하는 세계 속으로 본질이 잠깐 나타난 '모습'일 뿐, 진짜 부처는 아닌 것입니다. 석가모니는 부처, 불성, 본질이 잠시 현상계에 나타난 모습이에요. 진정한 본질은 불생불멸不生不滅합니다. 과거, 현재, 미래는 시간 감각을 통해 마음에 나타나는 현상이고, 일종의 감지感知에요. 그러한 현상을 떠나 있는 본질은 불생불멸합니다. 과거, 현재, 미래를 나누는 마음으로는 절대 본질을 파악할 수 없습니다.

그 다음으로 일체 마음의 본성은 모두를 떠나 있다는 얘기를 합니다. 모든 현상은 망념에 의한 차이일 뿐이라고 했어요(一切諸法唯依妄念而有差別). 바로 '일체분별, 즉분별자심一切分別, 卽分別自心'과 같은 의미입니다. 나누고 분별하는 일체의 것은 자기 마음속의 분별이에요. 따로 분별된 것이 있는 것이 아니라 우리 마음이 하는 분별입니다. 어른과 아이, 사람과 동물이 하는 분별에 차이가 있다는 것은, 사물 자체의 분별이 있다는 것이 아님을 의미합니다. 만약 진정으로 분별이 있다면, 어린애의 눈과 성인의 눈, 그리고 동물의 눈에 한 가지 사물이 똑같이 비쳐져야 하는데, 그렇지 않다는 것은 사물 자체에 분별이 있다는 것이 아님을 말해주는 것입니다. 분별은 우리 마음이 하는 것입니다. 남태평양의 원시 부족은 무지개를 세 가지 색깔로 본다고 합니다. 그들 눈에는 무지개가 빨강, 노랑, 파랑으로만 보이지만, 우리 눈에는 일곱 가지 색이 보입니다. 이것은 무슨 차이죠? 무지개가 진짜 일곱 가지 색일까요? 우리보다 더 엄밀하게 보는 눈을 가진 사람에게는 열두 가지 색이 보일 수도 있을 것입니다. 그러면 무지개의 색은 일곱 가지입니까, 세 가지입니까, 열두 가지입니까? 그 어느 것도 아닌 것입니다. 이처럼 모든 분별은 우리 마음의 분별이고, 망념妄念에 의한 차별일 뿐입니다. 그래서 주체와 대상으로 나누는 망령된 마음만 떠나면 차별은 사라지고 분별은 없어지는 것입니다. 모든 경계가 사라져 일체가 하나가 되어 돌고 돌아갈 뿐입니다. 내 몸의 위胃와 장腸과 간肝이 한 몸으로서 작용하듯이 우리 각자는 우주 전체의 현상계 속에서 작용합니다. 우주 차원에서 보자면 잠시 나타났다 사라지는 존재이지만 그래도 꼭 필요한 존재이기 때문에 한 사람이 숨으면 우주가 슬퍼하고 상실감을 느낍니다. 왜냐하면 우리가 우주의 중요한 일부, 중요한 현상 중 하나이기 때문이에요. 그래서 모두 귀한 존재입니다. 내가 귀한 만큼 다른 사람이나 다른 존재들도 귀한 존재로 여기세요.

그 다음에 망념이 없으면 일체가 없다고 했습니다. 불망념무일체不妄念無一切입니다. 분리하고 나누는 마음의 작용이 없으면 일체 만상이 존재하지 않습니다. 없다는 것마저도 떠납니다. '있다, 없다'란 것도 분별로 인한 개념이므로, 모든 분별을 떠난다는 말도 사실 할 수 없는 말이에요. 변계소집상偏計所執相은 그런 분별의 무상함을 얘기한 것입니다. 변계소집상은 두루 헤아려서 나눠놓고 집착하는 것인데, 불교에서는 '허공의 꽃'이라고 비유했습니다. 눈병 난 사람에게만 보이는 꽃이에요. 실제로 꽃이 있는 것이 아니라 망막의 이물질 때문에 꽃이 있는 것처럼 보이는 것입니다. 내 눈의 티끌로 인해서, 내 눈이 물들어서 착각에 의해 보이는 허공의 꽃입니다.

두루 계산하고 분별하여 집착하는 변계소집에 의해 능변能偏과 소변所偏, 즉 주체와 대상이 생겨납니다. 능변能偏은 분별한다는 의미로 주관이고, 소변所偏이란 분별되어진다는 의미에서 객관이란 의미를 가집니다. 변계소집상에 의해 주관과 객관이 나타나고, 거기에 집착하여 주체감을 '나'라고 믿는 일들이 생겨납니다.

그 다음 중요한 개념은 의타성법依他性法입니다. 모든 존재는 그 존재를 유지하기 위한 대상이 필요합니다. 사각형을 느낄 수 있는 이유는, 직선이나 곡선, 원형 등 사각이 아닌 것에 기반이 있기 때문이라고 했습니다. 마음속에 검은 색을 떠올릴 때, 검은색과 함께 흰색이 동전의 양면처럼 나타나 있는 것입니다. 그렇지만 그 흰색이 마음에 보이지 않는 이유는, 내가 흰색에 동일시되어 검은 색을 보고 있기 때문입니다. 우리가 검은색을 인식할 때, 마음속의 흰색을 기반으로 하여 검은색을 보기 때문에 분별이 되는 것입니다.

이렇게 우리의 느낌은 항상 다른 것에 의존한다는 것이 의타성依他性입니다. 분별된 것들이 서로를 의지한다는 뜻의 의타성법에는 언설상言說相, 명자상名字相, 심연상心緣相이 있습니다. 우리 방식으로 말해 본다면 언설상은 말과 생각의 세계, 명자상은 이름의 세계, 심연상은 감지感知의 세계입니다. 일체가 하나의 의타적인 존재임을 알아서 언설상, 명자상, 심연상을 떠날 필요가 있다고 대승기신론은 얘기합니다. 우리도 사실 이 순서대로 연습을 해 왔습니다. 먼저 말과 생각을 떠나고, 그 다음에 이름을 떠나고, 그리고 감지感知를 떠나서 감각感覺으로 갔습니다. 대승기신론에서도 마음을 본질로 향하게 하는 순서로 언설상-명자상-심연상을 떠나라고 말하고 있습니다. 그것이 끊어지면 진여로 향하게 되는 것입니다.

함정에 빠지지 말아야 될 것 중 하나로 '진여眞如'라는 말이 있습니다. 진여, 진실, 본질이라는 것도 역시 하나의 말입니다. 엄밀히 따지면 진여라고 할 만한 것은 없습니다. 본질이라고 할 만한 것이 없어요. '본질'이라고 하면, '본질이라는 것이 있으려니' 하고 생각하게 되는데, 그것이 바로 하나의 상相입니다. '본질'이라고 이름 붙여 버리면 마음

속에서 벌써 그런 상相이 생겨나고 있는 것입니다. 그런데 본질이라고 할 만한 것이 없다고 하면, 마음은 또 '아! 본질이라는 것도 없지.' 하는 생각에 뿌리를 박아버립니다. 자기의 모든 생각을 떠날 수 있어야 돼요. 내 마음에 일어나는 모든 현상, 즉 마음에 의해 잡히는 그 무엇도 구름과 같은 헛된 것임을 발견할 필요가 있습니다. 자신이 무엇을 '믿는지' 살펴보세요. 그 모든 믿음늘은 마음에 떠오른 임시적인 현상을 고착화시키고 뿌리박게 하는 힘입니다.

진여는 상相이라고 할 만한 것도 없다(言眞如者亦無有相)고 했습니다. 상相이 없는 것은 말로 할 수 없는 것입니다. 그래서 '일체분별은 자기 마음의 일을 분별하는 것이니, 마음은 자신을 보지 못하고, 자신에 대한 상을 만들 수 없다(一切分別, 即分別自心. 心不見心, 無相可得.)'고 했어요. 마음은 그 자체의 상相을 만들 수 없기 때문에 마음의 본질을 보거나 느끼거나 잡을 수 없어요. 만일 본질을 어떤 상相으로 만든다면 그것은 코끼리의 다리 만지기와 같은 것입니다. 그저 일부분으로 만들어 파악한 것일 뿐입니다. 전체는 상이 있을 수 없고 파악될 수 없습니다. 그래서 비트겐슈타인은 "말로 할 수 없는 것은 말해서는 안 된다."고 했습니다. 언어를 떠나 있다는 것은 언어뿐만 아니라 느낌의 세계도 떠나있는 것입니다. 본질은 언어와 현상을 떠나 있습니다. 다시 말하면 모든 현상은 언어입니다. 분별되는 모든 것은 언어이고, 본질은 이런 말과 생각을 떠나 있습니다.

진여는 공空과 불공不空이라고 했습니다. 일체의 염법染法, 즉 현상계와 상응하지 않기 때문에 공空이라고 했습니다. 비어 있다고 한 것입니다. 주관과 객관을 통해 생겨나는 분별과 연관되어 있지 않다는 말입니다. 일체의 염법은 주체와 대상으로 나뉘는 분별을 통해 생겨나는데, 진여는 그런 분별과 차별되는 모양을 떠나 있습니다. 그리고 공空은 있는 것도 아니고, 없는 것도 아니라고 했습니다. '공空'이라고 하면 보통은 '없음'이라고 여기기 쉬운데, 공空은 없는 것도 아닙니다. "이것이 무슨 소용 있어. 삶에 아무런 의미가 없어. 텅 비어 있어." 이런 것은 진정한 공空을 터득한 것이 아니에요. 진짜 공空은 있는 것도 아니고 없는 것도 아닌 것입니다. 그러므로 의미없다거나, 아무것도 아니라고도 할 수 없는 것입니다. 말로 할 수 없고, 의식으로 붙잡을 수 없다는 의미에서 공空이라고 표현할 뿐, 있고 없음의 개념과 분별로 한정지을 수 있는 것이 아닙니다. 어찌 보면 무한無限일 수도 있는 것입니다.

대승기신론에서는 '있는 것도 아니고, 없는 것도 아닌 것'을 분석적으로 표현해냅니다. 있는 것이 아니라고 할 때는 비유非有, 없는 것도 아니라고 할 때는 비무非無, 있지 않은 것도 아닌 것은 비비유非非有, 없지 않은 것도 아닌 것은 비비무非非無라고 표현합니다.

비유非有를 예를 들어 살펴볼까요? 청색과 청색의 본질은 같다고 할 수 있습니다. 그리고 붉은색과 붉은색의 본질도 같을 것입니다. 따라서 모든 색의 본질은 같을 것입니다. 그것이 색의 본질이라는 의미니까요. 그렇다면 청색과 붉은색은 같은 것인가요, 다른 것인가요? 색깔의 본질이란 것은 모든 색에 동일할 것이므로 청색의 본질과 붉은색의 본질은 똑같겠죠. 그렇다면 청색과 붉은 색은 같은 것인지, 다른 것인지 묻는 것입니다. 대답하기가 쉽지 않을 것입니다. 거기에 대해 본질은 같은데 표현, 즉 현상만 다른 것이다라고 대답할 수 있을 것입니다. 그렇다면 청색과 붉은색은 있는 것인가요, 없는 것인가요? 청색과 붉은색이 '있다'고 한다면, 그 둘이 '다르다'는 의미입니다. '분별된다'는 것이니까요. 분별된다는 것은 개별체로 존재한다는 의미입니다. 그런데 본질은 하나에요. 이것은 서로 모순된 것처럼 보입니다.

그러나 진실은 '일즉다 다즉일一卽多 多卽一'입니다. 하나가 여러 개이고, 여러 개가 하나에요. 다르지 않지만 같지도 않죠. 같다고 하면 구별이 없어야 하는데, 청색과 붉은색은 구별이 되니까 같지는 않습니다. 그렇다고 본질에 있어서는 다르지도 않죠. 그래서 다르지도 않고 같지도 않다는 것입니다. 우리가 하는 분별은 모두 부분만 보는 거예요. 非有, 非無, 非非有, 非非無 또는 非有非無도 그런 것입니다.

현대의 방식으로 풀어볼까요. 청색은 600~700THz, 붉은색은 405~450THz의 진동수에 해당합니다. 그런데 진동이라는 파동의 측면에서 보면 붉은색이나 푸른색은 같습니다. 그 진동의 횟수가 다를 뿐이죠. 진동수가 다르기 때문에 하나는 빨간색으로 나타나고 하나는 청색으로 나타난 것일 뿐, 진동이라는 측면에서 보면 본질적으로 다르지 않아요. 그러나 진동수의 측면에서 보면 차이가 있고, 그 차이는 우리 눈에 청색과 붉은색으로 드러납니다. 물체도 마찬가지입니다. 딱딱한 플라스틱과 물은 다르지만, 물질의 근본으로 내려가면 에너지끈의 진동이 얼마나 빠른지의 차이일 뿐입니다. 따라서 본질적으로 차이가 있는 것은 아무것도 없어요. 수소와 산소는 같은 것일까요, 다른 것일까요? 여러분이 본질적인 에너지 끈을 보고 있다면 수소와 산소에는 차이점이 없습니다. 그러나 원자 단위, 분자 단위를 본다면 수소와 산소에는 당연히 차이가 있지요.

오직 모를 뿐, 신비로 가득한 모름

여러분의 감각기관이 어디에 초점을 맞추느냐에 따라 존재하기도 하고 때로는 존재하지 않기도 합니다. 그래서 만물은 있는 것도 아니고 없는 것도 아니라고 말하고, 존 휠러John Wheeler라는 물리학자는 '모든 존재는 관계다.'라고 말한 것입니다. 이런 이야기는 정신과 물질을 넘어선 것인데, 물리학자들은 존재의 본질을 파악해 가고 있다는 것입니다. 정신적인 존재도, 물질적인 존재도 '관계'에요. 물질을 탐구한 물리학자가 이런 수준의 말을 하는데, 의식을 공부하는 사람이 "이것은 존재하고, 저것은 존재하지 않는다."라거나 에테르체, 아스트랄체, 멘탈체 등을 중요하게 얘기한다면 안되겠죠. 어떤 의미에서는 감정체가 '존재'합니다. 그것을 체體로 본다면 말이죠. 정신체도 존재합니다. 하나의 고정된 변함없는 성격이라는 측면에서 존재하는 것이 성격체입니다. 매일 화만 내는 사람은 화火감정체가 우세인 사람이라고 그렇게 이름 붙이면 체體가 있는 거예요. 감정체, 멘탈체라는 용어를 어렵게 생각할 필요도 없습니다. 일종의 관성적인 습관, 에너지 패턴인데 그 물리적인 측면으로 보면 분노로 드러나는 것입니다. 체라는 것은 형성되어 고정된 모습이잖아요. 모든 체라는 것은 어떤 습관적인 패턴을 이룬 것이라고 보면 됩니다. 그 패턴이 오래가면 존재한다고 여기고, 짧으면 임시적인 현상이라고 보는 것입니다. 그러나 우리가 보는 모든 것이 현상이라고 말하는 이유는, 그것들은 나타났다가 결국에는 사라지기 때문입니다. 그리고 유지되는 존재와 사라짐도 감각기관의 민감도에 따라 '지금' 있기도 하고 없기도 합니다.

항존상恒存相의 오류와 단멸상斷滅相의 오류에 대해 말한 적이 있습니다. 불교에서는 아트만 같은 것이 계속해서 영원히 존재한다는 견해인 항존상恒存相, 즉 상견常見을 부정합니다. 또 모든 것은 멸하여 사라지고 결국엔 아무것도 없다는 단멸상斷滅相, 즉 단견斷見도 부정합니다. '진아眞我가 존재하는가?'라는 질문에 '존재하지 않는다.'라고 하고, '진아眞我가 존재하지 않는가?'라는 질문에도 '존재하지 않는 것도 아니다.'라고 합니다. 존재한다는 것은 항존상의 오류이고, 존재하지 않는다는 것은 단멸상의 오류입니다. 두 가지 다 오류에요. 이렇게 말하는 이유는, 마음이 뭔가를 '안다고 붙잡지 못하게' 만들기 위해서입니다. "진아眞我가 있다."고 말하면 마음은 거기에 뿌리박고, '그것을 주장하는 내'가 생겨납니다. "윤회가 있어."라고 말하면, 그때부터 윤회가 없다고 믿는 사람과 부딪치기 시작하죠. 윤회는 있지도, 없지도 않습니다. 믿는 사람한테는 있고, 믿지 않는 사람한테는 없어요. 뭔가가 정말로 존재하는지에 대해 우리는 아무 말도 할 수 없습니다. 칸트의 말처럼 물物 자체를 건드릴 수 없는 것과 똑같아요. 우리는 결코 존재 자체를 건드릴 수 없습니다. 존재가 있는지 없는지도 알 수 없어요. 이렇게 말하면 불가지론자不可知論者가 되어 "우리는 아무것도 알 수 없어."를 주장할 수도 있는데, 그렇다면 그 사람은 또다시 불가지론不可知論의 '자아'를 가지게 되는 것입니다. 그래서 대승기신론에서는 쌍비론雙非論을 사용합니다. 우리의 마음이 그 무엇도 붙들고 늘어지지 못하게 만들어요. 非有, 非無, 非非有, 非非無 또는 非有非無 등이 우리 마음이 어딘가에 안착하지 않도록 하는 방편인 것입니다. 숭산선사는 "오직 모를 뿐!"이라고 얘기했죠. 그때의 '오직 모를 뿐'은 쌍비론이나 불가지론의 '오직 모를 뿐'이 아닙니다. 무한과 '신비로 가득한 모름'이에요. 진여가 공空이라는 뜻은, 충만함의 상대적인 개념인 텅 빈 공空이 아닙니다. 절대적인 공空, 무한한 신비로서의 공空, 가득 찬 텅 빔, 충만한 텅 빔을 이야기하는 것입니다.

또한 진여의 특성이 불공不空이라고도 했습니다. 헛되고 텅 빈 것이 아니라는 거예요. 불공不空이란, 이미 본질의 법체가 공空하여 허망하지 않다는 의미입니다. 이것이 바로 진심眞心이라는 것입니다. 보조국사普照國師는 《진심직설眞心直說》에서 '이 진심은 항상 변하지 않고 정법이 만족하기 때문에 불공이라고 이름 한다. 그러나 또한 취할 만한 상이 없으니, 망념을 여읜 경계는 오직 증득함으로써만 상응하기 때문이다(眞心, 常恒不變, 淨法滿足, 則名不空. 亦無有相可取, 以離念境界, 唯證相應故.).'라고 했습니다. 증득證得은 증거를 통해 얻는 거예요. 경험을 증거 삼아 얻을 뿐이지, 상相을 통해 얻는 것이 아닙니다. 마음 자체는 얻을 만한 상相이 없습니다.

진여는 공空과 불공不空의 특성을 지녔는데, 마음이 있다는 증거를 통해서만 마음의 본체를 얻을 뿐, 상相을 통해 마음 자체를 알 수는 없습니다.

생멸문生滅門에 들어갑니다. 생멸문의 가장 주된 테마는 각覺과 불각不覺입니다. 생멸문은 분별을 인정합니다. 깨달은 사람과 깨닫지 못한 사람, 번뇌와 열반을 분별합니다. 초심자는 번뇌와 열반, 다시 말해 본질과 본질에서 떠난 현상을 일단 분별하고 인정한 다음에 시작하는 수밖에 없습니다. 왜냐하면 현상 속에 빠져 있는 상태이기 때문입니다. 그래서 진여문과 달리 생멸문에서는 상대적인 진리와 진리 아님, 즉 각覺과 불각不覺을 구분해서 나누기 시작합니다. 각覺의 뜻과 불각不覺의 뜻을 나누지요. 진여문에서는 각覺도 불각不覺도 없어요. 유무有無도 없는데 각覺과 불각不覺이 어디에 있겠습니까.

각의 뜻(覺義)은 나와 대상의 분열이 허구임을 파악하는 것입니다. 물려받은 마음인 업식業識에 에너지가 들어가서 마음이 한번 '움직이면' 나와 대상으로 분열되는 전식轉識이 일어납니다. 지금 이 순간에도 마음이 움직이지 않는 감각感覺™으로 가면 나와 대상이 분열되지 않아요. 감지感知™로 나오면 그때부터 느낌상의 나와 느낌상의 대상으로 나눠지고, 허구 속으로 들어가게 되지요. 나와 대상은 일시적인 현상임을 파악하는 것이 분열이 허구임을 아는 것입니다. 사실 여러분은 무수히 경험하고 있어요. 뭔가에 몰입할 때 '나'라는 생각이 들지 않습니다. 잠에 몰입할 때도, 분노로 가득할 때도 나와 대상은 사라집니다. 나이아가라 폭포를 처음 보면 그 놀라운 장관壯觀의 느낌만 있을 뿐 나와 대상은 사라집니다. 이처럼 나와 대상은 시시때때로 사라지는데, 경험후에 다시 돌아와서는 '내가 그걸 경험했어.'라고 이름 붙입니다. 각覺이란, 이렇게 나와 대상의 분열이 임시적이고 일시적인 현상이라는 점과 그것이 허구라는 것을 파악하는 것입니다. 경험적으로 아는 것입니다.

각覺은 생각을 떠나는 것입니다. 생각은 분열의 모태지요. 생각이란 기본적으로 나와 대상의 분열을 기반으로 하는 분별이므로 우선 생각을 떠나는 것이 중요합니다. 생각만 떠나면 분별에 그렇게 시달리지 않아요. 분별은 있어도 번뇌에 빠지지는 않죠. 생각을 떠나게 되면 '법계가 모두 하나의 상相이며, 바로 여래의 평등한 법신이다. 이 법신에 의지하여 본각本覺이라고 이름한 것을 말한다(法界一相, 即是如來平等法身. 依此法身說名本覺).'고 했습니다.

시각始覺과 본각本覺

각의覺義의 또 다른 뜻은, 하나가 아닌 불이不二인 법계일상法界一相(현상계는 하나의 상이다. 또는 진리는 하나이다)이 본각本覺의 의미라는 것입니다. 불이不二는 둘이 아니란 말이죠. 본질은 나와 대상이 분열되기 이전을 말하는 것이니, 그렇다면 하나일 것이라고 생각하기 쉬운데 그렇지 않습니다. 하나라는 것은 항상 둘을 전제로 합니다. 하나는 하나 아닌 것을 전제로 해요. 그래서 하나라고 얘기 하지 않고 '둘이 아니다(不二).'라고 말하는 것입니다. 본질의 세계는 '하나'의 세계가 아니라 불이不二의 세상입니다.

본각本覺과 시각始覺에 대해 얘기했어요. 본각本覺은 본질적인 각覺을 말하고, 시각始覺은 현상적으로 드러난 각覺을 뜻합니다. '깨달았다, 깨닫지 못했다' 하는 것은 시각始覺의 차원입니다. 본질의 차원에서는 깨달음도 깨닫지 못함도 없어요. 불경을 볼 때 시각始覺의 차원에서 말하고 있는지, 본각本覺의 차원에서 말하고 있는지를 잘 살펴봐야 합니다. 선사들이 제자들을 시험하고서 "너는 아직 안 됐어."라고 하는 건 시각始覺의 차원에서 하는 말입니다. 본각本覺의 차원에서는 '됐다, 안 됐다'가 없습니다. 있고 없음이 없고, 없다는 것마저 없는데, 무슨 깨달음이 있겠습니까? 우리는 이 안경집과 휴대폰을 분별의 차원에서 보고 있습니다. 그런데 전자현미경으로 깊숙이 들여다보면 알루미늄이나 철의 원자로 보게 되고, 더 미세하게 들어가면 전자와 양성자 수준으로 보게 되겠죠. 그 수준으로 들어가면 둘 사이에 무슨 차이가 있습니까? 더 들어가서 양자, 에너지끈까지 들어가면 둘 사이에 전혀 차이가 없습니다. 그 패턴에 차이가 있을 뿐 본질적인 차이는 없어요. 지금 이 순간에도 더 깊이 들어가면 모든 것은 텅 비어있습니다. 색色이 곧 공空인 것입니다. 지금 이 순간에 색色이 사라져야 공空인 것이 아니에요. 이 순간 여러분의 눈으로 볼 때는 색色이지만, 심안으로 볼 때는 공空인 것입니다. 지금 이 순간에 공空이고, 지금 이 순간에 색色이에요. '내'가 '무엇'으로 보느냐에 따라 달라지기 때문에 모든 것이 나와 대상 간의 '관계'라는 것입니다. 지금 이 순간에 공空으로서의 관계를 맺느냐, 색色으로서의 관계를 맺느냐 입니다. 다시 말하면 시각始覺의 차원에서 보느냐, 본각本覺의 차원에서 보느냐 하는 것입니다.

본각本覺의 차원에서 보면 지금 이 순간 깨달음도 깨닫지 못함도 없어요. 그런데 시각始覺의 차원인 현상계로 나와 보면, 마음을 넘어간 사람에게는 괴로움이 없고 마음을 넘어가지 못한 사람은 괴로움 속에서 살아요. 그럼 현상적인 시각始覺의 차원에서는 차이가 있는 것입니다. 그러나 지금 이 순간에도 본각本覺의 차원에서는 아무런 차이가 없기 때문에 괴로운 마음과 괴롭지 않은 마음이 다를 바 없다는 것입니다. 괴로운 마음은, 그 마음이 분열되어서 물줄기들이 서로 부딪치는데 그중 일부와 동일시되고 있는 것뿐이에요. 그리고 괴롭지 않은 마음은 그 물줄기가 고요한 것뿐입니다. 물이라는 본질의 차원에서 보면 다 똑같지요. 물의 모습이 다를 뿐입니다. 명상은 고요한 마음으로 가는 것이 아니라 고요하든 격랑激浪을 치든 어느 순간에도 변함없는 물 자체를 발견하는 거예요. 끝없이 파도치더라도 본질은 물임을 파악하는 것이 진짜 명상입니다.

마음으로 잡을 수 없는 본질, 그것을 파악하라

구경각究竟覺에 이르는 단계를 살펴보지요. 불각不覺, 상사각相似覺, 수분각隨分覺, 구경각究竟覺의 순서입니다.

범부는 생각에 끄달리는 사람이므로 불각不覺입니다. 깨닫지 못했다는 것입니다. 상사각相似覺은 각覺과 비슷하지만 완전하지는 않다는 의미인데, 생각이 하나의 상相임을 깨달은 단계입니다. 생각이란 것도 마음에 일어난 하나의 '느낌'이라는 것을 깨달은 거예요. 컵을 만질 때 어떤 느낌이 일어났다는 것은, 컵은 내 손이 아니며, 컵과 손 사이에 어떤 관계가 맺어졌다는 의미입니다. 생각도 하나의 느낌이라는 것은, 생각이 본질이 아니라는 것을 의미하며 하나의 상相임을 안 것입니다. 이것을 깨달은 사람이 상사각相似覺이고, 그 다음 차원은 부분적인 증득證得을 한 수분각隨分覺입니다. 생각에 고정된 주상住相이 없다는 것을 파악해서 분별추념상分別麤念相을 떠난 사람입니다. 즉, 안경의 실재는 '안경'이라는 고정된 상이 아니라는 것입니다. 그 고정된 상에 머물지 않는 것이 주상이 없다는 것이고, 주상住相이 없다는 것은 모든 것이 현상임을 알아 상주하는 상相이 없음을 보는 것입니다.

본각本覺으로 넘어가면, '나'라는 것이 모든 것을 알아채지만 그 알아채는 '나'마저도 하나의 상相이라는 것을 그 상相인 '나'가 아는 것입니다. 다른 '나'가 아는 것이 아니에요. '본질'의 입장에서 '나'라는 것을 하나의 현상으로 아는 것이 아닙니다. 현상인 '나'가 스스로를 현상으로 아는 거예요. 그러면 그는 현상을 떠나게 됩니다. 자꾸 현상을 떠나서 '본질'을 '찾으려고 하면' 방향이 잘못된 것입니다. 본질은 잡을 수 없어요. 잡힌다는 것 자체가 현상이라는 의미입니다. 이것이 우리 마음의 오류이고, 공부의 힘든 점입니다. 우리가 지금까지는 항상 뭔가를 '잡아서' 알아왔기 때문에 본질도 잡아서 이해하려고 하는 거예요. 의식이 생겨난 이후로 마음은 항상 무언가를 잡아서, 잡는 주체와 잡히는 대상으로 나눠진 상태로 '알아왔습니다'. 이렇게 분별된 앎만을 해 왔기 때문에 본질을 발견하려고 할 때도 그런 식으로 하지만 극서은 절대로 안 되는 것입니다. 왜냐하면 본질은 마음에 '잡히는' 무엇이 아니기 때문입니다. 사실 어려운 것은 아니에요. 물론 어렵지 않다는 말은 발견한 사람만 할 수 있는 말이죠. 아직 발견하지 못한 사람에게는 너무 힘든 것이겠지요. 어렵다는 것은 예를 들어, 태어나면서부터 손안에 지팡이를 계속 붙잡고 살아온 사람이 있다면, 그는 그 지팡이로 책도 느끼고, 그릇도 느끼고, 도로도 느끼며 살아갑니다. 그 지팡이에 건드려지는 모든 것을 그는 느끼지만 단지 그 지팡이를 '잡은 느낌'이란 것은 모를 것입니다. 왜냐하면 한 번도 그것을 놓아보지 않았기 때문입니다. 그것을 놓아봐야만 그 빈 느낌과 다시 잡았을 때의 차이를 구별하여 어떤 느낌인지를 알 것입니다. '나'라는 것도 마찬가지에요. '나'라는 느낌이 느껴진다는 것은 그것을 '잡고 있다'는 의미입니다. 그렇지만 '의식'이 든 이후 지금까지 계속해서 '나'라는 것을 잡고서 거기에 중심을 두고 살아왔기 때문에 그것이 하나의 '느낌'이라고 인정이 안 되는 것입니다. 누가 인정을 못하고 있나요? 그 '나'가 바로 자신을 하나의 느낌으로 인정할 수 없는 것입니다. 그런데 자세히 보면 분명히 마음에 '나'가 있다는 것을 '알고있습니다'. 그렇다면 어떻게 알까요? 그것이 마음에 '나타난 무엇'이기에 아는 것입니다. 그런 '나'를 떠나는 것을 미세념微細念을 떠난다고 하고, 이것이 본각本覺, 구경각究竟覺으로 가는 길입니다. 물론 이것도 다 생멸문에서의 각覺입니다.

그 다음에 초상무념初相無念에 대해 얘기합니다. 최초의 상相에는 생각이 없다는 의미입니다. 초상初相을 안다는 것은 '깨닫는다'는 것을 말하며, 처음에 어떤 상相이 일어났다는 것을 깨달으면 지초상知初相이라고 합니다. '상相이 일어났음을 아는 그 앎' 자체가 이미 분열되어 있는 마음에서 일어나는 일이므로, 마음이 분열되는 그 시점에서는 상相을 상相으로 알기 어렵습니다. 마음의 상相이 생겨나는 것은 매일 일어나는 일이에요. 아침에 눈을 뜰 때 상相이 생겨나는데, 그 순간을 한번 알아채보세요. 첫 상相이 어떻게 생겨나고, 그것을 어떻게 아는지를 관찰해 보세요. 그러면 마음의 구조가 보입니다. 마음이 분열되는 순간이 알아채져야만 최초의 상相을 알게 됩니다. 모든 상相은 마음이 분열되어야만 보이기 때문에 눈을 떠서 뭔가 '보이면' 이미 마음이 '나와 대상'으로 분열된 것입니다. 잠에서 깨어나는 그 순간을 잘 관찰하고 살펴보면 마음에 떠오르는 최초의 상相이 어떻게 생겨나는지가 보일 것입니다.

초상初相을 안다고 하는 것은 곧 무념을 말하는 것(言知初相者, 即謂無念)이라고 했습니다. 각覺이란 망념妄念이 없는 것인데, 일체 중생은 주체와 대상으로 나눠 분별하는 망념妄念으로 인해 마음에 일시적으로 나타나는 '주체'를 자기라고 인정해버리므로, 거기서 불각不覺이 일어납니다. 주체는 마음에 일어나는 하나의 '느낌'이고, 대상도 마음에 일어나는 하나의 느낌입니다. 둘 다 내 마음의 장場에서 생겨난 느낌이라는 '현상'에 불과한데, 그 일부인 '주체'에만 동일시되어 자기라고 여기죠. 지금 자기 앞에 있는 사람을 보면 '앞에 있는 저 사람은 내가 아니다.'라고 생각되잖아요. 그런데 사실 '내'가 보고 있는 '그 사람'은 '내 마음'에 비춰진 상相입니다. 내가 내 마음을 보고 있는 거예요. '저 사람은 '아무개야'라고 하는 것은 내 마음에 깃들어 있는 상相입니다. 저 사람 자체가 아니에요. 그래서 내 눈에 보이는 세계는 '내 마음의 세계'라고 하는 것입니다. 인드라망이 그런 것입니다. 하나의 구슬이 옆에 있는 구슬을 다 비추고 있어요. 옆에 있는 구슬을 내가 건드리지 못합니다. 내 마음의 구슬에 비친 옆의 구슬을 느끼는 것뿐이에요. 감각의 구슬이지요. 모든 느낌은 내 구슬에 비춰진 상相이고, 그런 의미에서 내 세계라는 것입니다. 그 세계들이 서로가 서로를 비춰 주고 있는 것이 인드라망입니다. 망념妄念으로 인해 불각不覺이 생겨나기 때문에 그 망념을 떠나면 즉각적으로 각覺이라는 것이 각의覺義입니다.

스스로 서는 것이 없이 본래 평등하다

기신론 소疏에서는 개무자립皆無自立이라고 간단하게 정리했습니다. 모든 것들이 자립하는 것이 없다는 것입니다. 스스로 서는 것이 없이 본래 평등하다고 했습니다. 개별적인 것이 독립적으로 존재하는 것이 없다는 것입니다. 번뇌와 번뇌를 일으키는 모든 원인들은 스스로 존재하는 것이 아니라 서로가 서로를 이어주고 밀어주는 의존적인 존재여서 자립이 없는 존재들이라는 말입니다. 마음 아플 때 그 아픔이 저절로 생겨나나요? 아니면 어떤 이유가 있어서 아파하나요? 무슨 이유가 있기 때문에 아프잖아요. 그러니까 번뇌는 그냥 혼자 존재하는 것이 아니라 다른 이유를 딛고 서 있는 것입니다. 그래서 파도와 같이 스스로 존재하는 자립이 없기 때문에 본래 평등하다고 합니다. 우리 눈에는 파도가 굽이치는 것으로 보입니다. 어떤 파도는 높고 어떤 파도는 낮은데 이것이 어떻게 평등한 거냐고 반문할 수 있습니다. 여기서 말하는 평등은 파도의 높낮음을 말하는 것이 아닙니다. 높은 파도는 옆의 파도가 밀어줬기 때문이지, 제 스스로 높은 것이 아니죠. 만약 옆에 있는 물이 사라지면 그냥 가라앉아버릴 것입니다. 그래서 자립적으로 홀로 서 있는 파도는 없습니다. 홀로 서지 못하는 것은 홀로 존재하는 것이 아니고, 홀로 존재할 수 없는 것은 존재하지 않는 것입니다. 그것이 바로 '번뇌는 존재하지 않는다.'는 말의 의미입니다.

이렇게 말하면 그럴듯하긴 한데, 실상은 어떻습니까? 사실 자기가 그렇게 느끼면서 살아가는 것은 아니잖아요. 아무런 욕심이 없는 마음과 욕심이 일어난 마음이 평등하고 똑같아요? 다르잖아요. 욕심이 일어나면 괴롭습니다. 갖고 싶은데 못 가져서 괴로워요. 하지만 욕심이 없는 마음은 가지든 못 가지든 편안합니다. 이렇게 서로 다른 것처럼 보이지만, 사실 욕심 있는 마음은 욕심이 '느껴지는' 마음이고 욕심이 없는 마음은 평안함이 '느껴지는' 마음일 뿐입니다. 우리는 욕심도 아니고 평안함도 아니에요. 욕심과 평안함을 느끼는 본질일 뿐입니다. 그래서 욕심과 평안함에 초점이 맞추어지지 않고 그것을 '느끼는' 마음 자체에 초점이 맞춰지면 그 둘 사이에 아무런 차이가 없는 평등한 마음이라는 것입니다. 욕심이 일어난 마음과 동일시되어 그것을 자기라고 여기면 그 사람은 평등한 마음을 얻지 못한 것입니다. 그러나 욕심을 하나의 느낌이라고 여긴다면, 욕심이 일어나도 괜찮은 것입니다. 마음이 욕심이라는 '모습'을 띤 것뿐이에요. 우리 마음의 본질은 모습이 아니라는 것을 빨리 파악해야 됩니다. 욕심이라는 모습은 본질적인 마음이 아니고, 욕심이 사라진 고요한 마음도 우리의 본질이 아닙니다. 고요한 '모습'을 띠고 있잖아요. 그것이 본질과 닮아 있다고는 해도 모습일 뿐이므로 본질 자체는 아닙니다. 그 고요한 모습을 자꾸 만들려고 하면 욕심의 모습을 '싫어하고 저항하게 되어' 도리어 욕심에 사로잡히기 쉬워집니다. 잔잔하든 파도치든 물 자체는 그것들과 상관없는 거예요. 파도쳐도 물이고 잔잔해도 물이라는 것을 발견해야 됩니다.

우리는 마음 자체를 발견하려고 하는 것이지, 욕심을 벗어나려고 하는 것이 아닙니다. 욕심 부리세요. 그러나 욕심에 끌려 다니지 말고, 허우적거리지는 마세요. 사실 이것은 모순적인 말입니다. 욕심을 부리되 끌려가지 않는다는 것은 마음 자체를 터득한 사람이나 할 수 있고, 이제 더 이상 '나'에 동일시되지 않는다는 뜻이에요. 그러면 그런 사람이 욕심을 부리겠어요? 더 이상 '나'를 위해 욕심 부리지는 않습니다. 전체를 위해, 조화를 위해 욕심 부릴 수는 있겠죠. 그런 욕심은 부려도 괜찮습니다. 그런 욕심도 부리지 않는다면 그는 마음을 사용하지 못하는 사람이에요. 욕심을 떠나려 하지 말고, 욕심이 마음의 '모습'인 것만 파악하려고 하세요. 그리고 필요할 때는 전체를 위해 욕심을 사용하세요.

사실은 별다르게 할 일이 없는 거친 물질의 차원에 에너지 초점을 두고 사느냐, 진동하는 에너지 끈 차원과 물질의 차원을 아울러서 사느냐의 차이입니다. 파도로서 사느냐, 심해의 잔잔한 물부터 표면의 파도까지 모두 아울러서 사느냐 라고 표현할 수도 있죠. 그것이 현상계의 삶이 되도록 하면 어떤 차원에 머물지 않고 자유로이 살게 됩니다. 우리 존재는, 표면의 거친 파도로부터 저 심해의 움직이지 않는 물 모두에 걸쳐 있는 본질인 물 자체입니다. 그런데 우리 대부분은 전체를 파악하지 못하고, 표면적인 파도로서 표면에만 '머물며' 살아갑니다. 그 어디에도 '머묾 없이' 살아가는 것이 자유로운 삶입니다.

본각불상本覺不相이라는 표현이 나옵니다. 본각은 상相에 물들지 않는다는 뜻입니다. 물듦의 여부에 따라 각覺, 또는 불각不覺으로 나누는데, 물든다는 것은 상相에 물들어 분별이 일어난다는 의미입니다. 분별이 일어나면 그때부터 이것, 저것으로 나누고, 좋고 나쁜 것을 구별하고, 고락苦樂이 생겨나고, 락樂에 집착하게 됩니다. 이 모든 것의 시초는 상相에 물드는 것입니다. 그때부터 불각不覺으로 가는 것입니다. 그것을 무명이라 하고 무지라 하는 것입니다.

이어서 불각不覺을 살펴보겠습니다. 불각不覺은 수많은 스토리 속에 빠져드는 것입니다. 우리가 '무언가'를 '의식'한다는 것은 기본적으로 '분별'을 기반으로 합니다. 불각不覺의 가장 기본은 이런 분열이고 분별입니다. 분별이 일어나면 우리 마음은 스토리 속으로 들어가서 어떤 믿음 속에 있게 되고, 그 믿음에 에너지가 투입됩니다. 믿음이란 '이것이 옳아. 저것이 옳아. 이래야 돼. 저래야 돼.' 하는 것입니다. 분별된 어떤 하나에 중요성을 부여하고, 그것을 중심 삼거나 주인 삼는 것이 믿음입니다. 처음에 분열과 분별이 없다면 어떤 일도 일어나지 않습니다. 지혜로운 의식 자체도 일어나지 않아요. 그렇기 때문에 분별이 굉장히 중요하지만 고통의 씨앗이기도 하죠. 분별 때문에 지혜도 생기고 고통도 생겨나는데, 지혜만 남기고 고통을 사라지게 하려면 분별을 하되 거기에 호오好惡를 붙이지 않으면 됩니다. 그것이 바로 감지 상태입니다.

이렇게 해서 법장문法章門의 생멸문을 간단하게나마 다시 한 번 살펴봤습니다. 생멸문은 분별을 기본으로 하기 때문에, 생사生死에 고통 받는 마음은 안 좋은 것이고, 열반의 마음은 좋은 것이라고 나눠놓고 시작합니다. 그런데 이 말 자체가 모순입니다. 왜냐하면 열반 자체가 분열이 없는 마음이잖아요. 즉 깨달음이라는 것 자체가 분별이 없는 마음인데, 깨닫고 못 깨닫고를 나누는 것은 분별이 있는 마음이므로 이 말 자체에 모순이 있음을 알고서 들으셔야 합니다. 그래서 진여문과 생멸문을 나눈 거예요. 진여문의 진여는 현상화되기 이전의 진리이고, 생멸문의 진여는 현상화된 이후의 진리라는 것을 알고서 생멸문을 살펴봐야 됩니다. 다음 시간부터는 의장문義章門을 강의하겠습니다.

Ⅳ. 정종분正宗分: 해석분解釋分: 의장문義章門을 해석함

1. 체상體相 이대二大

책을 쓴 이유를 밝힌 인연분因緣分과 핵심을 간략하게 설명한 입의분立義分에 이어 상세하게 분석하는 해석분解釋分의 법장문法章門을 끝내고 이제 전반적인 대의를 다시 살펴보는 의장문義章門에 들어갑니다.

'내'가 무한이 되는 것이 아니라 무한 속에 '내'가 녹아드는 것

체상이대體相二大는 '본체'와 그것이 드러난 '상相'에 두 가지 큰 원칙이 있다는 의미입니다. 일단, 체體와 상相은 다르지 않다는 점을 봐야 합니다. 체體는 본질이고, 상相은 본질이 드러난 모습을 말합니다. 현상계라는 것은 아무렇게 나타나는 것이 아니라 진리의 법칙대로 또는 메커니즘대로 나타나기 때문에 법계法界이기도 합니다. 법계는 진리이기도 하고 현상이기도 하다는 의미가 거기서 온 것입니다. 일체의 현상, 즉 일체의 법法이 오직 마음뿐이라고 말합니다.

그런데 마음은 늘 다채로운 느낌에 빠져있습니다. 지금 이 순간 여러분 각자의 느낌은 어떻습니까? 미묘한 느낌일 수도 있고, 거친 느낌일 수도 있고, 집에 어떤 일이 생겨 복잡하거나 불편한 마음일 수도 있고, 강의에 집중된 마음일 수도 있겠지요. 이렇게 다양한 마음이 지금 흔들리고 파도치고 있습니다. 그렇지만 지금 이 순간 그 다채로운 느낌과 함께 물들지 않는 마음이 함께 있기 때문에 체體와 상相이 항상 같이 있는 것입니다. 그 다채로움을 빠져나가면 분별심 없는 마음 자체만 있습니다. 분별하는 마음은 분별없는 마음을 떠나있는 것 같지만 결코 그렇지 않아요. 왜냐하면 마음이라는 것은 근본적으로 나눠지는 것이 아니기 때문입니다. 나눠짐은 그 '모양'에만 해당하는 일입니다. 상相만 나눠지는 것일 뿐, 체體는 결코 나눠지지 않아요. 그래서 체體는 알 수 없고, 건드릴 수 없고, 만질 수 없는 것입니다.

분별의 근본 원인은 바로 망념妄念인데, 망妄이 붙은 이유는, 그것이 진실한 것이 아니기 때문입니다. 사물 자체에는 어떤 분별도 분열도 없습니다. 나무는 물로 가득 차 있고, 물이 없으면 나무는 죽어버리고 맙니다. 나무와 물이 분리될 수 없어요. 우리 몸도 마찬가지입니다. 70% 이상이 물로 구성되어 있으니, 물이 없다면 우리 몸도 없는 것입니다. 그런데 우리는 '물은 물이고, 내 몸은 몸이다.'라고 인식합니다. 물과 몸은 나눌 수 없는데, 우리는 따로 분별하지요. 누가 그러고 있습니까? 바로 망령된 마음이 그렇게 나눠놓고 있습니다. 그 망령된 마음이 분별하는 다채로움 속에서만 빠져나오면, 지금 이 순간 우리 마음은 분별과 망념이 없는 마음 자체입니다. 그런 의미에서 마음의 체體와 상相, 그리고 마음의 작용인 용用이 다르지 않다고 얘기하는 것입니다.

체대體大는 본체 즉 본질이 크다는 뜻입니다. 상대相大는 본체가 드러난 모습인 현상이 크다는 의미이지요. 용대用大는 본체가 작용하는 모습이 역시 큰 것입니다. 체體와 상相과 용用이 다 큽니다. 막대하고, 우주적이기도 하고, 마이크로처럼 아주 미묘하기도 합니다. 진공묘유眞空妙有라고 표현할 수 있습니다.

본체는 생각 이전입니다. 그렇다면 우리가 어떻게 생각 이전을 알거나 볼 수 있을까요? 생각을 본다는 것 자체가 이미 일종의 생각입니다. '느낀다'는 것 자체가 이미 미묘한 생각, 즉 망념, 분별이에요. 나와 대상이 나눠지고 그 사이에 관계가 맺어져야 '느낀다'는 현상이 일어나기 때문입니다. 그런데 어떻게 그러한 분별상태에서 분별없음을 보겠느냐는 말입니다. 불가능한 일이에요. 지금 '나'라고 느껴지는 이 마음은 기본적으로 분별을 통해 '의식'하는 마음입니다. 나와 대상으로 나뉘고, 수많은 대상들로 또 나뉘고, 거기에 좋고 싫음이 붙고, 고락苦樂이 생겨나고 집착이 생겨난다고 했습니다. '분별을 통해' 의식이 작용하고 '앎'이 일어나는데, 어떻게 '분별없음'을 '알' 수가 있겠습니까?

그러니까 우리는 뭔가 커다란 오해를 하고 있는 거예요. '내가 깨닫는다.', '내가 본질을 본다.', '내가 무한이 되었다.' 이런 것이 가능하다고 믿고 있는 것입니다. 다들 그런 얘기를 하니까 말이지요. '내'가 '무한'이 '되는 것'이 아니고, 내가 무한 속으로 녹아들어가 없어지는 것입니다. '나'라는 분열된 마음이 녹아서 사라졌을 때 그것이 곧 체體입니다. 체體는 변함이 없어요. 그런데 우리가 보는 것은 끊임없는 변화입니다. 헤라클레이토스가 "우리는 똑같은 강물에 두 번 발을 담글 수 없다."는 말을 했습니다. 왜냐면 강물은 끊임없이 흐르고 변하니까요. 마찬가지로 우리는 어느 한 순간도 똑같은 상태나 조건과 시간과 장소 속에 있지 않습니다. 이 현상계는 끊임없이 변하기 때문입니다. 이처럼 늘 변하는 모습과 우리가 '건드리고', '알 수 있고', '느낄 수 있는' 모든 것은 다 '상相'의 세계에요. 왜냐하면 그것을 '아는 자' 자체가 상相의 일부분이기 때문에 그렇습니다. '나'라고 느껴지는 그 느낌 자체가 상相이에요. 아상我相이라고 하죠. 변함없는 세계가 체體의 세계인데, 상相은 결코 체體를 건드릴 수 없어요. 그래서 '나'라고 여겨지는 것이 할 수 있는 것은, 모든 상相을 상相으로 보는 것이 전부입니다. 그때 이미 우리는 상相을 떠나있게 됩니다. 내가 떠나는 게 아니고, 내가 없어진다는 말입니다.

상相을 '보는 자리'는 상이 아니다

변함없는 체體와 변하는 모습인 상相, 그리고 그것이 작용하는 용用이 서로 다르지 않기 때문에 물과 파도의 비유를 자주 들곤 합니다. 물의 모습인 파도는 상相이고, 물의 작용인 물결침은 용用이며, 물 자체는 본체입니다. 그러므로 물의 본체와 모습과 작용은 하나라고 하는 것입니다. '나'라는 의식적인 '느낌'은 상相에 속합니다. 내가 존재한다고 믿는다면 상相 속에 들어앉아있는 것입니다. 우리가 발견하려는 것은 체體입니다. 정확히 말하면, '체體'를 '알고 발견하려는 것'이 아니라 체體로 있으면서 '상相'을 '보려고' 하는 것입니다. 그러나 체體로 있으면서 상相을 볼 수는 없어요. 왜냐하면 '무언가'를 '본다'는 것 자체가 이미 나눠진 '상相' 속에 있는 것이기 때문입니다. 지금, 자신과 옆 사람이 별개라고 느껴지죠? 그것이 바로 상相 속에 있는 것인데, 감각感覺으로 들어가면 그런 분열이 없어집니다. 마음은 명료하게 살아있지만 분열과 분별은 사라집니다. 전체주의(깨어있기™ 용어)나 주의에 주의 기울이기(깨어있기™ 용어)를 하면, 의식은 명료하게 살아있어서 무슨 일이 벌어지면 즉각 알아챌 수 있습니다. 그렇지만 옆 사람과 나를 나누는 그런 마음은 사라져요. 그것이 바로 분열 없는 마음입니다. 물론 미묘하게는 있을 겁니다만, 거칠게 보면 의식적인 분별은 잘 안됩니다. 눈을 밖으로 돌리고 하나하나 분별해 나가면 이제 옆 사람과 사물들이 다시 분별됩니다. 즉, 그 분별은 사물 자체에 있는 것이 아니라 마음이 만들어내는 분별임을 알 수 있습니다. 이렇게 마음의 작용 때문에 분별이 일어난다는 것을 명확히 안다면, 이제 우리는 상相에 빠지지 않고, 상相을 사용할 수가 있게 되는 것입니다. 상相을 사용하지 못하면 그냥 식물이나 동물처럼 우주가 부여한 본능대로 살아가는 거에요. 여러분들이 스스로 상相 속에 있다는 것이 명확해질수록, 사실은 상相으로부터 떠나있게 되는 것입니다. 왜냐하면 그것을 '보는 자리'는 상이 아니기 때문입니다.

누군가가 내게 욕을 하면 기분이 나쁩니다. 기분이 왜 나쁘죠? 똑같은 욕이어도 그것을 못 알아듣는 아기들은 전혀 기분이 나쁘지 않을 텐데요. 이상하지 않습니까? 똑같은 욕이잖아요? 기분이 나빠지는 사람은 그 욕이 내 마음 속에 들어와 인식되고, 그것이 의미하는 바가 뭔지 '알기' 때문입니다. 내 마음속에 착한 나와 나쁜 놈이 하나 있어서 그 놈이 내게 욕을 하고 있다는 '스토리'가 일어나고 있는 중입니다. 그러니까 내가 느끼는 것입니다. 저 나쁜 놈도 느끼고, 착한 나도 느끼고, 욕도 느끼고, 기분 나쁨도 느껴요. 만약 그 스토리가 내 마음 속의 일이 아니라면 어떤 느낌도 오지 않을 것입니다. 예를 들어 내게 시각이 없다면, 내 눈 앞에 금덩어리가 있어도 아무런 느낌이 없겠죠. 시각이 없는 이의 눈에 그것은 존재하지 않으니까요. 감각기관인 눈을 통해 무언가가 내 마음 안으로 들어와 내 마음에 자극을 줘서 활동하기 시작하고 흔적을 남깁니다. 마음에 상相이 비춰져야만 마음에서 작용해요. 마찬가지로 누군가 나한테 욕을 한다면, 내 마음속에 '욕'이 들어와 있고, 욕하는 '놈'도 들어와서 내 마음에 있는 '나'에게 욕을 하고 있는 중입니다. 이런 기분 나쁨 뿐만 아니라 기쁨이나 슬픔 같은 다채로운 느낌이 모두 내 마음의 장場에서 서로가 서로에게 열심히 작업을 하고 있는 중입니다. 두 개의 파도가 생겨나서 '서로에게' 영향을 미치고 있고, 그래서 어떤 느낌이 일어나고 있는 거에요. 그것이 상相입니다. 그런데 파도들이 아무리 부딪힌다 해도 물은 변함없이 물입니다. 그것이 본체예요. 서로 다른 모습에서는 결코 체體를 발견할 수 없습니다. '나'라고 여기는 그 마음 자체도 하나의 다른 '모습'이기에 상相의 일부입니다.

체體의 그림자를 깨어있기 심화과정에서 체험해봤습니다. '슬픔은 슬픔대로 있고, 나는 나대로 있다.', '경험은 경험대로 있고, 나는 나대로 있다.', '분노는 분노대로 있고, 나는 나대로 있다.' 이런 것을 연습했었죠. 전체주의™나 주의에 주의 기울이기™를 하면, 분노나 슬픔이 일어나도 주의 자체는 전혀 영향을 받지 않음을 알 수 있습니다. 지금 이 순간에도 여러분의 마음에 어떤 느낌이 있지만, 그것과 함께 전혀 변함없는 무언가가 느껴지지 않나요? 그것이 바로 본체의 그림자입니다. 본체와 아주 유사하게 생긴 모습이죠. 그것도 '하나의 모습'이기 때문에 '느껴지는 것'입니다. 마음의 파도가 끊임없이 일어나도 그에 전혀 영향 받지 않는 무엇이 늘 함께함을 알아채야 합니다. 기신론 소疏에서는 그것을 일미一味라고 표현했습니다. 켄 윌버Ken Wilber의 책을 번역하는 사람이 이 일미一味라는 표현을 많이 사용하죠. 모든 것은 하나의 맛입니다. 전혀 영향 받지 않는 분별없음이 바로 일미一味입니다. 그런데 우리가 가려는 길은, 어린애의 무분별이 아니라 분별을 겪고 나서 분별을 사용하는 무분별無分別입니다. 현상은 다르지만 본체는 변함이 없다는 것이 바로 체대體大가 의미하는 바입니다.

復次眞如自體相者, 一切凡夫聲聞緣覺菩薩諸佛無有增減.
부 차 진 여 자 체 상 자   일 체 범 부 성 문 연 각 보 살 제 불 무 유 증 감

非前際生. 非後際滅. 畢竟常恒. 從本已來,
비 전 제 생   비 후 제 멸   필 경 상 항   종 본 이 래

性自滿足一切功德.
성 자 만 족 일 체 공 덕

또한 진여의 자체상自體相이란, 일체의 범부, 성문, 연각, 보살, 제불에게

증감됨이 없으며, 앞에서 나는 것도 아니고, 뒤에서 멸하는 것도 아니며 필경 늘 변함이 없어 본래부터 성품이 스스로 일체의 공덕을 가득채운 것이다.

[논論]

진여자체眞如自體라고 말하면 될 것 같은데, 상相이라는 글자를 붙여서 진여자체상眞如自體相이라고 했습니다. 왜 그랬을까요? 말로 표현하는 모든 것은 상相이라는 것을 잊지 말라는 것입니다. 진리라고 말해지는 모든 것은 진리를 그려놓은 상相입니다. 진리 자체는 그릴 수 없다는 것을 잊지 마세요. 여러분이 내 말을 듣고 고개를 끄덕이는 순간 여러분은 또 하나의 상相을 붙잡게 되는 것입니다. 그 말 속에서 진리를 알아채고 끝내야 되는데, 말을 붙잡으면 그것은 상相에 빠진 거예요.

범부凡夫는 희로애락에 빠져서 열심히 살고 애쓰는 보통 사람이고, 성문聲聞은 부처님의 설법을 듣고 깨달음의 길로 가는 사람입니다. 연각緣覺은 부처님의 설법은 듣지 못했지만 자기 나름대로 인연因緣의 법칙을 깨달은 사람이지요. 인연의 법칙은 '이것이 있음으로 해서 저것이 있다.'는 것입니다. 모든 존재는 홀로 존재하지 못하고, 인연因緣 때문에 존재하기 때문에 '서로 상相'이라는 글자를 사용한다고 했습니다. 내적인 원인인 인因과 외적인 원인인 연緣이 합쳐서 서로 의지해서 존재하는 것이 바로 인연因緣입니다. 마치 갈대가 옆의 갈대에 의지해서 존재하는 것과 같지요. 갈대 하나는 힘이 없어서 옆의 다른 갈대들과 옹기종기 모여 의지하며 존재합니다. 이 갈대가 없으면 저 갈대도 쓰러지지요. 마음의 모든 상相도 이와 같습니다. 연각緣覺은 모든 존재가 이런 인연에 의해 존재한다는 것을 깨달은 사람이에요. 그리고 보살은 이제 깨쳐서 본성을 조금 본 후에 관성을 다루기 시작한 사람입니다. 또, 본성을 보기 위해 관성을 다루는 사람도 보살이라고 합니다.

보시布施, 인욕忍辱, 지계持戒, 정진精進, 선정禪定, 지혜智慧라는 여섯 가지 보살도는, 본성을 본 사람이 지켜나가는 계戒이기도 하고, 본성을 보기 위해 지키는 계戒이기도 한 것입니다. 이때는 일종의 수련이 되겠지요.

이런 범부, 성문, 연각, 보살, 그리고 본성을 보고 난 사람인 부처 그모두에게 본질은 무유증감無有增減입니다. 더 늘어나지도 않고, 더 줄어들지도 않아요. 범부라 해서 본질이 줄어든 사람도 아니고, 부처라 해서 본질이 더 늘어난 사람도 아니에요. 이처럼 본질은 변함없는 것이므로 애쓰고 노력할 필요가 없습니다. 깨달으려는 노력 자체가 본질을 증가시키려는 헛된 노력을 하고 있는 것이나 마찬가지예요. 본질은 증가하거나 감소하지 않습니다. 파도의 높낮이가 늘 달라져도 물 자체는 전혀 변함이 없는 것과 같아요.

여러분이 마음속에서 뭔가를 구별하고, 차이를 느끼고, 차별을 하고 있다면 그것이 아무리 미묘하더라도 상相 속에 있다고 보면 됩니다. 부처와 중생, 깨달은 자와 깨닫지 못한 자, 성현과 범부, 이런 식으로 나눈다는 것 자체가 상相 속에 있는 것인데, 그걸 알면서 구별하는 것은 진리를 향한 길에 있는 것이지만, 모르면서 차별하는 것은 상相 속에 빠져 있는 것입니다.

세 가지 길 – 관찰하기, 경험하기, 파도타기

우리가 가는 길에는 세 가지 단계가 있습니다. 맨 처음에는 물(삶의 경험)에 빠져서 허우적거리면서 살아갑니다. 너무 힘들어서 괴로운 인생으로부터 벗어나기 위해, 또는 자신의 본질이 뭔지 알기 위해 물에서 나옵니다. 삶 속에서 빠져 나오죠. 그래서 강둑에 앉아 관찰하기 시작합니다. '아, 내 마음에 이런 느낌이 지나가는구나.', '아, 이것은 몸의 일이지.', '이것은 느낌이야. 지나가는 현상이네.' 이런 관찰을 합니다. 그럼 이제 물결이 가라앉고, 고요해지고 편안해집니다. 그런데 관찰만 계속하고 있으면 무기력해집니다. 물결이 잔잔한 것은 편안하고 좋지만 그런 초연함이 지속되면 에너지도 없어져요. 그것이 바로 관찰하기 속에서 일어나는 부작용입니다. 불교에서는 무기공에 빠졌다고 얘기하죠. 그다음, 이제 어느 정도 '관찰하기'가 되면 삶 속으로 다시 들어가서 삶의 파도를 타야 합니다. 흔들리되 흔들리지 않는 것을 발견하기 위해서입니다. 그런 것을 '경험하기'라고 합니다. 그런데 아직 물에서 빠져 나오지도 못하고 허우적대는 사람에게 경험하라고 하면 말이 안 되는 것입니다. 잘못하면 빠져 죽어요. 물에서 허우적대던 사람이 잠깐 물 밖으로 나와서 파도의 모양을 관찰하고서는 '아, 저렇게 파도타기를 하면 되겠네.' 하며 다시 물에 들어가 파도타기를 해보면, 처음에는 1mm만 흔들려도 굉장히 무섭습니다. 배 타는 것과는 다르죠. 배는 안전하잖아요. 그런데 서핑보드에 올라서면 물이 조금만 흔들려도 두렵고, 10cm 정도의 파도만 와도 지진이라도 난 것처럼 느껴집니다. 그런 사람에게는 '경험하기'를 시키면 안 됩니다. '관찰하기'가 우선이지요. 감정이 어느 정도 편안해지고 고요해졌을 때 경험하기로 들어가야 돼요. 그러면 본질을 발견하기 더 좋습니다.

경험하기는 삶의 오르막 내리막과 함께 가는 것입니다. 불편한 느낌이 있으면 그것과 함께 가는 것입니다. 그것을 타고 넘어가버리면 불편하지 않지만, 맨 처음에는 불편함을 그냥 갖고 가도 됩니다. 기쁜 느낌이 있으면 그 느낌과 함께 가는 것입니다. 기쁨을 즐기되 기쁨 속에 빠지지는 말고. 즐긴다는 것은 멈출 수 있다는 의미입니다. 멈추지 못하는 기쁨, 멈출 수 없는 분노는 거기에 빠진 거예요. 그런데 멈출 수 있다면 또는 멈추지는 못하더라도 그것을 느끼면서 다른 일을 할 수 있다면 그것은 '함께 가는 것'입니다. 이때부터 경험하기가 시작되는 것입니다. 헌신의 길을 처음 시작할 때 그런 일이 벌어집니다. 이슬람은 기독교와 함께 헌신의 종교에 속하는데, 이슬람은 세 시만 되면 자기가 하던 모든 일을 멈추고 알라가 있는 곳을 향해서 절을 합니다. 아무 이유 없어요. 그들은 자기 삶에서 일어나는 그 어떤 일보다 중요한 것을 하나 갖고서 그것을 향해 '자기를 숙이는 것'입니다. 중요한 일을 하고 있거나 분노와 슬픔에 휩싸여 있다하더라도 세 시만 되면 절하기 위해 딱 스톱해야 돼요. 내 마음에 극심한 괴로움이 있어도 세 시만 되면 접어놓고 절을 할 수만 있다면, 그는 자기 괴로움으로부터 떠나있는 것입니다. 이것이 헌신의 길이예요. 진정한 헌신은, 그것을 위해 자기에게서 일어나는 그 어떤 것으로부터도 떠날 수 있는 '믿음'을 가지는 것입니다. 자기 믿음만이 최고라는 맹신에 빠질 위험이 있어서 그렇지, 사실은 이 헌신의 길이 제일 빠른 길입니다. 우리가 가는 탐구와 분석의 길은, '나'라는 것이 특별히 없다는 것과 '나'라는 것도 일시적인 현상임을 통찰함으로써 '나'로부터 놓여나게 하는 길입니다. 그래서 감정과 상관없이 갈 수 있습니다. 이 탐구의 길은, 한 순간에 예수나 알라를 믿어 모든 짐을 다 버리고 따르는 헌신에 비하면 굉장히 느린 길입니다. 일생을 거쳐서 얼마나 빙빙 돌아갑니까? 헌신의 길은 빠른 길이지만, 잘못된 맹신과 잘못 인도하는 사람을 믿어버릴 수 있다는 함정이 있기도 합니다.

　모든 사람들의 본질은 전혀 증감이 없습니다. 부처가 지금 태어나서 내 눈앞에 있다 해도, 그나 나나 본질에 있어서는 차이가 없습니다. 더 엄밀히 말하면 본질에는 부처나 나라는 것 자체가 없지요.

　범부건 부처건 상관없이 한결같아서 늘거나 줄지 않는 것이 본질이고, 진여의 자체상自體相입니다. 바꿔 말한다면, 변하는 모든 것은 본질이 아니라는 뜻이겠지요. 여러분 내면에서 변하는 것을 잘 살펴보세요. 감정은 수시로 변하므로 본질이 아닙니다. 미세한 느낌들도 끊임없이 변하니까 본질이 아니죠. 나라는 느낌은 어떤가요? 잘 느껴보면, 학생을 대할 때의 나와 집에 가서 남편을 대할 때의 나, 아이를 대할 때의 나, 친구를 대할 때의 나의 태도나 느낌이 모두 다릅니다. 이렇게 대상에 따라 달라지는 '나'라는 느낌 역시 나의 본질이 아닙니다. 그런데 어렸을 때나 지금이나 끊임없이 '나는 나'라고 느껴져요. 네 살 때의 나도, 지금의 나도 나예요. 그렇게 변함없다고 느끼게 만들어주는 것은 무엇일까요? '주체감'입니다. 선생으로서의 나, 남편으로서의 나, 아버지로서의 나가 아니라 그 모든 상황에 존재하는 '너는 너고, 나는 나다'라고 느끼는 주체감은 변하지 않습니다. 지금 이 순간 '나'라는 느낌은 '주체감'과 '경험 내용'이 매 순간 합쳐져서 생겨납니다. 친구를 만났을 때는 그 친구와 했던 경험 내용과 주체감이 합쳐져서 친구를 대상으로 보는 '나'가 생겨나 있는 것이고, 남편이나 아내를 볼 때는 남편 또는 아내와의 경험의 내용과 주체감이 합쳐져서 그 순간의 '나'를 형성합니다. 그럼 그 변하지 않는 주체감이 나의 본질일까요? 아닙니다. 주체감은 '생겨나는 것'입니다. 두 살 이전엔 그런 것이 없잖아요. 또 잠잘 때는 없어집니다. 꿈속에서는 주체감이 생겨났다 사라집니다. 꿈속의 주체감은 일관되지도 않아요. 하늘을 날다가 갑자기 땅속을 파는 두더지가 되기도 하죠. 이처럼 주체감도 생겨났다 사라지는 것이고,

변하는 것이므로 본질이 아닙니다. 그러면 나의 본질은 어디에 있습니까? 우리가 느끼고 경험하고 맛보는 곳에는 결코 본질은 없습니다. 마음에서 변함없는 것은 무엇인지 한 번 찾아보세요. 그것이 바로 증감이 없는 본질입니다. 이전에 생겨난 것도 아니고 이후에 사라질 것도 아니라고 했습니다(非前際生. 非後際滅). 본질은 나라는 것이 태어나기 전에 생겨난 것도 아니고, 내가 죽고 난 후에 사라질 것도 아니에요. 태어남 전후나 죽음 전후에 변화가 생긴다면 그것은 본질이 아니지요. 여러분이 마음공부를 하기 전에도 있었고, 마음공부를 한 후에도 변함 없이 아무런 차이가 없는 것이예요. 공부를 한 이후에 괴로움이 없어져서 '아, 이제 나는 본질에 가까워졌구나.' 느낀다면 천만의 말씀입니다. 본질은 늘 그대로 있기 때문에 무엇을 한다고 해도 더 가까워질 수는 없습니다. 이미 본질이니까요. 지금까지는 본체에 대한 얘기였고, 그 뒷부분은 상相에 대한 얘기입니다.

　본래부터 성품이 일체의 공덕功德으로 가득 차 있다(從本已來, 性自滿足一切功德)라고 했는데 이것이 상相이 크다는 말입니다. 공덕功德은 상相입니다. 본질이 아니에요. 그러나 깨우쳤다는 부처의 일생을 보면 공덕으로 가득 찬 일생을 살다갔어요. 만약 부처님의 공덕이 얼마나 큰지 달마대사에게 묻는다면 "무無"라고 하겠죠. 그것이 바로 양梁무제武帝와 달마대사가 만났을 때의 일화입니다. 달마대사의 명성을 듣고 찾아간 양 무제가 자기를 좀 자랑하고 싶었어요. "내가 절도 많이 짓고 수많은 사람들한테 덕을 베풀었는데, 나는 이 생애에 얼마나 큰 덕을 쌓은 것이 되겠습니까?" 하고 물으니, 달마대사가 "무無"라고 합니다. 일체 덕을 쌓은 것이 아니라는 것입니다. 달마대사는 본질에 대해 얘기한 것이고, 양 무제는 상相에 관심이 많았던 것입니다. 상相에서는 당연히 덕을 쌓은 것입니다. 덕이 크다는 얘기는 상相의 세계에 속한 것이고, 분별에 속하는 얘기입니다. 나중에 관성을 다루게 되면, 분별 속의 덕도 필요하죠. 어쨌든 성공덕상性功德相은 상相의 세계고, 본질이 드러난 모습은 수많은 공덕功德을 가득 채운 그런 거대한 모습입니다.

所謂自體有大智慧光明義故. 偏照法界義故. 眞實識知義故.
소 위 자 체 유 대 지 혜 광 명 의 고　 편 조 법 계 의 고　 진 실 식 지 의 고

自性清淨心義故. 常樂我淨義故. 清凉不變自在義故.
자 성 청 정 심 의 고　 상 락 아 정 의 고　 청 량 불 변 자 재 의 고

이른바 자체에 대지혜광명大智慧光明의 뜻이 있기 때문이며, 법계를 두루 비치는 뜻이 있기 때문이며, 진실하게 아는 뜻이 있기 때문이다. 자성청정심自性清淨心, 상락아정常樂我淨, 청량불변清凉不變하고 자재自在의 뜻이 있기 때문이다.

[논論]

큰 지혜광명의 뜻이 있다는 것은 상相의 모습입니다. 지혜와 어리석음을 나눠놓았습니다. 본질에는 지혜도 어리석음도 없습니다. 이렇게 말하면 좀 이상하다고 느낄 수도 있습니다. "선禪 수행에서 정혜쌍수定慧雙修를 말하는데, 본질에 지혜가 없는 것이라면 지혜를 아무리 닦아 봐야 본질에 가까이 다가갈 수 없다는 소리 아닌가? 통찰을 해 봐야 무슨 소용인가?"라고 하는 것입니다. 통찰은 상相을 다루는 작업일 뿐 결코 본질을 다룰 수 없습니다. 상相을 다뤄서, 상相이 상相인 줄 알 때 우리는 드디어 본질을 향한 길에 서 있게 되는 것입니다. 그래서 여기서 말하는 '진여의 체體에는 대지혜광명의 뜻이 있다.'는 것은 진여의 상相이란 말입니다.

차별에 대해 잠시 살펴보겠습니다. 차별무이差別無二가 있고 무이차별無二差別이 있습니다. 차이와 다름이 있지만(差別) 그것이 둘이 아니라

고(無二) 하면 논리적인 마음은 헷갈립니다. 차이가 있다는 것은 분별이 있다는 것인데 둘이 아니라고 하다니요. '차별무이差別無二'에서 차별은 분별의 모습 곧 상相의 세계이고, 무이無二는 체體의 세계를 말하는 것입니다. '무이차별無二差別'은 본질이 앞에 있고 상相이 뒤에 있어 '둘이 아니지만 차별이 있다'는 말입니다. '폭우가 쏟아져도 대지는 일체 젖지 않았다.'는 선사의 말처럼 상相의 세계와 체體의 세계를 같이 말한 것입니다.

희로애락은 경험의 구름 아래서의 일

진여는 법계法界를 두루 비치는 뜻이 있다고 했습니다. 여기서 법계는 진리의 세계이면서 동시에 현상의 세계입니다. 현상계는 끊임없이 변하는데 진리라고 할 수 있는지 의문이 들 수도 있지만, 현상은 진리가 그 모습으로 드러난 것이기에 번뇌가 곧 보리라고 하는 것입니다. 마치 지구 전체에 작용하는 중력이라는 법칙이 이땅 한국의 한 농촌에서 자라나는 사과나무의 사과 하나가 떨어지는 곳에도 적용되듯이, 번뇌라는 현상은 보리라는 진리의 드러남이라는 것입니다. 즉, 보리가 번뇌라는 모습으로 드러난 것입니다. 솟아오른 산 같은 높은 파도와 꺼진 골 모양의 파도가 물의 측면에서는 둘이 아닌 것처럼 진리를 의미하는 법法과 현상을 의미하는 법法이 둘이 아닌 하나이므로, 법계法界는 이 둘을 다 의미합니다. 그래서 진여가 법계를 두루 비춘다고 한 것입니다. 마치 태양이 만물을 비추는 것과 같습니다. 태양은 결코 어느 한 사물만을 비추지 않잖아요. 마찬가지로 본질은 법계 전체를 비출 수밖에 없습니다. 하늘은 우산장수에게만 복을 내릴 수도 없고, 양

산장수에게만 복을 내릴 수도 없습니다. 이 세상의 모든 복을 바라는 사람들에게 말해 주세요. 하느님은 결코 당신에게만 복을 주지는 않는다고 말이죠. 그러니까 하느님께 비는 것 대신 본질을 발견하도록 해야합니다.

비가 쏟아져 내리고 있지만 저 구름 위에는 태양빛이 늘 가득하다는 것을 잊지 마십시오. 우리가 쌓아온 경험과 생각들이 민들어내는 희로애락喜怒哀樂이 구름 가득 차 있어 세찬 비를 뿌리더라도, 지금 그 경험 위쪽에는 태양빛이 가득 합니다. 비행기 타보셨으면 다들 아실 것입니다. 비 내리는 공항을 이륙해서 구름 위로 올라가면 그 즉시 맑고 파란 창공이 나타납니다. 나타난 것이 아니라 늘 그러하였음을 압니다. 비는 구름 아래의 일입니다. 희로애락이라는 감정의 비는, 나와 대상을 나누고 갈등 관계를 만들어서 주고받는 그 경험의 구름 밑으로 내리는 것일 뿐, 그 구름을 넘어간다면 지금 이 순간 희로애락은 없습니다. 희로애락이 있으면서 희로애락이 없는 것입니다. 지금 이 순간 비가 내리지만, 한편으로 지금 이 순간 태양빛은 가득합니다. 우리 마음도 똑같아요. 그러니까 희로애락 속에 자기가 있다고 느껴진다면 여러분은 지금 구름에 초점을 맞추고 있는 것뿐입니다. 초점을 옮겨보세요. 본질은 가득 차 있고 늘 그대로인데, 본질을 본질로 볼 수 있는 빛인 통찰이 없는 것뿐입니다. 다만 통찰은 애써서 수고롭게 노력한다고 해서 얻어지는 것은 아닙니다. 노력하고 훈련해서 태극권 1단이 되듯이 그렇게 되는 것은 아니에요. 어느 정도까지는 노력이 빛을 발해 고요 속으로 들어가지만, 이제 고요 속에서는 모든 노력 자체가 하나의 장애가 됨을 알게 됩니다. 그때는 노력없는 통찰이 일어날 시기가 옵니다.

진여에는 진실한 앎의 뜻이 있습니다(眞實識知義故). 이것도 상相의 세계지요. 자성청정심自性淸淨心은 스스로 존재하는 본성의 맑고 깨끗한 마음입니다. 그 다음 상락아정常樂我淨이 나옵니다. 상常은 항상하다는 의미인데, 열반의 경지는 생멸변천이 없다는 뜻입니다. 락樂은 즐거움인데, 여기서 말하는 즐거움이란 생사의 고통을 떠났기 때문에 얻는 무위無爲의 안락함입니다. 흔히 불교의 목표를 이고득락離苦得樂이라고 합니다. 고통을 떠나서 즐거움을 얻는 것인데, 그때 말하는 낙樂은 우리가 흔히 아는 그런 기분 좋은 느낌이 아니라, 고통이 없는 것을 말합니다. 본질을 알면 항상 기분 좋을 것 같지만 절대 그렇지 않습니다. 기분 좋음도 그냥 왔다 가는 것입니다. 계속해서 기분이 좋으려면 '변화'가 있어야 합니다. 여러분이 똑같은 상황 속에 계속 머물면 '즐거운 느낌'은 사라집니다. 계속 즐거우려면 자극이 끊임없이 더 첨가돼야 해요. 그래서 매스컴이 점점 더 자극적인 뉴스를 만드는 것입니다. 매스컴의 본성이죠. 끊임없이 더 강한 자극을 줘서 사람들을 화면 앞으로 끌어 모으려고 합니다. 그래서 뉴스를 맨 처음 시작한 우리나라 초기의 언론은 정도正道를 지키려고 했는데, 사회가 발달해가면서 언론이 왜곡되기 시작했죠. 더 자극적이어야 사람들이 보거든요. 사람들이 시청해야만 언론은 존재 가치가 있는 것이기 때문입니다. 그 다음 아我는, 분별을 통해 생겨난 '나'를 떠나 진정한 나로 가는 것입니다. 흔히 말하는 진아眞我 같은 것입니다. 그렇다고 해서 진아眞我가 있다고 말하는 건 아닙니다. '있다'고 하면 '개념' 속에 들어가는 것이기 때문이죠. 그래도 굳이 말로 하자면 진아眞我와 같다는 것입니다. 정淨은 물든 마음을 떠난 깨끗함입니다.

具足如是過於恒沙不離不斷不異不思議佛法.
구 족 여 시 과 어 항 사 불 리 부 단 불 이 부 사 의 불 법

乃至滿足無有所少義故. 名爲如來藏. 亦名如來法身.
내 지 만 족 무 유 소 소 의 고   명 위 여 래 장   역 명 여 래 법 신

이와 같은 항하의 모래보다 많은 불리不離, 부단不斷, 불이不異, 불사의不思議한 불법佛法을 구족하고, 내지 만족하여 부족한 바가 없기에 여래장如來藏이라 하며, 또한 여래법신如來法身이라 한다.

[논論]

진여眞如는 떠남이 없고, 끊임이 없고, 차이가 없고, 불가사의한 그런 불법佛法을 다 갖추고 있어서 부족함이 없습니다. 불법佛法은 진리의 세계를 말합니다.

진정으로 무無를 체험했다면 거기, 체험한 '내'가 없다

오늘의 핵심을 정리해보겠습니다. 변하는 것은 상相이고, 변함없는 것은 체體입니다. 우리 마음에서 변하는 것, 다시 말해 우리가 건드릴 수 있고, 잡을 수 있고, 알아챌 수 있는 모든 것은 상相입니다. 체體는 본질로서 변함이 없는 세계입니다. 그러면 변함없는 세계를 변하는 상相인 내가 어떻게 알겠습니까? 상相인 '나'를 상相으로 아는 것, '나'를 하나의 '느낌'으로 아는 것이 우리가 할 수 있는 전부입니다. 무언가를 느낌으로 안다는 것은 이 느낌과 저 느낌이 분별된다는 것이고, 모두 상相이라는 의미입니다. '아무것도 없다'는 느낌도 하나의 '느낌'이고, 무無의 체험도 하나의 느낌 속에 있다가 나온 것입니다. "나는 무無를 체험했어."라고 말하는 사람들이 있지만, 정말로 무無에 있었다면 거기에는 체험할 내가 없습니다. 그러면 그 체험을 어떻게 알 수 있을까요? 알 방법이 없습니다. 자, 그러면 뒤집어서 살펴보면, '변하는 모든 것을 알아챌 수 있다면' 우린 변함없는 것에 이미 도달해있다고 봐도 되는 것입니다.

아주 미묘한 것까지 다 살펴봐서 무의식의 세계를 의식화해야 할 필요가 있습니다. 통찰은 의식화하는 거예요. 잘 살펴보세요. 내 마음속에서 잡아낼 수 있는 모든 것은, 다 '모양'이 있는 것입니다. 모양이 없는 것은 잡아내지 못해요. 여러분이 A와 B를 구별하지 못한다면 두 개라고 하지 않을 것입니다. A와 B를 딱 붙여놔서 구별하지 못한다면 그건 둘이 아니라 하나라고 인식되겠죠. 그러니까 구별할 수 있다는 것은, 다르게 보고 있다는 의미이고, 다르게 보고 있다는 것은 그것이 본질이 아니라는 의미입니다. 여러분의 마음도 마찬가지예요. A라는 느낌이 B라는 느낌과 구별이 된다면 A도 B도 본질이 아닙니다. 매 순간 '나'라는 느낌을 철저하게 느껴보고 잡아보세요. 그럴수록 '나'라는 느낌을 하나의 '현상'으로 볼 수 있는 자리에 가 있게 되는 것입니다.

본질에는 증감이 없고, 변함이 없습니다. 변함없는 그 궁극지를 찾아야 합니다. 이 공부를 해나가는 데 있어서 최종적인 목적지를 항상 본질에 둬야지, 마음이 고요해지고 편안해지는 데 두면 조만간 흐지부지해서 멈추게 됩니다. 그러다가 파도 속에 들어가서 힘들고 괴로운 일이 생기면 다시 공부를 시작하기를 반복하지요. 그것은 본질에 초점을 맞추고 있는 것이 아니라 즐거움, 기쁨, 편안함 등에 맞추기 때문인데, 그런 일이 반복될 수밖에 없습니다. 오인회(깨어있기™ 후속모임)의 목적과 초점은 본질이에요. 편안한 마음이 아닙니다. 편안한 마음을 추구하는 사람들은 조금 편안해지면 떠납니다. 본질에 초점을 맞추시면 재미있고, 끝까지 갈 수 있습니다.

직선은 곡선을 의지해 존재한다

問曰. 上說眞如其體平等, 離一切相.
문 왈 상 설 진 여 기 체 평 등 이 일 체 상

云何復說體有如是種種功德.
운 하 부 설 체 유 여 시 종 종 공 덕

묻기를, 위에서 진여는 그 본체가 평등하여 일체의 상相을 떠났다고 말하였는데, 어찌하여 다시 진여의 체體에 이와 같은 여러 가지 공덕功德이 있다고 말하는가?

[논論]

본체는 평등하고, 구별이 없으며, 변화가 없고, 늘 그대로인 본질입니다. 반면에 상相은 조건에 따라 달라지고, 끊임없이 변하며, 서로가 서로한테 의존하는 모습이어서 파도에 비유할 수 있습니다. 물이라는 본체는 변함이 없지만 파도는 늘 변합니다. 그런데 잘 살펴보세요. 본체라는 것은 물과 같아서 파도가 아닌 것은 아니란 말이에요. 파도도 물로 되어 있지 않습니까? 즉, 우리 마음에서 끊임없이 모습이 변하는 것들, 예를 들어 희로애락喜怒哀樂의 감정이나 생각과 느낌 또는 무의식적인 믿음, 이런 것들은 끊임없이 형성되었다가 사라지는 파도와 같은 상相이지만, 그렇다고 그것들이 본질이 아닌 것은 아니라는 말입니다. 파도도 물인 것처럼 말이죠. 여러분은 지금까지 공부해 오면서 마음에 일어나는 느낌이나 생각, 감정들은 본질이 아니라는 말을 많이 들었습니다. 그것들은 진정한 '내'가 아니므로 바라볼 수 있고, '느낄' 수 있다고 했습니다. 느껴지기 때문에 본질이 아닌 현상이고, 그래서 진정한 나의 모습이 아니기 때문에 떠날 수 있다고 말해왔습니다. 그래놓고 지금 와서는 그 현상이 본질이 아닌 것은 아니라고 한단 말이에요. 그런데 정말로 파도는 그 자체가 이미 물이기 때문에 물을 떠나 따로 있을 수는 없잖아요. 그것과 똑같이 우리의 생각이나 감정들도 그 자체가 본질이 아닌 것은 아니라는 말입니다. 본질로 이루어져 있죠. 그렇지만 보통은 초점을 맞춰서 보고 있는 것은 본질이 아니라 단순히 변하는 모습이기 때문에 문제가 있다는 것입니다.

감정이나 느낌은 끊임없이 변합니다. 그 변하는 것들 중에 변하지 않는 것은 뭘까요? 뭔가 변하지 않는 것이 그 안에 있습니다. 파도가 이런 모습이든 저런 모습이든 그 모습 안에 변함없는 물이 있는 것과 마찬가지죠. 생각, 감정, 느낌들, 우리 내면에서 느껴지고 파악되는 그 모든 것들은 끊임없이 변하며 다양한 차이들을 보이는데, 그런 차이에도 불구하고 변함없는 것을 바로 본질이라고 한다는 것입니다.

여기서 말하는 '진여의 체體가 평등하다'는 것은 변함없이 늘 한결같다는 의미입니다. 그래서 체體는 상相을 떠나있다고 했어요. '상相을 떠나있다.'는 말은 '상相은 체體가 아니다.'라는 의미가 아닙니다. 상相을 이루는 본질은 이미 상相과 함께 있지만, 상相 자체가 본질은 아니라는 말이죠. 모습이 체體가 아니라는 말입니다. 다시 말해 물의 모습이 물 자체는 아니라는 말이죠. 우리가 보고, 듣고, 느낄 수 있고, 캐치하는 것은 다 상相인데, 그 상相은 미지가 미지를 설명하는 방식에 불과합니다. 각진 느낌은 곡선의 느낌에 대비된 느낌이므로 곡선의 느낌이 경험되지 않았다면 우리는 느낄 수 없습니다. 즉, X는 Y와 Z로 설명되어지고, Y는 Z와 X에 의해 설명되고, Z는 X와 Y에 의해 설명되는 것과 같습니다. 그래서 상相이라고 합니다. 따라서 상相 자체에는 본체 곧 실체가 없으므로 허상이라고 하는 것입니다. 상相의 실체는 상이 없는 본질일 뿐입니다. 그래서 상을 혼자 서 있을 수 없는 갈대에 비유하는 것입니다.

분노는 그 밑에 내가 믿고 있는 생각과 그 생각에 붙어있는 믿음의 힘인 에너지로 이루어져 있습니다. 생각은 수많은 경험의 느낌들로 이루어져 있죠. 경험들이 붙어있어야 생각이 힘을 발휘하게 됩니다. 미묘한 생각과 느낌들도 에너지가 붙어야만 힘을 발휘합니다. 생각 자체만으로는 아무것도 아니에요. 그럼 그 에너지는 무엇인가요? 에너지 역시 미묘한 분열에 의해 갈등이 일어나고, 서로 밀치고 당기는 작용을 통해 생겨납니다. 양극화가 심하거나 갈등이 심한 곳일수록 에너지가 강렬하게 생겨나죠. 그러므로 에너지는 결코 그 스스로 존재하는 것이 아닙니다. 어떤 차이에 의해서 생겨납니다. 이것을 현대 용어로 말하자면 갈등은 일종의 정보Information이고 힘은 에너지Energy입니다. 이것을 우리 고유의 언어로 말하자면 정보는 리理이고 에너지는 기氣입니다. 다시 말하자면 리와 기도 서로가 서로에게 의존하는 상인 것입니다. 이렇게 수많은 것들이 결국은 서로에게 의지하는 상相인데, 본질은 그 모든 것이 아닙니다. 본질은 그 모든 모습들을 떠난 곳에 있습니다.

다시 원문을 살펴보겠습니다. 진여는 상相을 떠났다고 했으면서 왜 다시 그 체體에 다양한 공덕功德이 있다고 말하는지를 물었습니다. 체體는 상相을 떠난 오직 변함없는 그것일 뿐인데 어찌 여러 가지 공덕이 있을 수 있느냐는 질문이죠. 그러니까 이 사람은 여러 가지 공덕들(種種功德)이 상相에 해당한다고 보고, 진여의 체體에 그것들이 있다는 것은 앞뒤가 맞지 않는 말이라는 것입니다.

'모습'으로 '질'을 묻다

答曰. 雖實有此諸功德義, 而無差別之相. 等同一味.
답 왈   수 실 유 차 제 공 덕 의   이 무 차 별 지 상   등 동 일 미

唯一眞如.
유 일 진 여

답하기를, 실로 이러한 모든 공덕의 뜻이 있으나 차별의 상相이 없어서 똑같은 일미一味이고 오직 하나의 진여이다.

[논論]

오직 유일하게 진여만이 있다고 했습니다. 수많은 모습의 파도가 있듯 공덕도 수많은 모습들을 보이지만, 물과 같은 본질의 측면에서는 차별의 상相이 없기 때문에 오직 하나의 맛이라는 것입니다. 물맛은 오직 하나라는 말이죠. 그러니까 묻는 사람은 상相과 체體를 같은 레벨에 두고 상相의 측면에서 말한 것입니다. 체體가 변함없는 것이라면 어떻게 여러 가지 모습을 띨 수 있는지 물어보는 것입니다. 질적인 측면을 아직 보지 못하니까 모습을 가지고만 묻는 것입니다. 자, 그렇게 대답을 하고서 다시 한 번 설명해줍니다.

> 此義云何. 以無分別, 離分別相. 是故無二.
> 차 의 운 하　이 무 분 별　이 분 별 상　시 고 무 이
>
> 이 뜻은 무슨 의미인가. 무분별無分別로 분별상分別相을 떠나니 이런 의미로 둘이 아니다.
>
> [논論]

현상의 측면에서는 여러 분별이 있지만 본질은 움직이지 않으므로 차별의 상相이 없습니다. 오직 하나의 맛인 물이 다양한 모습을 띠는 것과 비슷하죠. 무분별無分別로 분별상分別相을 떠났다고 그랬습니다. 여기서 말하는 무분별은 분별이 생겨나기 이전을 말합니다. 지금 우리 앞에 컵과 탁자와 책꽂이와 벽이 있습니다. 그러나 사실 지금 이 순간 분별이란 없습니다. 분별을 보는 것은 누굽니까? 내 마음의 흔적들이 분별을 하고 있습니다. 경계를 짓고서 내 감각에 와 닿은 느낌들의 차이를 분별해내고 있어요. 그러나 그 차이를 구별하지 못하는 사람, 즉 분별심이 없는 사람은 컵과 탁자를 구별할 수 없습니다. 그러니까 분별이라는 것은, 내 눈에 보이는 대상에 있는 것이 아니라 분별을 보는 내 마음에 있는 것입니다. 무분별은 그 마음에 분별이 없기 때문에 당연히 분별하는 상相을 떠나있게 되고, 이런 이유로 둘이 없다고 얘기

하는 것입니다. 우리 눈앞에 분별이 가득한 세계가 펼쳐져 있지만, 지금 이 순간 분별없음이 동시에 있는 것이 바로 무분별입니다. 본질은 분별상과 차별상을 떠나있기 때문에 따로 둘이 없습니다. 원효의 대승기신론 소疏에 보면, '차별하면서도 둘이 아니다.'라는 말이 나옵니다. 논리적으로 모순되는 말인데, 그것은 모습의 차원에서 보기 때문에 그렇습니다. 모습의 차원에서 보자면 하나의 모습이 어떻게 또 서로 다른 모습일 수 있겠어요? 그렇지만, '차별하면서(差別)'는 모습의 차원이고 '둘이 아니다(無二)'는 모습의 차원이 아니므로 헷갈릴 필요가 없어요. 여러분이 책을 보다가 말이 안 된다고 여기는 대부분의 경우는, 차원이 다른 두 가지를 말하고 있는데 이것을 한 차원에서만 바라볼 때입니다.

> 復以何義得說差別. 以依業識生滅相示.
> 부 이 하 의 득 설 차 별   이 의 업 식 생 멸 상 시

> 다시 무슨 뜻으로 차별을 말할 수 있겠는가? 업식業識에 의한 생멸상生滅
> 相 때문에 나타나는 것이다.

[논論]

분별도 차별도 없는 본질에 대한 얘기를 하는데, 다시 무슨 의미로 차별을 얘기하는 거냐는 말입니다. 업식業識에 의해 나타나는 생멸상이 차별의 기초입니다. 업식은 일종의 DNA 지도와 같아서 거기에 에너지가 들어가면 생멸상이 형성되는 것입니다.

마음이 움직인다

> 此云何示.
> 차 운 하 시

> 以一切法本來唯心, 實無於念. 而有妄心, 不覺起念,
> 이 일 체 법 본 래 유 심   실 무 어 념   이 유 망 심   불 각 기 념

見諸境界, 故說無明.
견 제 경 계　고 설 무 명

그렇다면 이것은 어떻게 나타나는가.
일체의 법이 오직 마음뿐인지라 실제로는 망념妄念이 없지만, 망심妄心이
있어서 깨닫지 못하여 망념妄念을 일으켜 모든 경계를 보기 때문에 무
명無明이라 하는 것이다.

[논論]

업식이라는 지도는 무엇이고 상相은 어떻게 나타나는지를 물었습니
다. 그러자 일체법一切法이 본래 유심唯心이라고 했습니다. 일체의 현
상이 오직 마음의 본질이라는 말입니다. 물이 움직여야만 파도가 치는
것처럼 망념妄念은 마음이 동動해야 나타납니다. 바람이 불면 물이 움
직여서 출렁이는 물결의 모습이 생겨나듯, 마음이 한 번 움직이면 나
와 대상이라는 분열이 처음으로 생겨납니다. 마음이 움직이지 않으면
나와 대상이 없어요. 자, 눈을 감고, 여러분이 살고 있는 안방을 마음
속에 떠올려봅니다. 떠오르나요? (모두들 고개를 끄덕인다). 그럼 이
제 그 안방을 보고 있는 누군가가 있나요? 지금 이 말을 들으니 안방을
보는 누군가가 생겨났죠? 안방을 떠올려보라는 말을 듣기 전에 내 말
에 집중하고 있을 때에는 마음이 분열되지 않았었는데, 안방을 떠올리
라는 말을 들으니까 툭 분열되잖아요. 보이는 대상과 보는 자로 나눠
져 버렸어요. 지금 내 말을 듣고 있는 여러분 자신을 떠올려보세요. 몇
초 전만 해도 없었는데 이제 금방 듣고 있는 '내'가 생겨나 느껴질 것입
니다. 그냥 내 말에 집중하고 있을 뿐이었는데, 자기 자신을 한 번 떠
올리면 '말하는 누군가'와 '듣고 있는 나'로 마음이 나눠집니다. 의식이
분열되었어요. 이것이 바로 마음이 움직이는 모습입니다. 움직임에 의
해 마음이 분열되고, 주체와 대상이 생겨나고, 내가 저 대상을 보고 있
다는 생각이 떠오르는 것입니다.

이제 움직임이라는 현상에 대해 살펴봅시다. 움직임이란 어딘가에서 어디로 움직이는 것입니다. 여기에 뭔가가 있고 저기에도 뭔가가 있으니까 '저걸 봐야겠구나.' 하면 마음이 여기에서 저쪽으로 움직여 나갑니다. 방을 떠올리니까 방을 향해서 주의가 움직여가고, 방이 있다고 인식하는 것입니다. 그런데 이런 움직임이라는 것이 실제로 있습니까? 움직이지 않는 것을 기준으로 삼으니까 움직임이 있다고 느껴지는 거예요.

자, 다시 눈을 감고 해보겠습니다. 여러분의 안방을 떠올려보세요. 방이 보이나요? 방을 보고 있는 자신이 느껴지나요? 자신에게서 방을 향해 주의가 움직이는 것이 느껴집니까? (이것은 '주의'를 '느끼는' 연습을 한 후에 하면 더 분명히 이해됩니다.—편집자 주) 자, 지금 내 말을 듣고서 안방을 마음에 떠올리고, 안방을 보는 자신을 보고, 자신의 주의가 방을 향해 가는 것을 보는 순간, 여러분은 '보는 자(안방을 보는 자신)'도 '보이는 대상(안방)'도 떠나 그 둘을 모두 보고있습니다. 그 둘을 보는 절대적인 위치를 또 만들어서 지금 그 둘을 보고 있는 중입니다. 그러고는 '주의가 움직인다.'고 느낍니다. 만약 이 둘을 보는 자를 다시 만들지 않으면 움직임이 있을까요? 움직임이 느껴진다는 것은, '보는 자'와 '보이는 대상'과 그쪽을 향해 움직이고 있는 '주의'를 모두 떠난 진정한 자기가 있다고 상정하고 있는 것입니다.

움직임과 움직이지 않음은 마음의 일일 뿐

깨어있기 기초 과정에서 폭포수 보기를 했었죠. 저 위에서부터 물줄기가 막 떨어지는 움직임이 느껴지죠. 우리가 움직이지 않는 땅에 서 있다고 여기니까 폭포의 움직임이 있는 것입니다. 그런데 우리 초점을 움직이는 폭포에 맞추다가 잠시 후에 바위를 보았더니 바위가 움직였죠? 움직이지 않아야 할 바위가 막 움직이잖아요. 그것은 움직임에 내 기준이 맞춰졌기 때문입니다. 그러면 진정한 움직임이라는 것이 있는 것일까요? 흔들림, 움직임이라는 것은, 이것과 다른 무엇에 대비된 것일 뿐입니다. 내 기준이 폭포에 가 있으면 바위가 움직이고, 기준이 움직이지 않는 바위에 가 있으면 폭포가 움직이죠. 그렇다면 폭포가 움직이는 것인가요, 바위가 움직이는 것인가요? 이것을 단순히 착시라고 단정 짓지 마세요. 느낌의 세계는 이런 것입니다. 해군 얘기도 했었습니다. 처음 해군에 들어가 함정을 타고 바다에서 1년 동안 지내다가 육지로 와서 처음 땅을 밟으면 땅이 출렁입니다. 1년의 기간 동안 출렁임이 자기 촉감의 기준이 되어 있기 때문에, 오히려 땅이 출렁인다고 느끼는 것입니다. 시각적인 기준이 움직이는 폭포에 맞춰졌으니, 바위가 움직였던 것과 같아요. 촉감도 그렇고, 시각도 그렇다면 다른 모든 감각도 같겠지요? 소리도 마찬가지고 후각도 마찬가지입니다. 내가 동일시되지 않은 것이 움직이는 것입니다. 바위와 동일시된 나가 있고, 눈에 보이는 폭포라는 대상이 있어서, 바위의 입장에서 폭포를 보니까 움직이는 느낌이 일어난다는 것입니다. 그런데 동일시된 나와 동일시되지 않은 대상 둘 다 내 마음속에 있잖아요. 폭포는 저 밖에 있는 것 같지만, 폭포가 '인식'된다는 것은 그것이 내 마음 안에 들어와있다는 의미입니다. 그래서 움직인다고 여겨지는 것입니다. 내 마음 안에 들어와 있지 않다면 인식되지 않고, 그것이 움직이는지 움직이지 않는지 느끼거나 알 수가 없어요.

실제로는 움직임이라는 것이 따로 없습니다. 마음이 움직여서 망념妄念이 생겨난다고 했지만, 엄밀히 말하면 마음은 움직이지 않았습니다. 내 마음의 일부에 동일시되어서 그 입장에서 나머지를 보니까 움직인다고 여기는 것인데, 사실은 이것도 마음이고 저것도 마음이고 전체가 마음이죠. 그렇게 보면 움직임이라는 것은 없습니다. 마음이 둘로 나뉘고 그중 하나에 동일시되어서 거기에 더 많이 머물게 되면, 그것을 중심으로 움직임이 탄생합니다. 상대적인 개념이지요. 로켓이 대기권을 벗어나서 우주 공간을 날아가는데, 주변에 아무것도 없으면, 다시 말해 주변에 기준 삼을 것이 없다면 그 안에 있는 사람은 자신이 날아가고 있다는 것을 느낄까요? 이제 막 우주 공간에 왔을 때는 움직임을 느낄 수도 있지만, 1년 정도 지나면 옆에 행성이 지나갈 때나 자신이 탄 로켓이 움직이고 있다는 것을 알겠죠. 움직임은 비교 대상을 통해서만 알 수 있습니다. 윈드서핑을 할 때 땅이 지나가고, 산이 지나가고, 다른 배가 지나가는 것을 보면 움직임이 느껴집니다. 그런데 고개 들어 구름 한 점 없는 아주 파란 하늘을 보면 전혀 움직임이 느껴지지 않아요. 기준이 없거든요. 사실 자신의 몸은 지금 보드 위에서 전혀 움직이지 않고 있기도 한 것입니다. 그런데 보드 입장과 동일시되면 주변이 빠르게 멀어져가니 자신이 움직인다고 느끼는 것입니다. 자전거를 타면서도 할 수 있습니다. 나는 진동하면서 달려가는 것 같지만 앉아있는 자신에 주의를 집중하면 움직인다는 느낌이 안 듭니다. 이렇게 상대적인 개념이기 때문에 움직임이라는 것은 결코 따로 있지 않습니다.

마찬가지로 마음이 움직여서 분열되고, 경계가 생겨 수많은 분별이 일어난다고 말하지만, 그것은 어떤 기준을 가지고 보니까 그런 것일 뿐, 기준이 없으면 마음에는 본질적인 움직임이라는 것이 없습니다. 움직임이 없으면 망념妄念도 없기 때문에 일체의 현상은 마음자체일 뿐입니다. 일체의 현상을 현상으로 보는 것은, 마음에 경계를 그렸기 때문이에요. 마음에 경계만 지어지지 않으면 거기에는 일체의 현상이 일어나지 않습니다.

진정한 벗어남

망심妄心이 있어서 깨닫지 못하고 망념妄念을 일으킵니다(而有妄心, 不覺起念). 망심은 나와 대상으로 나뉜 최초의 움직임이지요. 좀 전에 살펴본 것처럼 움직임이 있다는 것은, 움직이지 않는 것에 이미 자기기준을 두고 있다는 의미입니다. 움직이지 않는 것과 동일시되어 있어요. 그런데 본질은 변함이 없는 것이고, 현상은 끊임없이 변한다고 했습니다. 그렇다면 변함없는 것을 기준삼고 있으니까 현상이 있고, 움직임이 있다고 여겨지는 것입니다. 변함이 있는 것과 변함없는 것으로 나눠놓고, 변하는 것은 현상이고 변함없는 것은 본질이라고 이름 붙여놓은 거예요. 헷갈리지 말고 잘 들으셔야 합니다. 지금까지 본질은 움직이지 않고 현상은 움직인다고 말해놓고서는 이제 와서 움직이지 않는 것을 기준삼고 있으니까 움직임이 있다고 말하고 있어요. 도대체 어느 것이 옳은 말이죠? 지금 설명을 하기 위해 이런 말을 하는 것일 뿐, 본질적인 면에서는 나누어짐 자체가 없기 때문에 현상이라는 것도 본질이라는 것도 따로 있지 않습니다. 이런 것이 대신기신론의 어려운 점이에요. 이 얘기를 하는 이유는, '아, 나는 뭔가 경험했어.', '난 됐어' 이렇게 믿는 사람들을 위해서입니다. 마음속에 경험되지 않음과 경험됨을 나눠놓고 있잖아요. 그렇게 나뉜 마음은 이미 분열 속의 마음이기 때문에 물든 마음이고 경계 지어진 마음입니다. 참 어렵습니다.

모든 분별은 망상이에요. 망상이란 거짓이고 환상이란 뜻입니다. 깨달음과 깨닫지 못함도 망상입니다. 그 모든 분별이 마음에서 일어나는 현상이잖아요. 마음이 조작하고 나눠놓은 것을 떠나는 것이 진정한 벗어남인데, 계속해서 중생과 부처가 따로 있다고 말하는 사람은 아직도 미묘한 분열 속에 있는 것입니다. 마음이 이리저리 끌려 다니고, 힘들어하고, 질투와 자만과 오만과 자긍심에 왔다 갔다 한다면 중생심과 그것을 벗어나 열반의 세계에 간다는 모든 내용은 쓸모가 있습니다. 그러나 이제 모든 것들을 가볍게 볼 수 있고, 이것들이 잠시 나타난 현상이고 임시적인 흐름이라는 것을 보았는데도 미묘한 분열을 남겨놓고 있다면, 아직도 분별 속에 있음을 깨우쳐 주기 위해 반복해서 알려주는 것입니다.

나와 대상을 나누는 최초의 분열인 망심妄心 때문에 마음이 어두워진 것이 불각不覺입니다. 불각삼상不覺三相이 기억나실 것입니다. 무명업상無明業相, 능견상能見相, 경계상境界相이지요. 식識으로 말하면 업식業識, 전식轉識, 현식現識입니다. 업식은 카르마이고, 전식은 업식을 기본으로 하여 마음이 처음 움직여서 나와 대상으로 나눠진 것, 현식은 대상이 다양하게 분별되는 것입니다. 자신의 집을 떠올려보세요. 지금 집이라는 이미지와 그것을 보고 있는 주체로 나뉜 상태가 전식입니다. 현식은 집을 자세하게 나누는 것입니다. 지붕과 벽이 있고, 창문이 있고 소파와 침대가 있습니다. 망심妄心, 즉 나와 대상으로 나누는 마음 때문에 불각不覺이 일어나고, 그 불각不覺이 분별심(망념)을 일으키면 다양한 분별이 일어나 모든 경계를 견見하기 시작합니다. 그러니까 나와 대상으로 마음이 분열되지 않으면 견見이 일어나지 않는 것입니다. '본다'는 현상이 일어나지 않습니다. 잘 생각해 보세요. 여러분이 뭔가를 본다는 것은, 이미 '보는 나'와 '보이는 대상'으로 나눠졌고 경계가 지어진 것입니다. 경계 없는 땅에 가상의 선을 그어서 경상도와 전라도를 나누듯이, 마음에 선을 그어서 여기는 주체고 저기는 대상이라고 나눈 것입니다. 그것이 경계입니다. 현식現識이 일어나 그 모든 경계를 보게 되는데 그로 인해 곧 분별이라는 환상의 어둠 속에 빠지게 됩니다.

　망심妄心과 망념妄念을 구분하자면, 망심은 나와 대상으로 나눠지는 기본적인 마음이고, 망념은 그것을 기초로 해서 생겨나는 수많은 분별입니다. 그러니까 망심이라는 최초의 분열이 있기 때문에 불각不覺하게 되어 망념이 일어나는 거예요. '나와 대상'의 분열은 동시에 생겨나서 동시에 사라지는 일시적인 현상이라는 점, 그리고 그중에 '나'라고 느껴지는 주체감은 진정한 내가 아니라 대상 때문에 생겨난 임시적 현상이라는 점만 분명히 파악되면 결코 망념에 빠지지 않습니다. 그런데 그 망심을 깨닫지 못하니까 망념을 일으켜 수많은 경계선을 짓고 분별이 일어나게 되는 것입니다.

마음의 이분열과 삼분열, 그것이 전부다

心性不起, 卽是大智慧光明義故.
심 성 불 기　 즉 시 대 지 혜 광 명 의 고

　심성心性에 망념妄念이 일어나지 않는 것은 대지혜광명大智慧光明의 뜻이
　기 때문이다.

[論論]

커다란 지혜와 광명은 별다른 것이 아닙니다. 마음에 망념妄念이 일어나지 않으면 그걸로 커다란 지혜인 것입니다. 망념妄念(다양한 대상을

분별하는 마음)의 원인은 망심妄心(주체와 대상으로 나누는 마음)이므로 마음의 분열이 일어나지 않으면 그것이 곧 대지혜광명이요. 마음의 본성에는 움직임이라는 것이 없습니다. 그런데 좀 전에 안방을 떠올릴 때는 움직임을 봤죠. 그때 세 가지가 생겨난 거예요. 내가 안방을 떠올리라는 말을 했을 때 여러분의 마음은 '안방'과 안방을 보는 '나'로 이분열되었습니다. 그런데 안방을 항해 주의기 움직이는 짓이 느껴지는지 묻는 순간 여러분의 마음은 삼분열 된 것입니다. 안방과 안방을 보고 있는 자신, 그리고 이 둘을 보고 있는 내가 또 생겨난 것입니다. 마음 분열시키기는 이렇게 쉬운데 '마음에는 원래 움직임이라는 게 없다', '원래 분열이란 건 없다.'고 말한단 말이에요. 왜죠? 보는 자만 없으면 보이는 대상도 없으므로 마음은 원래부터 한 발자국도 움직이지 않은 것입니다. 지금, 여러분의 마음은 삼분열, 이분열에서 분열 없음으로 돌아갔는데, 다시 옆집을 떠올려 보세요. 그러면 즉각 또 분열합니다. 집에 있는 가족을 떠올려 보세요. 또 즉각 분열하죠?

오늘 나는 백일학교 친구들과 사천 바다에 윈드서핑을 다녀왔습니다. 오늘 햇살이 강렬해서 얼굴이 좀 많이 탔는데 그래 보이나요? ..... (잠시 기다리다가) 여러분, 지금 마음은 어떤가요? 조금 전의 분열이 남아있습니까? 여러분이 서핑 얘기에 집중하는 순간, 옆집과 가족을 떠올리면서 일어났던 주객의 분열은 다 사라졌어요. 그런데 지금 생각하면 또 분열되죠. 이렇게 마음의 현상이라는 것은, 파도가 잠깐 일어났다 사라지는 것과 똑같습니다. 그러니까 그 현상은 실제로 존재하는 것이 아니라 마음의 본질이 잠시 모습을 띤 것이라는 말이에요. 내 슬픈 마음도, 화난 마음도 잠시 모습을 띤 것입니다. 여러분이 잠시 안방을 떠올렸던 것처럼. 아들에게 화가 나서 혼내고 있는데, 옆집에 이사

온 사람이 떡을 들고 인사하러 왔어요. "아이구, 고맙습니다. 잘 먹겠습니다." 하고 인사를 할 때 화는 사라지고 없습니다. 하지만 뒤돌아서 다시 아들 얼굴을 보니까 화가 또 올라옵니다. 그럼 도대체 화는 그동안 어디 갔다 온 걸까요? 화가 있었다면 계속 있어야 돼요. 물론 아주 강렬한 화라면 계속 남아있을 수 있지만, 그렇더라도 만약 그 자리에 폭탄이 터진다면 그 강렬한 화조차도 다 사라지고 없을 것입니다. 의식적 에너지인 주의가 가는 곳에 마음의 분열된 구조인 스토리는 힘을 얻는데, 이 순간 주의가 화를 일으키는 스토리에서 폭탄이라는 두려움의 스토리로 옮겨가버렸기 때문에 화는 사라졌던 것입니다. 이렇게 현상은 파도와 같아서 잠시 생겨났다 사라지지만, 끊임없이 그런 마음을 일으키는 본질은 늘 있습니다.

그렇다면 본질이란 무엇일까요? 다양하게 물드는 모습을 모두 '알아채고 있는' 그것이 본질일까요? 아닙니다. 자세히 살펴보면 알아채고 있는 그 '무엇'이 따로 계속해서 있는 것이 아님을 알게 됩니다. 알아챔이라는 기능이 있는 것이지 어떤 실체가 있어 그것이 알아채는 것이 아니라는 것입니다. 잠시 마음이 나눠져서 어떤 모습을 띠니까, 모습을 띠지 않은 것이 '아, 얘는 모습을 띠었네.' 하고 알아채는 것입니다. 또, '어떤 모습을 띠네.' 하고 알아채는 '그것'을 바라본다면 두 개의 대상이 동시에 생겨나 있는 삼분열(대상-주체감-주체)인 거예요. 어떤 대상이 보인다면 그 대상을 보는 자가 동시에 만들어져 있습니다. 그것을 알지 못하면 망념에 빠지고, 그것을 알면 대지혜광명大智慧光明인 것입니다.

마음의 본성은 움직이지도 않습니다. 움직임을 본다는 것은 움직이지 않음을 기준삼아서 하는 얘기일 뿐입니다. 또 정말 그 마음속에 빠져 있는 사람은, 마음이 움직이는지 어떤지 알지도 못하지요. 그는 움직임 속에 있으니까요.

마음의 본성에는 '움직임이 없고 따라서 망념妄念이 없다'는 말의 핵심은, 움직임이 있다 해도 그 어느 하나와 동일시되지 않으면 움직임으로 느껴지지 않는다는 것입니다. 그러니까 분별을 하지 않는다는 의미가 아니에요. 분별을 다 하지만 그 분별은 분별이 아니라는 것입니다. 움직임에 의해 분별이 생겨나는데, 그 움직임은 움직임이 아니라는 것입니다. 혼돈스럽죠? 지금 두 가지를 말하고 있습니다.

마음의 본질은 '움직이는 현상'과는 다르다는 얘길 했는데, 이 말을 살펴보면 움직이는 현상과 움직이지 않는 본성으로 나눠놓았습니다. 이런 모순을 알아챌 수 있으면, 이제 본질과 현상을 나눈 것을 살펴볼 수 있는 처지로 옮겨간 것입니다. 본질도 현상도 따로 없고, 굳이 말로 하니까 나눈 것뿐이라고 말하는 것입니다. 이것이 바로 움직임 자체는 원래 없다는 것입니다. 움직임과 멈춤은 상대적인 '현상'인 것입니다.

하나를 보면 나머지는 보지 못한다

若心起見, 則有不見之相. 心性離見, 即是徧照法界義故.
약 심 기 견　　즉 유 불 견 지 상　　심 성 리 견　　즉 시 편 조 법 계 의 고

만약 마음이 견見을 일으키면 보지 못하는 상相이 있는 것이니, 심성心性이 견見을 떠나면 바로 이것이 편조법계遍照法界의 뜻이기 때문이다.

[논論]

견見은 보는 것이고, 마음이 분열되어 있다는 의미입니다. 안방을 떠올려서 보았죠? 주체와 대상으로 나눠졌다는 것입니다. 그런데, 견見을 일으키면 불견지상不見之相이 있다고 했습니다. 안방을 떠올려서 안방을 보고 있으면 주의가 거기로 향해있기 때문에 안방이 아닌

것은 보이지 않습니다. 전체주의 할 때는 모든 것이 보이고, 들리고, 느껴집니다. 주의에 주의 기울이기 할 때도 모든 것이 다 알아채지죠. 그렇지만 어느 한 가지를 보고 있지는 않습니다. 어느 하나를 보고 있는 것이 견見이에요. 어느 하나를 보고 있으면 다른 모든 것이 안 보입니다. 그래서 불견不見이 있는 것입니다. 견見을 떠나면, 다시 말해 뭔가를 보겠다는 마음을 접어버리면 오히려 모든 것이 보이게 됩니다. 편조법계偏照法界라고 표현했죠. 현상계 전체를 비춘다는 말입니다. 우리는 그것을 전체주의로 비유할 수 있습니다. 어느 특별한 하나를 보고 있지 않다는 것은 모든 걸 보고 있다는 뜻이에요. 마음이 견見을 일으킨다는 것은, 마음이 둘로 나뉘어 주체와 대상이 만들어져서 주체가 특정한 하나의 대상을 보는 현상이 일어난다는 것입니다. 전체주의를 할 때는 특별한 대상을 만들지 않기 때문에, 주체 또한 특별한 주체가 아니어서 애매한 느낌이 들지요. 나라는 것이 있는지 없는지 모호합니다. 즉, 특별한 '하나의 대상'이 없으면 특별한 '개별적인 나'도 생겨나지 않는 거예요. 견見이라는 것은 특별한 대상을 보니까 특별한 '나'가 생겨나 있는 상태입니다. 그렇게 되면 대상을 보는 주체는, 주체 자신을 보지 못하게 됩니다. 자, 오늘 강의를 들으러 오면서 여러분이 타고 왔던 차나 지하철을 떠올려보세요. 그 차가 마음에 보이나요? 지금 차는 보이지만 차를 보고 있는 자기는 잘 안 보일 것입니다. 이제 차를 보고 있는 자기를 느껴보세요. 이제 차와 그걸 바라보는 자기를 빠져나와서 보려고 할 것입니다. 처음에 차를 떠올려보라고 했을 때, 차는 보이고 그것을 보는 자기는 안 보이는 상태가, 바로 견見을 일으켜서 대상은 보이지만 대상을 보는 주체는 보이지 않는 현상인 것입니다. 주체를 보지 못하는 불견不見입니다.

모든 견見은 이렇게 불견不見을 함축하고 있습니다. 그런데 마음의 본성이 주체에 머물지 않고, 주체와 대상을 떠나면 이제 전현상계를 두루 비치게 됩니다. 이것이 바로 마음의 모든 것을 현상으로 본다는 말의 진정한 의미예요. 주체마저도 현상으로 본다는 것입니다. 주체에 머물지 않고, 그 어디에도 머물지 않기 때문에 주체도 볼 수 있게 되는 것입니다. 여러분의 본질은 주체노 대상도 아닙니다. 주체와 대상을 함축하고 있을 뿐입니다. 주체로서의 마음은 대상밖에 보지 못하지만, 주체를 떠난 마음은 주체 자신도 보게 되는 것입니다. 그것이 '마음의 빛으로 전현상계인 법계를 두루 비친다'는 말의 의미입니다.

　　자, 다시 마음에 안방을 떠올려서 바라보면서 내 얘기를 들어보세요. 지금 여러분의 마음은 '안방'과 안방을 보는 '나'로 나눠져 있는 상태입니다. 그런데 내가 지금 막 '안방을 보는 나'를 언급한 순간, 여러분의 마음은 '안방'과 안방을 보는 '나'를 둘 다 느끼고 보는 '제 3의 뭔가'로 나누어집니다. 그러면 그 모두를 보는 제 3의 무언가를 살펴보세요. 지금 그것을 보기 위해 또 다른 나를 만들었죠? 이렇게 관찰자를 끊임없이 만들어내는 작업을 멈추고, 이제 통찰을 해야 합니다. 왜냐하면 '보려고 하면' 늘 '보는 자'가 계속 만들어지고, 그것은 반복일 뿐 새로운 깊이로 이어지지는 않기 때문입니다. 그렇다면 어떤 통찰이죠? '안방이 있다는 것 자체가 그 안방을 보는 주체가 있다는 증거'라는 것입니다. 그러니까 대상인 안방을 통해 보이지 않는 주체를 그냥 통찰하라는 말이에요. 주체의 존재를 알기 위해 굳이 또 다른 주체를 만들어서 '보려고' 하지 말고 말입니다. 그것이 통찰되면 '마음에 현상이 있다는 것은, 그 현상을 느끼고 보는 주체가 만들어져있는 상태'라는 것이 통찰되겠죠? 그러니까 마음의 현상을 통해 보이지 않는 주체를 알아채고, 그 주체마저도 현상으로 보라는 말입니다. 이러한 구조에 대한 통찰이 일어나면 마음은 어디에도 더 이상 머물지 않게 됩니다.

우주적 오르가즘은 번뇌의 씨앗

若心有動, 非眞識知, 無有自性, 非常非樂非我非淨,
약 심 유 동   비 진 식 지   무 유 자 성   비 상 비 락 비 아 비 정

熱惱衰變則不自在, 乃至具有過恒沙等妄染之義.
열 뇌 쇠 변 즉 부 자 재   내 지 구 유 과 항 사 등 망 염 지 의

만약 마음에 움직임이 있으면 참된 앎이 아니며, 자성自性이 없게 되며, 상常도 아니고 낙樂도 아니며 아我도 아니고 정淨도 아니다. 열뇌熱惱하며 쇠변衰變하면 자재하지 못하며 이에 항하恒河의 모래들보다 많은 망염妄染의 뜻을 갖게 되는 것이다.

[논論]

마음이 움직인다는 것은 나와 대상으로 나눠진다는 뜻인데, 그때 알게 된 모든 지식은 참된 지식이 아닙니다. 마음이 한 번 움직이면 이미 끝난 거예요. 더 이상 상락아정常樂我淨은 없습니다. 마음이 어딘가에 집착하기 시작하죠. 기쁨이건 슬픔이건 뭔가에 한 번 집착해보세요. 만약 기쁨이라면, 처음엔 마냥 좋다가 그 기쁨이 사라져갈 때는 마음이 쓰라립니다. 첫사랑을 떠올려 보세요. 얼마나 기분 좋습니까? 온몸과 가슴이 떨리고 너무나 황홀하죠. 그런데 그 사람이 떠나간다고 생각해보세요. 황홀감을 잃게 되니 얼마나 슬프고 고통스럽습니까? 그런 의미에서 기쁨과 황홀도 고통입니다. 두 가지가 동시에 있어요. 늘 기쁜 상태라면 얼마나 좋겠어요. 그러나 그럴 수는 없습니다. 만약 늘 그 상태라면 지쳐서 금방 죽습니다. 예전에 쿤달리니Kundalini가 터져서 항상 우주적 오르가즘 속에 있다는 사람이 찾아왔는데, 얼굴이 초

췌합니다. 매일 오르가즘 속에 있는 것이 좋은지 물어보니까 너무 힘들다고 해요. 거기에 들어가 있을 때는 좋은데, 너무 기쁘고 황홀한 나머지 에너지가 금방 고갈되고 지쳐서 밥을 먹으러 나와야 하는데, 그 나온 때의 평상 상태가 너무 기분 나쁘다는 것입니다. 우리는 밥 먹을 때 평상의 마음이 문제될 것이 없잖아요. 그런데 그 사람은 그것이 너무 기분이 나쁜 깃입니다. 왜냐하면 마음이 황홀한 상태에만 있다 보니까 평상 상태가 그렇게 느껴지는 거예요. 밥도 한두 그릇으로는 안 돼요. 계속 진동하고 황홀해야 되니까 에너지 고갈이 얼마나 심하겠어요? 여러분, 황홀경에 있다는 것은 그렇게 좋은 게 아닙니다. 거기서 빠져나오지 않고, 평생을 그렇게 지낸다면 괜찮겠지만요. 아니 사실 그렇게 살 수도 없어요. 그 사람은 아무것도 하지 못하니까요. 항상 기쁘다는 것은 그래서 그렇게 좋기만 한 것은 아닙니다.

집착이 일어나면 마음에 번뇌가 가득하게 됩니다. 번뇌가 생기면 머리가 뜨거워지고 심장이 타 들어가요. 그래서 열뇌熱惱라고 했습니다. 그렇게 되면 마음이 고갈되고 심신이 쇠약해집니다. 그리고 마음이 자유롭지 못해서 잘못 오염된 마음으로 가득하게 된다고 했습니다. 번뇌라는 것은 무언가와 동일시된 마음에 집착하고 있는 것입니다. 그래서 그 동일시된 마음, 즉 움직임을 보는 마음에 에너지 불균형이 일어납니다. 집착으로 인해 생각이 많아지게 되는데 그것이 바로 열뇌熱惱에요. 그렇게 되면 에너지가 소진되고, 마음이 자유롭지 못해 무언가에 묶이게 되고, 수많은 것들에 물들어서 혼란 속에 빠지게 됩니다. 그러니까 마음이 혼란에 빠지는 것은 아주 단순해요. 하나의 집착에만 걸려들면 마음은 즉각 수많은 혼돈 속으로 빠져들게 됩니다.

對此義故, 心性無動, 則有過恒沙等諸淨功德相義示現.
대 차 의 고   심 성 무 동   즉 유 과 항 사 등 제 정 공 덕 상 의 시 현이에 반대되는 뜻으로 마음이 움직이지 않으면 항하사보다 많은 모든 맑은 공덕功德의 상相이 시현된다.

[논論]

'움직이지만 움직이지 않음'을 보는 것이 통찰입니다. 아예 움직이지 않는다는 것이 아니지요. 움직임이라는 것은 상대적인 개념이고, 진정으로 움직이는 것은 없습니다. 그것을 통찰하게 되면 어떤 것에도 묶이지 않는 수많은 움직임을 사용할 수 있게 됩니다. 그리하여 마음의 움직임 없이 늘 맑고, 적절하게 행동하여 덕을 쌓는 것이 항하사恒河沙보다 많은 공덕功德을 쌓는다는 의미입니다. 그러니까 수많은 공덕功德들은 본질적으로는 공덕이 아니지만, 그 상相으로 따지면 공덕인 것입니다.

수많은 분별 속에 마음은 한 치도 움직임이 없다

若心有起, 更見前法可念者, 則有所少. 如是淨法無量功德,
약심유기　갱견전법가념자　즉유소소　　여시정법무량공덕

卽是一心, 更無所念, 是故滿足, 名爲法身如來之藏.
즉시일심　갱무소념　시고만족　명위법신여래지장

만약 마음에 일어나는 바가 있어서 다시 이전의 법현상의 생각할 만한 것을 본다면 부족한 바가 생기지만, 정법淨法의 무량한 공덕은 즉시 일심一心이며 다시 생각할 바가 없기 때문에 만족하니 이것을 이름 하여 법신法身, 여래장如來藏이라고 한다.

[논論]

일심一心은 분열이 없는 마음을 말합니다. 우리가 명상을 통해 들어가는 일심一心은 마음에 아무런 느껴지는 것도 없고, 대상도 없고, 텅 빈 삼매와 같은 그런 것입니다. 이것은 반쪽짜리 일심一心입니다. 현상은 없고 본질의 그림자만 있는 일심一心이에요. 그림자라고 한 것은 '느껴지는 텅 빈 상태'이기 때문에 하는 말입니다. 진정한 일심一心은, 수많은 현상이 있는 상태 속에서도 변함이 없는 것입니다. 지금 안방을 떠올리면 마음이 분열되지만, 마음은 전혀 변함이 없다는 것입니다. 논리적으로는 말이 안 되는 것 같지만, 실제 일어나고 있는 일은 그렇습니다. 마음에 떠오른 대상을 알고, 대상을 보는 주체도 알고, 주체가 보면서 알고 있다는 것을 아는 자도 알고, 그러다가 이 모든 마음의 분열이 즉각 사라지기도 합니다. 이런 저런 마음의 상相이 떠오르는 것은 정법淨法에 의한 무량공덕無量功德으로 일어날 수 있지만, 결국은 일심一心이며 법신法身이고 여래장如來藏입니다. 중생심衆生心과 부처의 마음이 동시에 저장되어 있는 곳이 여래장이지요. 여래의 씨앗이 언제든지 터져 나올 준비를 하고 있는 곳인데, 그 여래장의 또 다른 말은 중생심입니다.

오늘의 핵심 내용은, 움직임이 일어나면 수많은 분별이 일어나지만 사실 움직임이라는 것 자체가 없다는 것입니다. 또, 움직임이란 움직이지 않음을 기준 삼았기 때문에 '느껴진다'는 것입니다. 따라서 여러분들의 마음에 무언가가 느껴진다면, 그 대상에 대비되는 것이 보이지 않는 곳에서 주체역할을 하여, 그 주체와 대상 사이의 느낌을 느끼는 일이 마음속에서 벌어지고 있다는 의미입니다. 이것을 파악하게 되면 그 사람은 마음의 구조도 파악하게 되어 그 속에 빠져들지 않고, 진정한 나는 대상도 주체도 아니라는 것을 알게 됩니다. 움직임이 진정한 움직임이 아니라는 것을 파악하게 되면, 움직임 때문에 생겨나는 마음의 분열이 진정한 분열이 아님을 알게 됩니다. 그러니까 분열해도 상관없고, 슬픔과 기쁨과 괴로움이 있어도 상관없습니다. 그것은 진정한 본질이 아니라 잠깐 나타난 모습에 불과하니까 함께 안고 갈 수 있는 것입니다. 잠시 있으면 사라질 파도를 없애기 위해 물을 다 퍼내는 헛된 노력을 하며 생명을 고갈시킬 필요가 없습니다.

지난 시간까지 진여眞如의 체體와 상相에 대해 강의했습니다.

체體의 핵심은, 일체의 범부, 성문, 연각, 보살, 부처 모두가 그 본체에 있어서는 다름과 차이가 없다는 것입니다. 그러니까 변함이 없는 것입니다. 마음으로 잡아서 파악할 수 있는 모든 것은 변함이 있지만, 체體는 변함이 없기 때문에 결코 알 수 없고, 건드릴 수 없다고 했습니다. 체體에 대해 아는 오직 한 가지 방법이 있다면, 변하는 것을 변하는 것으로 아는 것입니다. 우리가 경험하는 모든 것이 현상이라면, 그 현상이 현상임을 아는 것이 체體를 파악하는 방법이라는 말입니다. 우리가 본체에 대해 알고자 한다면 변하지 않는 것에 관심을 기울여야 하고, 그러면서 손으로 붙잡을 수 있는 모든 것들은 본체가 아니라고 부정하면 됩니다. 마음으로 붙잡을 수 있는 모든 것, 경험할 수 있는 모든 것을 '아니다'라고 부정하면 그것이 바로 체體의 자리에 가 있는 것입니다. 체體의 자리에 있을 때만 변하는 것을 변하는 것으로 볼 수 있습니다. 그런데 어느 변하는 것들 중의 하나에 동일시되어 있을 때는 자기 자신은 결코 파악될 수 없습니다.

현상의 통찰지혜, 의타성

의타성依他性에 대해 간단히 정리해보겠습니다. 뭔가 마음에 잡힌다는 것은 그것과 잡는 주체 사이에 긴장감이 발생하며 어떤 주고받음이 일어난다는 것입니다. 눈으로 볼 때, 눈에 보이는 대상과 눈 사이에 어떤 느낌이 있습니다. 손으로 뭔가를 만질 때도 그 대상과 손 사이에 어떤 느낌이 있는데, 이런 것을 긴장감이라고 할 수 있습니다. 귀로 소리를 들을 때도 마찬가지에요. 이처럼 모든 것들은 서로가 서로에게 의존합니다. 우리가 뭔가를 보고, 듣고, 감촉할 때 항상 세 가지가 동시에 있습니다. 주체와 대상, 그리고 그 사이의 관계인 느낌이지요. 어떤 느낌이 있다는 것 자체가 이미 그 대상과 나 사이에 어떤 관계가 맺어져 연결되었음을 의미합니다. 그 연결을 통해 주체로 있으면서도 주체 자신과 대상을 파악할 수 있습니다. 다시 말해 '내가 주체'라고 여겨지는 느낌은 '대상을 통해' 생겨나는데, 그 주체감 또한 마음에 일어난 현상이고 대상이라는 것을 알 수 있다는 것입니다. 주체에 동일시되어 있으니까 주체를 잘 파악하지 못하는데, 사실은 대상을 통해 이미 주체는 파악되고 있는 것입니다. 파악된다는 측면에서 잡히는 것이고, 잡히므로 변하는 것이고, 마음에 나타나는 현상인 것입니다. 처음에 '나라는 느낌'을 느껴보라고 하면, 자기가 동일시되어 있는 것은 보기 힘들기 때문에 안 느껴진다거나 모르겠다고 합니다. 하지만 대상을 통해 이미 자기를 느끼고 있는 것이나 마찬가지입니다. 그것이 의식되지 않을 뿐입니다. 이렇게 부분적인 나, 현상으로서의 나는 잡히기 때문에 본체가 아니라는 것이 분명하지요. 마음에 의해 잡히잖아요. 마음이 어디에 있는지는 모르지만 하여튼 잡힙니다. 누가 잡나요? 주체가 잡습니다. 주체가 잡는 역할을 하면서 자기 자신도 잡는 거예요.

상相은 체體가 어떤 모습을 띠고 나타난 것입니다. 그래서 진여의 상相은 모든 상相들을 다 띠게 되는데, 대지혜광명大智慧光明이라는 상相을 가지고 있다고 했습니다. 대지혜광명은 망념妄念이 일어나지 않는다고 했습니다. 망심妄心은 나와 대상을 나누는 최초의 분열이고, 망념妄念은 대상들을 아주 다양하게 나누는 분별分別입니다. 망령된 염念

이라고 이름 붙인 이유는, 그 분별이 마음에서 일어나는 분별이지 실제의 분별이 아니기 때문입니다. 망념妄念이 마음에 지어진 경계선일 뿐이라는 것을 아는 것이 대지혜광명大智慧光明이고, 주체와 대상이라는 분열이 경계에 불과하다는 점이 비쳐지면서 본질이 아니라는 것을 발견하게 해줍니다. 그리고 이런 대지혜의 핵심 중의 하나는 무언가를 보는 견見이 일어나면, 이미 다른 것은 보지 못하는 불견不見이 동시에 일어나고 있다는 것입니다. 컵을 볼 때는 나와 컵, 그리고 봄이 생겨나 있는 상태지요. 그러면 이미 그 안에는 '나는 컵이 아닌 빵을 보지 못한다.'가 동시에 있습니다. 그래서 이것은 대지혜가 아닙니다. 대지혜광명은 두루두루 모든 것을 비치는 거예요. 예를 들자면 전체주의와 같은 것입니다. 전체주의는 어떤 하나에 주의를 주는 것이 아니라, 전체에 주의를 주기 때문에 모든 것이 다 보이는 상태입니다. 전체적으로 다 느껴지고, 다 들려요. 그렇지만 어느 하나를 보고 듣는 순간 즉시 다른 것을 못 보는 상태로 바뀌어버리죠. 그것은 지혜가 아닙니다. 지혜는 태양과 같이 모든 것을 두루 비칩니다.

2. 용대用大

오늘은 용用에 대해 살펴보겠습니다.

復次眞如用者. 所謂諸佛如來, 本在因地, 發大慈悲,
부 차 진 여 용 자   소 위 제 불 여 래   본 재 인 지   발 대 자 비

修諸波羅密, 攝化衆生, 立大誓願, 盡欲度脫等衆生界.
수 제 바 라 밀   섭 화 중 생   입 대 서 원   진 욕 도 탈 등 중 생 계

亦不限劫數, 盡於未來. 以取一切衆生如己身故.
역 불 한 겁 수   진 어 미 래   이 취 일 체 중 생 여 기 신 고

而亦不取衆生相.
이 역 불 취 중 생 상

또한 진여의 작용이란 말하자면 모든 부처와 여래가 본래 인지因地에서
대자비大慈悲를 일으켜 여러 바라밀을 닦아서 중생을 섭화攝化하며, 큰 서
원誓願을 세워 일체의 중생계를 모두 도탈度脫시키고자 하는 것이다. 또
한 겁劫의 수를 한정하지 않고 미래에까지 다하는 것이니 모든 중생을 돌
보기를 자기 몸과 같이 하기 때문이며, 그러면서도 중생상衆生相을 취하
지 않는다.

[논論]

부처가 되었다고 여기는 중생

육바라밀波羅密은 불교의 수행덕목으로 보시布施, 지계持戒, 인욕忍
辱, 정진精進, 선정禪定, 지혜知慧를 말하는데, 보살이 되기 위한 수행
의 길이기도 하고, 보살이 된 사람이 나타내 보여주는 특징이기도 합
니다. 보시布施는 기꺼이 베푸는 것이고, 지계持戒는 계율을 지키는 것,
인욕忍辱은 박해를 참고 용서하는 것, 정진精進은 바르게 나아가는 것,
선정禪定은 텅 빈 마음으로 들어가는 것, 지혜知慧는 바르게 보는 것입
니다. 지혜를 일으켜 사용하지는 못한다 하더라도 지혜로워지려는 노

력이 바로 보살로 가는 길입니다. 섭화중생攝化衆生은 '중생을 가르쳐서 일깨움'을 말하고, 도탈度脫은 번뇌의 강을 건너 해탈함을 뜻합니다. 겁劫은 수많은 세월을 말하는데, 그 세월을 지나 미래에까지 중생을 돌보기를 자기 몸 같이 한다 했습니다. 자, 그런데 이상하지 않습니까? 무슨 부처나 보살에게 자기라는 것이 있고 남이라는 것이 있나요? 그래서 그 뒤에 중생상衆生相을 취하지 않는다는 얘기가 덧붙여 나옵니다. 누군가가 "아, 나는 깨달았어."라고 말한다면 그는 깨달았다는 상相을 가진 중생입니다. "나는 부처가 됐어."라고 말하는 사람은 내가 부처가 되었다고 여기는 중생이에요. 이런 것이 바로 마지막으로 갖는 중생상衆生相인데, 진여의 용用에는 그런 중생상衆生相이 없다는 것입니다.

此以何義.
차 이 하 의

이것은 무슨 뜻인가?

[논論]

중생이 열반의 이치를 깨닫기는 했으나, 그런 '깨달았다'는 마음이 아직 남아있는 것을 중생상衆生相이라고 합니다. 그러면 어떻게 하면 이런 중생상衆生相을 취하지 않을 수 있을까요? 사실은 마음에 잡히는 모든 것을 현상으로 파악하면, '아, 나는 깨달았어.'라는 마음이 일어날 때 즉각 파악됩니다. 그것이 파악이 안 되면 함정에 갇히게 되고, 조만간에 또 괴로움과 흔들림이 일어나죠. 그러니 아주 잘 살펴야 합니다. 마지막까지 자기 자신을 잘 보지 않아서 여기에 걸려들면 결국엔 곧 일반적인 마음에도 걸려들게 됩니다. 왜냐하면 마음의 구조는 똑같기 때문이에요. '아, 나는 경험했어.'에는 마음의 일반적인 구조가 다 있어요. 내가 있고, 무언가가 있고, 경험했다는 마음이 있으니,

나와 대상과 그 사이의 느낌이 다 있는 것입니다. 경험이 일어난 순간에는 커다란 환희가 일어나지만, 그것을 내가 경험했다고 여기는 순간 다시 마음의 구조 속으로 빠져드는 것입니다. 그래서 경험이 중요치 않다고 말하는 것입니다. 경험이 아니라, 경험에서 일으켜진 통찰이 중요한 것입니다. 아무리 훌륭한 경험을 했다고 하더라도, '그 경험을 내가 했어.'라고 하는 순간 다시 마음의 구조 속에 빠져들고 밀거든요. 통찰이라는 것은 마음의 구조를 보고, 모든 것을 통합해서 그 맥을 관통하는 것입니다. 그러니까 결국 우리가 하는 공부는 뭔가를 알기 위해 하는 공부가 아니라, 마음의 구조를 철저히 파악하여 그 구조속에 빠지지 않는 것, 그 뿐입니다. 그렇게 되면 구조가 형성되는 순간에 내 생명의 에너지가 그 구조 내에 머물지 않습니다. 그것이 바로 응무소주應無所住인 것입니다. 생명에너지가 어디에도 머물지 않고 마음을 내어 쓰는 것인데, 그것이 중생상衆生相을 취하지 않는다는 말의 의미입니다.

謂如實知一切衆生及與己身, 眞如平等無別異故.
위 여 실 지 일 체 중 생 급 여 기 신   진 여 평 등 무 별 이 고

말하자면 일체 중생과 자기의 몸이 진여에 있어서 평등하여 다름이 없는 것인 줄 여실히 알기 때문이다.

[논論]

중생상衆生相을 취하지 않는 이유는, 꼭 몸뿐만이 아니라 마음도 마찬가지로 일체의 중생과 자신이 본질에 있어서는 아무런 차이가 없다는 것을 아주 철저히 알고, 경험하고, 파악하고 있기 때문입니다. 범부가 부처가 된다고 해서 본체에 변화가 생기거나 뭔가가 늘어나는 것이 없어요. 그래서 헛웃음을 웃는 것입니다. '아! 이거였어?', '내가 이것을 발견하려고 평생을 이러고 있었던 거야?' 이러는 것입니다. 물론

작용과 상相에 있어서는 커다란 차이가 생겨나기 시작하지만, 진여에 있어서는 어떠한 다름도 없습니다. 그리고 본체를 발견한 사람은, 진정한 자신이 상相이나 용用이 아니며 그 본체에 있어서는 범부나 부처가 다르지 않음을 보니까 차별을 둘 수가 없습니다. 실제로 차별이 없기도 하고요. 이것이 중생상을 취하지 않는 것이고, 그래서 중생심衆生心이 곧 부처의 마음이라고 하는 것입니다.

　대승기신론의 첫 부분에서 나왔죠. 부처의 마음과 중생의 마음이 다르지 않다고 했습니다. 그래서 부처는 깨달은 중생이요, 중생은 깨닫지 못한 채 잠깐 자고 있는 부처인 것입니다. 중생을 잠에서 깨우는 작업을 하기 위해 어떤 상相을 취할 수는 있어요. 그런 용도와 쓰임 때문에 선사들이 갑자기 소리를 지른다던지, 몽둥이로 친다든지 했던 것입니다.

　　　以有如是大方便智. 除滅無明.
　　　이 유 여 시 대 방 편 지　제 멸 무 명

　　　見本法身, 自然而有不思議業種種之用.
　　　견 본 법 신　자 연 이 유 불 사 의 업 종 종 지 용

　　　卽興眞如等徧一切處. 又亦無有用相可得.
　　　즉 여 진 여 등 편 일 체 처　우 역 무 유 용 상 가 득

　　　이와 같은 커다란 방편의 지혜가 있기 때문에 무명을 제거하고 없애며 본래의 법신法身을 보아서 자연히 불가사의한 업業의 여러 가지 작용을 갖는 것이니, 곧 진여와 똑같이 모든 곳에 두루하게 되며 또한 그러면서도 얻을만한 작용의 모양도 없다.

　　　　　　　　　　　　　　　　　　　　[논論]

　방편지方便智는 지난번에 말한 대지혜광명大智慧光明, 즉 모든 것을 두루 비치는 지혜와 같은 의미입니다. 전체를 보는 대지혜광명처럼 대방편의 지혜도 아주 밝게 보기 때문에 어두운 마음을 제거합니다. 무명이 생겨나는 가장 기본적인 이유는 나와 대상을 나누는 마음 때문입

니다. 그래서 우리가 주체와 대상에 대하여 그토록 주목하여 많은 얘기를 하고 있는 것입니다. 우리는 주체와 대상을 알리는 것에 주목하고 있어요.

자연히 다양한 불사의업不思議業의 작용을 갖는다고 했습니다. 왜 불가사의한 거죠? 본질은 허망한 상相과 전혀 상관이 없는데도, 이상하게 본질은 상相에 물든 마음을 깨우치고 영향을 미칠 수 있기 때문입니다. 본질과 상相은 전혀 상관이 없잖아요? 그렇다면 본질은 상相에 영향을 미칠 수 없어야 되는데도, 영향을 미쳐서 물든 마음을 깨끗하게 한단 말이에요. 또 상相에 물든 마음은 본질에 영향을 미쳐서 어두운 무명으로 가득 차게 만들어요. 정법훈습淨法熏習과 염법훈습染法熏習이죠. 이런 일이 어떻게 가능한지 불가사의하다고 해서 불사의업不思議業이라고 하는 것입니다.

그런데, 이러저러한 작용이 있다고 말하는 것 자체도 벌써 분류이고 분별입니다. 애초에 분별없는 것에 마음이 금을 그어 놓은 것이 분별이라고 그랬으니까 사실 작용도 여러 가지가 있는 것이 아닙니다. 그냥 마음이 분별해 놓은 거예요. 분별 자체가 마음의 일이라서 오직 하나만 있을 뿐인데, 마음이 이러 저러한 상相과 용用으로 나누는 것입니다. 얻을 만한 작용의 모양도 없다고 했어요. 이때까지 불가사의한 작용이 있다고 말해놓고 다시 작용의 모양이 없다고 말합니다. 마음이 분별하는 것일 뿐, 사실은 여러 가지가 있는 것이 아니라는 말입니다.

何以故. 謂諸佛如來, 唯是法身智相之身. 第一義諦.
하 이 고 위 제 불 여 래 유 시 법 신 지 상 지 신 제 일 의 제

無有世諦境界. 離於施作. 但隨衆生見聞得益. 故說爲用.
무 유 세 제 경 계 이 어 시 작 단 수 중 생 견 문 득 익 고 설 위 용

왜 그런가? 모든 부처와 여래는 오직 법신法身, 지상智相의 신身이며, 제

일의제第一義諦로서 세제世諦의 경계가 없는 것이어서 시작施作을 떠난 것이나, 다만 중생의 견문見聞에 따라 이익이 되게 하기 때문에 용用이라 말하는 것이다.

[논論]

지상智相은 경계육상境界六相에서 자세히 설명했었죠. 지상智相-상속상相續相-집취상執取相-계명자상計名字相-기업상起業相-업계고상業繫苦相이 의식이 작용해 나가는 과정이었습니다. 그중에 지상智相은 경계를 통해 이것과 저것을 나눠놓고 호오好惡를 분별하여 아는 것입니다. 업상業相과 나와 대상으로 분열되는 전상轉相, 대상이 세분화되는 현상現相에 이어 분별된 대상에 좋고 나쁨이 붙는 것이 지상智相입니다. 이렇게 좋고 나쁨이 나타나면 뒤를 이어 고락苦樂과 집착이 일어나며 번뇌가 생겨나죠. 의식의 세계는 집착의 세계입니다. 중요한 것은 지상智相부터 번뇌가 시작된다는 점입니다. 현상現相의 순수한 분별심分別心까지는 괜찮습니다. 우리는 모든 것을 구별하고 탐구하는 데 분별심을 써야 해요. 그러나 그 이후로 진행되면 괴로움이 시작됩니다.

어린아이에서 성인成人으로 의식이 발달하는 과정은 여러분이 매일 잠에서 깨어날 때 그대로 순식간에 진행됩니다. 그리고 지금 이 순간 뭔가를 의식할 때도 일어나고 있어요. 매 순간 이 과정이 전광석화電光石火와 같이 빠르게 일어나고 있는 것입니다. 종種의 발생은 계통의 발생을 반복한다고 하죠. 세포가 분화해서 우리 몸이 되는 과정은, 생물종이 맨 처음 발생해서 지금까지 진화해온 과정을 그대로 담고 있다고 합니다. 이것이 바로 프랙탈fractal 구조인데, 아기가 태어나서 의식이 발전하고 전개되어 가는 과정이, 지금 이 순간 우리가 뭔가를 의식할 때도 그대로 전개되어 벌어집니다.

눈을 감고 여러분의 안방을 떠올려 봅니다. 자, 지금 이 순간 전상轉

相이 나타난 것입니다. 마음이 한 번 굴러서(轉識) 안방이라는 '대상'과 그 안방을 보고 있는 '내'가 나눠졌어요. 이제 마음속에 나타난 안방을 잘 들여다보세요. 뭐가 보이나요? 가구들이 있고, 창문도 있고, 여러 가지가 보일 것입니다(現識). 이것이 현상現相이지요. 자, 보이는 것들 중에 여러분이 좋아하는 것과 싫어하는 것을 구별해보세요(智識). 지금 이 순간 지상智相이 나타났습니다. 좋은 것에 가까이 가면 기분 좋고, 낡아서 보기 싫지만 어쩔 수 없이 갖고 있는 것들을 보면 약간의 쓴 맛이 나옵니까? 바로 그게 고락苦樂이 생긴 것입니다. 상속상相續相이죠. 좋은 것에 머물고 싶고, 싫은 것은 버리고 싶은 마음이 생겨나는데, 그것이 뜻대로 안 되면 마음이 괴롭습니다.

간단히 말하면 이런 것인데, 이 과정이 매 순간 아주 빠르게 진행되고 반복되며 우리의 마음을 자극합니다. 호오好惡와 고락苦樂으로 인해 아주 미묘하고도 끊임없이 자극을 받고 있어요. 보기 싫은 사람을 만날 때, 보고 싶은 사람을 만났을 때, 좋은 사람이 떠나갈 때, 돈이 없어 사고 싶은 것을 못 살 때 등등 끊임없이 자극을 받고 있는 마음이 얼마나 피곤하겠어요? 이런 일들이 지상智相부터 시작됩니다.

아무런 '함이 없이' 세상을 변화시킨다

모든 부처와 여래는 오직 법신法身과 지상智相의 신身이라고 했습니다. 다시 말해 중생이 생각하는 것처럼 항구적인 개별체로서의 개인이 아니라, 법法의 몸이며 지상智相의 몸이라는 것입니다. 그러므로 실재하는 개인이 아니라 역할로서의 법신法身이고, 의식하기 위해 경계 없음에 금을 그어 분별해 놓은 지상智相의 몸이니, 부처와 여래와 범부가 따로 없다는 말입니다. 실제로 개별체가 있는 것이 아니라는 것입니다. 그렇기 때문에 진여는 다 똑같은 것이고, 앞서 말한 작용의 모양도 따로 있는 것이 아니라 마음이 분별해 놓은 것입니다.

제일의제第一義諦는 진제眞諦를 말하고, 세제世諦는 속제俗諦를 말합니다. 진제는 진리의 정법淨法이고, 속제는 세속에서의 도리를 의미합니다. '제諦'는 어떤 원리나 원칙을 뜻하는 말입니다. 그런데 진리의 정법인 제일의제第一義諦와 속제인 세제世諦로 나누는 것 자체가 경계지요. 땅의 입장에서 전라도와 경상도라는 경계는 아무 의미가 없듯이, 제일의제第一義諦와 세제世諦도 경계가 없어 둘이 아닙니다.

시施는 베푸는 것이고 작作은 지어내는 것인데, 시작施作을 떠났다는 말은, 마음이 만들어 베풀고 행위 짓는 것이 따로 있지 않다는 말입니다. 그런데 진정한 의미의 시작施作은 '무위無爲의 위爲'라고 할 수 있습니다. '내가 한다.'는 생각을 가진 사람이 하는 행위는 유위有爲이지요. 내가 베풀고, 내가 도움을 주고, 내가 큰일을 해냈다는 마음이 유위有爲의 위爲라면, 무위無爲의 위爲는 일은 하되 일한 자가 없는 것, 춤을 추되 춤추는 자가 없는 것입니다. 행위는 있지만 행하는 자가 없어요. 그것이 바로 경계 없는 마음이 보는 행위의 핵심입니다. 이때 '깨닫지만' '깨닫는 자가 없다'가 되는 것입니다. 무위이화無爲而化라는 말이 있습니다. 아무런 '함이 없이' 세상을 변화시키는 것입니다. 왜냐하면 '하는 사람이 없기 때문'입니다. 이제 우리가 할 일이 그런 것입니다. 인생에서 진정으로 할 일이 없는 사람이 하는 일이 무위이화無爲而化입니다.

다만 중생의 보고 듣는 것에 따라서 이익이 되게 하기 때문에 용用이라고 말한다고 했습니다. 중생의 마음에는 나와 대상의 분별이 있으니 그런 마음이 듣고 보아서 도움이 되도록 하기 위한 용用이라는 것입니다. 그런 용用의 의미가 크다는 것이 용대用大입니다. 진여의 삼대 속성인 체대體大, 용대用大, 상대相大를 마쳤습니다.

이제 용用의 종류에 대해 살펴보겠습니다. 문장이 길지만 중요한 내용은 한 가지입니다. 우리가 보고, 인식하고, 감각하는 모든 것은 밖의 사물이 모습에 있는 것이 아니라 미음에 있다는 깃입니다.

此用有二種. 云何爲二.
차 용 유 이 종   운 하 위 이

一者依分別事識. 凡夫二乘心所見者, 名爲應身.
일 자 의 분 별 사 식   범 부 이 승 심 소 견 자   명 위 응 신

以不知轉識現故, 見從外來, 取色分齊, 不能盡知故.
이 부 지 전 식 현 고   견 종 외 래   취 색 분 제   불 능 진 지 고

이 용用에는 두 가지가 있으니, 어떤 것이 두 가지인가?
첫째는 분별사식分別事識에 의한 것으로 범부凡夫와 이승二乘의 마음으로 보는 것을 응신應身이라 이름 한다.
이는 전식轉識의 나타냄인 줄 알지 못하기 때문에 밖에서 온 것이라 보고 색色의 분제分際를 취하여 다 알지 못하기 때문이다.

[논論]

진여의 용用 중의 하나는 분별사식에 의해 작용합니다. 분별은 주로 범부와 이승二乘의 마음에서 일어나고, 이들의 마음으로 보는 바가 응신應身입니다. 각각의 사건과 상황에 맞춰서 대응해 나가는 그런 몸이라는 것인데, 이 응신應身은 다양한 모습을 띠게 됩니다. 다양한 모습을 보이는 이유는, 그것이 작용하는 모습 자체에 있다기보다는 분별하는 범부와 이승의 마음에 있기 때문입니다. 범부와 이승의 마음은 본디 부처의 마음과 다를 바 없지만, 그들의 마음에는 전식轉識이 일어나서 나와 대상을 분별하는 마음속에 빠지게 됩니다. 전식轉識이 일어나면 밖의 사물에 구별이 있다고 여기게 됩니다. 나와 대상으로 분열되

지 않으면 눈에 보이는 것이 없고, 촉감으로 느껴지는 것이 없고, 귀에 들리는 것이 없습니다. 소리가 귀로 들어오고, 어떤 자극이 눈을 통과해 가지만 그것이 마음에 남지 않아요. 인식되지 않는다는 말입니다. 내 눈에 무언가가 보이려면 그 무언가를 보는 내가 있어야 합니다. 따라서 눈에 뭔가가 보인다는 말은, 마음이 한 번 움직여서 무언가라는 대상과 무언가를 보는 내가 만들어져 있는 상태라고 보시면 됩니다. 그것이 전식轉識이죠.

분제分齊는 분별을 말합니다. 전식轉識 때문에 분별할 수 있음을 알지 못하기 때문에 차이를 보이는 색의 분별을 취하고, 전반적인 마음의 과정을 다 알지 못합니다. 전식에 의해 주체와 대상으로 나눠져 마음에 경계가 생겨 사물이 보이게 되는데, 경계는 세상과 사물에 있는 것이 아니라 내 마음에 있다는 것을 명확히 보지 못한 사람이 범부와 이승二乘입니다. 여러분이 밖의 사물을 보면서 내 마음의 느낌이라는 것을 모른다면 범부나 이승二乘에 속한 것이고, 그걸 명확하게 알면 이승二乘을 넘어 보살로 가고 있는 것입니다.

모든 경험은 '느낌'이다

눈에 보이는 사물들이 느낌일 수 밖에 없다고 우리는 계속 말해왔습니다. 손으로 탁자를 만져보면 어떤 촉감이 느껴지지요. 내가 만지고 있는 것은 탁자라기 보다는 탁자의 느낌입니다. 만약 이런 촉감이 없다면 손에는 탁자가 느껴지지 않고, 내게 탁자라는 것은 없습니다. 그런데 탁자를 만지는 '느낌'은 어디에 있지요? 내 손에 있습니다. 그 다음에 청각에 대해 살펴보죠. 어떤 소리가 1km 밖에 있어 내게 들리지 않는다면 그 소리는 나와 상관없고, 나에게는 없는 소리입니다. 소리가 내 귀를 통해 들어와서 고막을 흔들어야만 들립니다. 그러므로 그 소리의 '느낌'도 내 몸 안에 있는 것입니다. 냄새도 분자가 퍼져서 내 코의 점막을 건드려야만 냄새가 납니다. 시각적인 느낌 또한 광자가 사물에 부딪쳐서 그 자극이 눈으로 들어와 망막을 때릴 때 내 눈에 뭔가가 보입니다. 내가 지금 보고 있는 사물은, 내 안에서 조합된 어떤 '느낌'이라는 것입니다. 즉 모든 것이 내 몸에 들어올 때만 느껴집니다. 우리가 감각하는 모든 것들은 일단 내 몸 안에 들어왔을 때 느껴지고, 보여지고, 들리기 때문에 사물 자체는 건드릴 수 없다고 말하는 것입니다. 이렇게 물자체物自體를 건드릴 수 없다는 것이 칸트의 순수이성비판의 핵심입니다.

그런 의미에서 모든 것들이 일종의 느낌인데, 그 느낌에는 원래 분별이라는 것이 없습니다. 감각 기능의 차이 때문에 분별될 뿐입니다. 만약 무지개 색깔을 7가지로 세밀하게 보지 못하고 3가지 색깔로만 본다든지 흑백으로만 보는 사람이 있다면, 그 사람의 마음에는 단조로운 색의 세계나 흑백의 세계가 펼쳐질 것입니다. 대승기신론 원문에서는 사물을 색色이라고 표현했습니다. 그렇다면 이 색色이라는 것은 사물에 있을까요, 아니면 감각기관에 있을까요? 색色은 사물과 감각기관 그 어디에 있는 것이 아니라 그 둘 사이의 관계입니다. 개는 흑백의 세상을 살아가지만, 우리 눈에는 컬러의 세상이 보입니다. 그렇다면 세상은 흑백인가요, 컬러인가요? 세상은 흑백도 아니고 컬러도 아닙니다.

촉감도 마찬가지입니다. 바이러스가 경험하는 촉감의 세계와 사람이 경험하는 촉감의 세계는 분명하게 다르죠. 그러면 바이러스가 경험하는 세계가 진짜 세계입니까, 아니면 우리가 경험하는 세계가 진짜 세계입니까? 세계는 따로 있는 것이 아니에요. 세계는 그것을 감각하는 감각기관과의 '관계'일 뿐입니다. "내가 죽는다고 세계가 변하지는 않는다."라고 말하는 사람이 있는데요. 내가 죽으면 세계가 변합니다. 감각기관이 다른 사람들에게는 다른 세계가 있는 거예요. 인간이 멸종된다면 인간과는 다른 감각기관을 가진 생물들에게 맞는 세계로 변화되어 있을 것입니다. 엄밀히 말하면 변화되는 것이 아니죠. 사물은 늘 그 자리인데, 아니 사실은 있는 것도 아니고 없는 것도 아닌데, 그것을 잡아내는 감각기관이 어떤 레벨에 있느냐에 따라서 이런 모습, 저런 모습으로 나타나는 것입니다. 따라서 세계는 진짜로 있는 것이 아니라 우리의 감각기관과의 관계일 뿐인데, 그것이 바로 색色의 세계입니다.

진리의 세 가지 모습

우리가 보는 분별된 세계는 전식轉識 때문에 생겨나는데, 이런 분별사식分別事識 때문에 응신應身이라는 것을 경험하게 됩니다. 즉, 본질이 작용하는 모습을 우리가 볼 수 있다는 것입니다. 응신應身은 본질 또는 진리의 몸이 작용하는 모습입니다. 화신化身이라고도 합니다.

진리의 몸에는 세 가지가 있는데, 법신法身, 보신報身, 화신化身이 그것입니다. 법신法身은 진리 자체를 말합니다. 보신報身은 진리를 얻기 위한 수많은 수행의 결과로 인해 과보로 받은 아름다운 모습입니다. 응신應身, 또는 화신化身은 특정한 시대에 특정한 장소에서 태어나 진리를 구현한 사람의 모습입니다. 예를 들면 2,500년 전에 인도의 어느 지역에 한 사람으로 태어난 석가모니는 화신化身입니다. 진리 또는 법신法身이 특정한 시대와 장소에 중생이 볼 수 있고, 만질 수 있고, 들을 수 있는 모습으로 태어난 것입니다. 그러나 그것은 그렇게 분별해서 보는 사람의 마음 때문에 분별되는 몸이기 때문에, 응신應身 자체가 범부나 이승이 보는 것입니다. 특정한 부처가 있다고 여긴다면, 그것은 범부나 이승의 분별하는 마음으로 보는 몸이라는 말입니다. 감각의 대상인 색色이 전식轉識으로 인하여 나타난다는 것을 모른 채, 밖에서 온 것이라고 여겨 그 색色의 분별된 모습을 취하기 때문에, 마음의 전 과정을 다 알지 못해서 응신應身이 나타나는데, 그것이 진리가 작용하는 첫 번째 모습입니다.

二者依於業識. 謂諸菩薩從初發意乃至菩薩究竟地心所見者,
이 자 의 어 업 식   위 제 보 살 종 초 발 의 내 지 보 살 구 경 지 심 소 견 자

名爲報身.
명 위 보 신

둘째는 업식業識에 의한 것이니, 이는 모든 보살이 초발의初發意로부터 보살구경지菩薩究竟地에 이르기까지 마음으로 본 것을 보신報身이라고 한다.

[논論]

초발의初發意는 부처를 향해 가겠다고 뜻을 세운 그 최초의 시점을 말합니다. 모든 분별이 밖에 있는 것이 아니라 내 마음에 있다는 것을 본 사람이 초발의보살初發意菩薩이고, 업業의 미세한 분열로부터도 자유로워진 부처 그 이전까지가 보살구경지菩薩究竟地인데, 이들이 마음으로 본 것을 보신報身이라고 합니다. 보살까지는 여전히 미묘한 분열이 있는 것입니다. 부처를 향한 길에서 애쓰고 노력한 수행의 결과로 나타난 모습이 보신報身입니다.

身有無量色. 色有無量相. 相有無量好.
신유무량색　색유무량상　상유무량호

所住依果亦有無量種種莊嚴, 隨所示現, 即無有邊, 不可窮盡,
소주의과역유무량종종장엄　수소시현　즉무유변　불가궁진

離分齊相. 隨其所應, 常能住持, 不毀不失.
이분제상　수기소응　상능주지　불훼부실

몸에는 무량한 색色이 있고, 색色에 무량한 상相이 있고, 상相에 무량한
호好가 있으며, 머무는 의과依果도 무량한 여러 가지 장엄이 있어서 곳
에 따라 나타남이 곧 다함이 없고 궁진할 수 없어 분제상分齊相을 여의었
지만, 그 응하는 바에 따라 항상 머물러 있어서 훼손되지 않고 잃지도 않
는다.

[논論]

감각기관을 통해 보는 걸 무량한 색色이라고 합니다. 색色에는 무
량한 상相이 있다고 했습니다. 60억의 인류가 같은 컵을 볼 때 생겨나
는 상相은 60억 개입니다. 하나의 색色마다 무량한 상相이 있는 것입니
다. 컵을 보는 감각기관이 사람마다 달라서 그들 마음속의 컵에 대한
상相은 모두 미묘하게 다릅니다. 똑같을 수가 없어요. 그래서 색色에는
무량한 상相이 있다고 했습니다. 그렇게 마음에 남겨진 흔적인 상相들
은 서로 비교돼서 좋고 나쁨이 생겨나기 때문에 무량한 좋음이 생겨납
니다. 이때에 호오好惡가 아닌 호好만을 말하는 이유는, 보살이 깨침을
향해 수행하는 과정에서 받게 되는 과보이기 때문에 좋은 모습을 얘기
하는 것입니다.

부처님에게는 32상相과 80종호種好가 있다고 합니다. 과거의 수행
덕분에 타고난 몸의 좋은 모습이죠. 늘 미소 띤 넉넉한 얼굴로 느껴지
고, 마음도 푸근해 보이고, 몸도 여유 있게 느껴지는 이런 좋은 모습들
이 수행의 결과라는 말입니다. 그런데 사실 "수행의 결과로 부처님이
보기 좋은 모습을 띤다."고 말하는 것 역시 분별하는 마음이죠. 보살의

분별하는 마음인 것입니다. 범부의 분별이 모든 것을 하나하나 분별한다면, 보살의 분별은 미세합니다. 분제상分齊相은 분별의 상相인데, 분제상分齊相을 떠났으니 보살의 마음은 분별하는 마음은 떠났지만 여전히 '스스로가 있다'고 여기는 마음이 남아있습니다.

절대와 상대가 만나다

如是功德, 皆因諸波羅蜜等無漏行熏, 及不思議熏之所成就,
여시공덕 개인제바라밀등무루행훈 급불사의훈지소성취

具足無量樂相, 故說爲報身.
구족무량낙상 고설위보신

이러한 공덕功德은 모두 모든 바라밀波羅蜜 등 무루의 행훈行熏 및 불사의 훈不思議熏에 의해 성취된 것이니, 이런 한량없는 낙상樂相을 구족하기에 보신報身이라 한다.

[논論]

진여가 현상에 미치는 영향 또는 현상이 진여에 미치는 영향을 불사의훈不思議熏이라고 했습니다. 절대와 상대는 서로 만날 수 없는데, 절대의 진여가 상대적인 세계의 마음에 영향을 미치니까 불가사의하다고 한 것입니다. 또 절대의 마음이 분명히 있음에도 항상 물들어 있는 것이 불가사의하다는 것입니다. 다시 말해 진여가 상대적인 현상을 물들여서 맑게 하는 것과 물든 마음이 진여를 물들여서 무명으로 떨어지게 하는 것을 말하는 것입니다. 즐거운 상相이란 공덕을 말합니다. 수련을 통해 마음이 늘 넉넉해 보이고, 평화스럽고, 고요한 좋은 모습을 얻게 되는데, 사실 이런 모습은 고요와 고요하지 않음, 평화와 평화롭지 않음을 나누는 미묘한 분별 속에 있는 것입니다. 그게 바로 보살의 분별이고, 부처는 그런 분별마저도 없습니다.

又爲凡夫所見者, 是其麤色. 隨於六道各見不同. 種種異類.
우 위 범 부 소 견 자   시 기 추 색   수 어 육 도 각 견 부 동   종 종 이 류

非受樂相, 故說爲應身.
비 수 낙 상   고 설 위 응 신

또 범부에게 보이는 것은 그 거친 색色이니 육도六道에 따라 각각 보는 것
이 같지 아니하여 여러 가지 이류異類이며 낙상樂相을 받는 것이 아니기
에 응신應身이라 한다.

[논論]

　미세하고 미묘한 느낌의 세계를 보지 못하고, 밖의 세계가 있다고
여기는 마음이 범부의 마음입니다. 저 밖에 분명하게 사물이 있다고
느껴지고 보인다면, 모든 것이 마음속의 경계임을 알아채는 보살의 세
계에 아직 이르지 못한 것입니다. 보살의 세계와 범부의 세계가 따로
있는 것이 아니고, 마음의 경계에 의해 다양한 세계가 나타난다는 것
을 파악했느냐, 못 했느냐의 차이지요. 육도六道는 여섯 가지 세계를
말합니다. 지옥, 아귀, 축생, 아수라, 인간, 천국, 이렇게 여섯 가지 세
계인데, 결국 자기가 어느 세계에 들어있는지에 따라 보이는 것도 다
른 것입니다. 그런데 사실 이 여섯 가지 세계도 따로 있는 것이 아니지
요. 자신이 지금 속해 있는 세계를 보면 되는 것입니다.

　초등학교 다닐 때 세상이 어땠는지 한번 기억해보세요. 어릴 때는
세상이 예쁘지 않았나요? 신나는 일들이 많았죠. 중학생 때의 세계는
어땠죠? 대학생의 세계와 지금 여러분이 경험하는 세계의 느낌은 어
떻게 다릅니까? 우리가 경험하는 세계는, 우리 마음이 경계 지어 놓은
세계일 뿐이라는 말이 지금 마음에 와 닿습니까? 그렇게 넓던 초등학
교 운동장인데 지금 가보면 어떻습니까? 운동장은 변함이 없을 텐데,
내가 느끼는 운동장은 많이 달라져 있습니다. 지금 여러분이 보는 이
방 모습의 느낌도 옆 사람의 느낌과 다를 것입니다. 그러나 우리는 다

른 사람도 내가 느끼는 세계와 같은 세계를 살아간다고 추측합니다. 그러나 사람마다 미묘하게 다른 거예요. 내 기분이 바뀔 때마다 세계가 다르게 보이기도 하잖아요. 우리는 매일매일 이 육도六道의 다양한 세계를 왔다 갔다 합니다. 어떤 때는 지옥에 있죠. 괴로움과 분노, 슬픔과 비통함 속에 있을 때는 지옥에서 살아가는 것입니다. 아귀의 세계는 끊임없는 욕망으로 가득합니다. 늘 부족함을 느껴서 끊임없이 뭘 얻으려고 하는 마음이 아귀의 세계입니다. 축생의 세계는 아주 거친 본능에 의해서만 살아가는 세계입니다. 아수라는 서로 헐뜯고 싸우기 좋아하는 세계이고, 인간의 세계는 지성과 감정과 에너지가 섞여 있는 세계입니다. 그리고 천국의 세계가 있는데, 이 세계들이 따로 있는 것이 아니에요. 우리는 하루에도 수십 번씩 각각의 세계를 들락날락하고 있고, 그때마다 보이는 밖의 모습도 다릅니다. 내가 욕구불만 속에 있을 때는 세상이 그에 맞게 보이는 것입니다. 육도六道에 따라 각각 보는 것이 같지 않다는 것은 바로 그런 뜻입니다.

보살의 세계는 그런 분별은 없는 세계이지만, 미묘한 분별은 있기 때문에 과보가 있는 거예요. 수행의 결과에 대한 보상이 바로 보신報身입니다. 아주 멋지고, 여유롭고, 평화롭고, 고요한 모습이 있는 듯 보이죠. 보살에게는 그런 몸이 있고, 범부와 이승二乘에게는 희로애락喜怒哀樂의 수많은 상황에 응하는 그런 모습이 있습니다. 그런데 사실은 그런 다양한 모습들은 모두 우리 마음에서 분별하고, 경계 지어 놓은 모습일 뿐입니다. 그래서 육도六道에 따라 각각 보는 것이 같지 않아 응신應身은 낙상樂相을 받지 못합니다. 보신은 낙상樂相(즐거움의 상)을 받지만 응신應身은 그러한 상相이 없어요.

오늘 강의한 부분의 핵심은 우리가 보는 세계는 우리 마음에 경계

지어놓은 세계라는 것입니다. 논리적인 설명으로는 이해되는데 느낌이 잘 안 오죠? 그 느낌이 느껴지도록 하기 위해 그간 감지 연습을 했던 것입니다. 여러분이 책상을 보면 책상에 대한 시각적인 느낌이 일어나고, 손으로 만지면 촉각적인 느낌이 일어납니다. 만약 안이비설신眼耳鼻舌身이 없다면 그런 느낌을 주는 세계가 있을까요? 또, 박테리아와 나는 지금 같은 세계를 살아가고 있을까요? 자신이 죽어도 이 세계는 여전히 남아있을 것이라 생각하기 쉽지만, 그 세계는 남아있는 사람들이 경험하는 세계입니다. 남아있는 사람들의 감각기관과 관계 맺는 세계일 뿐이에요. 지구에 박테리아만 남았을 때는 이런 세계는 없는 것입니다. 지금 우리가 경험하는 세계, 이것과 저것이 세밀하게 구별되는 세계는 응신應身이 경험하는 세계입니다. 그리고 그중에 아주 좋은 모습은 보신報身이 경험하는 세계입니다. 그러나 진리 그 자체는 몸이 따로 없는데, 그것이 바로 법신法身입니다. 우리가 알고 있는 석가모니의 몸은 응신應身입니다. 범부와 이승二乘의 눈에 보이는 분별된 모습으로 특정한 시기에 특정한 장소에 태어난 부처죠. 부처의 진정한 모습은 법신法身인데, 법신은 모습도 없고 시간에도 걸림이 없어서 영원한 세계 속에서 살아갑니다. 자, 이것이 단순히 말이 아니라 실제가 그렇습니다. 물론 이런 얘기들은 모두 생멸문에서 논하는 진리와 현상입니다. 절대적인 진리의 세계는 가 닿을 수 없고, 나눠짐도 없습니다. 생멸 자체가 없으니까 그렇습니다.

밖에 보이는 모든 것은, 그것이 진리의 몸이 드러난 것이라 할지라도 결국은 마음의 경계 때문에 나타나는 분별입니다. 그러니까 밖의 차별이 많이 보일수록 내 마음의 경계도 많은 것입니다. 그런 경계를 없애라는 것이 아닙니다. 아주 세밀하게 나누고, 분별하고, 구별하는 일은 세상을 살아가면서 꼭 필요한 일입니다. 그렇지만 그것이 내 마음의 분별이고 경계임을 분명히 알면서 하라는 거예요. 내 마음의 분별만 내려놓으면 즉각 감각상태나 삼매로 가게 되고 아무런 분별이 없다는 것이 드러납니다. 그런데 다시 나오면 모든 것이 또 분별되지요. 내 마음에 에너지가 들어가서 마음의 지도를 살려놓으니까 그렇게 보이게 되는 것입니다. 마음의 분별의 지도를 꺼버리면 즉각 분별없는 투명한 세상일 뿐이에요. 거기에는 부처도 없고, 중생도 없고, 아무것도 없습니다. 거기에 무슨 법法의 몸이 있고, 과보로 얻은 은은한 미소의 부처님이 있습니까? 다 분별하는 마음 때문에 생겨나는 것임을 알면서 경계 지으라는 것입니다.

범부와 이승은 그런 경계가 명확하게 저 밖에 있다고 여깁니다. 경계가 내 마음에 있다는 걸 파악한 사람이 보살입니다. 그런데, 내 마음이란 것도 하나의 경계지요. 내 마음과 내 마음이 아닌 것으로 나뉘어 있잖아요. 이것이 바로 최초의 분열인 나와 대상의 분열입니다. 거친 차원의 나와 너의 분열 말고, 업식業識에 의한 무의식적인 나와 너의 분열마저 없어진 것이 부처입니다.

진리인 법法의 작용 중 드러나는 두 가지 모습은 분별사식分別事識에 의한 응신應身과 그리고 업식業識에 의한 보신報身입니다. 응신應身은 이러저러하게 분별하는 마음에 의해 작용하는 모습이고, 보신報身은 그 분별하는 마음은 떠났으나 업식業識 때문에 생겨나는 미묘한 '나'가 남아있는 모습입니다. '내가 이루었다.'라거나 '내가 경험했어.' 하는 마음이 있는 것은 미묘한 분열이 남아있기 때문이고, 그것은 업식業識 때문이라는 것입니다. 무의식적인 주체와 대상으로 나누는 마음 때문에 잠 속에서도 내가 아닌 것과 나를 구분하게 되는데, 이런 것까지 다 사라진 것이 부처입니다. 오늘의 핵심은, 그것이 의식적이건 무의식적이건 모든 분별하는 경계는 마음에 의해 나타나는 모습이라는 것입니다. 그러니까 밖의 무엇인가가 분별되면 즉시 내 마음이 분열되었음을 알아채면 됩니다.

어디까지가 '나'인가

모든 현상이라는 것은 어떤 특정한 패턴을 가진 움직임입니다. 어떤 마음이 올라왔다는 것은 특정한 패턴의 형태로 움직인다는 것이고, 그런 움직임에는 에너지가 쓰이고 있습니다. 지금 자기 마음을 들여다보면서 느껴보세요. 나는 지금 어떤 형태의 움직임 속에 있는가? 마음의 현상은 어떤 조건과 상황에서, 또는 그동안 내가 쌓아놓은 마음 속 경험의 흔적들이 조합되어, 어느 순간에 형성된 하나의 흐름입니다. 습관적인 패턴도 있는데, 그중에 가장 기본적인 것이 나와 대상으로 나누는 흐름입니다. 나와 대상을 나누는 마음의 흐름이 없다면 밖의 저 사람과 나를 구별하지 못합니다. 내 마음속 흐름의 시뮬레이션으로 밖을 보고 있기 때문에 나와 저 사람이 존재합니다. 사실은 밖이라는 것이 따로 없지요. 안과 밖이라는 것도 마음속의 경계일 뿐 실제로 밖이라는 것이 있겠습니까?

여기 백일학교에 와 있는 한 친구는 가수입니다. 이 친구에게 강당에서 노래를 한 번 해보라고 했더니, 연습을 하면서 하는 말이 "이 강당의 소리통이 참 좋네요." 그럽니다. 그것이 무슨 말인지 물었더니, 자기는 자신의 성대만을 소리통이라고 하지 않는다는 것입니다. 노래하고 있는 공간을 느껴서 그 공간과의 공명을 사용한다고 해요. 이 공간에서는 어떤 소리를 내면 잘 울리는지 파악한다는 것입니다. 그러면 과연 이 친구의 성대는 어디까지겠어요? 이 공간 자체가 이 사람의 성대라고 할 수 있는 것입니다. 노래를 할 때는 그 공간이 나의 일부가 되는 것입니다. 몸이 가장 가까이에 있고, 가장 자주 접하니까 몸만이 자기라고 여기기 쉽습니다. 그러나 이 친구의 경우에 소리라는 측면만 따진다면, 매일 강당에서 노래하며 그 울림을 느끼고 가장 좋은 소리를 내는 패턴에 익숙해지면, 이제 강당을 자기 소리의 일부라고 여기고 자기 성대와 같다고 여기게 될 거란 말이죠. 그런 것처럼 '나'라는 것도 역시 관계인 것입니다. '어디까지가 나(임시적인 나/현상적인 나)인가?'라고 스스로 물어본다면, 답은 정해진 것이 없습니다. 마치 어디까지가 내 성대인지 정해진 것이 없는 것처럼 말이죠.

분별의 최후의 기반인 '나' 역시 마음에 생겨난 하나의 흐름입니다. 컴퓨터를 켜면 윈도우가 제일 먼저 쫙 깔리고 전기가 흐르는 것처럼, 우리가 의식을 하는 순간 '나'라는 것이 쫙 깔려서 어떤 흐름이 유지됩니다. 대상을 보는 순간 그 분별의 물길이 형성되어 있는 거예요. 그런데 다른 뭔가에 몰입하면 그 물길은 즉각 사라지죠. 내가 아닌 다른 사람이나 대상을 볼 때 물길이 형성되었다가, 뭔가에 몰입하면 그 물길의 패턴이 사그라져서 바다로 돌아갑니다. 또 잠잘 때나 기가 막히게 멋진 장관을 볼 때도 나라는 흐름은 사라지고, 그 장관이 주는 느낌으로 내 마음의 흐름이 가득 차게 됩니다.

마음의 어떤 특정한 흐름이, 지금 이 순간 내가 느끼는 경계 지어진 마음이고 분별된 마음입니다. 그러니까 경계와 분별이라는 것은 고정된 것이 아니라 끊임없는 움직임 속에 있는 것이라고 보면 됩니다. 그래서 언제든지 경계 없는 마음으로 돌아갈 수 있는 것입니다. 애쓸 필요도 없이 그냥 힘만 빼면 됩니다. 힘이 들어가 있기 때문에 경계가 생겨나는 거예요. 감지感知에서 감각感覺으로 갈 때나 주의제로를 할 때 몸과 마음에서 힘을 빼는 방법을 사용했었죠. 구분하는 마음의 힘을 빼면, 눈에는 보이지만 구별은 안 되는 그런 마음의 상태로 갑니다. 즉 모든 분별과 구별은 에너지를 필요로 하는 것입니다. 그 생명의 힘이, 의식적으로 표현된 최초의 투명한 모습이 '주의'이고, 이것을 잘 사용하게 되면 의식을 자유자재로 다룰 수가 있습니다.

그러나 그 주의도 마음의 일시적인 패턴의 한 종류이고, 모든 마음의 패턴, 마음의 모습이라는 것은 어떤 움직임이라고 이해하시면 됩니다. 모든 움직임에는 패턴이 있기 마련이죠. 그냥 움직이지 않잖아요. 어떤 '형태를 가진' 움직이는 모습이에요. 그 형태가 바로 패턴인데, 동양에서는 이理라고 합니다. 생명의 힘이 드러나기 위해서는 이런 패턴이 필요한데, 모습이나 방향이라고도 말할 수 있습니다. 물리학에서도 힘이 드러나려면 벡터Vector가 필요하다고 하지요. 어떤 움직임이 드러나려면 에너지와 방향이 있어야 해요. 바람wind이 드러나려면 어딘가로 움직여야 하는 것처럼, 우리의 마음에 뭔가 드러나고 현상화될 때도 방향과 힘이 필요합니다. 그중에서 방향은, 습관적으로 자주 해왔던 모습으로 틀지워져 드러나기 쉬운데 그것을 관성이라고 합니다. 관성 중에 가장 베이스에 깔려 있는 것이 바로 나와 대상의 분열입니다. 그로 인한 모든 분별이 마음의 분별임을 알아 그 마음속 물길만 가라앉히면 거기엔 부처도 중생도, 깨달음도 깨닫지 않음도 따로 특별히 없습니다.

견見, 보는 자와 보이는 대상을 나누다

復次初發意菩薩等所見者. 以深信眞如法故, 少分而見. 知彼
부 차 초 발 의 보 살 등 소 견 자   이 심 신 진 여 법 고   소 분 이 견   지 피

色相莊嚴等事, 無來無去, 離於分齊. 唯依心現, 不離眞如.
색 상 장 엄 등 사   무 래 무 거   이 어 분 제   유 의 심 현   불 리 진 여

다음으로 초발의보살初發意菩薩이 보는 것은 진여법을 깊이 믿기에 적으
나마 보신報身을 보아 보신報身의 색상色相과 장엄 등의 일이 오고감이 없
어 분별을 떠났으며 오직 마음에 의해 나타날 뿐 진여를 떠나지 않음을
아는 것이다.

[논論]

견見이라는 말이 대승기론에서 아주 중요합니다. 견見은 보는 자와
보이는 대상을 나누는 역할을 합니다. 그래서 최초로 나와 대상이 나
눠지는 전식轉識을 견상見相이라고도 합니다. 견상見相이란 견분見分과
상분相分인데, 보는 부분과 보이는 대상의 부분을 말합니다. 의식의 씨
앗만 있던 업식業識에서 마음이 한 번 움직여 전식轉識이 일어나면 드
디어 견見이 가능하게 됩니다.

초발의보살初發意菩薩은 보살의 길을 가겠다고 처음 뜻을 세운 사람
을 말합니다. 보살의 길이란 보살이 된 다음에 가는 길이기도 하고, 보
살이 되기 위해 가는 길이기도 하죠. 그래서 보살이 되기 위해 가는 길
은 수련이고(육바라밀이 수련이 된다), 보살이 된 다음의 길은 보살
도菩薩道가 됩니다(육바라밀을 자연스레 행한다). 보살은 대승大乘의 길
을 가는 사람을 뜻하는 단어이기도 합니다. 보살에는 자기만을 위함이
아니라 중생을 위한다는 의미가 포함되어 있는데, 바로 대승大乘이 그
런 의미를 담고 있습니다. 중생 자체가 깨어나지 못한 부처이기 때문
에, 중생심 자체가 이미 본질을 담고 있다고 보고 중생과 같이 가는 것
입니다. 보살은 깨어난 이후에 할 일을 깨어나기 이전에도 행함으로써

수련을 해나가니 보살의 길은 일석이조라고 할 수 있습니다. 사실 깨어나서는 할 일이 별로 없거든요. 할 일이라고는 보살의 길 밖에 없는데, 대승은 수련시절부터 보살의 일을 하는 것입니다.

보살의 기간 중에서도 처음으로 마음을 냈을 때가 가장 강력한 힘을 갖는 시기입니다. 초발의보살初發意菩薩은 진리의 법이 있다는 것을 아주 깊이 믿어요. 왜냐하면 알지 못하니까. 아직 분리된 마음을 자기라고 여기는 분별 속에 있기 때문에, '분별은 마음의 일일 뿐이지 세상은 분열되어 있지 않고, 오직 진여 속에서 둘도 아니고 하나도 아닌 불이不二로 존재한다.'를 깊이 '믿는' 것입니다. 아직 정확하게 통찰하거나 체험하지는 않았지만 믿음이 강하게 있는 것입니다.

대승에는 52계위의 보살 수행단계가 있고, 그중에서도 중요한 것은 십지十地입니다.

제1지를 환희지歡喜地라고도 합니다. 기쁨으로 가득 차 있습니다. 초발의보살을 1지라고 한다면, 도道의 근본을 보기 위해 길을 떠나며 기쁨으로 가득 차 있기 때문에 환희지라고 하는 것입니다. 환희의 땅에 들어선 사람이지요. 2지는 모든 괴로움과 더러움을 벗어난 이구지離垢地입니다. 제3지는 발광지發光地인데, 빛이 나고 향기가 나는 보살이 3지 보살입니다. 제4지는 염혜지焰慧地입니다. 어떤 문제도 지혜의 불꽃으로 해결해내는 사람은 4지 보살입니다. 보살의 길을 가는데 있어서 어려움을 넘어가는 과정이 보살의 길이 되는 것입니다. 어렵다고 느껴지는 그 느낌을 그대로 안고 계속 해 보라고 했었죠. 그때 지혜가 발생하고 어려움을 넘어가게 되는데, 그처럼 어떤 어려움도 넘어갈 수 있게 되면 우리 뇌의 배선이 바뀌게 되는데 그것을 염혜지焰慧地에 이르렀다고 합니다. 제5지는 난승지難勝地라고 해서 어떤 어려움도 다 이겨

내서 모든 것을 해낼 수 있는 경지입니다. 제6지는 보고 싶고, 듣고 싶고, 말하고 싶은 모든 것을 할 수 있는 현전지現前地입니다. 바로 이 앞에 현존한다는 의미입니다. 제7지는 원행지遠行地라고 해서 어떤 먼 곳도 다 갈 수 있는, 공간적인 제약이 없어지는 단계입니다. 제8지가 부동지不動地인데, 어떤 일에도 흔들리지 않는데, 현식現識을 떠난 것입니다. 우리 마음이 분별하고 호오好惡를 갖다 붙인 그 지식智識 때문에 세상이 분리되어 보인다는 것을 알아서 이제 거기에 흔들리지 않는 것입니다. 제9지가 선혜지善慧地인데 텅 빈 마음을 이룬 것을 말합니다. 이때가 전상轉相을 떠난 거예요. 마음이 최초로 움직인 것이 전상轉相인데 이를 떠났으니 너와 나의 분열을 넘어간 것입니다. 그 다음 10지가 법운지法雲地입니다. 진리의 구름으로 가득 찬 법운지는 업상業相을 떠납니다. 그러니까 미묘한 무의식적인 마음의 흔적들로부터도 영향을 받지 않는 것이 구경지究竟地에 이른 십지보살十地菩薩입니다.

이렇게 다양한 보살의 레벨이 있는데, 그중에서 처음으로 보살의 길을 가기 시작하는 사람을 초발의보살初發意菩薩이라 하고, 최초로 뜻을 냄으로써 그 사람이 이르는 땅은 환희지歡喜地가 됩니다. 처음 시작은 환희로 가득하고 절대 진리에 대한 깊은 신심信心이 있어요. 그러니까 떠날 것 아닙니까? 우리도 여기 모여서 공부를 하고, 수련을 하는 것은 믿음이 있기 때문이죠. 이 방법을 쓰든 저 방법을 쓰든, 이렇게 하면 '나'라는 것으로부터 벗어날 수 있을 거라는 믿음 때문에 이렇게 앉아있는 것입니다. 사실은 깊은 믿음 속에 있는 거예요. 그래서 작게나마 보신報身을 보는 것입니다. 부처의 상相에 응신應身 또는 화신化身, 보신報身, 법신法身이 있다고 했죠. 다양한 사건과 일에 응해서 자유롭게 처리하는 것이 응신應身이고, 오래도록 보살의 수행을 닦은 결과로 얻는 것이 보신報身이고, 오직 진리의 몸만 있는 것이 법신法身입니다. 그래서 진정한 부처를 보는 자는, 사람들의 몸과 마음의 차이나 특성의 차이를 보는 것이 아니라 법法을 보기 때문에 모두에게 아무런 차이가 없는 것입니다.

초발의보살은 조금이나마 보신報身을 보았기 때문에 눈에 보이는 분별된 만물의 상相과 수련의 결과로 나타난 장엄한 모습들이 사실은 오고 감이 없고, 분별을 떠났으며 오직 마음에 의거하여 나타날 뿐, 진여를 떠나지 않았음을 안다고 했습니다.

법신, 보신, 화신은 전상轉相을 기반으로 일어난다

然此菩薩猶自分別. 以未入法身位故.
연 차 보 살 유 자 분 별   이 미 입 법 신 위 고

그러나 이 보살은 아직 스스로를 분별하니 법신法身에 들지 못했기 때문이다.

[논論]

사실은 응신應身, 보신報身, 법신法身이 있는 것이 아닙니다. 그렇게 보는 중생이 있을 뿐입니다. 석가라는 이름으로 인도에 나타난 부처님, 곧 진리의 화신을 보는 중생이 있는 것입니다. 응신, 보신, 법신으로 나누어서 보는 그 자체가 분별이고, 이 분별은 전상轉相을 기반으로 합니다. 모두 마음이 경계 지어서 나누는 모습일 뿐이지, 진리에는 응신도, 보신도, 법신도 없습니다. 그렇지만 중생의 수준에 따라서 몸만을 보는 사람에게는 응신應身으로 나타나고, 수련의 결과로 얻은 그 장엄하고 무량한 모습을 볼 수 있는 중생에게는 보신報身으로 나타나고, 그런 모습에 현혹되지 않고 진리 그 자체를 볼 수 있는 눈을 가진 중생에게는 법신法身으로 나타나는 것입니다. 그렇기 때문에 오직 마음에

의존해서 모든 분별이 일어난다는 것을 아는 사람은, 이 모든 것들이 변함없는 불이不二의 진리를 떠나지 않고 있음을 알고 있습니다. 그러나 그 앎은 체험과는 다르고, 자아自我가 깨져 나가는 것과는 또 다릅니다. 그래서 보살은 여전히 스스로 분별하기 때문에 아직 법신法身의 위치에 들지는 않았습니다.

'일체분별, 즉분별자심一切分別, 卽分別自心'이라고 했습니다. 단순히 말로 이해하는 것이 아니라 실제로 체험해 볼 수 있습니다. 감각感覺™으로 들어가면 의식은 있지만 분별이 없어지죠. 마음의 감지感知™들을 다 떠나버리면 마음은 살아있지만 분별을 떠날 수 있게 되는데, 그 상태에서는 너와 나가 구별이 되지 않습니다. 물론 감각 자체가 기본적인 분별은 일어나 있는 상태이므로 완벽하게 분별을 떠난 것은 아니어서 십지十地에는 이르지 못합니다. 8지와 9지 보살에 갔다하더라도 현식現識과 전식轉識을 완전히 떠난 것은 아니에요. 태극太極의 미묘하고 투명한 분열은 남아있습니다. 그로부터 완벽하게 떠나는 것은 십지보살十地菩薩입니다. 음양陰陽(나와 대상의 분열)에서 태극太極(순수의식)으로 옮겨가면 마음에 분열이 없는 것처럼 투명하게 느껴지지만, 언제든지 다시 음양陰陽으로 빠져나갈 수 있다고 했습니다. 태극에서 더 깊이 들어가야 투명한 분열마저도 떨어져나간 무극無極(본질)입니다. 그러니까 언제든지 다시 빠져나갈 수 있는 태극상태에는 미묘한 분열이 여전히 있습니다.

어쨌든 마음에 의해서 사물이 나타나고 분별된 것들은 나눠진 것처럼 보이지만 진여를 떠나지 않았다는 것을 압니다. 그러나 아직 철저한 체험이 일어나지 않았기 때문에 보살은 여전히 스스로를 분별하고 법신法身의 위치에 들어가지 못했습니다. 스스로를 분별한다는 것은 여전히 대상이 있다는 말이지요. '모든 분별은 마음의 일'이라는 것을 믿는 것이 아니라 통찰해냈다면 자분별自分別도 없겠지만, 아직 그 통찰까지는 가지 못했어요. 믿고 있는 것입니다. '안다는 것'은 이런 '믿음'과 비슷해요. 통찰은 철저하게 체험이 일어난 것이고, 안다는 것은 여전히 믿음 속에 있는 것이기 때문에 아직 자분별自分別을 떠나지 못한 것입니다.

若得淨心, 所見微妙, 其用轉勝. 乃至菩薩地盡, 見之究竟.
약 득 정 심　소 견 미 묘　기 용 전 승　내 지 보 살 지 진　견 지 구 경

若離業識, 則無見相. 以諸佛法身, 無有彼此色相迭相見故.
약 리 업 식　즉 무 견 상　이 제 불 법 신　무 유 피 차 색 상 질 상 견 고

만약 정심淨心을 얻으면 보는 바가 미묘해 그 작용이 수승하여 보살지진菩薩地盡에 이르러 보는 일이 구경究竟하니, 만약 업식業識을 떠나면 견상見相이 없어지니 모든 부처의 법신은 피차의 색상色相을 서로 보지 않기 때문이다.

[논論]

보살지진菩薩地盡은 십지十地를 말합니다. 보살이 땅의 일을 다 한 것입니다. 정심淨心을 얻는다는 것은 투명한 마음을 얻은 것인데, 태극상태라고 볼 수 있습니다. 이 투명한 마음을 얻게 되면 보는 바가 미묘해져서 무의식적인 것들도 다 느껴집니다.

업식業識을 떠나야 견상見相, 즉 견분주체과 상분대상이 진정으로 없어집니다. 주객을 구별하는 전식轉識이 사라지는 경지가 제9지인 선혜지善慧地라고 했습니다. 그러나 전상轉相을 떠났다고 하더라도 여전히 태극상태의 '미묘한 주체와 대상'이 남아있기 때문에 언제든지 다시 일상 의식으로 돌아올 수가 있어요. 나와 대상이 있는 음양陰陽의 상태에서 태극太極으로 어떻게 가죠? 주체가 대상을 바라보거나 느끼고 있는 음양陰陽 상태에서 주의를 돌려 주체가 주체를 바라보면 내용없는 순

수의식으로 갑니다. 회광반조回光返照하는 것입니다. 밖을 향하지 않고, 마음의 빛을 돌려서 주체가 자기 자신을 보는 거예요. 그렇게 되면, 주체와 대상이 같기 때문에 드디어 분열의 모습이 사라져갑니다. 왜냐하면 자기가 자기를 보니까요. 하나의 물방울이 다른 물방울에 합쳐지는 것과 같아요. 내가 나를 깊숙이 바라보면 주체와 대상이 같은 재질이기 때문에 나눔이 사라지고 하나가 됩니다. 그렇게 되면 나도 없고 대상도 없는 것 같은 그런 마음의 태극상태에 이르죠. 그 상태에서는 '나'라는 것을 느낄 수 없지만 언제든지 마음만 먹으면 다시 음양의 주객 상태로 나올 수 있는데, 그것이 바로 태극상태입니다. 그런데, 마음만 먹으면 나올 수 있다는 말은, 비록 자기라는 것이 느껴지지 않지만 그렇게 '마음먹을 자기'가 여전히 미묘하게 남아있다는 것입니다. 견상見相이 남아 있는 것입니다.

무의식적인 마음의 흔적을 떠나다

업식業識을 떠나 마음의 무의식적인 흔적들에게조차 영향을 받지 않을 정도가 되면 그때 견상見相이 없어집니다. 그러니까 업식을 떠난다는 것은, 미묘하고 무의식적인 마음의 흔적이 자신이 아님을 아는 것입니다. 업식業識이 완전히 사라져버리면 사람으로서 존재할 수가 없는 것이고, 그 흔적이 자기가 아니라는 것을 알아서 그에 영향 받지 않고 그 흔적들을 사용하는 것을 '업식을 떠났다.'고 표현합니다. 마음에 주객의 흔적이 있어도 괜찮아요. 인간이라면 누구나 가지고 있는, 조상으로부터 받은 무의식적인 느낌과 경향성이나 경험의 파편들이 마음에서 느껴집니다. 문제는 그것이 느껴지면 그것과 바로 동일시되어서 자기라고 여기게 된다는 것입니다. 이렇게 자기도 모르게 동일시되는 것들이 무의식적인 느낌이죠. 의식적인 느낌은 대부분 우리가 알아챌 수 있는데, 무의식적인 느낌은 확인이 안 됩니다. 이런 무의식에 영향을 미치려고 하는 광고들이 많이 있습니다. 예를 들어, 영화 필름 24프레임 중에서 한 프레임에 프라이드 자동차가 들어가 있습니다. 우리가 그 영화를 보면 24프레임마다 한 번씩 프라이드가 반짝 나타났다 사라지는데, 너무 짧은 순간이기 때문에 우리는 의식하지 못합니다. 그러나 영화가 끝나고 나면 그 자동차가 무의식에 남게 되어 여러 자동차 중에 하나를 고르라고 하면 나도 모르게 프라이드에 끌려서 그것을 고르는 것입니다. 옆에 있는 벤츠에 무심한 채로 말이지요. 이렇게 자신도 모르게 무의식적인 흔적들에 끌려가는 것입니다.

어떤 이유가 없는데도 왠지 하고 싶은 일이나 좋아하고 싫어하는 일들이 있죠? 그것이 바로 무의식적인 흔적들에 끌려가는 것인데, 그래도 괜찮습니다. 그런 무의식적인 끌림이나 밀침이 느껴진다면 그대로 그것을 '느끼면서' 행동하지 말고 멈춰보세요. 그러면 여러분은 무의식에 끌려가지 않는 것입니다. 나도 모르게 끌려가면 그것은 자기라고 여기고 있는 거예요. 그 흐름이 자기가 아님을 안다는 것이 아주 중요합니다. 그런데 통찰이 일어나서 그렇게 하는 것과 그냥 이런 말을 듣고서 의도적으로 하는 것과는 차이가 있습니다. 의도는 한계를 지니게 마련입니다. 싫은 사람과 마주쳤을 때, '아, 이건 무의식적인 느낌일 뿐이지. 그냥 그대로 있어 보자.' 이렇게 시도하는 것은 좋은데, 통찰이 일어나지 않은 채 그렇게 계속 한다면, 그것은 억압으로 이어지기 쉽습니다. 나중에는 쌓여서 폭발하게 되죠.

무의식적인 뭔가가 느껴진다면 우선 살펴봐야 합니다. 무의식적인 저항의 느낌은 어떠한지, 내 몸과 마음에 어떤 느낌을 불러일으키는지 철저히 느껴보는 것입니다. 그러다보면 미묘한 그 느낌이 왜 일어나는지 볼 수도 있을 것입니다. 하면 할수록 견지구경見之究竟에 이르는 거예요. 보는 것이 아주 세밀해지고 섬세해져서 그 끝에 이른다는 말입니다. 그렇게 되면 무의식적인 흔적의 구조가 보이고, 거기에 끌려가지 않을 수 있게 되지요. 아직 구조까지는 안 보이더라도 일단 철저하게 느끼면서 견뎌보는 것입니다. 그러나 억누르는 것과 느끼면서 견디는 것은 다릅니다. 억누르는 것은 싫어하는 것이고, 느끼면서 견딘다는 것은 겪어내는 거예요. 겪어낸다는 것은 철저하게 맛보고 경험한다는 것입니다. 이것이 바로 경험의 길인 탄트라tantra입니다. 모든 것을 경험하고 나면 졸업하잖아요. 쇼윈도에 걸린 멋진 옷을 경험하지 않으면 자꾸 마음속에 남아 욕망이 생기는데, 몇 번 입어보면 별것 아닌 것이 되어 마음에서 그냥 가볍게 잊혀집니다. 마찬가지로 자기 마음에 느껴지는 아주 미묘한 끌림이나 저항의 느낌들에 끌려가거나 싫어하지 말고, 그냥 멈춰 서서 그대로 겪으면서 느껴보는 것이 힘을 키워줍니다. 담배를 피거나 술을 마시며 회피하지 않고 그냥 그대로 절절하게 느끼는 거예요. 그러다보면 그것이 하나의 느낌이라는 것을 알게 됩니다.

미묘한 느낌들마저 자기가 아님을 분명히 보게 되면 의식적인 견상見相과 무의식적인 견상見相을 다 떠나게 되는데, 그것이 진정으로 전식轉識으로부터 자유로운 것입니다. 그러므로 전식轉識에서 유래하는 모든 현식現識의 분별은 표면적인 것이 되어 힘이 없어지게 됩니다. 견상見相을 떠나게 된다는 것은 업식業識을 떠났다는 의미입니다.

부처는 중생을, 사랑은 분리를 기반으로 한다

問曰, 若諸佛法身離於色相者, 云何能現色相.
문왈 약제불법신리어색상자 운하능현색상

答曰. 卽此法身是色體故, 能現於色.
답왈 즉차법신시색체고 능현어색

묻기를, 모든 부처의 법신이 색상色相을 떠났다면 어찌 색상色相을 나타
낼 수 있는가?
답왈, 이 법신은 즉 색色의 체體이기에 색色을 나타낼 수 있다.

[논論]

부처의 법신은 너와 나라는 분별의 색상色相을 구별하지 않는다고
하니 이제 묻습니다. 법신이 색상色相을 떠났는데, 어떻게 응신應身이
나 보신報身같은 차이를 나타내는가 하는 것입니다. 그랬더니 법신은
분별되는 것의 본체이므로 색色으로도 나타날 수 있다고 대답합니다.
색色으로 나타나는 것은, 색色을 보는 중생이 있기 때문입니다. 색色을
보는 중생이 없으면 색色은 없는 거나 마찬가지예요. 그러나 법신은 본
체이기 때문에 누군가가 색色을 보든 안 보든 존재하는데, 색色을 보는
중생이 나타나면 법신이 색色으로 나타난다는 것입니다. 그러니까 나
타난다는 것, 존재한다는 것은 관계입니다. 법신, 보신, 응신이 존재한
다는 것은 그것을 보는 중생이 있다는 의미입니다. 부처가 존재한다고
여기는 사람이 있다면 그에게 부처는 존재하고, 부처를 보는 사람이
없으면 부처는 없는 것입니다.

관계 맺지 않으면 그것은 존재하지 않는 거예요. 달리 말하면, 진실
한 관계를 맺지 않으면 진실하게 존재하지 않는 것입니다. 부처가 존
재하는 이유는, 부처를 필요로 하는 중생이 있기 때문이지, 중생이 없
다면 부처라는 것이 나타날 이유가 없습니다. 그렇게 모든 존재는 관
계인데, 이런 관계가 맺어지려면 기본적으로 분열이 일어나야 되겠죠.

나눠짐이 없다면 대체 무엇이 무엇과 관계를 맺겠습니까?

　사랑이라는 감정도 마찬가지여서 기본적으로 분리가 일어났을 때만 사랑이 가능합니다. 미움도 마찬가지죠. 사랑과 미움은 끌림과 밀침이라는 물리적 힘과 유사해서 의식적인 힘을 만들어냅니다. 분리는 에너지를 만들어내기 때문에 생명력의 원천도 분리입니다. 따라서 이 우주만상이 존재하는 가장 기본적인 베이스는 분열과 분리입니다. 그러므로 분리를 넘어가야 되는 것이지, 분리와 분별이 없는 쪽으로 다시 돌아가려고 해서는 안 되는 거예요. 희로애락喜怒哀樂이 생겨나기 이전으로 돌아가는 것이 아니라, 희로애락을 넘어서 관계를 잘 맺으면서 거기에 걸리지 말고 살아가야 합니다. 그것이 다양한 우주를 그대로 유지하면서도 그 본질을 잊지 않는 것입니다. 우주의 다채로운 모습을 그대로 유지한채 그 즐거움을 누리면서 그러나 그 핵심은 비어있다는 것을 발견하세요. 우리 마음의 다양한 희로애락의 다채로운 모습을 누리려면, 기본적으로 자신이 그 '모습'이 아니라는 것을 발견해야만 합니다. 그래서 네티 네티neti-neti 하고 부정하는 것입니다. 이 다채로움도 내가 아니고, 저 다채로움도 내가 아니며, 이것도 아니고, 저것도 아니라는 부정을 통해서만 절대의 세계에 이르게 되는데, 그렇다고 절대에 도착했다는 느낌이 드는 것도 아닙니다. 그런 느낌이 든다는 것은 여전히 어떤 느낌 속에 있는 거니까요. 끝내 발견할 수 없습니다. 발견된다면 이미 그것은 마음의 대상입니다. 자, 그렇다면 어떻게 마음의 대상이 아닌 것을 발견할 수 있을까요? 말 자체에 이미 모순이 있죠. '절대를 발견한다.'는 말 자체가 가능하지 않은 말입니다. 그래서 상대세계를 전부 부정할 때 저절로 그 자리에 있게 된다고 얘기하는 것입니다. 부정한다는 것은, '아니다.'라고 말하는 것이 아니라 아님을 발견하는 것입니다. 말로만 백날천날 '아니다.'라고 해봐야 소용없어요. 체험적으로 본질이 아님을 파악하는 것이 중요합니다. 그것은 자기 안에서 일어나는 모든 마음의 현상들을 나타났다 사라지는 현상으로 보면 되는 것입니다.

所謂從本已來, 色心不二. 以色性卽智故, 色體無形,
소위종본이래   색심불이   이색성즉지고   색체무형

說名智身.
설명지신

소위 본래 색色과 심心은 둘이 아니니, 색성色性은 지智인 까닭에 색체色體는 무형인 것을 지신智身이라 한다.

[논論]

거미가 거미줄로 공간을 분리하듯

색심불이色心不二는 만상과 마음이 둘이 아니라는 말입니다. 색色은 분별되는 대상이고, 심心은 그 분별을 파악하는 마음이므로, 색심불이色心不二는 모든 분별은 마음의 분별이라는 말과 마찬가지예요. 그러니까 거미가 거미줄을 만들어서 공간을 분리시켜 놓은 것과 똑같습니다. 공간에는 원래 분리가 없는데 거미가 자기 입에서 거미줄을 지어내서 공간을 분리시켜 놓고, '여기에는 나방 한 마리, 저기에는 파리 한 마리.' 이러고 있는 것입니다. 우리 마음도 똑같습니다. 만상에는 분별이 없는데, 거미집같이 분별시켜 놓은 마음을 투사해서 보고 있는 것입니다. 그림자놀이 같은 것입니다. 손의 모양을 하얀 스크린에 프로젝터로 쏘아 그림자를 만들면 나비가 되었다가, 학이 되었다가 그러잖아요. 그 스크린에는 분열이나 분별이 없는데, 프로젝터의 빛이 투사되어 분별을 만들고 있기 때문에 우리는 나비를 보는 것입니다. 그와 똑같은 일이 우리 마음에서 일어나고 있습니다.

색성즉지色性卽智라고 했습니다. 분별되는 만물의 본성은 지상智相이라는 것입니다. 이것저것을 분별하는 현식現識에 호오好惡가 붙어 알게 되는 것이 지식智識입니다. 그러니까 만물이 좋고 나쁜 것으로 분별되는 기본적인 속성은 지智 때문이라는 것입니다.

우리집 개는 움직이는 공은 쫓아가지만, 공이 바닥에 멈추면 찾지 못합니다. 개는 움직이는 것만 분별하기 때문에 멈춰버린 공과 잔디밭이 구별되지 않고, 그래서 개에게는 공과 잔디밭이 따로 존재하지 않는 것입니다. 그런데 우리는 색을 구별할 수 있기 때문에 공과 잔디밭을 구별할 수 있죠. 이제 촉감을 따져보면, 공과 잔디밭을 만질 때 그둘의 차이를 못 느낀다면 우리는 각각 다른 사물이라고 알까요? 다양한 대상이 있다는 것은 다양하게 분별하는 감각이 있다는 말입니다. 그렇게 분별해내는 지식智識이 사물을 개별적으로 존재하는 것으로 만들고 있습니다.

색체무형色體無形이라고 했습니다. 지智 때문에 색色이 생겨날 뿐, 색色의 본체는 형태가 없습니다. 고유하고 본질적으로 독립된 형체가 없다는 말이지요. 대상이란 그저 '앎'이라는 말입니다. 여기 나무로 만든 책꽂이와 책상이 있습니다. 우리는 책꽂이와 책상이 있다고 여기지만, 나무의 차원에서 본다면 책꽂이와 책상이란 것이 있습니까? 그저 나무만 있을 뿐이죠. 그런데 그 나무를 잘라서 만들어낸 책꽂이나 책상 형태의 수준으로 올라오면, 책꽂이가 따로 존재하고 책상이 따로 존재합니다. 그러니까 기능과 형태에 초점을 맞추면 책상과 책꽂이가 존재하고, 나무라는 질에만 초점을 맞추면 책꽂이나 책상은 존재하지 않습니다. 책꽂이와 책상이 존재하는지 아닌지의 여부는 이렇게 마음이 맺는 관계에 따라 다른 것입니다. 이와 같이 모든 '존재는 관계'입니다. 물리적인 관계일 수도 있고, 의식적인 관계일 수도 있으며, 감정적인 관계일 수도 있고, 느낌의 관계일 수도 있습니다. 이렇게 색色의 본성은 지智이고, 색色의 본체는 형태가 없으므로 지신智身, 즉 지智의 몸이라고 했습니다.

메타 커넥션

어떤 소리가 안 들릴 때가 있죠. 시끄러운 기찻길 옆에 산다고 생각해보세요. 처음에는 밤에 들리는 기차소리 때문에 잠을 못 잡니다. 그런데 한 달 정도 살다보면 더 이상 기차소리가 안 들립니다. 기차 소리가 없는 것은 아닌데, 기차 소리가 안 들려요. 그래서 상관없이 잘 자게 되죠. 내 내면이 더 이상 기차 소리와 관계를 맺지 않는 것입니다. 기차소리가 왼쪽 귀로 들어와서 오른쪽 귀로 흘러나가듯이 그 소리에 저항하지 않는 것입니다. 잠을 자는데 아무런 방해가 되지 않아요. 우리가 눈으로 볼 때도 마찬가집니다. 종로를 걸어가면 내 눈에 보이는 것만 보이죠. 보통은 자기 관심사의 것들이 눈에 들어옵니다. 그런데 눈에 안 들어오는 것도 많잖아요. 실제로 눈에 안 보이는 것은 아닙니다. 그 대상들이 눈 속으로 들어왔지만 그것과 관계 맺는 마음이 없기 때문에 '내'가 보지 못하는 것입니다. 다시 말해 관계 맺는 마음이 없으면 눈으로 봐도 보이지 않고, 귀로 들어도 들리지 않아요. 감각차원에서는 존재할지 모르지만 마음의 차원에서 존재하지 않는 것입니다. 그래서 '존재는 관계'라고 하는 것이고, 주체와 대상 간의 관계가 이루어질 때 어떤 것이 존재하게 된다는 것입니다. 그래서 만물이 존재하는 것은 지智, 앎 때문입니다. 그것을 '그것'으로 아는 마음 때문에 그것의 존재가 가능해요. 일차적으로는 안이비설신의眼耳鼻舌身意라는 우리의 감각을 흔들어야 하고, 한 단계 더 들어가서는 관계를 맺는 상위 차원의 메타 커넥션이 일어나야만 그것의 존재를 내가 인지하고 의식할 수 있습니다.

以智性即色故, 說名法身徧一切處.
이 지 성 즉 색 고   설 명 법 신 편 일 체 처

지성智性이 곧 색色이므로 법신法身은 모든 곳에 두루한다고 말한다.

[논論]

책상과 책꽂이가 따로 있는 것이 아니라 나무만 있다는 말입니다. 색色의 세계는 책꽂이와 책상의 세계이고, 진리의 세계는 나무의 세계입니다. 차이가 없는 나무의 세계는 책꽂이에도 책상에도 두루두루 있습니다. 마음이 지식智識으로 분별시켜 놓은 것이 색色의 세계이기 때문에 색色의 본성은 지智이므로 이런 분별하는 마음만 없으면 이미 온 세상이 법신法身인 것입니다. 이미 온 세상이 진리 그 자체에요. 여러분이 앉아있는 이 방을 벽과 책꽂이와 책상, 그리고 바닥과 천장으로 나눠놓고 있지만 그 나누는 마음에서 감지感知를 내려놓고 감각感覺으로 들어가면 온 세상은 불이不二의 세계입니다.

所現之色無有分齊. 隨心能示十方世界, 無量菩薩, 無量報身,
소 현 지 색 무 유 분 제   수 심 능 시 십 방 세 계   무 량 보 살   무 량 보 신

無量莊嚴, 各各差別, 皆無分齊, 而不相妨.
무 량 장 엄   각 각 차 별   개 무 분 제   이 불 상 방

나타낸 색에 분별이 없으니 마음을 따라 시방세계에 보이기를 무량보살, 무량보신, 무량장엄이 각각 차이가 있으나, 모두 분별이 없어 서로 방해되지 않는다.

[논論]

분별하는 마음에는 무한한 보살이 있고, 무한한 보신이 있고, 무량한 장엄함이 나타나서 차별이 있는 것처럼 보이지만, 사실 이 모두는 분별이 없어서 서로 방해되지 않습니다. 거미줄이 공간을 나누었지만 공간은 원래 하나이기 때문에 이 공간과 저 공간이 서로 방해하지 않는 것과 같아요.

此非心識分別能知. 以眞如自在用義故.
차 비 심 식 분 별 능 지   이 진 여 자 재 용 의 고

이는 심식心識의 분별로 알 수 있는 것이 아니니 진여의 자재한 용용用用의 뜻이기 때문이다.

[논論]

지금 이렇게 비유를 들어서 설명했지만 사실 마음의 본질을 보지 않고서는 이것을 알 수 없습니다. 특히나 분별하는 마음으로는 알 수 없어요. 분별을 떠난 마음만이 이것을 파악할 수 있는 것입니다. 또 모순되는 말이죠? 파악이란 분별하는 마음이 하는 것인데, 분별하는 마음으로는 알 수 없고, 분별을 떠나야만 파악된다는 거예요. 논리적으로는 모순되는 말 같지만 이런 일이 일어납니다. 진여의 자유자재한 작용의 뜻이 있기 때문에 그것이 가능하다는 말입니다. 결국 경험해보지 않은 사람에게는 말에 불과하지, 직접 체험을 해봐야 합니다. 여러분은 감각을 경험해 보고 삼매나 무심을 조금이라도 경험해 봤기 때문에 이것이 의미하는 바, 즉 '분별이라는 것은 마음의 일이다.'라는 것이 와닿을 것입니다.

오늘 전체 글의 핵심은 색심불이色心不二입니다. 내 눈에 여러 가지가 보이는 이유는, 그것을 그렇게 보고 있는 내 마음이 있기 때문입니다. 저 대상이 저 대상으로 보이는 것은, 저 대상을 저 대상으로 보는 주체가 있기 때문이에요. 주체가 사라지면 그 대상도 사라지고, 대상

이 사라지면 주체도 사라집니다. (下권에 계속)

깨어있기™에서 사용하는 용어는 경험을 통해 분류된 것이기 때문에 일반적으로 알고 있는 내용과 다를 수 있습니다. 이렇게 정의를 분명히 하게 되면 경험에 도움이 될 것이므로 먼저 소개합니다.

감각感覺 : 있는 그대로를 느껴 앎
감각하다(있는 그대로 느끼기)

우리가 태어나 처음 감각기관을 사용하기 시작할 때 느껴지는 것으로, 자아의식과 존재감에 대한 아무런 지식과 통찰이 없는 상태이기 때문에 암흑에서 시작하는 아이와 같습니다. 여기서 말하는 '감각'은 수동적인 받아들임입니다. 이것은 불교에서 말하는 수상행식受想行識의 수受와 유사합니다. 사물을 직접적으로 감각하며 '나'로 인한 왜곡이 없습니다. 쉽게 표현하자면 우리가 보는 사물에서 기억으로 인한 '이름'과 그것의 '형태 및 질質'에 대한 느낌을 내려놓았을 때 남는 순수한 자극입니다.

감지感知 : '익숙하다', '안다'는 느낌
감지하다(익숙하고 안다고 느끼기)

감지感知는 무언가 '안다'는 느낌입니다. 감각된 것이 흔적을 남겨 내면에 쌓이기 시작한 이후, 우리는 이제 그것들을 통해 외부의 사물을 보게 됩니다. 그 내적인 기준으로 인해 느껴지는 '익숙한' 느낌이 감지이며 이것은 일종의 미세한 기억입니다. 이때부터 사물은 있는 그대로 '보여지는' 수동적인 것이 아니라, 그렇게 내면에 쌓인 것을 통해 '보는' 능동적 대상이 됩니다. 즉, **'보이는 것'**이 아니라 내면에 '쌓인 것을 통해' **'보는 것'**입니다. 불교에서 말하는 상想과 유사합니다. 내면에 쌓인 일종의 고정된 과거過去라고 할 수 있습니다. 시계, 책상과 같은 사물에서 식물, 동물에 이르기까지 익숙하고 안다고 느껴지는 느낌, 더 나아가 슬픔, 행복과 같은 '느낌'도 역시 감지에 속합니다. 느껴서(感) 안다(知)는 의미입니다. 지금 이 순간, 처음 느끼는 것이 아니라 과거에 한번이라도 맛보았던 것으로 느껴진다면 모두 일종의 과거인 감지에 속합니다. 즉, 분별될 수 있는 모든 것은 감지이며 과거입니다. 그리고 감지에는 시각적인 것뿐만이 아니라 청각, 후각, 미각, 촉각적인 것까지 모두 있습니다. 예를 들어 감지가 체험되고 구별된다면, 흔히 선사禪師들이 '바람에 흔들리는 깃발'은 바람이 흔들리는가, 깃발이 흔들리는가라고 물을 때, 흔들리는 것은 바람도 깃발도 아니고 '그대의 마음이다'라는 말의 의미가 이해될 것입니다. 내 안의 과거인 '흔들린다'는 감지가 느껴지고 있는 것입니다. 그것은 우화가 아니라 실제 우리 의식에서 일어나고 있는 일입니다. 감지를 구별하게 되면 우리의 의식 작용을 더 깊이 이해하게 됩니다. 더 나아가 가장 미세하면서도 상위의 김지로는 '나'라는 느낌이 있습니다. 수많은 감지들 중 어떤 상황에 적절한 하나의 감지와 동일시되어 '주체'로 느껴지는 것이 '나'라는 느낌입니다.

모든 감지는 고통을 만들어냅니다. 왜냐하면 감지란 내적인 '안다'를 기준삼아 다른 것들과의 사이에 끌림과 밀침이 일어나게 하는 원인이기 때문입니다. 끌림이 일어나면 그것과 함께 하려하게 되고, 함께 하지 못하면 미세한 고통이 일어나며, 끌림이 강해질수록 고통은 강해집니다. 그와 반대로 밀침은 그것과 함께하고 싶지 않은 것인데 이때 피하지 못하면 고통이 뒤따릅니다. 이렇듯 모든 내적인 끌림과 밀침은 괴로움의 원인이 됩니다. 이를 불교에서는 고苦라고 부릅니다. 그러므로 고苦는 '감지' 수준에서부터 시작됩니다. 그러나 이것은 말 그대로의 생각(想)뿐 아니라 그에 앞서 형성되는 일종의 이미지나 미세한 느낌까지 포함합니다. 즉, '깨어있기'의 감지感知는 '익숙하다'거나 '안다'는 느낌으로서, 우리가 보통 '시계'라고 할 때 떠오르는 그 느낌에서 '이름'을 뺀 상태라고 보면 됩니다. 그에 반해 감각은 이름과 형태와 질을 모두 뺀 상태입니다. 감지는 감각들이 흔적을 남긴 것이며 그들 간의 관계가 작용하여 서로 간에 밀침과 끌림이 일어난 상태입니다. 하나의 사물에서 이름을 빼더라도 그것의 전체 이미지나 느낌에는 분명히 '안다'는 느낌이 있습니다. 이름을 빼어냈으므로 그 내적 대상을 '무엇'이라고 말할 수는 없지만 그것을 '안다'는 느낌은 있는 것입니다. 즉 감지는 '안다'거나 '익숙하다'는 느낌을 지닌 일종의 과거입니다. 우리는 이 무의식적 저장물과 그들 간의 관계에서 오는 끌림과 밀침을 의식적으로 알아차리지 못하여 그것에 이리저리 끌려다니고 있습니다. 그러므로 사실은 무의식적으로 저장된 이미지들의 관계 속에 빠져서 행동하고 있다고 해도 과언이 아닐 것입니다. 그래서 자신도 모르게 무언가가 좋기도 하고, 싫기도 하며, 그에 따라 행동하고는 나중에 의식하여 후회하기가 다반사인 것입니다. 우리의 좋다/싫다는 대부분이 이 감지의 층에서 일어나고 있으며, 보통은 그것이 의식화되지 않기에 자신의 행동이 의식적으로 컨트롤되지 않는다고 느끼는 것입니다. 이렇게 저장된 경험으로서의 과거기억인 감지는 흔히 카르마로, 과거의 경향성으로 불리어지며 이를 해소하기 위해서는 심층심리로 들어가 그 고리를 끊어야 한다고 말합니다. 물론 이러한 감지에는 유전적, 집단 무의식적 저장물도 있을 것이며, 그 저장물들 사이의 끌림과 밀침으로 인한 작용도 있을 것입니다. 그러나 이 순간에 깨어있으면, 그 감지들과 동일시되는 순간을 알아차릴 수 있으며, 그러면 감지에 저절로 쏟아 부어지는 생명에너지가 차단됨으로 해서 동일시가 끊어지고 그로부터 자유로울 수 있게 됩니다. 그러므로 깨어있기만 해도 이 동일시의 고리는 언제든 끊을 수 있습니다(《깨어있기-의식의 대해부》 책 '동일시 끊기' 연습 참조).

주의注意 : 생명의 투명한 힘

주의에는 자동적自動的 주의와 의도적意圖的 주의가 있습니다. 자동적 주의는 부지불식간에 일어나며, 놀라거나 위급한 상황을 알리는 소리에 저절로 우리의 주의가 가는 것과 같이, 자신도 모르게 주의가 사로잡히는 경우입니다. 이는 감각과 관련이 있습니다. 그에 반해 의도적 주의는 어떤 뜻을 가지고 주의를 '보내는' 것입니다. 그 모든 주의에는 내적으로 끌어당기는 힘(인력引力)과 밀어내는 힘(척력斥力)이 수반

될 수 있습니다. 그 의식적 끌림과 밀침이 아주 미세하여 잘 느껴지지 않을 수도 있지만 내적으로 감지感知가 완전히 형성된 성인成人들은 늘 무의식적으로라도 이러한 끌림과 밀침을 경험하고 있습니다. 이때 끌림과 밀침은 불교에서 말하는 탐貪과 진嗔에 해당한다 할 수 있습니다. 탐진貪嗔이 보통 '의식적인 측면'에서 일어나는 것을 주로 말한다면, 여기서는 그것이 무의식적 감지의 층에서도 일어나며 그 모든 것을 포괄하여 말하기 위해 끌림과 밀침이라는 용어를 사용하였습니다.

끌림(貪)과 밀침(嗔)이 느껴져 그것이 자각 되더라도, 보통은 의식하기 전에 이미 자동적으로 동일시가 진행되고 그로 인해 에너지 통로가 형성되어 되돌리기 어렵게 됩니다. 그리고 동일시된 의식적 대상에 에너지가 유입되기 때문에 '내가 저것을 싫어한다'거나 '나는 저것을 좋아한다'는 느낌에 무의식적으로 빠져버리고 맙니다. 그런데 중요한 것은 일단 여기에서 빠져 나와야 한다는 것입니다. 밀침의 경우에는 에너지가 유입되기 시작하면, 저항하는 그 상황에 이르기 싫다는 느낌이 커지게 됩니다. 그때 자신의 주의注意를 그 밀침의 '느낌'에 주지 말고 그 밀침을 '자각하고 있는 의식' 쪽으로 옮겨야 합니다. 그러면 그 밀침의 감정으로 유입되는 에너지가 줄어들고 깨어있는 의식 쪽으로 에너지가 더 많이 유입되게 됩니다. 그 후 감정은 자연스레 약해지고 사라지게 됩니다. 그러나 여기서 무엇보다 중요한 것은 동일시가 일어나는 순간을 볼 수 있어야 한다는 점입니다. 그 순간을 볼 수 있게 되면 노력하지 않아도 저절로 의식은 '깨어있기'로 들어가게 되고 에너지도 낭비되지 않습니다. 알아챈다는 것은 생명에너지의 방향을 전환시키는 역할을 하기 때문에 동일시로 흐르는 거대한 에너지 강물을 애써 막지 않아도 그 흐름을 저절로 멈추게 합니다.

생각과 의식 : 감지들의 네트워크

앞의 세 단계를 다시 정리하면 순수한 감각단계를 지나면서 우리 근원의식에 일종의 흔적인 감지感知('익숙하다, 안다'는 느낌을 일으키는 것)를 남기는데, 이후 저장된 흔적인 감지와 지금 새롭게 주의가 가서 감각된 정보가 비교, 대조되면서 우리 내면에 생각과 의식을 일으킵니다. 그러나 생각도 결국 근원 에너지의 패턴입니다. 따라서 생각의 내용에 빠지지 않고 생각을 '감각하기'시작하면, 그것을 정밀하게 들여다보게 되고 그것이 의식에너지의 '작용'임을 알아채게 됩니다. 그런 후에는 일어났다 사라지는 생각이라는 패턴과 감정이라는 패턴, 더 미세한 감지라는 패턴을 볼 수 있습니다.

이것을 물로 비유하자면, 생각과 감정과 감지는 일종의 파도입니다. 분명한 모양이 있는 것으로 보이며 서로 간에 구별이 됩니다. 그런데 그것을 좀 더 자세히 들여다보면 모두가 물의 '작용'임을 보게 됩니다. 그리고 마지막으로 물의 작용이란 일어났다 사라지는 현상이라는 것을 눈치채게 됩니다.

동일시 : 삶을 '알게' 해주는 유용한 도구

생각과 의식이 발생하면 이때부터 어느 한 생각과의 동일시가 일어나고, 동일시가 일어나면 에너지가 주로 쏟아부어지는 부분인 '나'가 고착되며, 이후 '나 아닌 것'과의 끌림과 밀침을 통해 좋다/싫다는 감정이 일어나게 됩니다. 예를 들면, 도로에서 차 한 대가 급하게 끼어듭니다. 순간 화가 일어납니다. 그런데 사실 이렇게 화가 나는 것은

'저런 행동을 해서는 안된다'라는 생각이 내면에 저장되어 있었기 때문입니다. 그 생각과 '내'가 동일시되어 있는 것이지요. 즉, 그 주체가 되는 생각이 반대되는 상황으로 인한 생각과 부딪혀 밀침의 감정이 일어난 것입니다. 그런데 흥미로운 점은 이 두 가지 생각 모두가 저 밖의 '외부'에서 일어나는 것이 아니라 사실은 이 '내면의 세상'에서 일어나는 생각들이고, 나의 생명 에너지가 그중 하나의 생각과 동일시될 때 분노의 느낌이 분명해진다는 점입니다. 만일 이때 일어난 생각과 동일시가 되지 않고 초연히 이 두 생각들이 생겼다 사라지는 현상을 볼 수 있었다면 자유에 한발 가까워졌을 것입니다. 다시 말해 동일시란 지금 일어나는 수많은 생각들 중, 그동안 살아오면서 내가 받아들이고 인정한 생각의 네트워크에 유사한 것을 '나'라고 이름 붙여 에너지 중심을 삼는 것입니다.

감정 : 감지들 간의 밀고 당기는 관계를 보여주다

현재 일어난 상황이, '나'와 동일시된 생각에 일치하거나 불일치함에 따라 끌림(탐욕)과 밀침(저항)이 발생하는데 그 에너지가 증폭되면서 감정이 일어납니다. 대표적 감정을 단계별로 나누면 밀침에 해당하는 것에는 무기력 또는 냉담함, 슬픔, 두려움, 증오, 분노가 있고, 끌림에 해당하는 것으로는 육체적 즐거움에 대한 탐닉, 사랑에 대한 탐닉, 정신적 기쁨에 대한 탐닉이 있습니다. 냉담함이란 얼어붙어 움직이지 못하며 에너지가 갇혀있는 것을 말합니다. 거기서 조금 나와 움직일 수 있지만 수동적으로 느끼기만 하는 슬픔이 있습니다. 그 후 뭔가 대처를 해보고 싶지만 상처를 입을까 함부로 움직이지 못하는 두려움이 있고, 상대를 향해 쏟아내기 시작하는 증오가 있습니다. 그리고는 드디어 폭발하는 분노가 있습니다.

탐욕에는 크게 육체적, 과도적, 정신적 탐욕이 있는데, 육체적 탐욕은 즐거움을 갈망하는 것으로 나타나고, 과도적인 탐욕은 흔히 갈애渴愛라고 하는 사랑의 탐욕으로, 그 후 정신적 탐욕은 기쁨에 탐닉하는 형태로 나타납니다.

이 모든 감정들을 느끼고 사용하는 것은 좋지만 문제가 되는 것은 그 감정들에 빠지는 것입니다. 저항하게 되는 감정들은 위험의 신호로 보고, 탐욕하게 되는 감정들은 잠시 누린다고 여긴다면 이들을 잘 사용하는 것이 됩니다.

빠지지 않기 위해서는 이러한 감정에 대해 내면에서 끌리거나 밀치는 순간을 알아채면 됩니다. 그렇게 되면 그것을 향해 생겨나는 에너지 통로를 멈출 수 있습니다. 사실 모든 감정은, 그 전에 생겨나 있는 감지와 동일시되면서 에너지 통로가 생성되고 그를 통해 생명에너지가 주로 부어져, 그것과 밀침 또는 끌림이 일어나 발생하는 것입니다. 그렇게 일어난 감정은 나의 심신을 온통 물들이게 됩니다. 그러므로 어떤 생각에 끌리거나 저항할 때 그 생각의 짝이 되는 숨겨진 주체생각을 순간적으로 알아채게 되면 주체생각과의 자동적인 동일시가 멈추고, 그로 인해 에너지 통로가 생기지 않으며 그 두 생각 전체를 그냥 바라볼 수 있게 됩니다.

감각에 열려있기

이렇게 어느 한 생각이나 어느 한 감지와의 동일시를 알아채기 위해

'모든 감각에 열려있기'라는 방법을 사용할 수 있습니다. 예를 들어 자신의 몸을 민감한 진동체라고 생각합니다. 그리고 주의를 몸에 둡니다. 사방에서 날아와 내 몸에 부딪히는 소리가 몸의 어느 부위에 자극을 주고 공명을 일으키는지에 주의합니다. 그렇게 하면 사방에서 들리는 모든 소리를 들을 수 있습니다. 어느 한 소리에 빠지지 않고 모든 소리를 듣는 것입니다. 보통 우리의 주의는 소리 나는 사물이나 장소로 빠르게 달려가 그것만을 듣습니다. 그렇기에 들려오는 수많은 소리들 중 하나의 소리에 귀를 기울이며 거기에 빠지는 것입니다. 그 습관적인 '빠짐'을 멈춰보는 것입니다.

그와 같이 시각도 마찬가지입니다. 주의를 자신에게 두고 사방을 봅니다. 어느 한 가지에 시각적 주의가 빠지지 않도록 하여 보게 되면 시야에 나타나는 모든 것이 '보이게 됩니다'. 어느 한 가지를 '보는' 것이 아니라 '보이는' 것입니다. 그와 같이 내적인 감정이나 생각도 그렇게 할 수 있습니다. 생각과 감정 하나에 빠지지 말고 그냥 내적중심에 주의를 남겨둔 채 있으면서 열어놓습니다. 그렇게 되면 모든 생각과 감정 및 느낌들이 전체적으로 '느껴집니다.' 어느 하나를 '느끼려고' 하거나, 어느 한 가지 느낌이나 생각, 감정에 '빠지지' 않은 채 그 모든 것을 향해 열려있기가 가능합니다.' 그리되면 모든 것이 느껴지고, 보이고, 생각되어짐을 알 수 있습니다. 더 나아가 그 '보여짐'이 깊어지면 내가 동일시되어 있는, 그래서 '내'게 보이지 않던 '주체생각'도 보이게 됩니다. 사실 주체가 되는 생각이나 느낌은 잘 보이지 않습니다. 그것은 이미 '내'가 되어있기 때문입니다. 그러므로 그렇게 동일시된 주체생각을 보기 위해서는 섬세하고 투명하며 중도적인 자세가 요구됩니다.

깨어있기 : '있음'을 깨닫기

깨어있기는 투명한 의식의 상태이며, 아무런 '안다'는 생각이나 느낌이 없이 열려있는 의식을 말합니다. 보통 우리는 어떤 생각이나 느낌을 늘 의식하고 있으며, 그것을 내용이 있는 의식이라고 부릅니다. 그러나 깨어있기는 어떤 내용도 없는 의식이며, 그런 의미에서 '의식이 없다'라고도 할 수 있습니다. 그렇지만 항상 현재에 반응할 수 있는 상태이므로 텅 빈, 열려있는 의식이라 하는 것입니다. 그래서 생각이 감각되기 시작하면 이제 그 생각을 '아는 깨어있는 의식' 느끼기로 갑니다. 깨어있기는 수동적으로 감각하기입니다. 의식과 생각, 감정, 감지 등 모든 것을 수동적으로 감각하는 것입니다. 다가오는 대로 감각하기, 이것이 깨어있기의 정의입니다. 그리고 그 깨어있기가 항상 가능하도록 열려있는 것입니다. 깨어있기 연습 과정에서 졸림이 일어나기도 하는데 졸린다는 것은 지금 깨어있는 것이 아니라 '깨어있다'는 '감지' 속에 있기 때문입니다. 우리의 의식은 놀라운 능력을 가지고 있어 '깨어있다'는 느낌도 만들어냅니다. 즉, 일종의 미세한 이미지를 만들어 느끼고 있는 것입니다. 그것 역시 고정된 과거이기에 졸리는 현상이 일어납니다. 변화가 없으면 의식은 졸음에 빠집니다. 이때는 그 이미지를 느끼고 있는 깨어있는 의식을 느끼도록 해야 합니다. 또 피곤하다는 현상도 나타납니다. 힘들고 피곤하다는 것은 내적인 끌림이나 밀침에 에너지를 낭비하기 때문입니다. 끌림은 뭔가 좋은 경험을 하였다고 판단하여 그것을 계속 맛보려고 하는데서 오는 것이고, 밀침은 뭔가 자신은 열등하다고 느끼거나 잘 안될까 불안하거나 다른 일들에 신경이 쓰이는 등의 느낌에 저항할 때 일어납니다. 그 저항과 탐욕에 에너지를 낭비하기에 피곤한 것입니다. 이때는 그저 자신이 내적으로 무언가에 끌리거나 밀치고 있다는 것을 알아채고 깨어있기 상태로 돌아오면 됩니다.

각성覺性 : 의식의 본질을 깨닫기, 느끼는 자로 있기

'느끼는 자'로 있는 것을 의미합니다. 다시 말하면 근원으로 있는 것입니다. 깨어있는 의식을 느끼거나 순수한 있음을 느끼는 것이 아니라 그것을 가능하게 하는 '존재하는 자로 있기'입니다.